DAVOR HORVAT & STEFAN WINHELLER

VOM TOPVERDIENER ZUM PRIVATIER

DAVOR HORVAT & STEFAN WINHELLER

VOM TOPVERDIENER ZUM PRIVATIER

WIE AUS IHREM EINKOMMEN VERMÖGEN WIRD – EFFEKTIVE STRATEGIEN FÜR IHREN FINANZIELLEN ERFOLG

DEUTSCHER
WIRTSCHAFTSBUCH
VERLAG

Bibliografische Information der Deutschen Nationalbibliothek
Die Deutsche Nationalbibliothek verzeichnet diese Publikation in der Deutschen Nationalbibliografie; detaillierte bibliografische Daten sind im Internet über dnb.dnb.de abrufbar.

Wir freuen uns auf eure Anregungen und Fragen
info@deutscherwirtschaftsbuchverlag.com

Wichtiger Hinweis
Die im Buch veröffentlichten Empfehlungen wurden von Verfasser und Verlag erarbeitet und geprüft. Der Inhalt dieses Buches beruht ausschließlich auf den persönlichen Erfahrungen des Autors und erhebt keinen wissenschaftlichen Anspruch. Die benutzten Begrifflichkeiten sind wertfrei. Eine Garantie kann dennoch nicht übernommen werden. Ebenso ist die Haftung des Verfassers bzw. des Verlages und seiner Beauftragten für Personen-, Sach- und Vermögensschäden ausgeschlossen.

Originalausgabe
2. Auflage 2025

Deutscher Wirtschaftsbuch Verlag GmbH, Christoph-Rodt-Straße 11, 86476 Neuburg an der Kammel
www.deutscherwirtschaftsbuchverlag.com

Auch wenn eine gendergerechte Sprache wünschenswert ist, gibt es aus Sicht des Verlages bisher keine befriedigende, gut lesbare Lösung. Der leichten Lesbarkeit zuliebe haben wir des Öfteren von der Doppelung männlicher und weiblicher Formen Abstand genommen. Selbstverständlich liegt es uns fern, dadurch einen Teil der Bevölkerung zu diskriminieren.

Projektleitung, Redaktion: Matthias von Arnim
Redaktion: Ulrich Wille
Satz: Daniel Förster, Belgern
Korrektorat: Anke Schenker
Cover- und Umschlaggestaltung: www.b3k-design.de, © 2025 Andrea Schneider & diceindustries
Illustration: Raoul Schrievers
Druck und Bindung: DZS Grafik, Slowenien
Printed in the EU
ISBN Print: 978-3-69066-078-5
ISBN E-Book (PDF): 978-3-69066-080-8
ISBN E-Book (EPUB, Mobi): 978-3-69066-079-2

Inhalt

KAPITEL 1

Warum Sie dieses Buch lesen sollten

»Eine Investition in Wissen bringt immer noch die besten Zinsen.«

BENJAMIN FRANKLIN

Yes, you can!

Nicht mehr arbeiten zu müssen und als Privatier seine finanzielle Freiheit zu genießen – das ist ein Traum, den sich nur sehr wenige Menschen selbst erfüllen. Diejenigen, die es schaffen, investieren im Vorfeld viel Kraft, Zeit und Mühe. Oftmals benötigen sie auch eine große Portion Glück.

Die schlechte Nachricht lautet: Dieses Buch wird Ihnen keine Abkürzung auf dem steinigen Weg vom Habenichts zum Privatier aufzeigen. Mit »Privatier« ist eine Person gemeint, die finanziell so gut abgesichert ist, dass sie nicht mehr arbeiten muss, um ihren Lebensunterhalt zu bestreiten. Eine Person, die diese finanzielle Unabhängigkeit allein durch verschiedene Einkommensquellen wie Zinsen, Dividenden, Mieteinnahmen oder andere Kapitalerträge erreicht. Eine Person, die ihre Zeit und Energie in persönliche Interessen und Hobbys investieren kann, ohne auf ein regelmäßiges Einkommen angewiesen zu sein.

Die gute Nachricht lautet: Wenn Sie bereits zu den Menschen gehören, die sich zu den Spitzen- und Topverdienern zählen, aber weit davon entfernt sind, ihr hohes Arbeitseinkommen in eine Form von Reichtum umzuwandeln, der ihnen ein finanziell sorgenfreies Leben ermöglicht, dann halten Sie genau die zu Ihnen passende Lektüre in Ihren Händen.

Denn Sie haben vermutlich dasselbe Problem wie viele andere in Ihrer Situation: Ihr Einkommen und Ihr Lebensstandard sind hoch. Doch Ihr Vermögensaufbau erfolgt nur schleppend, fehlerhaft oder gar nicht. Sie verdienen im Laufe Ihres Lebens Millionen Euro und sind damit Einkommensmillionär, aber lange noch nicht Vermögensmillionär.

Sie haben sich vielleicht sogar schon an Finanzberater gewandt, doch Sie werden das Gefühl nicht los, dass diejenigen, die Ihnen Reichtum versprochen haben, dabei vor allem an sich selbst gedacht haben. Ihnen erscheint der Kapitalmarkt wie ein Buch mit sieben Siegeln. Sie haben keine Zeit, die scheinbar unendlich vielen Gesetze zu studieren, die es braucht, um diese Siegel zu öffnen. Und Sie wissen nicht, wen Sie fragen und wem Sie trauen können.

Dann habe ich noch eine gute Nachricht für Sie: Man muss nicht Wirtschaftswissenschaften studiert haben, um erfolgreich am Immobilien- und Kapitalmarkt zu agieren. Man muss nur die richtigen Investitionsentscheidungen treffen und sie konsequent umsetzen. So können Sie zielgerichtet ein Vermögen aufbauen und frühzeitig die finanzielle Unabhängigkeit erreichen.

In diesem Buch zeige ich Ihnen, wie Sie als Topverdiener, der seinen hohen Lebensstandard vor allem aus seinem Arbeitseinkommen finanziert, Ihre Vermögenssituation so umgestalten, dass Sie fortan als Privatier leben können – wenn Sie es möchten. Sie haben Spaß an Ihrer jetzigen Arbeit oder möchten etwas ganz anderes ausprobieren? Kein Problem. Auch das steht Ihnen dann jederzeit offen. Das unglaublich Angenehme an finanzieller Unabhängigkeit ist, dass Sie die Freiheit haben, arbeiten zu können – aber es nicht müssen. Sie können selbst den Zeitpunkt bestimmen. Den Ort. Überhaupt Ihr Leben.

Verstehen Sie dieses Buch als hilfreichen Scout, der Ihnen für die Abzweigungen und Gabelungen, die Ihnen auf Ihrem Weg zum Privatier begegnen, die entscheidenden Hinweise gibt, in welche Richtung Sie abbiegen müssen, um an Ihr Ziel zu kommen. Ich öffne Ihnen zum Beispiel die Augen dafür, wo Sie Ihre finanzielle Basis stärken können. Das ist wichtig. Denn auch wenn Sie zum einkommensstärksten Viertel oder sogar zu dem einen Prozent der Topverdiener in dieser Republik gehören, heißt das nicht, dass am Ende des Tages immer viel übrig bleibt. Fehlinvestitionen, eine ungünstige Bankfinanzierung, ein zu großes privates Haus, Scheidungen ... Der Beruf und das Leben halten viele Fallstricke bereit.

Ich helfe Ihnen dabei, einen wirklich kritischen Blick auf Ihre finanzielle Situation zu werfen und sehr systematisch auszumisten. Und noch etwas: Einer der tückischsten und teuersten Fallstricke lauert ausgerechnet bei der Geldanlage und der Altersvorsorge. Das Thema ist eine Teufelsgrube, in der ausgerechnet Topverdiener im Laufe ihres Lebens oft viel Geld liegen lassen und sogar verlieren. In der Banken- und Finanzwelt raunt man, dass diejenigen, die wenig Zeit und Ahnung haben, dafür aber viel Geld und Zutrauen, die leichtesten Opfer sind. Denn Zutrauen nutzen Anlageberater und Finanzvermittler gerne für den Verkauf überteuerter Finanzprodukte aus. Wer vorbehaltlos glaubt, dass nur in seinem Interesse gehandelt wird, bezahlt dieses Vertrauen am Ende oft sehr teuer.

Auch ich komme aus der Finanzbranche. Sie könnten also fragen: Was befähigt Davor Horvat, mir in diesem Buch aufzuzeigen, was ich alles falsch gemacht habe und wie ich es wohl besser machen könnte? Die Antwort ist ganz einfach: Meine Zulassung als unabhängiger Honorar-Anlageberater unter der Aufsicht der Bundesanstalt für Finanzdienstleistungsaufsicht (BaFin) und der Bundesbank verbietet mir und meinen Kollegen, Provisionen von Versicherungen und Kapitalgesellschaften anzunehmen. Wir haben keinen Interessenkonflikt. Wir sind verpflichtet, ausschließlich im Interesse unserer Klienten zu handeln. Diese bezahlen uns für unsere Beratung so, wie sie auch ihren Steuerberater bezahlen: Dienstleistung gegen Honorar. So einfach und transparent ist das. Damit keine Missverständnisse aufkommen: Wir sind nicht die einzigen Honorar-Anlageberater in Deutschland. Es gibt aktuell noch 18 andere Institute, die diese spezielle Zulassung haben. Und wir behaupten auch nicht, die Weisheit mit Löffeln gefressen zu haben. Es gibt in der Finanzbranche viele qualifizierte und seriöse Marktteilnehmer. Ich hoffe, dass auch Sie bereits einen solchen Ansprechpartner gefunden und eine positive Erfahrung gemacht haben. Es geht mir in diesem Buch nicht darum, neue, bisher unbekannte Strategien zu verbreiten. Ich bin kein Guru. Meine Kollegen und ich haben einfach viele Erfahrungen gesammelt. Diese Erfahrungen möchte ich mit Ihnen teilen.

Meine Motivation

Die Diskrepanz zwischen den theoretischen Möglichkeiten und der Realität der Finanzberatung in Deutschland beschäftigt mich schon lange. Ich habe viel darüber nachgedacht, was falsch läuft und was unbedingt besser gemacht werden müsste. Meine Gedanken dazu habe ich in meinem ersten Buch *Finanzprophylaxe – Fi-*

nanzstrategien für Zahnärzte niedergeschrieben. In dem Werk hatte ich mich gezielt der finanziellen Situation von Zahnärzten gewidmet und sowohl Chancen als auch potenzielle Risiken im Bereich der Vermögensbildung beleuchtet.

Diese Wahl war naheliegend, da ich über umfangreiche Erfahrungen mit Topverdienern als Klienten verfüge und ihre finanziellen Herausforderungen gut kenne. In dem Buch, das Sie gerade in Ihren Händen halten, greife ich die wesentlichen Aspekte meines ersten Werks auf, erweitere sie jedoch um grundlegende Prinzipien der Vermögensbildung, die insbesondere für Topverdiener von Bedeutung sind. Dabei spielt es keine Rolle, ob Sie Ihr Einkommen als Unternehmer, Freiberufler oder Führungskraft erzielen – mein Ziel ist es, Ihnen die Potenziale aufzuzeigen, die sich Ihnen durch Investitionen in den Kapitalmarkt und in Immobilien eröffnen.

Gleichzeitig möchte ich Sie für mögliche Fallstricke sensibilisieren. Dieses Buch soll Ihnen als eine Art Wegweiser dienen, den Sie jederzeit flexibel nutzen können – sei es durch die vollständige Lektüre oder durch gezieltes Nachschlagen relevanter Themenbereiche. Letztlich handelt es sich um ein umfassendes Finanz-Aufklärungsbuch, das Ihnen helfen soll, erhebliche Summen zu sparen. Und wenn ich von erheblichen Summen spreche, meine ich Einsparungen in Höhe von mehreren Hunderttausend Euro über die Jahre hinweg.

Ich würde mich freuen, wenn Sie sich die Zeit nehmen, meinen Überlegungen zu folgen und aus meinen Erfahrungen zu lernen. Es ist mir ein großes Anliegen, Ihnen ein tieferes Verständnis für das Thema Vermögensbildung zu vermitteln. Mein Wunsch ist es, mit diesem Buch einen wertvollen Beitrag zu Ihrer finanziellen Zukunft zu leisten. Sollten während der Lektüre oder danach Fragen entstehen, zögern Sie nicht, mich oder meine Berater direkt zu kontaktieren. Meine Berater und ich stehen Ihnen gerne mit unserem Fachwissen zur Verfügung – selbstverständlich gegen ein angemessenes Honorar, denn unsere Expertise ist unsere einzige »Ware«. Dafür können Sie sicher sein, dass wir, wenn es um Ihre Finanzen geht, ausschließlich Ihre Interessen im Blick haben.

Ihr Davor Horvat

PS: Auch wenn Sie nicht zu dem einen Prozent der großen Topverdiener gehören, ist dieses Buch ein idealer Leitfaden auf dem Weg zum finanziellen Erfolg.

KAPITEL 2

Ihr Startschuss auf dem Weg zum Privatier

»Langfristig entscheidet nicht nur die Höhe Ihres Einkommens über Ihren künftigen Wohlstand. Es kommt darauf an, wie viel Sie von diesem Geld durch Sparen und Investieren für sich arbeiten lassen.«

PETER LYNCH

Nutzen Sie Ihre guten Startbedingungen

»Der Weg vom Topverdiener zum Privatier« klingt zwar verheißungsvoll, doch in Wahrheit ist er mit unzähligen Herausforderungen und Anstrengungen gepflastert. Als Topverdiener zeichnen Sie sich nicht nur durch Ihr hohes Einkommen aus, sondern auch durch Ihr außergewöhnliches Engagement und Ihre Bereitschaft, mehr als der Durchschnitt in Ihr Arbeitsleben zu investieren. Während andere sich nach einem langen Arbeitstag zurücklehnen, sind Sie noch immer am Ball, feilen an Strategien, führen Meetings oder managen Projekte.

Als Unternehmensinhaber, Freiberufler oder in führenden Managerpositionen wissen Sie, dass Ihr Erfolg nicht vom Himmel fällt. Er ist das Resultat harter Arbeit, von Durchhaltevermögen und der Fähigkeit, sich immer wieder neuen Herausforderungen zu stellen. Der Weg an die Spitze ist alles andere als einfach und verlangt von Ihnen ein hohes Maß an Disziplin, Opferbereitschaft und Zielstrebigkeit.

Als Topverdiener verstehen Sie, dass der Preis des Erfolgs oft die eigene Zeit ist. Doch genau diese Zeit, die Sie in Ihre Karriere investieren, ist es, die Ihnen letztlich die Tür zu einem Leben als Privatier öffnen kann.

Gehören Sie zu den Topverdienern in Deutschland? Oder zu den Spitzenverdienern?

In Deutschland zählen nur wenige Prozent der Bevölkerung zu den sogenannten Topverdienern (siehe Abb. 2.0.1). Wenn Sie zu dieser exklusiven Gruppe gehören oder auch schon dann, wenn Sie zu den Spitzenverdienern zählen, genießen Sie nicht nur das Privileg eines hohen Einkommens, sondern auch die einzigartige

Einkommensrangliste
(Bruttoeinkommen pro Monat bzw. Jahr)

	Monatseinkommen in €	Jahreseinkommen in €	Anteil der Bevölkerung (kumuliert)
Top-Verdiener	über 23.277	über 279.324	1 %
Spitzenverdiener	8.360 bis 23.277	100.320 bis 279.324	10 %
Gutverdiener	5.860 bis 8.359	70.320 bis 100.308	20 %
Besserverdiener	4.072 bis 5.859	48.864 bis 70.308	35 %
Normalverdiener	3.315 bis 4.071	39.780 bis 48.852	45 %
Mittlerer Verdiener	2.379 bis 3.314	28.548 bis 39.768	60 %
Niedrigverdiener	1.793 bis 2.378	21.516 bis 28.536	70 %
Geringverdiener	1.195 bis 1.792	14.340 bis 21.504	80 %

Abb. 2.0.1 Quelle: Bundesfinanzministerium[1]

Möglichkeit, dieses Einkommen in ein beträchtliches Vermögen umzuwandeln, sodass Sie weit vor Ihrem regulären Ruhestandsalter finanziell frei sind.

Doch wie kann es Ihnen gelingen, Ihre finanziellen Voraussetzungen optimal zu nutzen? Nun, dafür müssen Sie zunächst einen detaillierten Überblick über Ihre aktuelle finanzielle Situation gewinnen und dann genau definieren, was Ihre konkreten Ziele sind. Denn wenn Sie nicht wissen, von welcher Basis aus Sie starten, und wenn Sie keine Ziele haben, brauchen Sie eigentlich gar nicht erst anzufangen, einen Plan zu entwerfen, um von A (Ihrer jetzigen Ausgangssituation) nach B (Ihrem Ziel) zu kommen. In dem folgenden Abschnitt geht es deshalb genau darum: Definieren Sie Ihren Startpunkt und Ihr Ziel, damit Sie sich auf Ihrem Weg vom Topverdiener zum Privatier nicht verlaufen.

2.1 Die ersten vier Schritte auf dem Weg zum Privatier

»Man kann nicht in die Zukunft schauen, aber man kann den Grund für etwas Zukünftiges legen – denn Zukunft kann man bauen.«

Antoine de Saint-Exupéry

Fast jeder träumt davon, nur wenige erreichen es: dieses Gefühl, finanziell so unabhängig zu sein, dass man sich keine Gedanken mehr ums liebe Geld machen muss. Dass man sein Leben so lebt, wie man mag, und am Monatsende immer noch etwas übrig ist. Dass man sich nicht nur bis zum Ende der etwas zu kurz geratenen finanziellen Decke strecken kann, sondern zwischendurch auch mal Luxus möglich ist. Dieses Gefühl, den Kopf komplett frei zu haben von finanziellen Sorgen. Und zwar bis zum Lebensende. Klingt gut? Ist es auch.

Und gerade für Sie als Topverdiener sollte es kein Problem sein, diesen Traum möglich zu machen. Eigentlich. Doch tatsächlich gelingt es nur wenigen Menschen, den Zustand finanzieller Glückseligkeit zu erreichen, obwohl sie krampfhaft danach streben. Wenn Sie den Begriff »finanzielle Freiheit« in die Suchmaschine Google eingeben, dann werden Sie über sechs Millionen Einträge finden. Bei Amazon sind mehr als 2.000 Buchvorschläge zu diesem Thema gelistet. Und Millionen Menschen geben jährlich viel Geld für Seminare aus, um sich von Trainern wie Bodo Schäfer, Tony Robbins und anderen beibringen zu lassen, wie man dieses Ziel erreichen kann. Dabei ist die Erfolgsformel für einen Vermögensaufbau, der er es Ihnen erlaubt, dauerhaft von Zinsen, Dividenden und Mieteinnahmen zu leben – und zwar so, dass Sie ein Leben ohne finanziellen Druck oder Zwang führen können und ohne dass die Ausgaben an Ihrer Vermögenssubstanz zehren –, kein Hexenwerk. Es braucht dafür ein klar definiertes Ziel, einen Plan und eine stringente Umsetzung. Den Rest besorgt der Faktor Zeit. Je mehr freies Kapital Ihnen regelmäßig zur Verfügung steht, um Ihr Ziel zu erreichen, desto früher sind Sie am Ziel. Wenn Sie also tatsächlich zu den Topverdienern dieses Landes gehören, halten Sie gerade ein Buch in den Händen, das Ihnen den schnellsten und direkten Weg zur finanziellen Unabhängigkeit zeigt. Ohne Schnörkel, faule Tricks und falsche Versprechen. Damit wir uns nicht missverstehen: Wir zeigen Ihnen nur den Weg. Sie müssen ihn schon selbst gehen. Aber wir sind zuversichtlich. Den ersten Schritt haben Sie schon getan: Sie haben dieses Buch gekauft. Jetzt kommt es auf die nächsten vier wichtigen Schritte an ...

Schritt Nummer eins: Definieren Sie, was für Sie »finanzielle Unabhängigkeit« konkret bedeutet

In der Einleitung dieses Kapitels habe ich bereits betont, wie wichtig es ist, Ziele klar zu definieren. Ohne ein präzises Ziel vor Augen werden Sie es nicht erreichen können. Im beruflichen Kontext ist dies offensichtlich, denn sonst würden Sie sich nicht zu den Topverdienern zählen. Erstaunlicherweise denken jedoch gerade diese Personen oft zu wenig über die gezielte Entwicklung ihrer Finanzen nach. Daher mein erster Rat: Stellen Sie sich ernsthaft die Frage, was Sie finanziell erreichen möchten. Überlegen Sie sich: Was bedeutet Geld für Sie? Notieren Sie Ihre Antwort auf einem separaten Blatt. Wenn das Wort »Freiheit« darin vorkommt, ist das nicht überraschend. In vielen ersten Gesprächen mit unseren Klienten hören wir genau das: die Freiheit, Entscheidungen zu treffen und sich Dinge leisten zu können, ohne ständig über Geld nachdenken zu müssen. Genügend Geld zu haben, bedeutet finanzielle Freiheit. Diese Vorstellung bleibt jedoch abstrakt, wenn sie nicht konkretisiert wird.

Ein Beispiel zur Veranschaulichung könnte lauten:

> »Mit 55 Jahren habe ich so viel Vermögen aufgebaut, damit ich meinen Job weiter ausüben kann, weil er mir Spaß macht. Aber ich muss nicht mehr arbeiten. Meine kompletten monatlichen Ausgaben werden über passive Einnahmen gedeckt, ohne dass ich weiterarbeiten muss. Ich kann mein Leben frei gestalten und muss mir keine Gedanken mehr über Geld machen.«

Dies ist lediglich ein Beispiel; jeder verbindet etwas anderes mit finanzieller Freiheit. Einige träumen vielleicht von einem Leben als Multimillionär mit einem extravaganten Lebensstil, während andere bereits mit passiven Einkünften von 2.000 Euro im Monat finanziell frei wären. Vielleicht haben Sie noch keine konkrete Zahl im Kopf – das ist in Ordnung. Arbeiten Sie schrittweise von vagen Wünschen hin zu konkreten Zahlen. Definieren Sie Ihre finanziellen Ziele präzise; das unterscheidet einen Wunsch von einem Ziel. Ein Wunsch formuliert sich oft im Konjunktiv: »Es wäre schön, wenn ...«, während ein Ziel klar und konkret ist. Nehmen Sie sich ein Blatt Papier und einen Stift zur Hand und schreiben Sie Ihre Ziele auf. Dies ist entscheidend und wird durch eine Studie der Harvard-Universität untermauert, die zwischen 1979 und 1989 Absolventen befragte, ob sie feste Lebensziele formuliert hatten oder nicht. Das Ergebnis war aufschlussreich: Nur 3 Prozent hatten ihre Ziele schriftlich festgehalten, 13 Prozent hatten allgemeine Ziele formuliert und 84 Prozent hatten überhaupt keine Ziele. Zehn Jahre später wurde festgestellt, dass die 3 Prozent mit schriftlichen Zielen insgesamt mehr verdienten als die restlichen 97 Prozent zusammen.

Ein Ziel lautet also nicht »Ich würde gerne«, sondern »Ich werde ...«. Der nächste logische Schritt besteht darin, einen Plan zu erstellen – in diesem Fall einen Finanzplan –, um dieses Ziel zu erreichen. Wie geht man dabei vor? Es ist einfacher als gedacht: Erstellen Sie einen Plan mit Zwischenzielen. Beantworten Sie zunächst diese sechs Fragen für sich selbst:

1. Wann wollen Sie finanziell unabhängig sein?

   ____

2. Was würde das für Sie und Ihr Leben bedeuten?

   ____

3. Wie viel Geld brauchen Sie für Ihre finanzielle Sicherheit, Ihren finanziellen Spielraum und Ihre finanzielle Freiheit?

   ____

4. Wie viel Vermögen wollen und müssen Sie dafür aufbauen?

   ____

5. Wie viel von Ihrem Einkommen/Gewinn sind Sie bereit, zu investieren?

   ____

6. Wie wollen Sie Ihr Geld strategisch dafür investieren?

   ____

Die Zielsetzung und deren Nachverfolgung sind entscheidende Elemente zur Ausschöpfung Ihrer Potenziale. Wenn Sie diese Werkzeuge effektiv nutzen, werden sie sich im Laufe der Zeit in greifbare Ergebnisse umwandeln.

Reden wir Tacheles: Wie viel Geld benötigen Sie für Ihre Träume? Ihre Sicherheit? Ihre Unabhängigkeit?

Gehen Sie bei der Definition Ihrer Ziele noch einen Schritt weiter und werden Sie immer spezifischer. Nun gehen Sie bei der Definition Ihrer Ziele noch weiter und werden immer konkreter. Haben Sie sich schon einmal Gedanken darüber gemacht, was genau Sie finanziell erreichen wollen? Wenn nicht, helfen wir Ihnen dabei, Ihre Träume in Zahlen zu fassen. Überlegen Sie: Was kostet es, Ihre Träume zu verwirklichen? Wie viel Geld benötigen Sie für finanzielle Sicherheit und Unabhängigkeit? Schätzen Sie den Betrag – ist es 1 Million Euro? 4 Millionen? Oder vielleicht 10 Millionen Euro? Notieren Sie diese Zahl – oder tragen Sie sie gleich hier in das Textfeld ein.

Es ist wichtig, diese Zahl aufzuschreiben, da sie Teil Ihres Plans wird und somit realistisch wird. Wahrscheinlich erscheint Ihnen dieser Betrag zunächst hoch; bald werden Sie jedoch erkennen, dass dieser Schritt entscheidend ist. Wir sind überzeugt davon, dass die Summe für die Verwirklichung Ihrer Träume geringer ist als gedacht. Letztendlich geht es nicht nur um Geld; es geht um Emotionen und darum, den Lebensstil zu gestalten, den man sich wünscht. Denken Sie darüber nach, was Geld für Ihr Leben bedeutet und was genau Sie damit kaufen möchten.

Nun betrachten wir die drei finanziellen Ebenen oder »Träume«. Welches persönliche finanzielle Ziel streben Sie an? Ist es finanzielle Sicherheit? Finanzielle Spielräume? Oder finanzielle Unabhängigkeit? Diese Begriffe wecken wahrscheinlich unterschiedliche emotionale Reaktionen in Ihnen. Überlegen Sie sich gut, welches dieser Ziele für Sie am wichtigsten ist.

Ich will finanzielle Sicherheit

Für viele bedeutet dies die Möglichkeit, selbst zu entscheiden, wie viel sie arbeiten möchten. Alle grundlegenden Ausgaben wie Lebensmittelkosten oder Wohnkosten sind durch Rücklagen abgedeckt.

Stellen Sie sich vor: Ihre täglichen Ausgaben sind dauerhaft gesichert – keine Notwendigkeit mehr, aufzustehen und zur Arbeit zu gehen. Entweder Sie nehmen sich ein Blatt Papier zur Hand oder tragen die Zahlen gleich in diese Felder ein:

- Miete und/oder Nebenkosten: ________________€
- Lebensmittel: ________________€
- Versicherungen: ________________€
- Gesundheit: ________________€
- Fortbewegung: ________________€

Gesamte Monatsausgaben: ________________€

Sind Sie erstaunt darüber, dass diese Ausgaben gar nicht so hoch sind? Das wäre nicht überraschend. Denn als Topverdiener wohnen Sie vermutlich in den eigenen vier Wänden. Sie zahlen also keine Miete. Um dies an dieser Stelle klarzustellen: Finanzielle Sicherheit bedeutet nicht, ein luxuriöses Leben zu führen. Die Absicherung Ihrer Grundbedürfnisse stellt nur das Minimum an finanziellem Aufwand dar. Ihr wahres Ziel könnte sein, einen höheren Lebensstandard auch nach der aktiven Berufstätigkeit aufrechtzuerhalten. Das ist aber mehr als nur »finanzielle Sicherheit«. Um Ihnen konkret vor Augen zu führen, wie Sie sich an Ihre tatsächlichen Bedürfnisse und deren finanzielle Bedeutung herantasten, nehmen wir einmal an, dass Sie entscheiden, mit 58 Jahren nicht mehr arbeiten zu wollen und bis zum 88. Lebensjahr, also 30 Jahre lang, diesen Bedarf zu haben. Erfahrungsgemäß sinkt der Bedarf mit zunehmendem Alter. Aber das lassen wir hier unberücksichtigt. Vergessen Sie bei Ihrer Berechnung zudem nicht zukünftige sichere Einkommensquellen wie zum Beispiel Renten- und/oder Versorgungsansprüche, die Sie im Laufe Ihres Berufslebens erworben haben.

Der folgenden Tabelle (Abb. 2.1.1) entnehmen Sie, welches Kapitalvermögen Sie bei einer jeweiligen Brutto-Anlagerendite von 1 bis 4 Prozent benötigen. Bei einer Verzinsung Ihres Kapitalvermögens von beispielsweise 3 Prozent per annum und einer monatlichen Entnahme von 3.000 Euro benötigen Sie für einen Zeitraum von 30 Jahren ein Bruttoverrentungskapital von etwa 717.082 Euro, um nie wieder arbeiten zu müssen. Das Kapital wäre in unserem Beispiel nach 30 Jahren im Alter von 88 Jahren verbraucht.

mtl. Bedarf/Rendite auf Bruttovermögen	1 % Rendite p.a.	2 % Rendite p.a.	3 % Rendite p.a.	4 % Rendite p.a.
1.000 €	311.367 €	271.668 €	239.027 €	212.000 €
2.000 €	622.740 €	543.338 €	478.055 €	424.000 €
3.000 €	934.110 €	815.007 €	**717.082 €**	636.000 €
4.000 €	1.245.480 €	1.086.676 €	956.110 €	848.001 €
5.000 €	1.556.850 €	1.358.345 €	1.195.137 €	1.060.002 €

Diese Kalkulation basiert rein auf Bruttowerten, also ohne steuerliche Betrachtung und ohne Kosten für die Anlage. Auch berücksichtigen wir bei diesen Zahlen keine inflationäre Entwicklung. 3.000 Euro zum Beispiel werden in 30 Jahren nicht so viel Kaufkraft haben wie heute.

Abb. 2.1.1 Quelle: eigene Berechnung Honorarfinanz AG

Ich will finanziellen Spielraum

Die Absicherung der finanziellen Grundbedürfnisse sollte für Sie als Topverdiener nur die Mindestanforderung sein – aber natürlich nicht das bestmögliche Ziel. Was Sie höchstwahrscheinlich anstreben wollen, ist die Finanzierung eines höheren Lebensstandards, auch lange nach Beendigung Ihres aktiven Berufslebens. Deshalb sollten Sie Ihr Zukunftsbudget definieren, etwa für Ausgaben wie kulturelle Erlebnisse, Urlaube und Freizeitaktivitäten, Beauty und Lifestyle. Vergessen Sie nicht den kleineren oder größeren Luxus, den Sie sich vielleicht gönnen wollen. Die Bandbreite für Ihren möglichen finanziellen Spielraum ist groß und hängt wesentlich von Ihrem aktuellen Einkommen und damit Ihren Möglichkeiten ab, Vermögen aufzubauen. Bleiben Sie also realistisch: Versuchen Sie, die für Ihre zukünftigen Ansprüche nötigen Geldbeträge wie in der folgenden Tabelle für Ihre finanziellen Spielräume zu definieren. Auch hierfür nehmen Sie sich entweder ein Blatt Papier oder tragen es gleich in die folgenden Felder ein:

- Reisen: ____________________ €
- Freizeitaktivitäten/Hobbys: ____________________ €
- Kulturelles: ____________________ €
- Beauty/Lifestyle: ____________________ €
- Kleinerer/größerer Luxus: ____________________ €

Gesamte Monatsausgaben: ____________________ €

Hierbei sollten auch Kapitalbeträge berücksichtigt werden, um Ihren finanziellen Spielraum abzusichern.

Und so lesen Sie die Tabelle (Abb. 2.1.2): Wenn Sie monatlich zum Beispiel 5.000 Euro für die oben genannten Ausgaben entnehmen wollen und Ihr Kapital mit 3 Prozent verzinst wird, benötigen Sie ein Vermögen von 1.195.137 Euro, damit Sie 30 Jahre lang diesen finanziellen Spielraum nutzen können. Umgekehrt bedeutet das: Angenommen, Sie sind 58 Jahre alt und haben 1.195.137 Euro an Ver-

mtl. Bedarf/Rendite auf Bruttovermögen	1 % Rendite p.a.	2 % Rendite p.a.	3 % Rendite p.a.	4 % Rendite p.a.
1.000 €	311.367 €	271.668 €	239.027 €	212.000 €
2.000 €	622.740 €	543.338 €	478.055 €	424.000 €
3.000 €	934.110 €	815.007 €	717.082 €	636.000 €
4.000 €	1.245.480 €	1.086.676 €	956.110 €	848.001 €
5.000 €	1.556.850 €	1.358.345 €	**1.195.137 €**	1.060.002 €
6.000 €	1.868.220 €	1.630.014 €	1.434.164 €	1.272.001 €
7.000 €	2.179.590 €	1.901.683 €	1.673.191 €	1.484.002 €
8.000 €	2.490.960 €	2.137.352 €	1.912.219 €	1.696.002 €
9.000 €	2.802.330 €	2.445.021 €	2.151.246 €	1.908.003 €
10.000 €	3.113.700 €	2.716.690 €	2.390.274 €	2.120.003 €

Diese Kalkulation basiert rein auf Bruttowerten, also ohne steuerliche Betrachtung und ohne Kosten für die Anlage. Auch berücksichtigen wir bei diesen Zahlen keine inflationäre Entwicklung.

Abb. 2.1.2 Quelle: eigene Berechnung Honorarfinanz AG

mögen aufgebaut, dann könnten Sie dieser Kalkulation zufolge bis zum 88. Lebensjahr zusätzlich zum Bedarf Ihrer finanziellen Sicherheit jeden Monat 5.000 Euro entnehmen. Ihr Lebensstandard, so wie Sie ihn sich wünschen, wäre somit gedeckt. Wichtig: Zwei große Unbekannte in diesem Spiel sind die durchschnittliche jährliche Rendite und die Inflation. Deshalb sollten Sie hier vorsichtig planen.

An dieser Stelle ziehen wir eine Zwischenbilanz. Wir addieren die beiden benötigten Bruttovermögenswerte. Um in unserem Beispiel Ihre finanzielle Sicherheit und Ihren finanziellen Spielraum in Höhe von insgesamt 8.000 Euro zu finanzieren, benötigen Sie ein Gesamtbruttovermögen von 1.912.219 Euro (die Summe aus 717.082 Euro aus der Tabelle in Abb. 2.1.1 und 1.195.137 Euro aus der Tabelle in Abbildung 2.1.2). Das klingt jetzt sehr konkret, ist aber nur ein Schätzwert. Denn eine Finanzkalkulation, die alle Unwägbarkeiten berücksichtigt, die Ihnen auf Ihrem Lebensweg in den kommenden 30 Jahre begegnen können, ist natürlich nicht möglich. Viele Parameter werden sich im Laufe der Zeit verändern. Allein schon die Schätzung der zukünftigen durchschnittlichen Bruttorendite kann nur eine Annäherung an die Realität sein. Krankheit, Tod, Scheidung, aber auch Hochzeiten, Enkel und glückliche oder unglückliche Zufälle werden an Ihren Prognosen rütteln. Doch es ist gar nicht das Ziel der oben angegebenen Tabellen, Ihnen einen verlässlichen Finanzplan in Stein zu meißeln, sondern Ihnen ein Gefühl für die Kapitalgrößen zu geben, die Sie benötigen, um in Zukunft ein möglichst sorgenfreies Leben zu leben. Zudem erfahren Sie dadurch, wo Sie aktuell bereits mit Ihrem Vermögensaufbau auf dem Weg zu Ihrem Ziel stehen – und welchen Weg Sie noch vor sich haben.

Ich will finanzielle Freiheit

Finanzieller Spielraum ist gut, absolute finanzielle Freiheit jedoch noch einmal eine andere Kategorie. Hier geht es nicht nur darum, den bisherigen Lebensstandard zu erhalten, sondern um das Ziel und das Lebensgefühl, persönliche Entscheidungen treffen zu können, ohne dass Geld eine Rolle dabei spielt. Konkret heißt das: Ihr Lebensstandard ist komplett durch passive Einnahmen gedeckt. Ihr liquides Vermögen reicht aus, um sich daraus die Träume zu erfüllen. Sie möchten nicht nur an einem Standort wohnen und leben können, sondern Ihr Leben auch örtlich frei gestalten. Vielleicht wollen Sie auch soziale Projekte unterstützen oder gar selbst verwirklichen. Oder Sie möchten sich persönlich entfalten und vielleicht außerhalb Ihres bisherigen beruflichen Tätigkeitsfelds noch einmal durchstarten. Oder Sie widmen sich einem teuren Hobby. Absolute finanzielle Freiheit bedeutet, dass Geld dabei keine Rolle mehr spielt. Vielleicht verstehen Sie unter finanzieller Freiheit auch etwas anderes. Denken Sie darüber nach. Fangen Sie an, zu träumen, und schätzen Sie den finanziellen Aufwand dafür. Übertragen Sie die Beträge auf ein Blatt Papier oder tragen Sie sie in die folgenden Felder ein:

- Soziale Engagements: ____________________ €
- Wohnen, wo Sie wollen: ____________________ €
- Persönliche Entfaltung: ____________________ €
- Luxus finanzieren: ____________________ €

Gesamte Monatsausgaben: ____________________ €

Ermitteln Sie mithilfe der Tabelle (2.1.3) den Kapitalbedarf für Ihre finanzielle Freiheit bei verschiedenen Renditen. So erfahren Sie, wie viel Geld Sie monatlich benötigen, um Ihre Träume zu leben.

Und so lesen Sie die Tabelle: Bei einer Verzinsung von beispielsweise 3 Prozent per annum und einer monatlichen Entnahme von 15.000 Euro benötigen Sie in einem Zeitraum von 30 Jahren ein Bruttoverrentungskapital von etwa 3.585.411 Euro. Sie können bei dieser Kalkulation bis zum 88. Lebensjahr zusätzlich zum Bedarf für Ihre finanzielle Sicherheit und Ihren Spielraum jeden Monat 15.000 Euro entnehmen, um sich Ihre finanziellen Träume zu erfüllen.

mtl. Bedarf/Rendite auf Bruttovermögen	1 % Rendite p.a.	2 % Rendite p.a.	3 % Rendite p.a.	4 % Rendite p.a.
5.000 €	1.556.850 €	1.358.345 €	1.195.137 €	1.060.002 €
10.000 €	3.113.700 €	2.716.690 €	2.390.274 €	2.120.003 €
15.000 €	4.670.550 €	4.075.035 €	**3.585.411 €**	3.180.004 €
20.000 €	6.227.400 €	5.433.380 €	4.780.548 €	4.240.007 €
25.000 €	7.784.250 €	6.791.725 €	5.975.685 €	5.300.008 €

Diese Kalkulation basiert rein auf Bruttowerten, also ohne steuerliche Betrachtung und ohne Kosten für die Anlage. Auch berücksichtigen wir bei diesen Zahlen keine inflationäre Entwicklung.

Abb. 2.1.3 Quelle: eigene Berechnung Honorarfinanz AG

Wie erreiche ich meine finanziellen Ziele?

Nachdem Sie die oben genannten Schritte zur Berechnung durchgeführt haben, können Sie nun Ihr benötigtes Vermögen für Ihren gewünschten Zeitpunkt bestimmen, um zum Beispiel 30 Jahre lang davon Ihren Lebensstandard aufrechtzuerhalten.

Nun stellt sich die entscheidende Frage: Wie können Sie dieses Ziel erreichen? Welchen Betrag müssen Sie ab sofort von Ihrem Einkommen sparen, um das benötigte Vermögen aufzubauen, damit Sie Ihren Traum verwirklichen und leben können? Ein konkretes Szenario rechnen wir Ihnen an dieser Stelle vor. Die Fragestellung in diesem Beispiel: Welchen monatlichen Betrag müssten Sie bei einer jährlichen Sparrendite zwischen 3 und 7 Prozent ansparen, um schließlich 1.000.000 Euro Bruttovermögen (vor Kosten und Steuern) zu besitzen? Angenommen, Sie sind 38 Jahre alt und planen, dieses Ziel mit 58 Jahren, also in 20 Jahren, zu erreichen. Wenn Ihre Zielrendite beispielsweise 7 Prozent pro Jahr beträgt, wäre eine monatliche Investition von 1.958 Euro erforderlich. Falls Sie das doppelte Bruttovermögen, also 2 Millionen Euro, anstreben, verdoppeln Sie einfach diese monatliche Investition auf 3.917 Euro.

Anhand der Tabelle (Abb. 2.1.4) erhalten Sie einen Überblick darüber, was erforderlich ist, um Ihren Traum von finanzieller Unabhängigkeit zu verwirklichen.

Zeit bis zur Zielerreichung	3 % Rendite p.a.	4 % Rendite p.a.	5 % Rendite p.a.	6 % Rendite p.a.	7 % Rendite p.a.
10 Jahre	7.153 €	6.794 €	6.451 €	6.123 €	5.811 €
11 Jahre	6.402 €	6.048 €	5.711 €	5.391 €	5.087 €
12 Jahre	5.778 €	5.428 €	5.097 €	4.784 €	4.488 €
13 Jahre	5.250 €	4.906 €	4.581 €	4.274 €	3.986 €
14 Jahre	4.799 €	4.459 €	4.140 €	3.841 €	3.560 €
15 Jahre	4.409 €	4.074 €	3.760 €	3.468 €	3.195 €
16 Jahre	4.068 €	3.737 €	3.430 €	3.144 €	2.879 €
17 Jahre	3.768 €	3.442 €	3.140 €	2.861 €	2.603 €
18 Jahre	3.502 €	3.181 €	2.884 €	2.612 €	2.362 €
19 Jahre	3.265 €	2.948 €	2.657 €	2.391 €	2.148 €
20 Jahre	3.052 €	2.739 €	2.454 €	2.194 €	**1.958 €**
21 Jahre	2.860 €	2.551 €	2.271 €	2.018 €	1.790 €
22 Jahre	2.685 €	2.382 €	2.107 €	1.860 €	1.638 €
23 Jahre	2.527 €	2.227 €	1.958 €	1.717 €	1.503 €
24 Jahre	2.382 €	2.087 €	1.823 €	1.588 €	1.380 €
25 Jahre	2.249 €	1.959 €	1.700 €	1.471 €	1.269 €
26 Jahre	2.127 €	1.841 €	1.587 €	1.364 €	1.169 €
27 Jahre	2.014 €	1.732 €	1.484 €	1.267 €	1.078 €
28 Jahre	1.910 €	1.632 €	1.389 €	1.178 €	995 €
29 Jahre	1.813 €	1.540 €	1.302 €	1.096 €	919 €
30 Jahre	1.724 €	1.454 €	1.221 €	1.021 €	850 €
31 Jahre	1.640 €	1.375 €	1.147 €	952 €	787 €
32 Jahre	1.562 €	1.301 €	1.078 €	888 €	728 €
33 Jahre	1.489 €	1.232 €	1.013 €	829 €	675 €
34 Jahre	1.420 €	1.168 €	954 €	775 €	626 €
35 Jahre	1.356 €	1.107 €	898 €	724 €	581 €

Diese Kalkulation basiert rein auf Bruttowerten, also ohne steuerliche Betrachtung und ohne Kosten für die Anlage. Auch berücksichtigen wir bei diesen Zahlen keine inflationäre Entwicklung.

Abb. 2.1.4 Quelle: eigene Berechnung Honorarfinanz AG

Zeit ist Geld

Diese Tabelle ist Ausdruck einer wichtigen Erkenntnis: Je früher Sie mit dem regelmäßigen Investieren beginnen, desto geringer kann die monatliche Sparsumme sein, um Ihr Ziel zu erreichen. Umgekehrt gilt: Je später Sie anfangen, desto größer müssen Ihre finanziellen Anstrengungen sein. Hinzu kommt ein weiterer wichtiger Faktor, der aus der reinen Renditetabelle nicht ersichtlich ist: Wo investieren Sie Ihr Geld? 7 Prozent Rendite pro Jahr zu erzielen, erscheint Ihnen vielleicht als sehr ehrgeiziges und vielleicht sogar unrealistisches Vorhaben. Das ist es auch, wenn Sie die falsche Strategie anwenden und auf die falschen Produkte setzen. Wenn Sie jedoch beim Investieren auf die Kosten achten und ein paar einfache Regeln befolgen, ist eine solche Rendite möglich. Als Belohnung für Sie als cleveren, kostenbewussten Anleger können Sie den Zeitraum, den Sie benötigen, um Ihre finanziellen Ziele zu erreichen, deutlich verkürzen. Welche Fallstricke Sie umgehen sollten und welche Instrumente für Sie geeignet sind, zeigen wir Ihnen in den folgenden Kapiteln. Zunächst helfen wir Ihnen jedoch dabei, Ihren Weg zur finanziellen Unabhängigkeit weiterhin gewissenhaft vorzubereiten ...

Um Ihnen die Planung Ihrer finanziellen Freiheit zu erleichtern, haben wir unter www.honorarfinanz-freiheitsrechner.de ein Onlinetool hinterlegt, mit dem Sie individuell Ihre Planung berechnen können.

Schritt Nummer zwei: Sichern Sie Ihre finanzielle Basis

Als Topverdiener verfügen Sie über eine äußerst wichtige Voraussetzung für den Aufbau eines beachtlichen Vermögens, nämlich ein überdurchschnittliches Einkommen. Ihre Einkünfte übersteigen den Durchschnitt deutlich. Mit Einnahmen im hohen sechsbis siebenstelligen Bereich haben Sie eine hervorragende Grundlage für Ihre finanzielle Unabhängigkeit und Freiheit geschaffen, denn das erzielbare Einkommen spielt eine entscheidende Rolle. Wenn Sie zusätzlich in Ihre Bildung investieren, erhöhen Sie nicht nur die Wahrscheinlichkeit, Ihr Arbeitseinkommen weiter zu steigern, sondern auch Ihr Potenzial für den Aufbau eines größeren Vermögens. Darüber hinaus erweitert eine höhere Bildung Ihren Horizont und eröffnet Ihnen neue Perspektiven, die Sie glücklich machen können. Dies sollte man nicht unterschätzen. Was nützt Ihnen viel Geld, wenn Sie nicht die Fantasie haben, es sinnvoll auszugeben, zu investieren oder zu spenden?

Kommen wir nun zum nächsten konkreten Schritt: Zu wissen, wie man viel Geld verdient, ist eine gute Sache. Zu wissen, wie man diese gute Basis nutzt, um ein Vermögen intelligent aufzubauen, ist jedoch etwas anderes. Der wichtige zweite Schritt auf dem Weg zur finanziellen Freiheit besteht daher darin, detailliert aufzuschreiben, wie hoch Ihre Einkünfte aus Arbeit und bereits getätigten Investitionen sind. Gleichzeitig sollten Sie dieser Summe Ihre regelmäßigen Ausgaben gegenüberstellen. Eine realistische Übersicht über Ihre monatlichen Netto-Einnahmen – also Einkommen und Einkünfte abzüglich Verpflichtungen wie Versicherungen, Miete, Zinsen und so weiter – sollte unter dem Strich ein ordentliches Plus aufweisen. Was auch immer dort steht: Es gibt immer Optimierungsbedarf, auch ohne einschneidende Einschränkungen. Und daran wagen wir uns nun Schritt für Schritt heran.

Schreiben Sie auf, wie viel Geld Sie regelmäßig investieren können und wollen

Gehen Sie also diesen nächsten Schritt und übersetzen Sie Ihren Plan in Ihre Lebenssituation. Das bedeutet konkret: Sie rechnen aus, ob und wie Sie den oben berechneten monatlichen Investitionsbetrag aufbringen können. Gehen Sie strukturiert vor. Schreiben Sie Ihre aktuellen und perspektivisch realistischen privaten Einnahmen und Ausgaben auf. Die positive Differenz ist Ihr Sparpotenzial. Im besten Fall stellen Sie fest, dass dieses Potenzial größer ist, als Sie dachten. Sie können die vorherigen Tabellen nutzen, um zu entscheiden, inwieweit Sie dieses Potenzial ausschöpfen wollen, um früher oder später Ihr finanzielles Wunschziel zu erreichen. Schreiten Sie zur Tat: Beginnen Sie mit dem einfachsten Teil der Übung, Ihren Einnahmen. Das sind Ihr Bruttoeinkommen, eventuell Einnahmen aus Vermietungen und Erträge aus bereits angelegtem Vermögen. Tragen Sie diese Positionen entweder als monatlichen oder als jährlichen Wert in die unten freigelassenen Felder ein. Die Summe aus all diesen Positionen ist Ihre Bruttoeinnahme.

- Bruttogehalt / Bruttogewinn: ____________________€
- Einnahmen aus Vermietung und Verpachtung: ____________________€
- Sonstige Einnahmen: ____________________€
- Kindergeld: ____________________€

Gesamte Bruttoeinnahmen: ____________________€

Einen realistischen Wert für die Ausgaben auszurechnen, ist in der Regel etwas aufwendiger. Die Erfahrung zeigt, dass die wenigsten Menschen Buch über ihre Ausgaben führen. Aber das lässt sich ändern. Nur keine Angst. Wenn Sie mit System an die Sache herangehen, klart der Nebel über Ihren privaten Geldströmen schnell auf.

Fangen Sie mit den unabänderlichen Kosten an: Da ist zum Beispiel das leidige Thema Steuern. Schreiben Sie auf, wie hoch Ihr Steueraufkommen in den vergangenen Jahren im Durchschnitt war, und Ihre Einschätzung, womit Sie in den kommenden Jahren rechnen. Greifen Sie eher zu hoch als zu niedrig. Wenn das Finanzamt Überraschungen für Sie bereithält, dann sind diese erfahrungsgemäß eher wenig erfreulich. Deshalb bauen Sie lieber einen Risikopuffer in Ihre Kalkulation ein.

Der nächste Ausgabenpunkt ist eventuell Ihre gesetzliche Rentenversicherung oder ein Versorgungswerk, bei dem Sie regelmäßig einen Betrag für Ihre spätere Altersversorgung einzahlen. Weitere Punkte auf der Ausgabenseite sind zusätzliche Versicherungs- und Sparverträge, die Sie irgendwann einmal unterschrieben haben. Dazu kommen die Kosten für die Krankenversicherung, Tilgungen und Zinsen für Immobilien, Leasingverträge, berufliche oder private Darlehen und die Eigenheimfinanzierung. Vergessen Sie hier nicht: Die Zinsen für Investitionen oder auch fremdvermietete Immobilien sind steuerlich abzugsfähig, die Eigenheimzinsen nicht. Bei Ihrer Einnahmen-Ausgaben-Rechnung bedeutet das: Anfangs haben Investitionen eine hohe Abschreibung erzeugt und die Steuerlast gedrückt. Irgendwann fallen diese aber weg und Ihre Steuerbelastung wird größer.

Nicht unterschätzen sollten Sie Ihre Lebenshaltungskosten. Das sind zum einen Standardausgaben wie Wasser, Strom, Essen und Trinken, Telefonkosten – nennen wir es einmal »Basiskosten«. Darüber hinaus wollen Sie sich vielleicht auch etwas gönnen. Es muss nicht immer das billigste Schnitzel sein, ein gutes Steak ist schon besser – vielleicht ja auch ein teures veganes, wer weiß. Vielleicht reisen Sie grundsätzlich erster Klasse und fahren ein Auto aus dem oberen Preissegment. Kosten fallen an für Spritverbrauch, Wartung, Ersatzteile, Reifenwechsel, Kfz-Versicherung und so weiter. Schreiben Sie all dies auf. Lebensmittel, Urlaub, Hobbys, Kleidung, Kinderbetreuung, Nebenkosten für das Haus und so weiter. Sie merken schon: Die Liste ist lang. Vermutlich länger, als Sie gedacht haben.

► Unsere Erfahrung lautet: Wenn uns ein Kunde seine Lebenshaltungskosten pauschal aus dem Bauch heraus nennt, dann liegen die tatsächlichen Ausgaben eher 20 bis 30 Prozent darüber. Unter folgendem Link haben wir Ihnen einen beschreibbaren Lebenshaltungskostenplan zum Download zur Verfügung gestellt. Hierzu müssen Sie sich kurz registrieren: www.mein-lebenshaltungskostenplan.de.

Und jetzt noch einmal Hand aufs Herz: Wissen Sie, wie hoch Ihre Lebenshaltungskosten sein dürfen, damit das alles funktioniert, ohne dass Sie Ihr Konto ins Minus führen? Sind die ganzen Ausgaben für Sie notwendig und Nutzen bringend? Schaffen Sie damit ein Vermögen, welches Sie zur finanziellen Unabhängigkeit führt? Es sind wichtige Fragen. Denken Sie in Ruhe darüber nach. Schreiben Sie die Zahlen gerne in das folgende Feld:

- Einkommensteuer: ____________________ €
- Rentenversicherung, Versorgungswerk: ____________________ €
- Krankenversicherung: ____________________ €
- Risikoversicherungen: ____________________ €
- Private Altersvorsorge- und Sparbeiträge: ____________________ €
- Zins und Tilgung Darlehen: ____________________ €
- Lebenshaltungskosten: ____________________ €

Gesamte Ausgaben: ____________________ €

Wie gesagt: Die wenigsten Menschen haben einen genauen Überblick über ihre Zahlungsströme. Wir helfen Ihnen hier durch eine bildhafte Erinnerungshilfe weiter. In Abb. 2.1.5 sehen Sie beispielhaft eine typische Liquiditäts- und Vermögensstruktur. Sind Sie Freiberufler oder Selbstständiger, dann wird das Ganze noch komplexer. Auf der einen Seite wollen Sie die beruflichen finanziellen Herausforderungen meistern, auf der anderen Seite die auf der privaten Ebene.

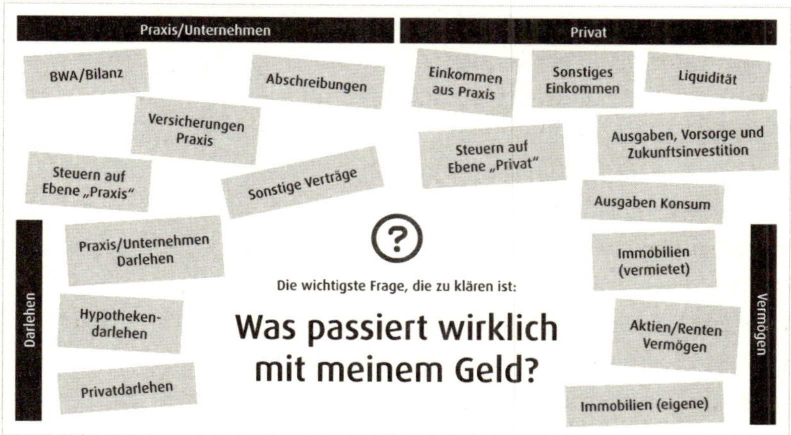

Abb. 2.1.5 Quelle: eigene Darstellung Honorarfinanz AG

Die zentrale Frage, die sich aus Ihrer gesamten finanziellen Situation ergibt, lautet: Was geschieht eigentlich mit Ihrem Geld? Haben Sie sich diese Frage vielleicht auch schon einmal gestellt? Ergibt das alles so, wie Sie es handhaben, überhaupt Sinn? Und können Sie mit Ihrer aktuellen Vorgehensweise überhaupt finanzielle Freiheit erlangen? Wenn Sie darauf keine konkrete Antwort haben, werden Sie die Auswirkungen des gegenwärtigen Zustands und aller zukünftigen Finanzentscheidungen auf gut Glück treffen und dem Zufall überlassen. Doch wie wir alle wissen, ist der Zufall kein guter Ratgeber. Betrachten wir dazu ein Beispiel aus der Praxis. Der Name wurde geändert. Die Geschichte der Ärztin, die wir hier Dr. Nicole Richter nennen, ist jedoch wahr. Anhand dieses

Beispiels wird das Prinzip deutlich, mit dem Sie Ihre persönlichen finanziellen Rahmenbedingungen genau unter die Lupe nehmen können.

Nicole, die viel beschäftigte Ärztin

Nicole, eine Medizinerin in ihren Vierzigern, ist Inhaberin einer außergewöhnlich erfolgreichen Praxis, in die sie einen beträchtlichen Teil ihrer Zeit, ihrer Energie und ihres Engagements investiert. Die Praxisräume sind angemietet. Mit einem durchschnittlichen jährlichen Einkommen von 300.000 Euro (vor Steuern) hat sie für sich und ihre Familie einen gehobenen Lebensstil geschaffen. Sie bewohnt ein Einfamilienhaus und hat zwei Kinder, die voraussichtlich in etwa neun Jahren ein Studium beginnen werden. Ihr Ehemann ist eine wertvolle Unterstützung in der Praxis und eine wichtige Stütze im Privatleben. Sowohl die Praxis als auch die Familie genießen ihre Aufmerksamkeit. Wie viele andere Leistungsorientierte hat Nicole jedoch kaum Zeit für finanzielle Angelegenheiten, die über ihren beruflichen und familiären Alltag hinausgehen. Dies ist ein weitverbreitetes Phänomen, wie die Abb. 2.1.6 veranschaulicht. Insbesondere die berufliche Tätigkeit nimmt den Großteil der Lebenszeit in Anspruch. Und so wie viele andere Topverdiener hat auch Nicole wenig Zeit, sich um ihre Finanzen zu kümmern.

Finanzielle Themen empfindet Nicole eher als Last und schiebt sie daher vor sich her. In Geldangelegenheiten fühlt sie sich oft unsicher und überlässt alles, was mit Finanzen zu tun hat, ihrem Steuerberater und ihrem Bankberater. Einmal im Jahr fordert die Bank von Nicole eine Aufstellung ihrer Vermögenswerte an. Die Schulden für ihr Haus belaufen sich noch auf über 757.000 Euro. Beim Praxiskredit beträgt der Schuldenstand konstant 340.000 Euro, da sie diesen Kredit als endfälliges Darlehen über eine Fonds-

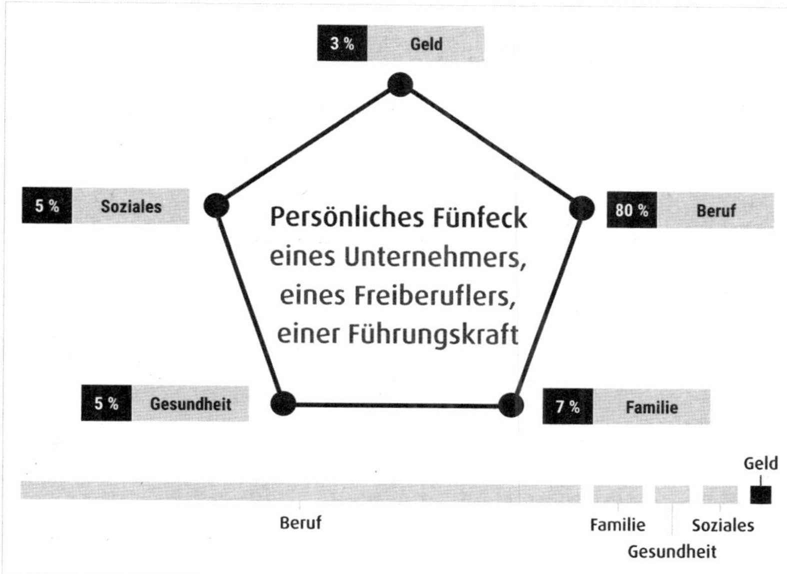

Abb. 2.1.6 Quelle: eigene Darstellung Honorarfinanz AG

Rentenversicherung anspart. Nicole geht davon aus, dass alle Darlehen bis zu ihrem 60. Lebensjahr getilgt sein werden.

Gleichzeitig möchte sie mehr in ihre Altersvorsorge investieren, als nur Beiträge an das Versorgungswerk und in verschiedene Lebensversicherungen zu leisten. Aktuell trägt sie sich mit dem Gedanken, zusätzlich in eine vermietete Wohnung als Kapitalanlage zu investieren. Sie plant nicht, bis zum offiziellen Rentenalter auf dem aktuellen Niveau weiterzuarbeiten. Vielmehr ist es ihr Wunsch, noch vor dem regulären Ruhestand von den Erträgen ihrer Arbeit zu profitieren und ihren gewohnten Lebensstandard aufrechtzuerhalten, um später auf nichts verzichten zu müssen. Wenn sie jährlich die Nachweise und Finanzstände ihres Investmentdepots und der Versicherungspolicen erhält, erscheinen ihr diese wenig rentabel und sinnvoll. Sie ist verunsichert, reagiert aber in einem solchen Moment wie viele andere auch: Sie legt die Unterlagen ab und spart fleißig weiter wie bisher. Dabei fühlt sie sich jedoch nicht wirklich wohl.

Nicoles gesamtes finanzielles Engagement – das Versorgungswerk, die Lebensversicherungen, der Fondssparplan und nun eventuell die Immobilie zur Vermietung – ist nur finanzierbar, wenn die Geschäftszahlen ihrer Praxis mindestens auf dem bisherigen Niveau bleiben. Was aber, wenn die geplanten Zahlen nicht erreicht werden, wenn eine Krankheit sie zwingt, die Leistung ihrer Praxis zu reduzieren, und die Sparverträge am Ende nicht die prognostizierten Ablaufleistungen erbringen? Was, wenn eine Zinswende die Darlehen am Ende der Zinsfestschreibung verteuert? Und wo bleibt eigentlich das ganze Geld, wenn der Gewinn doch bei über einer Viertelmillion liegt?

Nicole braucht einen Plan

Nicole kann beruhigt sein: Sie hat sich das Geld tatsächlich verdient und es wurde ordnungsgemäß auf ihrem Konto gutgeschrieben. Doch wie bei allen Spitzenverdienern wurde es anschließend für verschiedene Kosten und Investitionen genutzt. Genauso selbstverständlich, wie Nicole die finanziellen Ströme ihrer Praxis anhand betriebswirtschaftlicher Analysen steuert, sollte sie auch ihre privaten Finanzen strukturiert im Blick behalten. Früher oder später wird sie nicht darum herumkommen, eine detaillierte Übersicht über ihre gesamten finanziellen Verhältnisse zu erstellen. Erst wenn sie diese Klarheit hat, kann sie beurteilen, ob sie ihre finanzielle Unabhängigkeit mit 60 Jahren erreichen und sich die Anschaffung einer vermieteten Immobilie als Kapitalanlage leisten kann. Ihre zentrale Fragestellung lautet daher: Reichen ihre aktuellen finanziellen Mittel aus, um diese Ziele zu verwirklichen?

Um diese Frage konkret beantworten zu können, benötigt Nicole eine vollständige Aufstellung all ihrer finanziellen Verpflichtungen sowie eine Projektion für die kommenden Jahre. Ähnlich wie sie ihre Praxis betriebswirtschaftlich auswertet, benötigt sie auch für ihre privaten Finanzen eine detaillierte Analyse. Doch der wesentliche Unterschied liegt darin, dass sie nicht nur eine Rückschau auf vergangene Jahre braucht, sondern eine vorausschauende Planung bis zum Renteneintritt und darüber hinaus. Sie benötigt also eine Art finanziellen Radar, der ihre zukünftige Entwicklung sichtbar macht. Hierbei sollten sowohl ihre Einnahmen und Ausgaben als auch ihr aktuelles Vermögen und bestehende Verbindlichkeiten langfristig simuliert werden. Falls ihr Steuerberater nicht über die nötigen Werkzeuge verfügt, um eine solche Finanzplanung zu erstellen – was oft der Fall ist –, sollte sie einen unabhängigen Finanzplaner beauftragen.

Einnahmen und Ausgaben im Detail durchleuchten

Wie gesagt: Viele Menschen haben keinen vollständigen Überblick über ihre finanziellen Zu- und Abflüsse. Auch Nicole wusste lange nicht genau, wie viel ihr nach Steuern und sämtlichen Ausgaben tatsächlich übrig blieb. Das liegt unter anderem daran, dass sie, im Gegensatz zu ihrer früheren Anstellung mit einem festen Monatsgehalt, als selbstständige Ärztin mit unregelmäßigen Einkünften arbeitet. Die Gelder gehen auf das Praxiskonto ein und sie entnimmt privat nach Bedarf. Doch eine fundierte Finanzstrategie erfordert, dass sie ihre Einnahmen- und Ausgabensituation detailliert analysiert und daraus eine feste monatliche Privatentnahme ableitet – ähnlich einem Unternehmerlohn. Die Höhe dieser Entnahme sollte sich an den durchschnittlichen Gewinnen der letzten Jahre orientieren, wobei ein Sicherheitsabschlag berücksichtigt wird, um potenzielle Gewinnrückgänge abzufedern. Mit diesem systematischen Vorgehen kann Nicole ihre privaten Finanzen besser steuern, da sie sich an einem festgelegten Einkommen orientiert und nicht wahllos Geld vom Konto entnimmt.

In ihrer Praxis dient das zu versteuernde Jahreseinkommen als Grundlage für die Steuerberechnung. Da das steuerlich relevante Einkommen um Abschreibungen reduziert wird, die jedoch keine direkten Liquiditätsabflüsse darstellen, fällt der tatsächliche Cashflow höher aus als das zu versteuernde Einkommen. Daher ist es essenziell, den realen Cashflow unter Berücksichtigung der Abschreibungen zu bestimmen.

Zusätzlich zu den beruflichen Einnahmen gehören auch Einkünfte aus Vermietung und Verpachtung, Kapitalerträge wie Zinsen und Dividenden, Kindergeld sowie das Einkommen des Partners zur privaten Einnahmenseite. Basierend darauf wird die zu entrichtende Steuerlast berechnet, die quartalsweise fällig ist. Nicole sollte daher regelmäßig mit ihrem Steuerberater Rücksprache halten, um sicherzustellen, dass sie die richtigen Steuervorauszahlungen leistet. Ein exakter Steuerplan minimiert das Risiko unangenehmer Überraschungen. Wenn ihr Steuerberater jedoch lediglich die Vergangenheit verwaltet und ihr nur mitteilt, wie viel Steuern sie zahlen muss, sollte sie über einen Wechsel nachdenken. Ein guter Steuerberater ist nicht nur ein Rückblickender, sondern auch ein vorausschauender Partner, der aktiv zur finanziellen Planung beiträgt – insbesondere für Personen mit hohem Einkommen, die für diese Dienstleistung entsprechend bezahlen.

Die finanziellen Verpflichtungen im Blick behalten

Die private Ausgabenseite ist, wie eingangs dieses Kapitels geschildert, oft komplexer als erwartet. Bei Nicole stellen die Zins- und Tilgungsleistungen für ihre Immobilien- und Praxisdarlehen die größten finanziellen Abflüsse dar, gefolgt von Beiträgen für

Altersvorsorge- und Sparverträge. Hinzu kommen Kosten für das Versorgungswerk, die private Krankenversicherung und diverse Versicherungen für Haus und Familie. Auch die alltäglichen Lebenshaltungskosten – von Haushaltsausgaben über Kleidung bis hin zu Urlaub und Freizeitaktivitäten – müssen berücksichtigt werden.

Zur besseren Visualisierung solcher finanziellen Ströme kann eine einfache Excel-Tabelle genutzt werden, um Einnahmen und Ausgaben strukturiert darzustellen. So erhält Nicole eine klare Übersicht über ihre finanzielle Lage und kann fundierte Entscheidungen für ihre Zukunft treffen.

In der Abb. 2.1.7 zeigen wir eine vereinfachte Musterdarstellung für den Aufbau der jährlichen Einnahmen und Ausgaben. Hier handelt es sich um Stromgrößen, also Zahlen, die besagen,

Meine Einnahmen pro Jahr		Meine Ausgaben pro Jahr	
+ selbstständige Tätigkeit (Praxis)	300.000 €	– Darlehen 1 Eigenheim (Zins/Tilgung)	43.800 €
+ nicht selbstständige Tätigkeit	6.000 €	– Darlehen 2 Eigenheim (Zins/Tilgung)	30.996 €
+ Kindergeld	5.256 €	– Fonds-Rente Praxisansparung	23.000 €
		– Index-Rente private Vorsorge	6.000 €
+ vermietete Immobilie	0,00 €	– Fonds-Rente private Vorsorge	4.800 €
		– Basis-Rente private Vorsorge	6.000 €
+ Kapitalvermögen (Zinsen/Dividende)	0,00 €		
		– Fondssparplan	2.400 €
		– Versorgungswerk	24.000 €
		– Krankenversicherung	9.329 €
		– private Versicherungen	5.500 €
		– Lebenshaltungskosten	60.000 €
Gesamteinnahmen pro Jahr	**311.256 €**	**Gesamtausgaben pro Jahr**	**215.825 €**
		– *Steuerzahlung*	*83.124 €*
		Überschuss/Unterdeckung	**+ 12.307 €**

Abb. 2.1.7 Quelle: eigene Darstellung Honorarfinanz AG

was binnen eines Jahres zufließt und was abfließt. Sie können diese Übersicht mit einer einfachen Excel-Datei nachbauen und sich damit schnell einen Überblick über Ihre Zahlungsströme verschaffen. Am Beispiel von Nicole sehen Sie, wie das funktioniert.

Was vom Gewinn für Nicole übrig bleibt

Zusammengefasst ergibt sich aus den steuerlichen Auswertungen, dass Nicole ein durchschnittliches zu versteuerndes Einkommen von 300.000 Euro brutto hat. Dadurch kann sie sich ein monatliches Unternehmergehalt von 25.000 Euro brutto auszahlen. Ein Teil davon muss für Steuerzahlungen zurückgelegt werden, die derzeit bei etwa 83.000 Euro pro Jahr liegen und nach dem Wegfall der Abschreibung voraussichtlich auf 96.000 Euro ansteigen werden. Diese künftige Erhöhung der Steuerlast war Nicole – wie vielen anderen selbstständigen Spitzenverdienern – zuvor nicht bewusst. Erst durch diese Aufstellung wurde ihr das Ausmaß deutlich.

Zusätzlich zahlt sie jährlich 24.000 Euro in das Versorgungswerk ein, während rund 9.000 Euro für ihre private Kranken- und Pflegeversicherung anfallen. Neben den jährlichen Kreditverpflichtungen für ihr Eigenheim in Höhe von etwa 75.000 Euro investiert sie weitere 39.800 Euro in Sparverträge zur Praxisfinanzierung sowie für ihre private Altersvorsorge. Für ihre allgemeinen Lebenshaltungskosten, darunter Lebensmittel, Kleidung, Kinder, Urlaub, Freizeit und Hobbys, hat Nicole eine jährliche Summe von 60.000 Euro veranschlagt. Nach Abzug weiterer privater Versicherungen, darunter Berufsunfähigkeits-, Hausrat- und Haftpflichtversicherung, verbleibt ihr am Ende des Jahres ein Überschuss von nicht einmal 12.000 Euro – und das, obwohl ihre Praxis jährlich 300.000 Euro Gewinn erwirtschaftet. Das Ergebnis hat Nicole überrascht. Sie ist mit dieser Reaktion jedoch nicht allein, denn viele unserer Klienten erleben in Beratungsgesprächen ein ähnliches Gefühl des Erstaunens.

Ein entscheidender Schritt, um aus dieser Überraschung eine fundierte finanzielle Übersicht zu gewinnen, besteht darin, alle Einnahmen und Ausgaben strukturiert zu erfassen – beispielsweise mithilfe einer Excel-Tabelle. Um Ihnen diesen Prozess zu erleichtern, stellen wir Ihnen unsere digitale Finanzplanungssoftware zur Verfügung. Damit können Sie Ihre gesamten Zahlungsströme anonym erfassen und diese sowohl bis zum Renteneintritt als auch darüber hinaus planen. Auf diese Weise erhalten Sie eine klare Übersicht darüber, welcher Betrag Ihnen nach Abzug aller Ausgaben tatsächlich bleibt. Sie finden unser Tool im Internet unter der Adresse: https://honorarfinanz.xps-privatfinanz.de.

Ehrliche Analyse von Soll und Haben

Jedes Mal, wenn Nicole ihr Onlinebanking öffnet, fühlt sie sich frustriert. Der Blick fällt sofort auf die hohen Kreditstände, die in roten Zahlen angezeigt werden. Zwar stehen diesen Schulden in den meisten Fällen Vermögenswerte wie der Praxiswert oder der Immobilienwert gegenüber, doch diese sind im Onlinebanking nicht sichtbar. Große Schuldenbeträge wirken daher oft demotivierend – selbst wenn ihnen Sachwerte gegenüberstehen. Besonders problematisch wird es, wenn Verbindlichkeiten entstehen, ohne dass ein realer Gegenwert existiert. Dies trifft beispielsweise auf Kredite zu, die zur Umfinanzierung überzogener Praxiskonten oder zur Begleichung von Steuerschulden aufgenommen wurden. Eine solche Situation sollte unbedingt vermieden werden. Werfen wir daher einen genaueren Blick darauf, warum es essenziell ist, die eigene Vermögens- und Schuldenlage stets im Blick zu behalten.

Die Bank fordert von Nicole einmal im Jahr eine Übersicht über ihr aktuelles Vermögen und ihre Verbindlichkeiten an. Doch wofür benötigt die Bank diese Informationen? Eine solche Vermögensaufstellung liefert nicht nur der Bank, sondern auch Nicole selbst eine klare Einschätzung ihrer finanziellen Situation und gibt Aufschluss über ihre Kreditwürdigkeit. Übersteigen ihre Vermögenswerte die Schulden deutlich, erhält sie eine positive Bewertung. Liegt ihr Vermögen jedoch unterhalb der Schulden, gilt sie als überschuldet und könnte im schlimmsten Fall keine neuen Kredite mehr bekommen. Selbst wenn das Vermögen nur knapp über den Verbindlichkeiten liegt, kann sich dies bereits negativ auf ihr Kreditrating auswirken. Eine schlechtere Bonität führt in der Regel zu ungünstigeren Zinskonditionen für künftige Darlehen, während eine gute Bonität bessere Kreditkonditionen ermöglicht.

Für Nicole bedeutet das konkret: Falls sie beabsichtigt, eine vermietete Immobilie zu erwerben und dafür ein Darlehen aufzunehmen, spielt ihre finanzielle Gesamtsituation eine entscheidende Rolle für die Kreditvergabe und das Zinsangebot.

Mein Vermögen		Meine Verbindlichkeiten	
+ Einfamilienhaus	1.100.000 €	– Darlehen 1 Eigenheim	349.995 €
		– Darlehen 2 Eigenheim	407.340 €
+ Fonds-Rente Praxisansparung	186.000 €		
+ Index-Rente private Vorsorge	28.800 €		
+ Fonds-Rente private Vorsorge	28.800 €		
+ Basis-Rente private Vorsorge	12.000 €		
+ Tagesgeld	85.000 €		
+ Fondsdepot	35.000 €		
+ Praxiswert	320.000 €	– Darlehen Praxis	340.000 €
Gesamt	**1.795.600 €**	**Gesamt**	**1.097.335 €**
Nettovermögen/Eigenkapital	**+ 698.265 €**		

Abb. 2.1.8 Quelle: eigene Darstellung Honorarfinanz AG

In der Abb. 2.1.8 wird gezeigt, wie sich eine Vermögensübersicht ganz einfach mit einer Excel-Tabelle erstellen lässt. Auf der linken Seite werden die Vermögenswerte erfasst, während auf der rechten Seite die Verbindlichkeiten aufgelistet sind. Ziel ist es, das Nettovermögen – also die Differenz zwischen Vermögen und Schulden – zu berechnen. Auch hierfür steht Ihnen die digitale Finanzsoftware unter https://honorarfinanz.xps-privatfinanz.de zur Verfügung, mit der Sie Ihre persönliche Vermögensübersicht erstellen können.

So viel ist Ihr Vermögen netto wert

Vermögenswerte setzen sich aus verschiedenen Bestandteilen zusammen. Dazu gehören unter anderem die Verkehrswerte von Immobilien, die entweder selbst genutzt oder vermietet sind.

Tipp:

Vermeiden Sie es, unrealistisch hohe Wunschwerte für Ihre Immobilien anzusetzen. Auch eine optimistische Annahme einer starken Wertsteigerung der eigengenutzten Immobilie kann zu einer verzerrten Einschätzung führen. Bleiben Sie daher objektiv und prüfen Sie online, zu welchen Preisen vergleichbare Immobilien aktuell verkauft werden. So erhalten Sie eine realistische Einschätzung des tatsächlichen Marktwerts.

In unserem Beispiel ist der größte Vermögensbestandteil bei Nicole ihre Immobilie, die mit einem geschätzten Wert von 1,1 Millionen Euro zu Buche schlägt. Falls Sie – ähnlich wie Nicole – Ihre Altersvorsorge über Lebens- oder Rentenversicherungen aufbauen, sollten Sie die aktuellen Rückkaufswerte bei Ihrer Versicherung erfragen. Der Rückkaufswert entspricht der Summe, die Sie erhalten würden, wenn Sie den Vertrag auflösen. In Nicoles Fall beläuft sich dieser Betrag derzeit auf 255.600 Euro.

Tipp:

Nutzen Sie die Gelegenheit, wenn Sie den Rückkaufswert erfragen, um auch herauszufinden, wie viel Sie bisher in den Vertrag eingezahlt haben. Sollte sich zeigen, dass Ihre Einzahlungen den aktuellen Wert übersteigen, also Ihr Guthaben niedriger ist als die eingezahlte Summe, sollten Sie Ihre Strategie überdenken. Falls Sie erkennen, dass es Optimierungsbedarf gibt, finden Sie in diesem Buch hilfreiche Lösungsansätze. Nicole war beispielsweise sehr verärgert, als sie erfuhr, dass sie bereits 320.000 Euro in ihre Verträge eingezahlt hatte, aber nach fast zehn Jahren immer noch mit rund 20 Prozent im Minus lag. Warum das so ist, wird später im Buch erläutert.

Bankguthaben, Wertpapierdepots, Bausparverträge und sonstige Kapitalanlagen werden unter dem Begriff »Kapitalvermögen« zusammengefasst. Falls Sie unternehmerische Beteiligungen an geschlossenen Fonds – etwa an Schiffen, Flugzeugen oder Solaranlagen – besitzen, ist es sinnvoll, deren aktuellen Wert zu überprüfen. Die Erfahrung zeigt, dass solche Anlagen oft weniger wert sind als erhofft, und in vielen Fällen bleibt nur die Hoffnung, das eingesetzte Kapital irgendwann zurückzuerhalten (mehr dazu in Kapitel 5). Bei Nicole ist dieser Bereich überschaubar. Sie investiert regelmäßig in einen Investmentfonds, dessen derzeitiger Wert 35.000 Euro beträgt. Zudem verfügt sie über ein Tagesgeldkonto mit einem Guthaben von 85.000 Euro.

Zum Schluss nimmt Nicole eine grobe Einschätzung des Werts ihrer Praxis vor. Dieser setzt sich aus materiellen und immateriellen Werten zusammen. Auch hier empfiehlt es sich, vorsichtige und realistische Berechnungen anzustellen. Ein gängiger Bewertungsansatz ist es, den durchschnittlichen Gewinn heranzuziehen und diesen mit 70 bis 80 Prozent als Maßstab für den immateriellen Praxiswert zu bewerten. Der materielle Wert ergibt sich aus dem Inventarverzeichnis. Insgesamt schätzt Nicole den Praxiswert auf etwa 320.000 Euro.

Auf Basis dieser Werte ergibt sich für Nicole ein Bruttovermögen von rund 1,795 Millionen Euro. Um das Nettovermögen zu berechnen, müssen nun die Verbindlichkeiten abgezogen werden. Ihre gesamten Darlehensverbindlichkeiten belaufen sich auf 1,097 Millionen Euro. Damit ergibt sich für Nicole ein tatsächliches Nettovermögen von ungefähr 700.000 Euro.

Tipp:

Falls Sie Immobilien besitzen, ist es wichtig, zwischen Darlehen für eigengenutzte und für fremdvermietete Objekte zu unterscheiden. Die Kategorie »Sonstige Darlehen« umfasst private Verbindlichkeiten. Eine wesentliche Rolle spielt die steuerliche Absetzbarkeit der Zinszahlungen bestimmter Kredite. Wenn – wie in Nicoles Fall – das Vermögen die Verbindlichkeiten deutlich übersteigt und der Verschuldungsgrad (Verhältnis der Schulden zum Bruttovermögen) weit unter 100 Prozent liegt, spricht man von einer guten Bonität.

Erreicht Nicole ihre finanziellen Ziele?

Die Analyse von Nicoles finanzieller Situation hat einige wichtige Erkenntnisse gebracht. Die positive Nachricht zuerst: Ihre Bonität ist solide. Ihr Vermögen übersteigt ihre Verbindlichkeiten deutlich, sodass sie aus Sicht der Bank als kreditwürdig gilt. Damit wäre es grundsätzlich möglich, eine Immobilie zu erwerben und zu vermieten, da ihr Nettovermögen fast 700.000 Euro beträgt.

Allerdings gibt es auch eine weniger erfreuliche Erkenntnis: Ihre Liquidität ist begrenzt. Schon eine geringfügige Reduzierung des Praxisgewinns könnte dazu führen, dass ihr jährlicher finanzieller Puffer von rund 12.000 Euro schnell aufgebraucht ist. Sollte es zu einem Mietausfall bei der vermieteten Wohnung kommen, müsste sie diesen Verlust aus ihrem ohnehin knappen Überschuss ausgleichen.

Daher empfehlen wir Nicole, ihre bisherigen Altersvorsorgeverträge auf deren Effektivität und Rentabilität zu überprüfen. Jährlich fließen fast 20.000 Euro in diese Verträge, doch ihre Frustration wächst mit jeder neuen Standmitteilung der Lebens- und Rentenversicherungen. Falls sich herausstellt, dass eine Investition in eine vermietete Immobilie nach Berücksichtigung von Kosten und steuerlichen Effekten vorteilhafter ist als die bestehende Altersvorsorge, könnte dies ein sinnvoller Schritt in Richtung ihres finanziellen Ziels sein.

Wie nah ist Nicole ihrem Ziel?

Kann Nicole ab dem 60. Lebensjahr ihre Arbeitszeit deutlich reduzieren? Wird ihr Vermögen ausreichen, um ihren bisherigen Lebensstandard im Ruhestand zu halten? Um diese Fragen zu beantworten, muss sie ihre Einnahmen, Ausgaben, Vermögenswerte und Verbindlichkeiten über den gesamten Planungszeitraum hinweg simulieren. Dadurch wird sichtbar, wie viel Liquidität ihr langfristig tatsächlich zur Verfügung steht und ob sie mit einem finanziellen Überschuss oder einer Unterdeckung rechnen muss.

Im Fall einer Unterdeckung kann sie gezielt analysieren, in welchen Bereichen ihre Ausgaben zu hoch sind und welche Kosten sie reduzieren sollte. Liegt hingegen ein Überschuss vor, kann sie strategisch entscheiden, wie sie dieses zusätzliche Kapital nutzen möchte – etwa für Sondertilgungen bestehender Darlehen oder für eine gezielte Investition in ihre finanzielle Zukunft.

Zudem erhält sie Klarheit darüber, welchen Mindestumsatz und Gewinn ihre Praxis erwirtschaften muss, um alle finanziellen

Verpflichtungen abzudecken. Sie kann nachvollziehen, wann sie ihre Schulden voraussichtlich vollständig abbezahlt hat und welche Spielräume bestehen, um diesen Prozess möglicherweise zu beschleunigen. Am Ende dieser Analyse wird Nicole erkennen, wann sie finanziell unabhängig sein kann, wann sie aus dem Berufsleben ausscheiden könnte und ob ihr Vermögen ausreicht, um ihren gewünschten Lebensstandard im Ruhestand zu finanzieren.

Nicoles Situation ist typisch für Selbstständige, lässt sich jedoch problemlos auf andere Berufsgruppen und Branchen übertragen. Unabhängig davon, ob jemand als angestellte Führungskraft, Freiberufler oder selbstständiger Unternehmer tätig ist – das grundlegende Prinzip bleibt gleich: Alle Einnahmen müssen den Ausgaben gegenübergestellt werden und es ist entscheidend, zwischen Konsumausgaben und Investitionen zu unterscheiden.

Darum ist der Finanzplan wichtig

Ein Finanzplan ist wie ein Röntgenbild Ihrer finanziellen Situation. Er ermöglicht es Ihnen, realistisch zu berechnen, wann Sie Ihre finanziellen Ziele erreichen können und welche Etappen auf dem Weg dorthin sinnvoll sind. Kurz gesagt: Der Finanzplan bildet das Fundament für Ihren finanziellen Erfolg und dient als Basis für die Auswahl einer passenden Anlagestrategie.

Er ist ein Fahrplan auf dem Weg zur finanziellen Unabhängigkeit und gibt Ihnen Orientierung. Falls Sie noch keinen Finanzplan erstellt haben, ist jetzt der richtige Zeitpunkt, dies nachzuholen. Erst wenn dieser Schritt abgeschlossen ist, macht es Sinn, sich mit der Entwicklung einer individuellen finanziellen Strategie auseinanderzusetzen.

Im nächsten Schritt erklären wir Ihnen, wie Sie Ihre Sparpotenziale entdecken und nutzen können. Das ist ein wichtiger Meilenstein für Ihren Weg vom Topverdiener zum Privatier.

Schritt Nummer drei: Erkennen Sie Ihre Sparpotenziale

Ein hohes Einkommen ist zwar eine gute Ausgangsbasis und ein wichtiger Schritt auf dem Weg zum Privatier. Am Ende zählt jedoch nur, was man über die Jahre hinweg daraus gemacht hat. Und da sieht es unserer Erfahrung nach leider oft mau aus. Leider viel zu viele Topverdiener fällen Entscheidungen aus dem Bauch heraus und verfolgen keinen konkreten Plan. Sie verlassen sich auf ihr aktuell hohes Arbeitseinkommen und machen sich wenig Gedanken über ihre finanzielle Zukunft. Denn es scheint ja in der Regel irgendwie immer ausreichend Geld zur Verfügung zu stehen.

Doch viel Geld zu verdienen, bedeutet nicht gleichzeitig, viel Vermögen zu haben. Oft leben ausgerechnet Topverdiener über ihre Verhältnisse, ohne es zu realisieren. Je mehr Zahlungsströme und Verbindlichkeiten sich über die Zeit ansammeln, desto mehr verlieren sie den Überblick über ihre Finanzen.

Es gibt nun zwei Blöcke Ihres persönlichen Finanzplans, bei denen Sie etwas ändern können, um Ihre Ziele leichter zu erreichen: Sie können die Ausgaben reduzieren oder die Einnahmen erhöhen. Beim Thema »Ausgaben reduzieren« werden Sie jetzt vielleicht zusammenzucken. Doch wir werden Ihnen an dieser Stelle nicht auflisten oder raten, welche Annehmlichkeiten des Lebens Sie jetzt ab sofort streichen sollten, um mehr Geld für Investitionen zur Verfügung zu haben. Das würden wir nicht wagen. Wenn Sie ehrlich zu sich selbst sind und transparent die oben beschriebenen beiden ersten Schritte gegangen sind, können Sie selbst die Ausgabenposten erkennen und entscheiden, welche Prioritäten Sie setzen wollen. Ihnen sind die Golfmitgliedschaft und das teure Auto wichtig? Dann schreiben Sie diese Posten in Ihre Ausgabenliste. Natürlich müssen diese teuren Extras dann auch finanziert werden. Deshalb müssen Sie auf der Einnahmenseite dafür sorgen, dass Sie Ihre Ziele erreichen.

Vielleicht waren Sie an diesem Punkt sogar schon. Der übliche Weg ist dann, die persönlichen Finanzgeschäfte vermeintlichen Experten anzuvertrauen, die einem das Blaue vom Himmel versprechen. Leider handeln viel zu viele »Experten« jedoch nicht im Interesse der Kunden, sondern vor allem in eigenem Interesse. Die Folge: Sie als Topverdiener investieren einen Großteil Ihres Geldes in Finanzprodukte und Investmentstrategien, die entweder kaum Rendite abwerfen oder so riskant sind, dass Sie am Ende Ihr Geld verlieren.

Das muss nicht sein. Der Königsweg zur Erlangung finanzieller Freiheit lautet deshalb nicht: Spare bei deinen Ausgaben und/oder investiere dein Geld in vermeintliche Renditewunder. Es geht viel einfacher: Investiere regelmäßig, gezielt, einfach und preiswert. Spare bei den Kosten für Finanzprodukte und nicht bei deinen Mahlzeiten. Jeder Euro, den Sie nicht für Gebühren und Provisionen ausgeben, bedeutet 1 Euro mehr Rendite für Sie.

Was bedeutet das konkret? Wie spart man an der richtigen Stelle? In den folgenden Kapiteln nehmen wir Sie an der Hand und führen Sie durch das Labyrinth der Chancen und Risiken. Und damit Sie nicht den Überblick verlieren, folgen wir dabei einem sehr gut sichtbaren, leicht wiederaufzunehmenden roten Faden. Wir möchten Ihnen mit diesem Buch helfen, Ihr Ziel nicht nur nicht aus den Augen zu verlieren, sondern es tatsächlich mit einfachen Mitteln zu erreichen: Ihre finanzielle Unabhängigkeit als Privatier – und zwar so früh wie möglich.

Schritt Nummer vier: Entwurf der passenden Investitionsstrategie

Der vierte Schritt auf dem Weg zum Privatier ist etwas komplexer: Sie müssen nun, da Sie Ihre finanziellen Ziele definiert haben, die Investitionsstrategie finden, die Sie genau dorthin führt, wo Sie hinwollen. Wir wollen an dieser Stelle nicht zu viel vorwegnehmen. Aber wir geben Ihnen schon einmal – sehr vereinfacht – das Grundprinzip dafür mit auf den Weg: Eine Investitionsstrategie setzt sich in der Regel wie folgt zusammen: Das Vermögen sollte aus einem Teil bestehen, der regelmäßige Einnahmen generiert und aus einem Teil, der Wachstum beziehungsweise Wertzuwachs erzeugt. Für die regelmäßigen Einnahmen stehen klassischerweise Zinsen und Erträge aus Vermietungen und Verpachtungen. Die betreffenden Vermögenswerte sind Anleihen und Immobilien. Wachstum und Wertzuwachs erzeugen vor allem Aktien im Depot. Sie sorgen durch Dividendenausschüttungen zwar in einem gewissen Umfang auch für regelmäßige Einnahmen. Das ist aber normalerweise nicht ihre Hauptaufgabe in einem Portfolio.

Je größer der Block »regelmäßige Einnahmen« ist, desto weniger Wertzuwachs erzielen Sie – und umgekehrt. Sie können also durch Verschieben der Prioritäten zwischen den beiden Blöcken »Einnahmen« und »Wertzuwachs« bestimmen, ob Ihr Vermögen eher wachsen soll oder ob es mehr Ausschüttungen generieren soll.

Eine langfristige Strategie, die darauf abzielt, über einen gewissen Zeitraum Vermögen aufzubauen, um dann dazu überzugehen, Ihr Leben zu finanzieren, wird die Prioritäten deshalb im Laufe der Zeit verschieben. Das bedeutet: Am Anfang haben Sie mehr Aktien im Depot, später eventuell mehr Anleihen. Wie gesagt: Das ist eine sehr vereinfachte Darstellung. Jetzt kommt es darauf an, wie Sie die Sache konkret angehen. Dabei sind Sie in der Regel auf Hilfe angewiesen. Denn Sie müssen nicht nur die passende Strategie entwickeln, sondern auch die dazu passenden Instrumente nutzen. Es ist also eine gute Idee, sich an diesem Punkt an jemanden zu wenden, der sich auskennt und Sie durch den Finanzdschungel führt.

Damit aus dieser guten Idee keine schlechte und teure Erfahrung wird, machen wir Sie in den folgenden Kapiteln schlauer. Wir erklären Ihnen, warum Sie sich eine »kostenfreie« Beratung nicht leisten können, wer Ihnen weiterhilft, warum Ihr Gewinn im Einkauf liegt, welche Investitionen Sie zu Ihrem Ziel führen und von welchen Finanzinstrumenten Sie die Finger lassen sollten.

Vorab möchten wir Ihnen noch die fünf wichtigsten Regeln auf dem Weg zum Privatier aufzeigen, denn diese bilden die Basis für finanzielle Unabhängigkeit.

2.2 Mit diesen fünf Leitlinien bleiben Sie auf Erfolgskurs

»Als ich jung war, las ich Der reichste Mann von Babylon, *in dem es hieß, man solle möglichst wenig von seinem Einkommen ausgeben und die Differenz investieren. Und siehe da, ich habe das getan und es hat funktioniert.«*

Charlie Munger

Nachdem Sie Ihre finanzielle Freiheit definiert und Ihre aktuelle finanzielle Situation analysiert haben, fühlen Sie sich wahrscheinlich sicherer in Ihrer Planung. Möglicherweise gibt es noch Bereiche, die Sie optimieren möchten, doch allein das Bewusstsein über Ihre Ziele und Ihren finanziellen Standpunkt ist ein bedeutender Fortschritt. Sie wissen nun, welches Einkommen Sie benötigen und welches Vermögen Sie aufbauen sollten. Mit diesem Wissen lassen sich fundierte Entscheidungen für die Zukunft treffen. Der Weg dorthin ist jedoch mit Herausforderungen gespickt, die es zu meistern gilt. Um sicherzustellen, dass Sie auf Kurs bleiben, stellen wir Ihnen fünf essenzielle Prinzipien vor:

1. Die richtige Denkweise als Basis für finanziellen Erfolg

Um langfristig finanziell erfolgreich zu sein, bedarf es mehr als nur Fachwissen. Ihre Einstellung, Disziplin und Ausdauer spielen eine entscheidende Rolle. Das ist nicht anders als in Ihrem Job. Wer das Thema Finanzen nur halbherzig angeht, wird kaum die gewünschten Ergebnisse erzielen. Begegnen Sie Ihrer finanziellen Planung mit echtem Interesse – idealerweise sogar mit Freude. Schließlich haben Sie hart für Ihr Einkommen gearbeitet und es lohnt sich, dieses Geld sinnvoll einzusetzen.

Das bedeutet jedoch nicht, dass Sie täglich tief in Anlagestrategien eintauchen müssen. Vielmehr geht es darum, regelmäßig Zeit für Ihre Finanzplanung zu reservieren. Wie der Unternehmer John D. Rockefeller einmal treffend sagte: »Es ist oft klüger, einmal im Monat über Geld nachzudenken, als den gesamten Monat dafür zu arbeiten.«

2. Schulden minimieren und finanziell unabhängig werden

Die Möglichkeit, sich nahezu jeden Wunsch sofort zu erfüllen, indem man Kredite aufnimmt, ist verführerisch. Gerade Menschen mit hohem Einkommen gelten als kreditwürdig und können sich mit finanzierten Autos und Immobilien scheinbaren Wohlstand erkaufen. Doch es ist wichtig, zwischen guten und schlechten Schulden zu unterscheiden.

Gute Schulden entstehen durch Investitionen, die langfristig Rendite erwirtschaften, wie zum Beispiel Immobilien oder unternehmerische Projekte. Schlechte Schulden hingegen finanzieren Konsumgüter, deren Wert mit der Zeit sinkt.

Unser Rat: Streben Sie eine möglichst schnelle Entschuldung an, insbesondere bei Konsumschulden. Sobald Ihre finanziellen Verpflichtungen abgebaut sind, steigt Ihr verfügbares Kapital und damit auch Ihre Freiheit. Ohne Schuldenlast gewinnen Sie nicht nur finanzielle Sicherheit, sondern auch mehr Lebensqualität.

3. Bewusst innerhalb der eigenen finanziellen Möglichkeiten leben

Viele erfolgreiche Menschen praktizieren finanzielle Genügsamkeit. Ein bekanntes Beispiel ist Warren Buffett, der trotz seines enormen Vermögens weiterhin in seinem vergleichsweise bescheidenen Haus lebt. Sein finanzielles Wohlergehen resultiert nicht nur aus seinen Investitionen, sondern auch aus seinem bewussten Konsumverhalten.

Natürlich bedeutet finanzielle Verantwortung nicht, dass Sie sich nichts gönnen dürfen. Vielmehr geht es darum, bewusste Entscheidungen zu treffen und nicht jedem Impuls nachzugeben. Häufig neigen Menschen mit hohem Einkommen dazu, sich ein Leben im Überfluss zu leisten, anstatt ihr Vermögen gezielt zu mehren. Werbung und soziale Medien suggerieren, dass bestimmte Luxusgüter unabdingbar für ein erfülltes Leben sind. Doch wahre finanzielle Freiheit bedeutet, klug zu konsumieren und unnötige Verbindlichkeiten zu vermeiden.

Ein hilfreicher Ansatz ist es, größere Anschaffungen nicht impulsiv zu tätigen, sondern eine Nacht darüber zu schlafen. Sie werden feststellen, dass viele Kaufwünsche mit etwas Abstand an Bedeutung verlieren. So schaffen Sie es, langfristig mehr Geld für den Aufbau Ihres Vermögens zurückzulegen, ohne auf Lebensqualität zu verzichten.

4. Mit Geduld und Konsequenz Vermögen aufbauen

Ihr beruflicher Erfolg basiert auf harter Arbeit, Weiterbildung und Beharrlichkeit. Genau diese Eigenschaften sind auch für den Vermögensaufbau entscheidend. Dennoch erwarten viele Menschen, dass sich finanzielle Erfolge über Nacht einstellen. Doch das ist eine Illusion. Nachhaltiger Vermögensaufbau erfordert Zeit. Historische Daten belegen, dass sich das Risiko von Kursverlusten an der Börse mit längerer Anlagedauer minimiert. Ebenso entfaltet der Zinseszinseffekt seine volle Kraft erst nach Jahrzehnten. Wer beispielsweise in Aktien investiert, sollte sich bewusst sein, dass eine langfristige Perspektive von mindestens 20 Jahren entscheidend ist.

Ähnlich verhält es sich mit Immobilien: Steuerliche Vorteile greifen oft erst nach zehn Jahren und ein schuldenfreies Immobilienvermögen entsteht meist über einen Zeitraum von zwei Jahrzehnten. Statt auf kurzfristige Spekulationen zu setzen, ist es ratsam, diszipliniert zu investieren und einen langfristigen Finanzplan zu verfolgen.

5. Eine intelligente Anlagestrategie wählen

Oft wird Topverdienern nahegelegt, ihr Vermögen über viele Finanzprodukte breit zu streuen und sich auf Finanzexperten zu verlassen. Doch nicht alle Finanzprodukte sind sinnvoll und hohe Verwaltungsgebühren können die Rendite erheblich schmälern.

Eine durchdachte Anlagestrategie benötigt nicht viele Finanzprodukte, sondern setzt auf bewährte Anlageklassen: Aktien, Anleihen und Immobilien. Diese bieten nicht nur Wachstumschancen, sondern generieren auch laufende Erträge in Form von Dividenden, Zinsen und Mieteinnahmen. Diese Erträge können wiederum reinvestiert werden, um den Vermögensaufbau weiter zu beschleunigen.

Fazit: Erfolgreiches Investieren basiert auf Wissen, Geduld und Strategie. Lassen Sie sich nicht von kurzfristigen Trends oder unrealistischen Gewinnversprechen verleiten. Denken Sie langfristig und setzen Sie auf bewährte Prinzipien – so können Sie Schritt für Schritt finanzielle Unabhängigkeit erreichen.

2.3 So bringen Sie Struktur in Ihre privaten Finanzen

»Der Schlüssel ist es, nicht das zu investieren, was nach dem Verbrauchen übrig bleibt, sondern das zu verbrauchen, was nach dem Investieren übrig bleibt!«

Warren Buffett

Ob als angestellter Topverdiener oder selbstständiger Unternehmer – ein strukturiertes Finanzmanagement ist der Schlüssel zur finanziellen Unabhängigkeit. Während Angestellte mit einem regelmäßigen Einkommen planen können, stellt sich für Selbstständige die Herausforderung, schwankende Einnahmen sinnvoll zu verwalten. Mit einem Kontensystem, das klare Zuordnungen für verschiedene finanzielle Bedürfnisse definiert, schaffen Sie nicht nur mehr Transparenz, sondern Sie bauen sich eine Struktur, die Sie selbst diszipliniert.

Die Idee hinter einem Kontensystem

Ein effizientes Kontensystem stellt sicher, dass für alle relevanten Ausgaben und Rücklagen gezielt Mittel bereitstehen. Jedes Konto übernimmt eine spezifische Funktion: von den Fixkosten über Rücklagen bis hin zum langfristigen Vermögensaufbau. Dies schafft nicht nur finanzielle Klarheit, sondern verhindert auch Liquiditätsengpässe oder Steuerfallen.

Ein bewährtes Prinzip lautet: »Bezahle dich selbst zuerst.« Dies bedeutet, dass Ersparnisse und Investitionen automatisch priorisiert werden – am besten mittels Daueraufträgen direkt nach Eingang des Einkommens. So vermeiden Sie unkontrollierte Ausgaben und sichern Ihre finanzielle Zukunft.

Aus unserer Erfahrung hat sich für viele Topverdiener ein Vier-Konten-System als effizient bewährt, das die Abb. 2.3.1 zeigt.

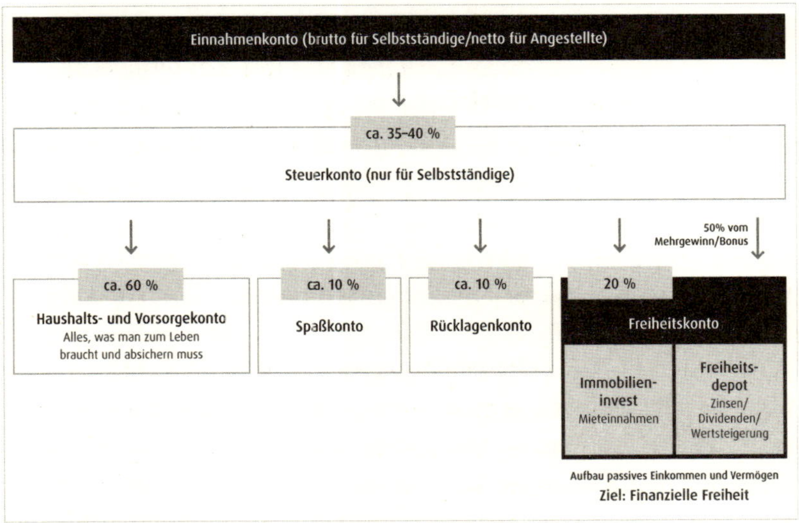

Abb. 2.3.1 Quelle: eigene Darstellung Honorarfinanz AG

Die Struktur eines effizienten Kontensystems

Je nach Bedarf gibt es verschiedene Modelle, die von einer simplen Zwei-Konten-Struktur bis hin zu einem detaillierten Sieben-Konten-System reichen. Ein praxisnahes und bewährtes Modell umfasst vier zentrale Konten:

1. Einnahmenkonto

Dieses Konto dient als zentrale Sammelstelle für Ihre Einkünfte. Von hier aus werden Gelder gezielt auf weitere Konten verteilt, sodass Sie stets den Überblick über Ihre Finanzen behalten.

2. Steuerkonto (für Selbstständige)

Um unangenehme Überraschungen bei der Steuerzahlung zu vermeiden, empfiehlt es sich, monatlich 35 bis 40 Prozent Ihres Bruttoeinkommens auf ein separates Konto zu überweisen. So stellen Sie sicher, dass Rücklagen für Steuerzahlungen stets verfügbar sind.

3. Freiheitskonto (Investitionen und langfristige Vorsorge)

Ein zentraler Baustein finanzieller Unabhängigkeit ist der Vermögensaufbau. Mindestens 20 Prozent Ihres Nettoeinkommens sollten hierfür reserviert werden. Dieses Geld kann gezielt in Wertpapiere, Immobilien oder andere renditestarke Investitionen fließen, um langfristiges Wachstum zu sichern.

4. Haushaltskonto (Lebenshaltungskosten und Vorsorge)

Rund 50 bis 60 Prozent Ihres Nettoeinkommens sollten für laufende Kosten wie Miete, Versicherungen, Lebensmittel und Freizeitaktivitäten eingeplant werden. Ein eigenes Konto sorgt dafür, dass Ihre Lebenshaltungskosten stets gedeckt sind, ohne dass Ersparnisse oder Investitionen angetastet werden.

5. Rücklagenkonto (Notfälle und größere Anschaffungen)

Ein finanzielles Polster für unerwartete Ausgaben ist essenziell. Etwa 10 Prozent Ihres Einkommens sollten auf ein Rücklagenkonto fließen, um Reparaturen, medizinische Notfälle oder größere geplante Anschaffungen problemlos stemmen zu können.

6. Spaßkonto (persönliche Wünsche und Freizeit)

Genuss und Lebensfreude gehören zu einer gesunden Finanzstrategie. Ein festgelegter Betrag (circa 10 Prozent des Einkommens) sollte bewusst für Freizeitaktivitäten, Hobbys oder besondere Anschaffungen genutzt werden – ganz ohne schlechtes Gewissen.

Fazit

Ein durchdachtes Kontensystem schafft finanzielle Ordnung und ermöglicht eine nachhaltige Vermögensbildung. Indem Sie Ihr Einkommen strategisch auf verschiedene Bereiche aufteilen, behalten Sie nicht nur den Überblick, sondern legen auch gezielt die Grundlage für Ihre langfristige finanzielle Sicherheit. Setzen Sie das Modell konsequent um, profitieren Sie von einer strukturierten und stressfreien Finanzplanung, die Ihnen ein Leben in wirtschaftlicher Stabilität ermöglicht.

Jetzt wird es richtig spannend

Vielleicht stellen Sie nach der Lektüre dieses Kapitels fest, dass Sie viele der hier vorgestellten Ansätze bereits umgesetzt haben. Falls dem so ist, herzlichen Glückwunsch! Eine strukturierte Finanzplanung ist ein wichtiger Meilenstein. Doch selbst eine durchdachte Strategie bringt wenig, wenn Fehlentscheidungen den finanziellen Erfolg gefährden. Eventuell denken Sie: Dafür gibt es doch Fachleute, die sich um meine Geldanlagen kümmern und mir helfen, meine finanziellen Ziele zu erreichen. Doch wir zeigen Ihnen, warum eine vermeintlich kostenlose Beratung Sie langfristig teuer zu stehen kommen kann und warum der eigentliche finanzielle Vorteil bereits in klugen Kaufentscheidungen liegt. Die nächsten Kapitel enthalten entscheidende Informationen für Ihre finanzielle Zukunft – lesen Sie sie aufmerksam.

KAPITEL 3

Ihr Finanzberater ist nicht Ihr Freund – und sollte es auch nicht werden

»Die meisten Berater sind weit besser darin, hohe Gebühren zu generieren als hohe Renditen.«

WARREN BUFFETT

Warum Beratung niemals kostenfrei ist

Wenn Sie sich in bestimmten Kreisen bewegen, werden Sie fast zwangsläufig Finanzberatern begegnen. Das fängt schon im Studium an. Wer einen Studiengang wählt, der erwarten lässt, dass er später einmal sehr viel Geld verdienen wird, kommt schon sehr früh in Kontakt mit Finanzvertrieben, die kostenlose Fortbildungen anbieten, Info-Abende veranstalten oder auch Semester- und Abschlussfeiern finanzieren. Später lernt man Berater etwa über Unternehmerseminare kennen, die von Banken, Unternehmensberatern oder Finanzdienstleistern veranstaltet werden. Und falls man bereits gutes Geld verdient, erhält man auch Angebote für Seminare, in denen erklärt wird, wie man in lukrative Kapitalanlagen investiert. Das alles ist nicht verwerflich. Letztendlich können ja Sie als Kunde davon profitieren, dass solche spezialisierten Berater, zu denen auch wir zählen, bereit sind, ihr Wissen weiterzugeben.

Alle diese Angebote sind in der Regel kostenfrei. Frage: Warum ist das wohl so? Antwort: In Deutschland wird Finanzberatung in der Regel als »kostenfreie« Dienstleistung angeboten. Denn die Bereitschaft, für Beratung Geld zu zahlen, ist hierzulande nicht hoch. Gleichzeitig ist es jedoch natürlich so, dass diejenigen, die Beratung anbieten, Kosten haben. Und Geld verdienen wollen. Deshalb ist das, was kostenlos als Beratung daherkommt, in Wahrheit ein Verkaufsgespräch. Es kann gar nicht anders sein. Erstaunlicherweise ist das vielen Menschen nicht klar. Das Beratungsgespräch ist in der Finanzdienstleistungsbranche nur bis zu dem Zeitpunkt kostenlos, an dem Sie etwas kaufen. Wenn Sie rechts unten unter den Kaufvertrag Ihre Unterschrift setzen, dann bezahlen Sie damit nicht nur die Kosten für das Finanzprodukt, sondern auch die vertriebsorientierte Beratung. Damit es sich für den Vermittler des betreffenden Finanzprodukts lohnt, sind dort nicht nur die Kosten für das erste Gespräch, sondern auch gleich die Kosten für alle »Verkaufsgespräche«, bei denen kein Vertrag abgeschlossen wurde, mit eingerechnet. Bei fast jeder Geldanlage sind diese Beratungskosten inkludiert. Je höher diese Kosten sind, desto negativer wirken sie sich auf die Rendite der Kapitalanlage aus, um die es geht. Das ist eigentlich keine Überraschung, sondern einfach nur Mathematik. Doch sind sich nur wenige Anleger bewusst, wie hoch diese Kosten tatsächlich sind und welche Konsequenzen diese haben, selbst wenn sie, wie es gesetzlich vorgeschrieben ist, detailliert aufgeführt werden. Das Ausmaß dieser Kosten wird enorm unterschätzt.

Umso wichtiger ist es, dass Sie sich intensiv mit den Kosten beschäftigen. Denn Sie begehen ja grundsätzlich keinen Fehler, wenn Sie sich als Topverdiener an einen Finanzberater wenden. Sie haben schließlich gute Gründe dafür:

- Als einkommensstarke Person sind Sie es gewohnt, Experten für verschiedene Aufgaben hinzuzuziehen.

- Es gehört für Sie zum Alltag, Verantwortung abzugeben und Aufgaben zu delegieren.
- Ihre Zeit ist für Sie von besonderem Wert.
- Sie wünschen sich eine verlässliche Ansprechperson, die Sie und Ihre Familie regelmäßig über relevante Entwicklungen und anstehende Herausforderungen informiert.
- Ein einziger schwerwiegender Fehler könnte für Sie erhebliche finanzielle Konsequenzen haben.
- Aufgrund Ihres größeren Vermögens ist es für Sie sinnvoll, vertrauenswürdige Berater und Vermögensverwalter an Ihrer Seite zu haben. Diese stellen sicher, dass Ihr Kapital effizient verwaltet und vermehrt wird – ohne dass Sie sich selbst permanent darum kümmern müssen. Dabei spielt auch die Absicherung Ihrer Familie im Falle eines unerwarteten Ereignisses oder Ihres Ablebens eine wichtige Rolle.

3.1 Freunde stellen keine Rechnungen

»Hüte dich vor Leuten, die Versprechungen machen, ohne Gegenleistung zu fordern.«

Bernard Baruch

Bevor Sie sich an einen Finanzberater wenden, sollten Sie ein paar Fakten kennen, die Ihnen dabei helfen, die richtigen Entscheidungen zu fällen.

Finanzberatung ist nie wirklich kostenlos

Viele Menschen in Deutschland sind nicht daran gewöhnt, für Finanzberatung direkt zu bezahlen. Daher scheinen viele Beratungsgespräche zunächst kostenlos zu sein – doch in Wirklichkeit steckt dahinter meist ein Vertriebskonzept. Finanzberater, die scheinbar ohne Vergütung arbeiten, erhalten stattdessen Provisionen von den Anbietern der Finanzprodukte. Sobald Sie einen Vertrag unterschreiben, zahlen Sie nicht nur für das Produkt, sondern indirekt auch für die Beratung. Diese Kosten setzen sich aus Abschluss-, Vertriebs- und Bestandsprovisionen zusammen. Die vermeintlich kostenlose Beratung ist also in Wahrheit nur eine versteckte Kostenstruktur, die durch die Finanzdienstleister an den Berater weitergegeben wird und bei der die Kosten von der Rendite direkt abgezogen werden.

Die tatsächlichen Kosten der Finanzberatung bleiben oft unklar

Bei Finanzprodukten besteht mittlerweile die Pflicht, die entstehenden Kosten offenzulegen. Dennoch vermeiden es viele Berater, diese Informationen verständlich und transparent zu erklären. Häufig werden Kostenangaben in langen, komplizierten Dokumenten versteckt, sodass Anleger nur schwer nachvollziehen können, welche Auswirkungen die Gebühren auf ihre Rendite haben. Der Eindruck, dass »alle Kosten bereits im Produkt enthalten sind und keine zusätzlichen Gebühren anfallen«, führt oft dazu, dass Kunden die tatsächlichen finanziellen Belastungen unterschätzen.

Jeder Kostenpunkt schmälert die Rendite

Es ist eigentlich naheliegend: Jede Gebühr und jede Provision, die für ein Finanzprodukt anfällt, reduziert die mögliche Rendite und damit Ihr zukünftiges Vermögen. Dennoch wird dieser Zusammenhang von vielen Anlegern unterschätzt. Hohe Gebühren können langfristig einen enormen Einfluss auf das Endergebnis haben. Bei lang laufenden Verträgen kann die Differenz zwischen einem günstigen und einem teuren Finanzprodukt erheblich sein – im Extremfall könnte sich das verfügbare Endkapital sogar halbieren. Deshalb ist es entscheidend, Kosten bewusst zu hinterfragen und günstige Alternativen in Betracht zu ziehen.

Einem Freund sagt man ungern »Nein«. Das kann teuer werden.

Jede geschäftliche Beziehung basiert auf einem gewissen Maß an Vertrauen. Das gilt besonders für die Finanzberatung, da hier keine greifbaren oder sichtbaren Produkte verkauft werden. Stattdessen erwerben Sie eine finanzielle Strategie oder eine Geldanlage, die sich erst in der Zukunft bewähren muss. Je größer das Vertrauen in den Berater, desto einfacher fällt es, eine solche Investition abzuschließen. Doch blindes Vertrauen kann riskant sein: Wer Ratschläge ungeprüft übernimmt, setzt sich der Gefahr aus, finanzielle Fehlentscheidungen zu treffen. Besonders heikel wird es, wenn eine freundschaftliche Beziehung zum Berater entsteht – denn dann fällt ein kritisches »Nein« oft schwer, was langfristig teuer werden kann.

»Mein Berater ist doch eine kompetente, sympathische und vertrauenswürdige Person«, denken Sie? Vielleicht verbindet Sie sogar eine freundschaftliche Beziehung und Sie sind per Du. Das ist kein Einzelfall, sondern eine gängige Praxis. Im Vertrieb gehört es zum grundlegenden Handwerk, eine persönliche Bindung zu Kunden aufzubauen – idealerweise so eng, dass eine vertrauensvolle Atmosphäre entsteht. Doch dieses Vertrauen kann teuer werden.

Die Wahrheit ist: Ihr Finanzberater kann oft gar nicht in Ihrem besten Interesse handeln, weil seine eigenen wirtschaftlichen Interessen als Vermittler im direkten Widerspruch zu Ihren Zielen als Anleger stehen. Eine unbequeme Tatsache der Finanzbranche ist, dass viele provisionsorientierte Berater ihren Kunden mehr schaden als nützen. Ihr Hauptziel besteht nicht darin, Ihnen die beste Lösung anzubieten, sondern darin, Finanzprodukte zu verkaufen – denn nur dadurch verdienen sie Geld. Die in diesen Produkten versteckten Gebühren und Provisionen sichern den gesamten Vertriebs- und Vergütungsapparat der Finanzbranche.

Besonders als einkommensstarker Kunde mit wenig Erfahrung im Finanzbereich sind Sie eine attraktive Zielgruppe. Ihre gute Bonität macht Sie zum idealen Kandidaten für den Verkauf möglichst teurer Produkte. Dabei spielt es am Ende keine Rolle, wie gut Ihr Verhältnis zum Berater ist oder ob Sie sich persönlich verbunden fühlen.

Das eigentliche Problem liegt darin, dass die meisten Finanzberater nicht durch eine transparente, direkte Vergütung ihrer Kunden leben, sondern durch Provisionen, die sie für die Vermittlung von Versicherungen, Fonds oder anderen Finanzprodukten erhalten. Ihnen wird meist erklärt: »Die Kosten übernimmt die Gesellschaft, Sie müssen nichts extra bezahlen.« Doch in Wahrheit stammen diese Zahlungen aus den Beiträgen, die Sie in Ihre Geldanlage einzahlen. Das bedeutet: Sie finanzieren nicht nur Ihre eigene Altersvorsorge, sondern auch den Berater und die Kostenstruktur der Finanzunternehmen – oft in einer Höhe, die weit über das hinausgeht, was viele Anleger vermuten.

Um besser zu verstehen, wie stark sich diese Provisionen auf Ihre Finanzen auswirken können, werfen Sie einen Blick auf Abb. 3.1.1. Dort wird veranschaulicht, welche Finanzprodukte Berater besonders gerne empfehlen – und welche langfristigen Kosten für Sie als Anleger entstehen, wenn Sie beispielsweise 20 Jahre lang monatlich 1.000 Euro sparen.

Geht es ums Geld, hört bekanntlich jede Freundschaft auf. Deshalb dürfte ein Finanzberater, den Sie als vermeintlichen Freund schätzen, nicht zusätzlich zu den Abschlussprovisionen auch noch die zusätzlich laufenden Bestandspflegeprovisionen von Ihnen

Produktempfehlung	Abschlussgebühr	Abschlussprovision
klassische/fondsgebundene Rentenversicherung	4 % Abschlussprovision (bezogen auf die Summe der Beiträge)	ca. 9.600 €
aktive Aktien/Mischfonds	3–5 % Ausgabeaufschlag (bezogen auf die Sparrate)	ca. 7.200–12.000 € (auf die Gesamtlaufzeit bezogen)
Beteiligungssparplan	5 % Agio (bezogen auf die Sparrate)	ca. 12.000 €
Bausparvertrag	1–2 % Abschlussgebühr (bezogen auf die Bausparsumme)	ca. 2.400–4.800 €
Tagesgeld	0 %	0,00 €
ETF-Sparplan	0 %	0,00 €

Abb. 3.1.1 Quelle: eigene Recherchen Honorarfinanz AG

kassieren, die je nach Produktgattung in unterschiedlicher Höhe an Vermittler ausbezahlt werden. Ärgerlich für Sie: Als Anleger erhalten Sie keine nennenswerte Gegenleistung, zahlen aber dafür Geld, von dem Sie gar nichts wissen. Es passiert klammheimlich.

Und da sind wir an einem sehr entscheidenden Punkt, an dem sich Freundschaft und Finanzberatung nicht in Einklang bringen lassen. Ihr Finanzberater muss Ihnen aus Eigeninteresse Lösungen empfehlen, die ihm und seinen Sponsoren nutzen. Wäre er tatsächlich Ihr Freund, müsste er Ihnen besser solche Lösungen präsentieren, die von Nutzen für Sie sind. Ein Tagesgeld für die Ansparung kurzfristiger Gelder oder ein ETF-Sparplan für die Altersvorsorge bringen Ihrem vertriebsorientierten Berater finanziell jedoch nichts. Deshalb wird er verleitet, Ihnen Produktlösungen zu empfehlen, die ihm Abschlussprovisionen auszahlen. Die Rechnung dafür bezahlen Sie, indem Sie diese Provisionen mit Ihrer monatlichen Sparrate über Jahre abbezahlen und sich am Ende wundern, warum Ihr Vermögen kaum wächst.

Die Wahrheit ist: Nur in einem von 20 Fällen erfolgen Beratungen zu den Themen Geldanlage und Altersvorsorge im Sinne und zum Wohle der Verbraucher. Zu diesem Schluss kam eine Untersuchung der Verbraucherzentrale (Abb. 3.1.2). Vielleicht gehören Sie zu den wenigen, die bisher Glück mit ihrem Berater hatten. Dann können Sie entweder jetzt dieses Buch auf die Seite legen oder es dient Ihnen als Bestätigung, alles richtig gemacht zu haben. Falls nicht, kann es sich lohnen, das Ergebnis dieser Untersuchung genauer anzusehen.

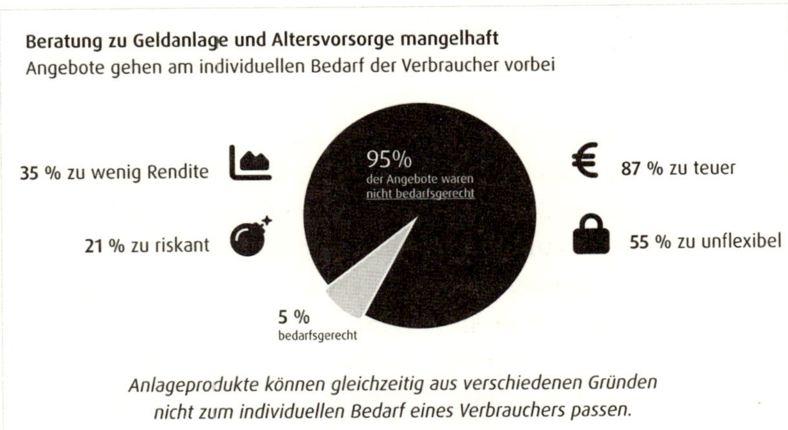

Abb. 3.1.2 Quelle: Sonderuntersuchung »Erhalten Verbraucher bedarfsgerechte Anlageprodukte?« der Verbraucherzentrale Baden-Württemberg im Rahmen des Projekts »Marktwächter Finanzen«, gefördert durch das Bundesministerium der Justiz und für Verbraucherschutz – Dezember 2015

Die vier größten Probleme provisionsbasierter Beratung:

Problem 1: Niedrige Renditen durch hohe Kosten

Wenn Sie ein Finanzprodukt für Ihre Altersvorsorge oder Geldanlage wählen, können hohe interne Gebühren – darunter Abschluss-, Vertriebs-, Verwaltungs- und Kapitalanlagekosten – die erzielte Rendite erheblich schmälern. Je teurer das Finanzprodukt, desto geringer fällt Ihr Ertrag aus, wodurch Ihr investiertes Kapital weniger effizient für Sie arbeitet. Die Unterschiede zwischen guten und schlechten Produkten können schnell Beträge im fünf- oder sechsstelligen Bereich erreichen. Dieses Geld könnten Sie mit einer klugen Strategie und minimalem Aufwand gezielt für Ihre finanzielle Unabhängigkeit nutzen.

Problem 2: Unterschätzte Produktrisiken

Risiken bei der Geldanlage sind nicht grundsätzlich problematisch, solange sie mit einer angemessenen Risikoprämie einhergehen. Dabei ist es entscheidend, zwischen systematischen Risiken – die mit den Schwankungen des Kapitalmarktes verbunden sind und entsprechend vergütet werden – und unsystematischen Risiken zu unterscheiden, die spezifisch für einzelne Finanzprodukte sind und oft keine zusätzliche Rendite bringen. Systematische Risiken bedeuten, dass die Wertentwicklung Ihres Investments von der allgemeinen Marktentwicklung abhängt, wofür Sie beispielsweise bei Aktien durchschnittlich eine Rendite von etwa 8 Prozent erhalten. Unspezifische Produktrisiken hingegen resultieren aus zusätzlichen produktspezifischen Unsicherheiten, die in Beratungsgesprächen häufig vernachlässigt werden. Daher ist es essenziell, zu wissen: Es macht einen großen Unterschied, ob Sie ein Finanzprodukt als Sondervermögen erwerben – wodurch Sie nur das systematische Marktrisiko tragen – oder ob das Produkt weitere unbezahlte Risiken birgt, etwa das Ausfallrisiko des Emittenten. In einem solchen Fall hängt die Rückzahlung Ihres Kapitals nicht nur von der Marktperformance ab, sondern auch von der Zahlungsfähigkeit des Produktanbieters. Die Abb. 3.1.3 veranschaulicht dieses Prinzip.

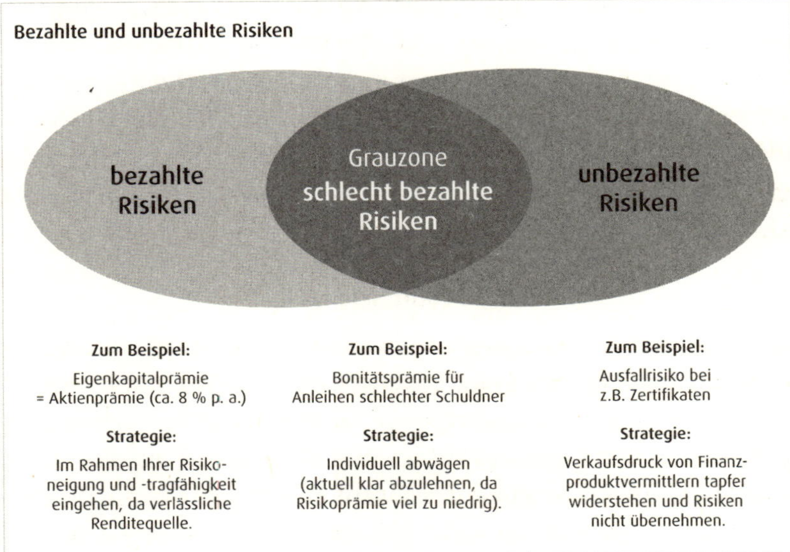

Abb. 3.1.3 Quelle: eigene Darstellung Honorarfinanz AG

Problem 3: Eingeschränkte Verfügbarkeit durch lange Laufzeiten

Viele Finanzprodukte sind so konzipiert, dass Anleger ihr investiertes Kapital über viele Jahre nicht flexibel nutzen können. Für Finanzverkäufer sind solche langfristigen Verträge besonders attraktiv, da sie hohe Provisionen von den Finanzgesellschaften erhalten. Die Auswirkungen sind regelmäßig bei Erstberatungen zu beobachten, wenn Kunden ihre Portfolios offenlegen. Ein Beispiel für ein häufig verkauftes Produkt an Besserverdiener ist die steuerlich begünstigte Basis-(Rürup-)Rente. Unabhängig von der Rentabilität eines solchen Modells ist vielen nicht bewusst, dass sie auf das investierte Kapital nicht mehr zugreifen oder den Vertrag kündigen können. Ein weiteres weitverbreitetes Beispiel ist die Investition in geschlossene Beteiligungen, etwa in Schiffs- oder Flugzeugfonds oder Windkraftanlagen. Viele Anleger stellen erst spät fest, dass solche Investitionen nur unter erheblichen Verlusten aufgelöst werden können, wenn sie dringend Liquidität benötigen.

Problem 4: Überteuerte Finanzprodukte durch provisionsgetriebene Beratung

Verbraucher, die ihrem provisionsbasierten Finanzberater vertrauen, erwerben oft überteuerte Finanzprodukte für die Altersvorsorge oder Kapitalanlage. Die hohen internen Kosten – darunter Abschluss-, Vertriebs- und Verwaltungskosten sowie Kapitalanlagegebühren – schmälern die Rendite erheblich. Viele Anleger realisieren erst nach Jahren des Sparens, dass sie mit diesen kostspieligen Produkten kaum Gewinne erzielen und nach Abzug der Inflation sogar Verluste erleiden. Das führt dazu, dass ihre langfristigen finanziellen Ziele unerreichbar bleiben.

Wenn Sie als Anleger nicht aufpassen, lassen Sie sich Finanzprodukte andrehen, die im schlimmsten Fall gleich mehrfach problematisch sind: Sie bieten nicht nur zu wenig Rendite, sondern sind auch zu riskant, zu unflexibel und zu teuer.

Bill Gates macht es vor: So sollte Ihre Beziehung zu Ihrem Finanzberater aussehen

Ein Paradebeispiel für eine professionelle Beziehung zwischen einem Finanzberater und seinem Klienten ist die langjährige Zusammenarbeit zwischen Bill Gates und Michael Larson. Larson, der seit 1994 das persönliche Vermögen von Gates sowie die Investitionen der Bill & Melinda Gates Foundation verwaltet, hält konsequent eine professionelle Distanz zu seinem prominenten Klienten aufrecht.

Trotz vieler Jahre der engen Zusammenarbeit bleiben Gates und Larson förmlich in ihrem Umgang miteinander. Das Verhältnis der beiden zueinander ist ein Zeichen von Respekt und Professionalität. Die Distanz ermöglicht eine klare Trennung zwischen persönlichen und beruflichen Belangen, was wiederum beiden Parteien zugutekommt. Durch diese professionelle Herangehensweise können Entscheidungen rational und unvoreingenommen getroffen werden, ohne dass persönliche Bindungen die finanzielle Strategie beeinflussen.

Die Beziehung zwischen Gates und Larson sollten Sie sich als Vorbild nehmen. Ihr Finanzberater sollte Ihr vertrauensvoller Partner in Gelddingen sein, aber nicht Ihr privater Freund. Schon ein Du kann manchmal hinderlich sein – gerade dann, wenn man einmal unterschiedlicher Auffassung ist. Wie heißt es so schön: Beim Geld hört die Freundschaft auf. Darin steckt viel Wahrheit.

Fazit: Der Gedanke, eine »kostenlose« Finanzberatung erhalten zu können, ist absurd. Niemand arbeitet ohne Vergütung – erst recht nicht in der Finanzbranche. Zudem gilt eine grundlegende Regel: Wenn Ihnen jemand hohe Renditen ohne jegliches Risiko verspricht, handelt es sich unweigerlich um ein unseriöses Angebot. Die gute Nachricht ist jedoch, dass es auch vertrauenswürdige Anlageberatung gibt. Warum eine professionelle Beratung sinnvoll ist, worauf Sie achten sollten, um nicht an die falsche Person zu geraten, und wie Sie die Art des Finanzberaters richtig einschätzen, erläutern wir Ihnen im Folgenden.

3.2 Ein Blick hinter die Kulissen: So arbeiten verschiedene Arten von Finanzberatungen

»Ich würde alles noch einmal so machen, wie ich es getan habe. Bis auf eine Ausnahme: Ich würde früher bessere Berater suchen.«

ARISTOTELES ONASSIS

Wer sich an einen Finanzberater wendet, erwartet fachkundige Unterstützung bei der Geldanlage. Doch Begriffe wie »Finanzberater« oder »Anlageberater« sind leider nicht gesetzlich geschützt. Das bedeutet: Die Person, die sich Ihnen als Finanzberater vorstellt, kann entweder ein erfahrener und kompetenter Experte sein – oder jemand mit wenig bis gar keiner fachlichen Qualifikation. Tatsächlich kann sich grundsätzlich jeder Finanzberater nennen.

Der Weg dorthin ist erstaunlich kurz: Wer Versicherungen verkaufen möchte, kann innerhalb von drei bis vier Monaten eine Weiterbildung zum Versicherungsfachmann bei einem der vielen Bildungsträger absolvieren. Um Finanzprodukte wie Investmentfonds, ETFs oder geschlossene Beteiligungen zu vermitteln, reicht eine etwa dreimonatige Schulung zum Finanzanlagenvermittler. Nach Abschluss dieser Fortbildung genügt die Gewerbeanmeldung, um sich als Vermögensberater, Finanz- oder Anlageberater oder Versicherungsmakler – entweder eigenständig oder innerhalb eines Unternehmens – selbstständig zu machen.

Haben Sie sich schon einmal gefragt, welche Qualifikation Ihr Finanzberater tatsächlich hat? Wahrscheinlich nicht. Der Titel auf der Visitenkarte klingt professionell und vertrauenswürdig – aber das sagt nichts über die tatsächliche Kompetenz aus. Recherchen von Wirtschaftsjournalisten und Verbraucherschützern zeigen immer wieder, wie groß die Diskrepanz zwischen dem Anspruch auf gute Beratung und der Realität in der Finanzbranche ist. Ein häufiges Problem: Kunden werden Produkte verkauft, die nicht zu ihrer finanziellen Situation oder ihren langfristigen Zielen passen. Wir sind selbst immer wieder erstaunt über die Anlageempfehlungen, die Beratern ihren Kunden unterbreiten. Ein Beispiel: Statt in eine steuerlich geförderte Rürup-Rente zu investieren, wäre es für viele sinnvoller, ihr freies Kapital in die Tilgung bestehender Schulden zu stecken. Für eine solche Entscheidung braucht es keine komplexen Rechenmodelle – Grundkenntnisse in Mathematik und die Zinseszinsrechnung reichen völlig aus. Natürlich sollte man Finanzprodukte nicht isoliert betrachten, sondern stets in den Gesamtkontext der individuellen Situation einordnen. Doch genau hier scheitern viele Berater.

Wenn die empfohlene Strategie nicht den tatsächlichen Bedürfnissen des Kunden entspricht, hat das zwei Hauptgründe: Erstens steht oft die Maximierung der eigenen Provision im Vordergrund und zweitens fehlt es vielen Beratern an der Fähigkeit, die komplexen finanziellen Anforderungen von Gutverdienern zu erfassen und angemessen zu analysieren. Viel zu häufig werden standardisierte Lösungen angeboten, ohne die Gesamtvermögenssituation des Kunden wirklich zu verstehen. Daher ist es essenziell, Berater gezielt auszuwählen und ihre Kompetenzen entsprechend dem eigenen Bedarf einzusetzen.

Als Unternehmer, Selbstständiger oder Top-Manager delegieren Sie in der Regel bestimmte Fachbereiche an Spezialisten. Für steuerliche Angelegenheiten beauftragen Sie einen Steuerberater – eine Berufsgruppe, die eine einheitliche Grundausbildung durchlaufen hat, von denen einige sich zusätzlich zum Wirtschaftsprüfer weiterqualifiziert haben. Ebenso ziehen Sie für juristische Fragen einen Fachanwalt mit entsprechender Spezialisierung hinzu. In beiden Fällen können Sie sich darauf verlassen, dass eine fundierte Ausbildung die Basis für ihre Dienstleistungen bildet. Genauso sollten Sie auch bei der Wahl Ihrer Finanzberater vorgehen und deren fachliche Qualifikation im Vorfeld genau prüfen.

Wer ist also der richtige Ansprechpartner für Sie?

Um Ihnen eine bessere Orientierung zu bieten, welche Art von Berater für Sie am besten geeignet ist, haben wir die Branche für Sie strukturiert. Ein zentraler Punkt: Finanzdienstleister lassen sich anhand ihrer offiziellen Zulassung sowie ihrer Tätigkeitsbezeichnung identifizieren. Daran erkennen Sie, wie sie vergütet werden, welche Arbeitsweise sie verfolgen und ob mögliche Interessenkonflikte bestehen. Im Folgenden gehen wir auf die unterschiedlichen Beratertypen ein, erklären ihre Qualifikationen und ihr Vergütungsmodell und klären, ob diese Form der Beratung für Sie geeignet ist.

Finanz- und Versicherungsmakler

Definition und Tätigkeitsbereich: Makler vermitteln Versicherungen, Kredite und Finanzanlagen, ohne an bestimmte Anbieter gebunden zu sein. Sie stehen rechtlich zwischen Kunde und Anbieter und sollten einen fairen Interessenausgleich bieten. In der Praxis sind sie jedoch oft stärker mit den Anbietern verbunden.

Qualifikationen: Makler benötigen eine gewerberechtliche Erlaubnis der IHK, eine Sachkundeprüfung sowie eine Berufshaftpflichtversicherung. Sie unterliegen einer jährlichen Weiterbildungspflicht von 15 Stunden.

Vergütung: Makler erhalten Provisionen (Courtage) vom Anbieter, die erfolgsabhängig sind. Diese können einmalig oder als Bestandsprovision gezahlt werden.

Nutzen und Einschränkungen: Makler sind besonders für Personen- und Sachversicherungen geeignet, da sie für ihre Empfehlungen haften. Für Altersvorsorge und Geldanlage sind sie weniger ideal, da sie in der Regel teure Standardlösungen anbieten.

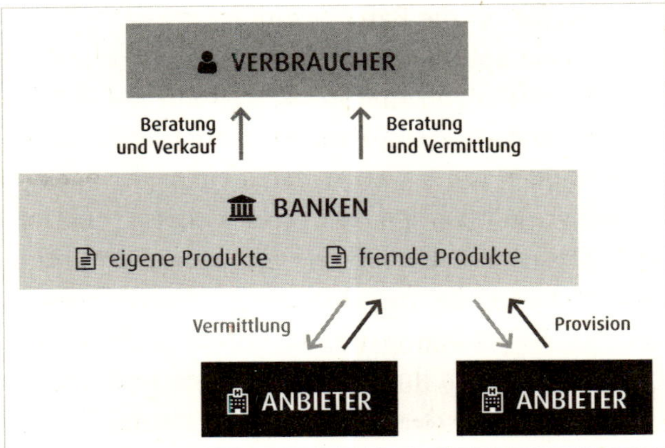

Abb. 3.2.1 Quelle: Honorarfinanz AG in Anlehnung an www.wegweiser-finanzberatung.de

Bankberater

Definition und Tätigkeitsbereich: Bankberater sind Mitarbeiter von Kreditinstituten oder selbstständige Finanzberater, die in den Räumlichkeiten einer Bank tätig sind. Sie unterliegen den Weisungen der Geschäftsführung oder handeln als freie Berater im Auftrag der Bank. Während die Mehrheit der Bankberater fest angestellt ist, gibt es auch selbstständige Finanzberater, die für Banken arbeiten.

Qualifikationen: Unabhängig von ihrem Beschäftigungsstatus haben Bankberater in der Regel eine bank- oder versicherungsbezogene Ausbildung oder ein wirtschaftswissenschaftliches Studium absolviert. Sie nehmen regelmäßig an Schulungen und Weiterbildungen teil, insbesondere in den Bereichen Wertpapierdienstleistungen und Altersvorsorge, da hier bestimmte Mindestqualifikationen erforderlich sind.

Vergütung: Bankberater erhalten ein Grundgehalt und oft leistungsabhängige Gehaltsbestandteile, die sich nach ihrem Vermittlungserfolg richten. Dies kann dazu führen, dass bevorzugt Produkte verkauft werden, die für die Bank besonders profitabel sind, unabhängig davon, ob sie optimal zu den Bedürfnissen des Kunden passen. Provisionszahlungen für Zusatzprodukte wie Kreditausfallversicherungen sind eine gängige Praxis, auch wenn deren Nutzen für Kunden fraglich ist.

Nutzen und Einschränkungen: Ein Bankberater kann insbesondere bei privaten und geschäftlichen Finanzierungen ein hilfreicher Ansprechpartner sein. Durch die Digitalisierung sind jedoch viele Bankdienstleistungen, wie Zahlungsverkehr und Sparprodukte, eigenständig per Onlinebanking durchführbar. Für Altersvorsorge und Geldanlagen ist die Bank meist nicht die beste Anlaufstelle, da häufig teure Standardlösungen angeboten werden, die nicht optimal auf die individuellen Bedürfnisse des Kunden abgestimmt sind.

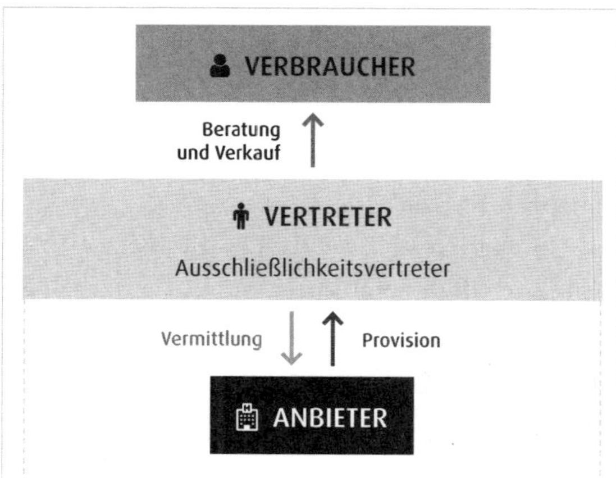

Abb. 3.2.2 Quelle: Honorarfinanz AG in Anlehnung an www.wegweiser-finanzberatung.de

Ausschließlichkeitsvertreter

Definition und Tätigkeitsbereich: Ausschließlichkeitsvertreter sind Versicherungsvermittler, die an ein bestimmtes Versicherungsunternehmen gebunden sind und nur dessen Produkte vertreiben. Diese sind meist als Handelsvertreter tätig, teilweise auch im Nebenberuf. Ihr Versicherungsunternehmen ist an der Außendarstellung erkennbar.

Qualifikationen: Die meisten Ausschließlichkeitsvertreter sind gebundene Versicherungsvertreter und benötigen keine behördliche Erlaubnis oder Sachkundeprüfung. Ihr Versicherer übernimmt Ausbildung und Haftung. Nicht gebundene Vertreter müssen eine Erlaubnis der IHK einholen und eine Sachkundeprüfung ablegen. Zudem besteht für nicht gebundene Vertreter eine jährliche Weiterbildungspflicht von 15 Stunden.

Vergütung: Sie erhalten Provisionen für abgeschlossene Verträge sowie Bestandsprovisionen. Da sie kein Festgehalt beziehen, sind sie auf den Verkauf von Produkten angewiesen.

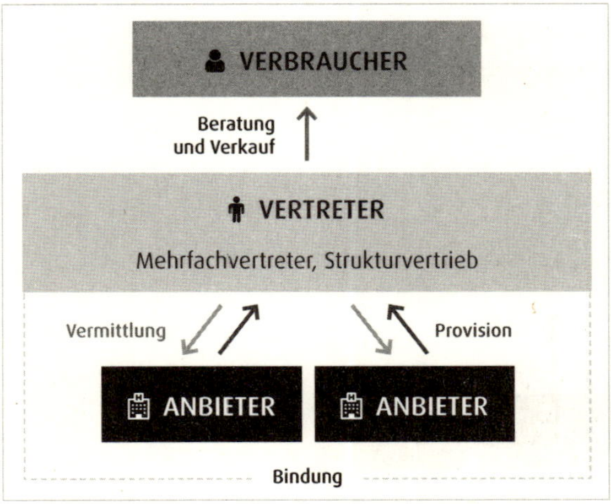

Abb. 3.2.3 Quelle: Honorarfinanz AG in Anlehnung an www.wegweiser-finanzberatung.de

Nutzen und Einschränkungen: Die Zusammenarbeit mit einem Ausschließlichkeitsvertreter bringt wenige Vorteile, da er ausschließlich Produkte eines Anbieters vermittelt. Unabhängigere Alternativen sind Versicherungsmakler oder Mehrfachvertreter.

Mehrfachvertreter

Definition und Tätigkeitsbereich: Mehrfachvertreter vermitteln Produkte verschiedener Versicherungsunternehmen, Finanzanlagen oder Kredite. Sie sind selbstständige Gewerbetreibende und nicht an einen einzelnen Anbieter gebunden.

Qualifikationen: Mehrfachvertreter benötigen eine gewerbliche Erlaubnis der IHK, einen Sachkundenachweis und eine Berufshaftpflichtversicherung. Die Anforderungen sind je nach Tätigkeit unterschiedlich.

Vergütung: Ihre Bezahlung erfolgt über Provisionen, die in den Produktpreisen enthalten sind. Auch sie erhalten Bestandsprovisionen für laufende Verträge.

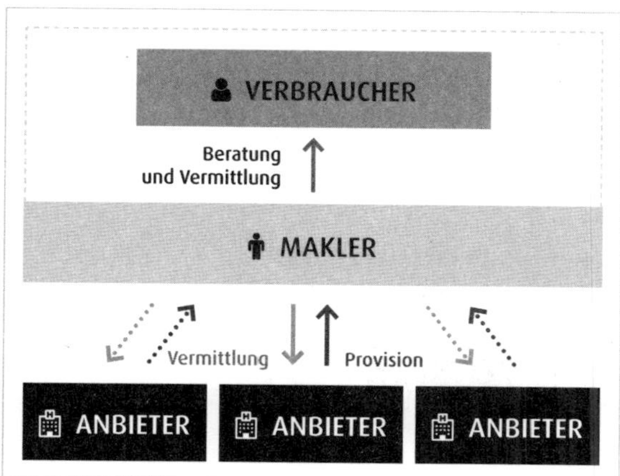

Abb. 3.2.4 Quelle: Honorarfinanz AG in Anlehnung an www.wegweiser-finanzberatung.de

Nutzen und Einschränkungen: Obwohl sie mehrere Anbieter vertreten, bleibt ihre Unabhängigkeit eingeschränkt, da sie provisionsabhängig arbeiten und in der Produktauswahl limitiert sein können.

Honorarberater

Definition und Tätigkeitsbereich: Honorarberater arbeiten unabhängig von Produktanbietern und beraten Kunden gegen eine direkte Vergütung. Offizielle Bezeichnungen sind »Honorar-Finanzanlagenberater« oder »unabhängiger Honorar-Anlageberater«.

Vergütung: Honorarberater werden ausschließlich vom Kunden bezahlt und dürfen keine Provisionen von Dritten annehmen. Die Kosten der Beratung werden vorab vereinbart.

Nutzen und Einschränkungen: Honorarberater sind vergleichbar mit Steuerberatern oder Rechtsanwälten und bieten eine unabhängige Finanz- und Anlageberatung. Sie sind sinnvoll für umfassende Finanzplanungen und für die Anlageberatung, aber nur bedingt geeignet für die Beratung zu Versicherungen, da das Preis-Leistungs-Verhältnis hier nicht angemessen wäre.

Abb. 3.2.5 Quelle: Honorarfinanz AG in Anlehnung an www.wegweiser-finanzberatung.de

Mogelpackungen in der Finanzberatung

Mogelpackung Honorarberater: Da der Begriff nicht geschützt ist, bezeichnen sich viele Berater als »Honorarberater«, ohne über die entsprechende Zulassung zu verfügen. Manche verlangen doppelte Vergütung durch Provisionen und Honorare. Kunden sollten nach der offiziellen Zulassung fragen.

Mogelpackung »Unabhängige Finanzberatung«: Viele Makler oder Vertriebsberater geben sich als »unabhängig« aus, obwohl ihre Vergütung durch Provisionen erfolgt. Laut BaFin und Verbraucherzentrale ist ein Berater nur dann unabhängig, wenn seine Vergütung ausschließlich durch den Kunden erfolgt.

Empfehlung: Sie sollten Beratern nicht blind vertrauen, sondern sich selbst informieren. Unabhängige Beratung ist nur gegeben, wenn eine Honorierung ausschließlich durch den Kunden erfolgt. Werden Sie zu schnellen Entscheidungen gedrängt, sollten sie misstrauisch sein, da es bei Finanzprodukten keine einmaligen Gelegenheiten gibt.

3.3 So prüfen Sie, ob ein Finanzberater zu Ihnen passt

»Wichtig ist, dass man nie aufhört, zu fragen.«

Albert Einstein

In jeder Branche gibt es sowohl seriöse als auch unseriöse Akteure. Bei einem Finanzberater kommen jedoch zwei entscheidende Faktoren hinzu: seine Unabhängigkeit und Kompetenz. Diese bestimmen maßgeblich, ob er wirklich in Ihrem Interesse handelt. Um sicherzustellen, dass ein Finanz- und Anlageberater Ihre Interessen vertritt, sollten Sie ihm gezielt Fragen stellen. Freundliche Gespräche oder eine angenehme Persönlichkeit ersetzen keine fundierte Beratung. Entscheidend ist, ob der Berater frei von strukturellen Vorgaben agiert und Sie dabei unterstützt, Ihre finanziellen Ziele zu erreichen. Nutzen Sie daher das Erstgespräch gezielt, um seine Qualifikationen und seine Unabhängigkeit zu hinterfragen.

Wichtiger Hinweis:

Seien Sie sich bewusst, dass eine vertraute Anrede und ein persönliches Verhältnis dazu führen können, kritische Fragen zu vermeiden oder abzulehnen. Es ist eine gängige Strategie von Verkäufern, durch eine freundschaftliche Beziehung Vertrauen aufzubauen. Lassen Sie sich davon nicht beeinflussen. Behalten Sie eine professionelle Distanz und vermeiden Sie es nach Möglichkeit, zum »Du« überzugehen.

Ein Finanzberater ist kein Freund, sondern ein Geschäftspartner. Scheuen Sie sich nicht, kritische Fragen zu stellen, selbst wenn Ihr Gegenüber sich dadurch angegriffen fühlt. Halten Sie Ihre Anforderungen schriftlich fest und bleiben Sie konsequent. Manche Berater versuchen, durch Verunsicherung zu überzeugen, wenn sie nicht mit Fachwissen punkten können. Lassen Sie sich nicht beirren und stellen Sie sicher, dass keine Interessenkonflikte vorliegen.

Diese wichtigen Fragen sollten Sie Ihrem Finanzberater stellen, um herauszufinden, ob er wirklich die nötige Qualifikation und die richtige Einstellung hat, um Sie beraten zu dürfen:

Wie lange arbeiten Sie in der Finanzbranche?

Erfahrung ist ein wichtiger Faktor, aber nicht allein ausschlaggebend. Während langjährige Berater oft über Krisenerfahrung verfügen, kann es auch zu eingefahrenem Denken führen. Jüngere Berater bringen oft aktuelle Fachkenntnisse und Engagement mit.

Ein Finanzberater sollte mindestens fünf Jahre Berufserfahrung besitzen. Tipp: Lassen Sie Anfänger ihre Erfahrung bei anderen Kunden sammeln.

Welche Ausbildung und welche Qualifikationen haben Sie?

Nicht jeder Finanzdienstleister verfügt über eine fundierte Ausbildung. Titel wie »Senior Consultant« oder hausinterne »Universities« sind oft bloße Marketinginstrumente. Entscheidend ist die Kombination aus Fachkompetenz und Unabhängigkeit. Tipp: Eine klassische Ausbildung bei einer Bank oder Versicherung oder ein Wirtschaftsstudium mit Schwerpunkt Finanzen sind Pluspunkte.

Haben Sie sich auf ein bestimmtes Beratungsgebiet spezialisiert?

Ein »Allrounder« in der Finanzbranche kann problematisch sein. Ein guter Berater hat Grundkenntnisse in vielen Bereichen, fokussiert sich aber auf wenige und verweist auf Spezialisten. Tipp: Trennen Sie Versicherung und Geldanlage und suchen Sie sich für jedes Thema einen Spezialisten.

Sind Sie Bank- oder Versicherungsvertreter, Makler oder Honorarberater?

Banker und Versicherungsvertreter vertreten die Interessen ihres Unternehmens. Makler sind Mittler, haben aber oft wirtschaftliche Bindungen an Anbieter. Honorarberater arbeiten provisionsfrei und handeln ausschließlich in Ihrem Interesse. Tipp: Verstehen Sie das Geschäftsmodell Ihres Beraters und prüfen Sie es im Vermittlerregister (https://www.vermittlerregister.info/).

Wer verwahrt mein Geld?

Ein Berater sollte niemals selbst Ihr Geld verwalten. Falls doch, besteht ein hohes Risiko der Veruntreuung. Tipp: Lassen Sie Ihr

Geld über eine renommierte Bank verwahren und geben Sie nur begrenzte Vollmachten.

Enthält die Geeignetheitsprüfung eine realistische Risikoprofilierung?

Seit 2018 sind Berater gesetzlich verpflichtet, bei Anlagegeschäften eine Geeignetheitsprüfung vorzunehmen. Diese muss detailliert auf Ihre Risikobereitschaft eingehen. Denn die Ergebnisse einer Beratung müssen im Rahmen einer Geeignetheitserklärung dokumentiert und Ihnen als Verbraucher zur Verfügung gestellt werden. Deshalb darf die Geeignetheitsprüfung nicht oberflächlich abgehandelt werden. Tipp: Eine echte Risikoprofilierung dauert mindestens eine Stunde. Wenn Sie nur einen Unterschriftsbogen hingehalten bekommen und kein ausführliches Gespräch zu diesem Thema stattfindet, sollten Sie das Gespräch abbrechen.

Welche Kosten stecken im empfohlenen Produkt? Gibt es günstigere Alternativen?

Viele Produkte enthalten versteckte Kosten. Transparenz allein reicht nicht, Sie müssen auch Alternativen kennen. Tipp: Fragen Sie gezielt nach kostengünstigen, provisionsfreien Produkten wie ETFs oder Altersvorsorgelösungen auf Nettobasis (das sind Produkte ohne Abschluss- und Vertriebskosten). Ein Berater, der von sich aus solche Produkte empfiehlt, handelt wahrscheinlich in Ihrem Interesse.

Fazit: Falls Sie nach Beantwortung dieser Fragen noch unsicher sind, nehmen Sie sich Zeit, Alternativen zu prüfen. Nutzen Sie Workshops oder Seminare, falls diese angeboten werden. Ein guter Berater wird nicht nur verkaufen, sondern fundierte Antworten geben und Ihre finanziellen Interessen in den Mittelpunkt stellen.

3.4 Warum es sich lohnen kann, sich an einen Honorarberater zu wenden

»Ein Honorarberater kostet Geld. Keinen zu haben kostet ein Vermögen.«

Davor Horvat

Was machen Sie, wenn Sie eine Entscheidung zu einem Kauf oder Verkauf treffen wollen und überhaupt keine Vorstellungen von Preisen und Konditionen in diesem Bereich haben? Zum Beispiel, wenn es um den Kauf eines Oldtimers geht. Ist man nicht zufällig in der Branche tätig, nimmt man einen Freund oder Bekannten zur Probefahrt mit, der sich damit auskennt. Oder beim Kauf einer Immobilie. Wer solch eine Investition ohne sachkundige Beratung zur Bausubstanz oder zu den Finanzierungskonditionen tätigt, geht unnötige Risiken ein. Und zwar in hohen mehrstelligen Euro-Dimensionen. Auch beim Kauf eines Mähroboters sollte man Nachbarn oder Freunde um Rat fragen, die Erfahrung damit haben. Oder? Erstaunlicherweise machen wir in unserer Beratungspraxis nicht selten die Erfahrung, dass sich Menschen zum Beispiel beim Buchen ihres Urlaubs sogar sehr viel intensiver und tiefgehender mit der Materie beschäftigen als beim Thema Geldanlage. Dabei geht es gerade für Topverdiener hier um Hunderttausende oder gar Millionen von Euro. Da sollte man sich wirklich einen passenden, kritischen Sparringspartner an die Seite holen. Er kann Ihnen helfen, neue Perspektiven zu gewinnen, Ihren Horizont zu erweitern und fundiertere Entscheidungen zu treffen. Die Frage ist: Wie finden Sie die passenden kompetenten Ansprechpartner, die nicht aus Eigeninteresse handeln? Hier hilft Ihnen ein wesentlicher Hinweis bei der Suche: Finanzberatung ist niemals kostenlos. Entweder bezahlen Sie Ihren Berater indirekt über Provisionen, die er von den Emittenten erhält, oder Sie bezahlen ihn direkt. Warum die zweite Option die klügere ist, wird im Folgenden erläutert.

Ist unabhängige Beratung wirklich notwendig?

Vielleicht stellen Sie sich die Frage: Ist es das wert? Könnte ich mich nicht selbst im Internet informieren und mein Geld eigenständig verwalten? Natürlich können Sie das. Ebenso wie Sie Ihre Immobilie selber planen und bauen könnten. Viel Erfolg! Spaß beiseite – Zweifel sind berechtigt. Daher haben wir einige Argumente zusammengestellt, die Ihnen helfen sollen, eine fundierte Entscheidung darüber zu treffen, ob und wie Ihnen ein unabhängiger Berater nutzen kann.

Zeitersparnis

Könnten Sie Ihre Steuern selbst machen? Sicherlich. Könnten Sie eine tiefgehende Unternehmensanalyse durchführen, um die besten Aktien auszuwählen? Mit genug Zeit und Aufwand – ja. Doch in welchen anderen Lebensbereichen müssen Sie dafür Abstriche machen? Ein unabhängiger Finanzberater ermöglicht es Ihnen, Ihre Zeit effizienter zu nutzen und sich auf das Wesentliche zu konzentrieren.

Disziplinierung

Die zwei Hauptgründe für Misserfolg an den Finanzmärkten sind hohe Kosten und emotionale Fehlentscheidungen. Viele Anleger handeln aus Angst oder Gier und verfallen impulsiven Entscheidungen. Ein unabhängiger Finanzberater hilft Ihnen, eine langfristige Strategie konsequent umzusetzen und emotionale Fallstricke zu vermeiden. Dadurch können Sie statistisch gesehen Ihre Rendite um bis zu 3 Prozent pro Jahr verbessern – was auf lange Sicht erhebliche Summen ausmacht.

Vermeidung von Informations-Overkill

Informationen an sich sind weder gut noch schlecht. Sich ausgiebig mit Finanzthemen zu beschäftigen, um fundierte Entscheidungen zu treffen, ist grundsätzlich sinnvoll. Doch gerade als Laie kann man sich schnell im Dickicht widersprüchlicher Meinungen, Tipps und Prophezeiungen verlieren. Das Internet bietet eine Flut an Finanzblogs, Expertenmeinungen und Halbwahrheiten. Die Folge: absolute Handlungsstarre. Ein unabhängiger Finanzexperte hilft Ihnen, den relevanten Informationsgehalt herauszufiltern, eine klare Strategie zu entwickeln und eine fundierte Entscheidung zu treffen.

Effiziente Auswahl der richtigen Finanzprodukte

Die Finanzwelt bietet eine nahezu unüberschaubare Menge an Produkten: Rund 80 Lebensversicherungsgesellschaften, über 10.000 Investmentfonds und über 3.000 ETFs allein in Deutschland. Ohne tiefgehende Marktkenntnisse kann die Auswahl der passenden Produkte schnell zur Mammutaufgabe werden. Ein erfahrener Honorarberater verfügt bereits über übersichtliche Listen mit bewährten und kostengünstigen Finanzprodukten und kann Sie gezielt beraten.

Eigene Vorurteile überwinden

Jeder Mensch unterliegt kognitiven Verzerrungen. Diese können dazu führen, dass Sie über Jahre hinweg schlechte Entscheidungen treffen, ohne es zu merken. Vielleicht meiden Sie bestimmte Aktienbranchen, weil Sie in der Vergangenheit Verluste erlitten haben – und verpassen dadurch künftige Gewinne. Ein erfahrener Finanzexperte erkennt solche blinden Flecken und hilft Ihnen, rationale Entscheidungen zu treffen.

Fazit: Finanzberatung ist nicht für jeden die beste Lösung. Wenn Sie Freude an der eigenständigen Finanzplanung haben, genug Zeit aufbringen können und Ihre eigenen Vorurteile kritisch hinterfragen, könnten Sie ohne Berater auskommen. Falls Sie jedoch Zeit sparen, bessere Entscheidungen treffen und langfristig Ihre Rendite optimieren möchten, kann die Wahl eines unabhängigen Honorarberaters eine lohnenswerte Investition sein.

KAPITEL 4

Anlageklassen und Finanzprodukte – Was Sie wirklich wissen müssen

»Bleibe in deinem Kompetenzkreis und investiere nicht in Bereiche, von denen du nichts verstehst. Denn das Risiko von Fehlentscheidungen steigt ansonsten exponentiell an.«

WARREN BUFFETT

Wenn Sie Ihr Geld vermehren möchten, stehen Ihnen verschiedene Anlagemöglichkeiten zur Verfügung. Sie können direkt in Anlageklassen wie Aktien oder Anleihen investieren oder Finanzprodukte nutzen, die dies für Sie übernehmen. Ein Investmentfonds beispielsweise wird von einem Fondsmanager verwaltet, der die Wertpapierauswahl trifft. Noch komplexer ist ein Dachfonds, dessen Manager in andere Fonds investiert, die wiederum in Wertpapiere anlegen. Versicherungsprodukte können ebenfalls in Dachfonds investieren, wodurch eine mehrstufige Verschachtelung entsteht. Unabhängig von der Produktstruktur ist jedoch entscheidend, dass die tatsächlichen Renditen aus den zugrunde liegenden Anlageklassen stammen – nicht aus den Produkten selbst. Diese fungieren lediglich als Verpackung. Daher sollten Sie stets wissen, wie die Produkte konstruiert sind und in welche Anlageklasse Sie investieren, unabhängig von der Komplexität des Produkts oder dessen Bezeichnung.

4.1 Die Blackbox vermeiden: Investieren Sie mit Durchblick

Unübersichtlicher Produkt-Dschungel

Für viele Anleger erscheint die Finanzwelt unübersichtlich. Diese Komplexität ist nicht zufällig entstanden, sondern bewusst geschaffen worden. Die Vielzahl an Finanzprodukten ist im Grunde genommen ein riesiges Netzwerk aus Verpackungen. Zur Veranschaulichung: Laut Weltbank gibt es weltweit rund 48.000 börsennotierte Unternehmen – und fast ebenso viele Aktienfonds. Das bedeutet, dass für jedes Unternehmen im Durchschnitt ein Aktienfonds existiert. Berücksichtigt man alle Finanzprodukte, steigt die Zahl noch deutlich. Da viele Finanzprodukte als Berechnungsmaßstab bestimmte Aktienindizes verwenden, kann man über deren Anzahl Rückschlüsse auf die Dimension dieses Marktes ziehen. Eine Untersuchung der Index Industry Association zeigte, dass weltweit über drei Millionen Aktienindizes existieren. Da nicht jedes Finanzprodukt einen eigenen Index benötigt, liegt die tatsächliche Anzahl an Finanzprodukten vermutlich im hohen Millionenbereich. Allein in Deutschland gibt es etwa 1,7 Millionen Zertifikate, Knock-out-Produkte und Optionsscheine, die sich zumeist auf einen Index beziehen.

Doch trotz dieser immensen Vielfalt sollten Sie sich als Anleger nicht verunsichern lassen. Wer den Unterschied zwischen der äußeren Hülle eines Produkts und dessen tatsächlichem Inhalt versteht, kann sich auf die wesentlichen Aspekte konzentrieren und vermeiden, in Produkte mit einer ungünstigen Kombination aus Rendite und Risiko zu investieren.

Was leistet die Verpackung?

Finanzprodukte werden oft als Lösung für verschiedene Anlageprobleme angepriesen. Sie bieten überzeugende Gründe für eine Investition, wie beispielsweise den einfachen Zugang zu komplexen Märkten, die Möglichkeit, sich nach dem Kauf nicht weiter kümmern zu müssen, oder die breite Streuung selbst kleinster Anlagebeträge. Kurz gesagt, sie versprechen eine komfortable Handhabung und eine verbesserte Diversifikation des Portfolios. Diese Aussagen sind grundsätzlich zutreffend, denn zahlreiche Finanzprodukte bündeln das Kapital der Anleger und verteilen es auf verschiedene Einzelanlagen wie Aktien oder Anleihen. Einige Produkte kombinieren sogar unterschiedliche Anlageklassen und nehmen Investoren dadurch eine Menge Arbeit ab. Finanzprodukte wie Investmentfonds oder Versicherungen können daher als Service-Werkzeuge für Geldanlagen betrachtet werden. Um zu verstehen, wie diese Produkte funktionieren und welche Chancen oder Risiken sie mit sich bringen, lohnt es sich, einen genaueren Blick auf ihre Struktur zu werfen.

Was ist Verpackung und was Inhalt?

Finanzprodukte bestehen aus einer äußeren Hülle, die ihre rechtliche und organisatorische Struktur bildet, etwa in Form eines Fonds oder einer Versicherung. Innerhalb dieser Hülle befindet sich der ökonomische Kern, also die eigentlichen Anlagen. Die Finanzprodukte selbst generieren also keine Rendite. Die Gewinne entstehen vielmehr durch die zugrunde liegenden Anlagen, also durch Aktien, Anleihen oder Immobilien. Diese stellen die eigentlichen Ertragsquellen dar, während alles andere um sie herum – einschließlich der Produktstruktur – mit Kosten verbunden ist, die den Gewinn schmälern können. Die wirtschaftliche Wirksamkeit eines Produkts hängt maßgeblich von der Auswahl und Mischung der Ertragsquellen ab. Wer in der Lage ist, die Verpackung vom Inhalt zu unterscheiden, hat bereits einen wesentlichen Schritt getan, um die Chancen, Risiken und Kosten eines Finanzprodukts besser einzuschätzen. Zudem existieren Produkte mit mehreren Verpackungsschichten, wie fondsgebundene Versicherungen oder Dachfonds, die wiederum in andere Fonds investieren. Jede zusätzliche Verpackung erhöht nicht nur die Kosten, sondern kann auch weitere Risiken mit sich bringen.

Die entscheidenden Anlageklassen

Die Grundlage nahezu aller Finanzprodukte bilden die drei wichtigsten Anlageklassen: Aktien, Anleihen und Immobilien. Sie sind das Fundament jedes Portfolios und erzielen eine sogenannte intrinsische Rendite. Aktien erwirtschaften Gewinne in Form von Dividenden, Anleihen durch Zinsen und Immobilien durch Mieteinnahmen.

Nicht die Produkte, sondern die Anlageklassen sorgen für die Diversifikation

Trotz der Vielzahl an angebotenen Produkten basieren rund 95 Prozent von ihnen auf denselben Prinzipien und beinhalten ähnliche Komponenten. Wenn ein Anleger beispielsweise in drei verschiedene Kapitallebensversicherungen investiert, landet sein Kapital in den meisten Fällen zu etwa 90 Prozent in festverzinslichen Wertpapieren. Das bedeutet, dass er lediglich dieselbe Anlageklasse auf verschiedene Anbieter verteilt, ohne eine wirkliche Diversifikation zu erreichen. Stattdessen erhöht er durch diese Streuung sogar das Risiko und muss sich gleichzeitig mit geringen Renditen und möglichen Inflationsverlusten abfinden. Um sich im Finanzmarkt nicht zu verlieren, sollten Sie sich also auf die wesentlichen Bestandteile konzentrieren. Eine einfache Regel besagt, dass ein Portfolio zu mindestens 80 Prozent aus den Hauptanlageklassen Aktien, Anleihen und Immobilien bestehen sollte – und das mit möglichst wenig Verpackung drumherum. Denn die wirtschaftliche Wertschöpfung erfolgt weltweit durch genau diese drei Anlageklassen, unabhängig davon, ob es sich um Industrienationen oder Schwellenländer handelt. Wer sich darauf fokussiert, kann langfristig von soliden Renditen profitieren, ohne sich in unnötig komplexen und kostspieligen Finanzstrukturen zu verlieren.

4.2 Diese Anlageklassen sollten Sie kennen und verstehen

Unabhängig davon, wie das Finanzprodukt heißt, das Ihnen angeboten wird, und ganz gleich, wie kompliziert es verschachtelt ist, gilt übrigens immer dasselbe Prinzip der Verpackung und der verschiedenen Kosten für die jeweilige Verpackung. In Abb. 4.2.1 haben wir versucht, es Ihnen bildlich darzustellen.

Sie sehen: Am Ende landen Sie immer bei den eigentlichen Investitionen einer Anlageklasse, also Aktien, Anleihen, Rohstoffen oder Immobilien. Der Rest ist nur eine Produkthülle, die Sie, wenn Sie nicht aufpassen, teuer bezahlen. In der Abb. 4.2.2 finden Sie die Übersicht der Haupt- und Neben-Anlageklassen, die Ihnen als Anleger zur Verfügung stehen. Mit Ihrem Geld sind Sie höchstwahrscheinlich bereits direkt oder indirekt in einer oder mehreren dieser Anlageklassen investiert.

Im Folgenden möchten wir Ihnen kurz vier der fünf essenziellen Hauptanlageklassen, nämlich Aktien, Anleihen, Immobilien und Rohstoffe/Edelmetalle erläutern. Dabei sollten Aktien, Anlei-

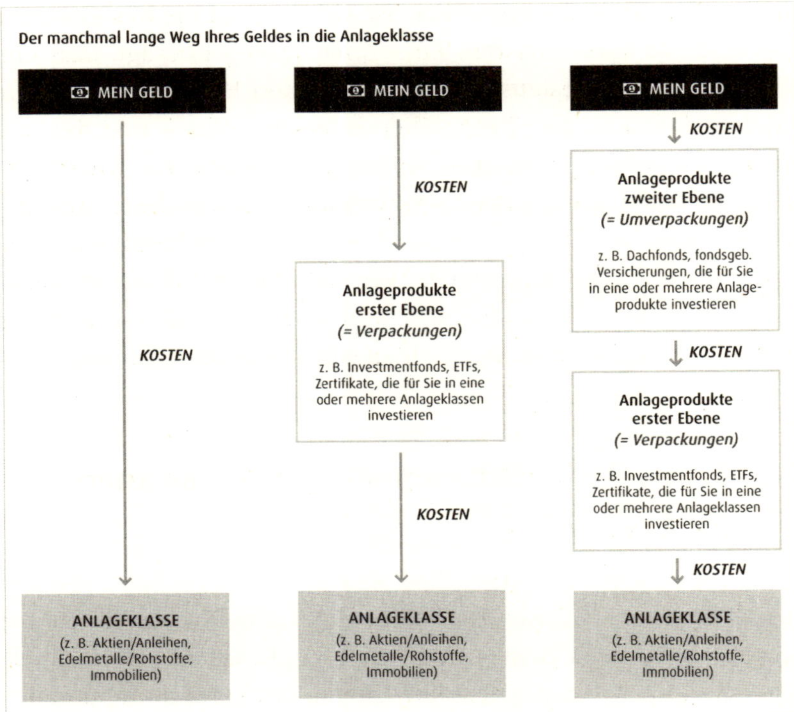

Abb. 4.2.1 Quelle: eigene Darstellung Honorarfinanz AG

Hauptanlageklassen	Nebenanlageklassen
Aktien	Private Equity
Anleihen	Sammlerobjekte
Immobilien	Land/Wald
Geldmarkt	Kryptowährungen
Rohstoffe	

Abb. 4.2.2 Quelle: eigene Darstellung Honorarfinanz AG

hen und/oder Immobilien den Großteil Ihres Anlageportfolios bilden, denn sie haben eine Gemeinsamkeit: den intrinsischen Wert in Form von Dividenden, Zinsen und Mietzinsen, der Ihnen als Anleger ausgeschüttet wird. Auf den Geldmarkt gehen wir dabei nicht näher ein, denn dieser ist für den langfristigen Vermögensaufbau nicht geeignet. Hier legen Sie Ihre kurzfristigen Liquiditätsreserven an.

Hauptanlageklasse Aktien

Aktien sind nichts anderes als Unternehmensbeteiligungen, also Anteile am Eigenkapital eines börsennotierten Unternehmens. Der zu erwartende Ertrag, also die Rendite, besteht aus einer Kombination von Dividendenerträgen (Gewinnbeteiligung) und der Wert- (oder Kurs-)steigerung dieses Unternehmens. Im Ergebnis partizipieren Sie am langfristigen Erfolg der Unternehmen, deren Aktien Sie im Depot haben, und vermehren so Ihr Geld. Aktien gelten zwar als risikobehaftete Anlageklasse, da sie stark im Wert schwanken können, jedoch gleichen sich diese Kurzschwankungen bei längerer Anlagedauer und guter Streuung weitgehend aus. Ab einer zwölfjährigen Anlagedauer treten bei guter Streuung praktisch keine Verluste auf das eingesetzte Kapital mehr ein.

Hauptanlageklasse Anleihen

Anleihen werden oft auch als »festverzinsliche Wertpapiere«, »Obligationen« oder »Rentenpapiere« bezeichnet. Im Englischen werden sie »Bonds« oder »Fixed Income Investments« genannt. Im Gegensatz zu Aktien, die als Eigenkapital gelten, sind Anleihen Fremdkapital. Wenn Sie Anleihen kaufen, dann leihen Sie Ihr Geld Staaten oder Unternehmen. Sie verdienen an den Zinsen und an Kursveränderungen. Anleihen sind letztendlich also ein Kreditgeschäft – mit einem wichtigen Unterschied zum klassischen Kredit: Anleihen sind zwischen Anlegern frei handelbar. Klassische Kredite dagegen werden an der Börse nicht gehandelt. Anleihen gelten zwar als eher risikoarme Anlageklasse, da sie in der Regel geringeren Wertschwankungen unterliegen. Aber auch Anleihen haben Risiken. Erstens kann der Schuldner ausfallen (Bonitätsrisiko), zweitens fallen bei Steigerungen der Marktzinssätze die Kurse der in Ihrem Depot liegenden Anleihen. Und drittens zehrt auch immer die Inflation an der Rendite. Alle drei Risiken sind ernst zu nehmen.

Hauptanlageklasse Immobilien

Man unterscheidet bei Immobilien als Anlageklasse vor allem zwei Bereiche: Wohnimmobilien und Gewerbeimmobilien. Die zu erwartende Rendite ergibt sich aus der Kombination von Mieteinnahmen und Wertsteigerung. Während die Mieteinnahmen laufende Erträge liefern, ergibt sich die Wertsteigerung aus der Entwicklung des Standorts der Immobilie sowie Angebot und Nachfrage zum Zeitpunkt des Verkaufs. Immobilien gelten ebenso wie Aktien als risikobehaftete Anlageklasse, da auch Immobilienpreise schwanken.

Hauptanlageklasse Edelmetalle

Bei Edelmetallen handelt es sich zum Beispiel um Gold, Silber, Platin oder auch Palladium. Anleger, die in Edelmetalle investieren, spekulieren auf eine Preissteigerung dieser Edelmetalle – oder sie nutzen sie als Absicherung im Depot. Gold zum Beispiel wird in der Regel nicht als Spekulationsobjekt eingesetzt, sondern als Krisenwährung. Denn der Goldpreis ist in Krisenzeiten oft gestiegen, während Aktienkurse gefallen sind. Edelmetalle gelten als sehr risikobehaftete Anlageklasse, da die Preise hohen Schwankungen unterliegen. Gold oder Silber können Sie als Privatanleger sowohl direkt als auch indirekt erwerben. Beim direkten Erwerb kaufen

Sie Barren oder Münzen, während Sie beim indirekten Erwerb börsenfähige Ansprüche kaufen. Bei anderen Edelmetallen wie Platin oder Palladium ist der physische Erwerb eher unüblich, sodass für Sie meist börsengehandelte Rohstofffonds (ETCs, ETPs oder ETFs) infrage kommen, die in diese Edelmetalle investieren und sie für Sie lagern.

Hauptanlageklasse Rohstoffe

Unter Rohstoffen versteht man zum Beispiel Öl, Gas oder Agrarrohstoffe wie Orangensaft und Lebendvieh. Als Anleger partizipieren oder spekulieren Sie hier auf Preissteigerungen. Rohstoffe sind wie Edelmetalle eine sehr risikobehaftete Anlageklasse. Wichtig für Sie zu wissen: Als Anleger können Sie kaum direkt in Rohstoffe investieren, sondern immer nur in sogenannte Rohstoffkontrakte, die die Auslieferung der betreffenden Rohstoffe zu einem bestimmten Datum verbriefen. Die Funktionsweise des Rohstoffmarktes im Detail zu erklären, würde an dieser Stelle zu weit führen. Deshalb nur der Hinweis: Der Rohstoffhandel ist eigentlich nur dazu gedacht, dass Unternehmen, die Rohstoffe für ihre Produktion benötigen, ihre Risiken absichern können. Rohstoffhandel ist also von der Idee her ein defensives Geschäft, das in den meisten Fällen kalkulierte Absicherungskosten verursacht und nur selten Gewinne. Um hier mit offensiven Spekulationen Geld zu verdienen, muss man schon viel Glück haben. Als Anlageklasse für den langfristigen Vermögensaufbau sind Rohstoffe deshalb für Privatanleger eher ungeeignet. Trotzdem werden gerade Topverdiener regelmäßig zu solchen Geschäften verführt, da sich für die Vermittler dieser Geschäfte hohe Provisionen verdienen lassen. Ein seriöser Berater wird Ihnen also niemals dazu raten und wenn Ihr aktueller Ansprechpartner dies trotzdem tut, dann brauchen Sie unbedingt einen neuen.

Nebenanlageklassen

Neben den fünf Hauptanlageklassen möchten wir Ihnen noch die relevanten »Nebenanlageklassen« vorstellen, die Sie als Topverdiener wahrscheinlich im ersten Moment interessant finden, die aber weit weniger von Bedeutung und Relevanz sind, als Sie glauben. Diese Nebenanlageklassen, außer Private Equity, Land und Wald, erzeugen keine intrinsische Rendite. Das bedeutet, dass sie Ihnen als Anleger keine Mieten, Dividenden oder Zinsen auszahlen.

Nebenanlageklasse Private Equity

»Private Equity« bezeichnet Investitionen in Unternehmen, die nicht an der Börse gehandelt werden. Kapital wird durch spezialisierte Fonds bereitgestellt, welche in vielversprechende Firmen investieren, sie restrukturieren, wachsen lassen und später oft gewinnbringend verkaufen. Diese Form der Anlage bietet hohe Renditechancen, birgt jedoch gleichzeitig ein erhöhtes Risiko, da die investierten Unternehmen oft aufstrebend oder in einer Umbruchphase sind. Private Equity ist somit vor allem für erfahrene Anleger geeignet, die langfristige Perspektiven und eine hohe Risikobereitschaft mitbringen.

Nebenanlageklasse Sammlerobjekte

Sammlerobjekte, wie Uhren, Kunstwerke, Antiquitäten, Münzen, Briefmarken oder seltene Autos, zählen zu den alternativen Anlageklassen. Diese Objekte besitzen oft nicht nur finanziellen, sondern auch emotionalen und kulturellen Wert. Ihr Wert kann im Laufe der Zeit erheblich steigen, insbesondere wenn sie selten sind oder einen historischen oder künstlerischen Meilenstein darstellen. Sammlerobjekte bieten jedoch weniger Liquidität und sind stark von Markttrends und individuellen Präferenzen abhängig. Zudem erfordern sie umfangreiche Kenntnisse und Expertise, da Authentizität und Zustand entscheidende Faktoren für die Wertentwicklung sind. Sie eignen sich besonders für passionierte Sammler und Anleger mit langfristiger Perspektive.

Nebenanlageklasse Land und Wald

Land und Wälder sind materielle Vermögenswerte, die aufgrund ihrer Knappheit und ihres nachhaltigen Potenzials eine attraktive Anlageoption darstellen. Investitionen in landwirtschaftliche Flächen oder Wälder können regelmäßige Erträge durch Holzproduktion, Landwirtschaft oder erneuerbare Energieprojekte generieren. Gleichzeitig bieten sie Schutz vor Inflation und können langfristig an Wert gewinnen. Allerdings erfordert diese Anlageklasse Geduld, Fachwissen und oft einen erheblichen Kapitalaufwand. Faktoren wie Standort, Bodenqualität und Umweltauflagen spielen eine zentrale Rolle bei der Wertentwicklung.

Nebenanlageklasse Währungen

Der Handel mit Währungen wird auch als »Devisenmarkt« bezeichnet. Grundsätzlich ist der Devisenmarkt ein Platz, auf dem Angebot und Nachfrage für Währungen aufeinandertreffen. Letztendlich wettet man als Anleger auf die Wertentwicklung einer Währung im Vergleich zu anderen Währungen. Als Anleger können Sie auf verschiedene Arten auf die Wertentwicklung von Währungen spekulieren. Zum Beispiel, indem Sie Anleihen in fremder Währung kaufen. Oder indem Sie am Terminmarkt spekulieren. Beide Möglichkeiten beinhalten eine Reihe von Unwägbarkeiten, die Sie als Anleger in der Regel nicht kennen. Deshalb gilt auch diese Anlageklasse als stark risikobehaftet und verdient Ihre grundlegende Skepsis.

Nebenanlageklasse Kryptowährungen

Kryptowährungen sind digitale Währungen, die unabhängig von Zentralbanken und Finanzinstituten funktionieren. Sie basieren auf der sogenannten »Blockchain-Technologie«, einer Art öffentlichem, digitalem Kassenbuch. In diesem Kassenbuch werden alle Transaktionen festgehalten und auf viele Computer verteilt, sodass sie sicher und transparent sind. Neue Einträge in die Blockchain und damit auch die Erzeugung neuer Einheiten erfolgen durch ein Verfahren namens »Mining«, bei dem komplexe Rechenaufgaben gelöst werden müssen. So können Kryptowährungen sicher übertragen und gespeichert werden, ohne dass eine zentrale Kontrolle nötig ist. Die bekannteste Kryptowährung ist Bitcoin, aber es gibt viele andere, wie Ethereum, Ripple und Litecoin. Kryptowährungen werden nicht an klassischen Wertpapierbörsen gehandelt, sondern an speziellen Marktplätzen, den sogenannten Krypto-Börsen oder auch Krypto-Exchanges. Beim Handel von Kryptowährungen lassen sich potenziell hohe Renditen erzielen. Doch die Risiken sind erheblich. Nicht nur aufgrund der hohen Volatilität ist Kryptohandel als spekulativ anzusehen, sondern auch aufgrund regulatorischer Unsicherheit. Mit anderen Worten: Als Instrument zum gezielten, langfristigen Vermögensaufbau sind Kryptowährungen nicht geeignet.

Empfehlung

Sie können in verschiedene Anlageklassen investieren. Aktien bringen Rendite durch mögliche Kurssteigerungen, Anleihen und Immobilien Stabilität durch regelmäßige Einnahmen. Sie können in diese Anlageklassen nicht nur in Form von Einzelinvestments, also in einzelne Aktien und Anleihen, sondern auch in Form von Fonds, Versicherungen und Finanzprodukten investieren. Solche Investmentvehikel können manchmal mehr und oft weniger sinnvoll sein. Auf jeden Fall kosten sie immer Geld und damit Rendite. Ihr Ziel sollte es also sein, so direkt wie möglich in die jeweilige Anlageklasse zu investieren, entweder ohne teure Hülle oder – wenn es Sinn macht – mit möglichst geringen Produktkosten. Auf den folgenden Seiten schlüsseln wir Ihnen den Nutzen und die Kosten von Produkten auf. Und in Kapitel 5 zeigen wir Ihnen, ob und wie man welche Produkte am besten einsetzt.

4.3 Der Unterschied zwischen Verpackung und Inhalt

> *»Wenn du Dinge kaufst, die du nicht brauchst, wirst du bald Dinge verkaufen müssen, die du brauchst.«*
>
> Warren Buffett

Damit Sie nicht vom Wege abkommen, möchten wir an dieser Stelle Ihren Blick schärfen für das, was Ihnen nicht hilft, sondern schadet. Wir möchten, dass Sie Produkte mit teuren Verpackungen erkennen und damit auch vermeiden können.

Wie Sie erfahren haben, besteht ein Finanzprodukt aus einem Inhalt der oben genannten Anlageklassen und einer mehr oder weniger dicken, komplexen Verpackung des Kerns. Die Verpackung eines Finanzprodukts erfüllt somit meistens drei Zwecke:

1. Sie macht den Kern intransparent und komplex. Das Produkt ist schwerer zu durchschauen, zu verstehen und zu verwalten. Auf positive Ausnahmen, insbesondere ETFs, kommen wir noch zu sprechen.
2. Sie verursacht zusätzlich Kosten und senkt damit die erwartete Rendite des Kerns, der eigentlichen Anlage.

3. Sie bewirkt ein zusätzliches unsystematisches Risiko, das sogenannte Produktrisiko, welches unabhängig von der Anlageklasse besteht.

Okay, werden Sie sich jetzt sagen, dann investiere ich in Zukunft einfach direkt in Aktien, Anleihen und Immobilien und spare mir die ganze Verpackung. Das ist zunächst einmal keine falsche Idee, führt aber auch nicht immer zu einer optimalen Lösung. Gerade bei Aktien und Anleihen sind Direktinvestitionen oft eher nachteilig, wie Sie später noch genauer nachlesen können. Die gute Nachricht lautet, dass es für diese beiden Anlageklassen nicht nur teure, sondern zum Glück auch sehr kostengünstige und transparente Produktverpackungen gibt. Immobilien dagegen sollten ohne Verpackung gekauft werden.

Und weil wir schon dabei sind, Sie vor Fehlgriffen zu warnen, haben wir Ihnen noch eine Liste an teuren – und deshalb nicht lohnenden – Finanzprodukten zusammengestellt, die wir vor allem in den Finanzportfolios von Topverdienern gefunden haben und von denen Sie möglichst die Finger lassen sollten.

Hier die Übersicht:

A	**Lebens- und Rentenversicherungen – das Renditegrab mit zusätzlich versteckten Risiken**
B	**Dachfonds – der Kostenturbo unter den Fonds**
C	**Geschlossene Fonds – die tickende Zeitbombe**
D	**Zertifikate – Zockerpapiere ohne Gegenwert**
E	**Rohstoffinvestments – Risiken, die man nicht braucht**
F	**Bausparverträge – braucht kein Topverdiener**

A: Lebens- und Rentenversicherungen – das Renditegrab mit zusätzlich versteckten Risiken

Wir kennen kaum einen Topverdiener, der nicht in eine oder mehrere Lebens- und Rentenversicherungen sein Geld einzahlt. Von der steuerlich absetzbaren Basis-(Rürup-)Rente über die fondsgebundene Rente mit Garantie und die Index-Rente, mit der man angeblich nie Geld verlieren kann, bis hin zur innovativen britischen Rentenversicherung mit Höchststands-Garantie. Wir könnten diese Liste unendlich verlängern und zahllose kreative Produktverpackungen der Versicherungsindustrie aufzählen. Aber nicht nur Topverdiener stecken ihr Geld in solche Lösungen. Jeder Deutsche hat im Durchschnitt zwei Verträge dieser Art in seinem Bestand. Fast jeder kennt jemanden, der mindestens einen dieser Verträge verlustreich gekündigt hat. Trotzdem werden private Rentenversicherungen in Deutschland durch den übermächtigen Provisionsvertrieb immer noch als wichtige Bausteine einer soliden Altersvorsorge empfohlen. Das ist – mit Verlaub – komplett verrückt. Wie konnte es dazu kommen?

Historisch betrachtet ist der Aufstieg der Lebens- und Rentenversicherungen zu Deutschlands beliebtestem Anlagevehikel immerhin erklärbar. Drei Gründe sind hier zu nennen. Erstens: Kapitalerträge im Versicherungsmantel waren früher einmal nach mindestens zwölfjähriger Laufzeit komplett steuerfrei, wenn wenigstens fünf Jahre lang Beiträge gezahlt wurden. Fürs Alter sparen und den Gewinn später steuerfrei zu kassieren, klang verlockend. Doch seit der Novellierung des Alterseinkünftegesetzes im Januar 2005 gibt es das Argument der Steuerfreiheit nicht mehr. Das Verkaufsargument Nummer eins für solche Verträge ist also schon lange Geschichte. Für Verträge, die seit Januar 2005 abgeschlossen wurden und noch werden, muss die Hälfte des Ertrags versteuert werden, bei Auszahlung vor dem 60. oder 62. Lebensjahr (je nach

Vertragsabschlussjahr, es gab gesetzliche Änderungen) sogar der komplette Betrag. Zweitens: Früher wurden hohe Garantiezinsen versprochen. Versicherungsnehmer hatten die verbriefte Garantie, später bei Fälligkeit des Vertrags einen Betrag ausbezahlt zu bekommen, der zumindest auf dem Papier eine ordentliche Rendite versprach. Doch auch dieses Argument gilt schon lange nicht mehr. Da die Versicherer klassischer Lebens- und Rentenversicherungen laut Gesetz dazu verpflichtet sind, überwiegend in Anleihen bonitätsstarker Emittenten zu investieren, sind auch die Garantieversprechen in den vergangenen Jahren auf ein Minimum knapp über der Nulllinie geschrumpft. Der Grund: Insbesondere Staatsanleihen von Staaten mit hoher Bonität rentieren sich mittlerweile kaum noch oder haben sogar negative Renditen. Der dritte Grund für den erfolgreichen Verkauf dieser Art von Versicherungen sind die hohen Gewinne, die die Versicherer mit den Produkten erzielen, und die hohen Provisionen, die Finanzvermittler für den Vertrieb der Produkte erhalten. Dieser dritte Grund ist der letzte verbliebene Grund dafür, dass Lebens- und Rentenversicherungen in jeglicher Form heute überhaupt noch erfolgreich verkauft werden. Ihnen als Kunde werden insbesondere die steuerlichen Vorteile mit einer Versicherungslösung als Hauptargumentationsgrund präsentiert. Und wer will nicht Steuern sparen?

Aus Sicht der Kunden hätte dieses Finanzprodukt nach der Neuregelung der Besteuerung im Jahr 2005 eigentlich längst beerdigt werden sollen. Denn bei Lebens- und Rentenversicherungen kumulieren alle Nachteile, die ein Finanzprodukt überhaupt haben kann:

Nachteil: unvorteilhaftes Koppel-Produkt

Bei kapitalbildenden Lebensversicherungen werden zwei Produkte miteinander kombiniert, die eigentlich überhaupt nichts miteinander zu tun haben: Risikovorsorge und Kapitalbildung. Dafür gibt es nur einen Grund: die Intransparenz. Die wahren Kosten einer Kapitallebensversicherung lassen sich so besser verschleiern. Wie viel Geld in die Vermögensbildung fließt und wie teuer die Risikoabsicherung ist, wird den Kunden gegenüber nur unzureichend aufgeschlüsselt. Finanzvermittler können sich darauf verlassen, dass sich kaum ein Kunde die Mühe macht, einmal nachzurechnen, was alternativ der Abschluss einer separaten Risikolebensversicherung und eines Sparplans kosten würde. Dabei würde sich das lohnen. So werden nämlich transparent die Kostenanteile getrennt. Zudem führt eine Trennung von Risikoschutz und Ansparprozess in der Regel zu erheblich vorteilhafterem Endergebnis.

Bei Rentenversicherungen wird ein anderes Ziel verfolgt: Rentenversicherungen sind aus Sicht des Versicherers eine Wette auf den Tod der versicherten Person. Stirbt die versicherte Person kurz nach Rentenbeginn, hat sie ein schlechtes Geschäft gemacht. Das restliche Vorsorgekapital verfällt nach der Rentengarantiezeit. Mögliche Erben des Verstorbenen gehen leer aus. Nur dann, wenn die versicherte Person lange lebt, in der Regel weit über die statistische Lebenserwartung hinaus, macht der Policen-Inhaber ein gutes Geschäft. Tipp: In der Regel besteht die Möglichkeit, zu Rentenbeginn das angesparte Kapital zu entnehmen und so die Verrentung zu umgehen. Diese Alternative ist angesichts der von den Versicherern angebotenen Mini-Renten ausnahmslos zu empfehlen.

Nachteil: Ausfallrisiko des Versicherers

Die Vermögensanlagen, die in einer Lebens- oder Rentenversicherung stecken, sind in einem sogenannten Versicherungsmantel verpackt. Das von Ihnen angesparte Vermögen gehört im Außenverhältnis faktisch der Versicherung und Sie als Kunde haben lediglich einen schuldrechtlichen Anspruch darauf. Dies führt zum Risiko, dass im Falle einer Insolvenz des Versicherers das im Deckungsstock gebildete Vermögen Teil der Insolvenzmasse wird.

Mit anderen Worten: Ist die Versicherung bankrott, ist Ihr Geld, das in einer solchen Versicherung steckt, mit hoher Wahrscheinlichkeit teilweise oder komplett verloren. Das ist ein Risiko, das nicht zu unterschätzen ist. Schließlich laufen solche Policen in der Regel über Jahrzehnte und sind nur mit hohen Verlusten für den Kunden kündbar. Wer kann über diesen Zeitraum hinweg schon die Existenz eines Versicherungsunternehmens garantieren?

Nachteil: hohe Kosten

Sie zahlen jahrelang Ihr Geld in Versicherungsverträge ein und stellen nach vielen Jahren fest, dass noch nicht einmal das einbezahlte Geld vorhanden ist. Ist es Ihnen auch schon so ergangen? Die Gründe dafür liegen auf der Hand: hohe Vertragskosten. Besonders teuer ist die Konstruktion sogenannter Fonds-Policen. Das sind de facto Investmentfonds, die in einen Versicherungsmantel verpackt sind. Hier wird aus einem vergleichsweise einfachen Produkt, nämlich dem regelmäßigen Kauf von Fondsanteilen, ein kompliziertes Produkt gemacht, in dem gleich an mehreren Stellen unnötig hohe Kosten verschnürt sind. Erstens kostet der Versicherungsmantel und zweitens wählen Versicherer für Fondspolicen regelmäßig besonders teure Fonds als Ansparprodukte aus. Kein Wunder: Die Versicherer kassieren von den entsprechenden Fondsanbietern schließlich Verkaufs- und Bestandsprovisionen für die Berücksichtigung ihrer Fonds in den Policen. Und die Versicherer geben diese sogenannten Kickbacks ihren Kunden meist überhaupt nicht oder nur teilweise zurück.

Mögliche Ausnahme: Rentenversicherung auf Nettotarifbasis

Wenn Sie unbedingt eine Lebens-/Rentenversicherung abschließen wollen, egal in welcher steuerlich geförderten Version, und weil Sie sich selbst einen Sparzwang sowie die damit verbundene Spardisziplin auferlegen wollen, um Ihren inneren Schweinehund zu überlisten, dann könnten Sie die am wenigsten schlimme Version mit relativ geringen Kosten wählen: eine fondsgebundene Rentenversicherung, die auf Nettotarifbasis in ETFs investiert. »Nettotarifbasis« bedeutet konkret, dass weder eine einmalige noch eine laufende Provision an den Vermittler fließt. Der Honorarvermittler erhält in diesem Fall von Ihnen eine einmalige Gebühr für die Beratung beziehungsweise Vermittlung. Ob für die Betreuung des Vertrags noch ein laufendes Betreuungshonorar anfällt, sollten Sie erfragen beziehungsweise aushandeln.

B: Dachfonds – der Kostenturbo unter den Fonds

Dachfonds sind ein Paradebeispiel für den oben erläuterten Fall, dass Ihr Geld gleich mehrfach verpackt wird, also die Verpackung nochmals eine Umverpackung erhält. Das Werbeversprechen von Dachfonds lautet so: Hier können Sie sich als Topverdiener entspannt zurücklehnen, denn der jeweils spezialisierte Dachfondsmanager investiert nicht direkt in einzelne Wertpapiere wie Aktien oder Anleihen, sondern streut das Risiko in die besten Fonds. Die Investmentprofis suchen für ihr jeweiliges Anlagethema – das kann eine bestimmte Branche, eine Region oder auch eine spezielle Investmentphilosophie sein – aus der Vielzahl von Fonds die aus ihrer Sicht am besten passenden heraus und bündeln sie unter einem Dach. Dachfondsmanager sind also genau genommen Fonds-Fondsmanager, und ihr vollmundiges Leistungsversprechen ist, dass sie Ihr Geld ausschließlich an die besten Fondsmanager auf der ganzen Welt weitergeben. Klingt plausibel und gut!

Was weitestgehend unbekannt ist: Dachfonds waren hierzulande lange Zeit wegen der Gefahr von zu viel Intransparenz verboten. Durch die Verschachtelung von Fonds in Fonds wird die Gebühren- und Kostenstruktur schnell unübersichtlich. Der Zusammenbruch des Skandal-Fonds IOS (Investors Overseas Services) ab Ende 1970 gilt als Paradebeispiel dafür, wie Anleger durch undurchsichtige Anlage- und Gebührenpolitik abgezockt werden können. Doch 1998 wurde im Rahmen des Dritten Finanzmarktförderungsgesetzes in Deutschland der Vertrieb von Dachfonds wieder erlaubt. Anstoß für die Einführung von Dachfonds war ausgerechnet das Thema Übersichtlichkeit. Dabei ging es allerdings nicht um die Transparenz einzelner Fonds, sondern um die Unübersichtlichkeit des Gesamtmarktes. Mehrere Tausend Fonds buhlten schon damals um die Anlegergelder. Viele private Investoren waren – und sind auch heute noch – angesichts der unüberschaubaren Angebotspalette damit überfordert, die für ihre Bedürfnisse besten Fonds herauszufiltern und ihr Vermögen über verschiedene Fonds optimal zu streuen. Dachfonds sollten hier helfen.

Nachteil: keine Markttransparenz

Man hätte sich die erneute Zulassung von Dachfonds Ende der 90er-Jahre besser sparen sollen. Mittlerweile können deutsche Investoren unter rund 330 Dachfonds wählen. Es gibt für fast jeden wichtigen Themenbereich mindestens einen Dachfonds, dessen Fondsmanagement verspricht, die dafür am besten geeigneten Fonds herauszufiltern. Und es gibt Fondsberater, die sich darauf spezialisiert haben, die besten Fondsmanager zu finden. Übersichtlichkeit sieht anders aus.

Nachteil: doppelte Kosten

Mit Dachfonds lassen sich im Vergleich zu herkömmlichen Fonds oder gar ETFs keine überdurchschnittlichen Renditen erzielen. Das liegt schon an den Gebührenstrukturen. Wenn Dachfondsmanager Fondsanteile kaufen, werden zwar in den seltensten Fällen dafür die vollen Ausgabeaufschläge berechnet. Doch die Managementgebühren fallen in der Regel doppelt an – einmal für den Dachfonds und einmal für den Fonds im Fonds, der »Zielfonds« genannt wird. Ärgerlich ist das insbesondere dann, wenn Zielfonds und Dachfonds von ein und derselben Fondsgesellschaft stammen. Diese kassiert dann doppelt und der Verdacht liegt nahe, dass bei der Auswahl der Fonds in solchen Fällen nicht nach Qualität, sondern nach Profitmaximierung für die Gesellschaft entschieden wird. Es gibt hier eine Reihe von unrühmlichen Beispielen in der Branche.

C: Geschlossene Fonds – die tickende Zeitbombe

Topverdiener sind oft risikobereite Persönlichkeiten. Und wenn sich ihnen die Möglichkeit bietet, sich unternehmerisch zu beteiligen, dann sind sie häufig interessiert. Wenn es dann noch heißt, man könne mit einem sogenannten geschlossenen Fonds sicher, nachhaltig und vor allem unabhängig vom Börsengeschehen 8 oder mehr Prozent Rendite pro Jahr erzielen, dann ist das Interesse schnell geweckt. Aber geschlossene Fonds, die übrigens eine speziell deutsche Erfindung sind, haben es in sich – in negativem Sinne. Die Fonds investieren in der Regel in spezielle Sachwertprojekte wie beispielsweise Immobilien, Schiffe, Flugzeuge oder Unternehmensbeteiligungen. Die Fondsgesellschaft gibt nur für eine begrenzte Zeit und oft auch nur für einen begrenzten Gesamtbetrag Fondsanteile aus. Sind alle Anteile verkauft, wird das Geld entsprechend den Vorgaben investiert. Das Kapital der Anleger bleibt grundsätzlich im Fonds, bis die vereinbarte Laufzeit endet – daher der Name »geschlossener Fonds«. Danach wird der Fonds abgewickelt und seine Anlagen wieder verkauft und der Anleger erhält den aktuellen Gegenwert seines Anteils. Das alles klingt erst mal nach einer an sich guten Idee. Warum sollte man nicht gemeinsam mit einer abgegrenzten Gruppe von Investoren in ein Projekt investieren? Die Frage ist berechtigt. Wir haben die Antworten darauf mal zusammengetragen:

Nachteil: erhöhtes unternehmerisches Risiko

Was vielen Anlegern, denen in den vergangenen Jahren geschlossene Fonds als sichere und renditeträchtige Investments aufgeschwatzt wurden, nicht klar war: Mit ihrer Beteiligung werden Anleger zu Unternehmern zweiter Klasse. Denn sie tragen ein hohes Risiko, haben aber kaum Mitspracherechte. Konkret heißt das: Geht es darum, unternehmerische Entscheidungen zu treffen, werden die Anleger als stille Teilhaber nicht gefragt. Und geht etwas schief, haben sie häufig das Nachsehen. Im Pleitefall werden erst die Ansprüche der Gläubiger bedient, bevor die privaten Investoren an die Reihe kommen, denn die stillen Teilhaber haben ja haftendes Eigenkapital gegeben und stehen bei Schwierigkeiten ganz hinten in der Schlange.

Nachteil: Haftungsrisiko

Als Anteilseigner eines geschlossenen Fonds können Sie mehr verlieren als das Geld, das Sie bereits investiert haben. Denn sollte der Fonds in finanzielle Schieflage geraten, kann es passieren, dass das Fondsmanagement von Ihnen einen Nachschuss an Kapital fordert. Schließlich sind Sie Mitunternehmer. Da gilt: Mitgefangen, mitgehange! Oftmals sind Anleger vom Bestehen und der Höhe von Nachschusspflichten völlig überrascht, da diese gut im umfangreichen Kleingedruckten versteckt waren und der Vermittler im Verkaufsgespräch darüber nicht oder nur bagatellisierend informierte.

Nachteil: horrende Kosten

Der größte Nachteil dieses Investmentprodukts sind die hohen Kosten. Geschlossene Fonds werden von den Emittenten niemals direkt, sondern ausschließlich über Vertriebe und Banken verkauft. Die Vertriebskosten und Provisionen sind erschreckend hoch. 25 bis 30 Prozent Aufschlag sind keine Seltenheit. Mit anderen Worten: Wenn Sie Anteile eines geschlossenen Fonds kaufen, stecken sich von jedem Euro, von dem Sie glauben, er würde zu Ihrem Nutzen investiert, der Emittent und der Vertrieb 20 bis 30 Cent in die eigene Tasche. Dass Sie als Anleger am Ende eine positive Rendite erzielen, ist mit solch hohen Kosten kaum möglich.

Nachteil: Illiquidität

Die Beteiligung an einem geschlossenen Fonds ist ein langfristiges Engagement, das Ihr Kapital in der Regel über eine Haltedauer von mindestens zehn Jahren bindet. Wollen Sie Ihre Anteile früher veräußern, ist das kaum möglich. Es gibt zwar seit einigen Jahren einen sogenannten Zweitmarkt, auf dem Fondsanteile gehandelt werden. Doch hier sind Verkäufe in der Regel nur mit hohem Verlust für den Verkäufer möglich.

Nachteil: komplette Prognoseunsicherheit

Zum Businessplan der Fonds gehört es, nach einer gewissen Zeit, meistens nach zehn, zwölf oder zwanzig Jahren, das jeweilige Investitionsobjekt zu verkaufen und den Erlös an die Anteilseigner auszuschütten. Dafür wird bei der Auflage des Fonds eine Prognose über den später zu erzielenden Verkaufspreis erstellt. Diese Prognose ist Teil des Gewinnversprechens. Und damit einer der größten Risikoposten. Denn welchen Wert hat eine Aussage, die einen Preis für den Verkauf in zehn oder mehr Jahren prognostiziert? Schmerzlich erfahren mussten das zuletzt Anteilseigner von Fonds, die in den Airbus A380 investierten. Einst als Superflieger gepriesen, wurde mittlerweile die Produktion eingestellt. Die Airlines haben Bestellungen gestrichen und sortieren die riesigen Flugzeuge nach und nach aus ihren Flotten aus. Es ist nur eines von vielen Beispielen – und nicht einmal das schlimmste. Die Investoren kommen hier sogar noch relativ glimpflich davon. Viel härter hat es in den vergangenen Jahren die Anteilseigner von Schiffs- und Containerfonds erwischt. Insbesondere geschädigte Kunden der vor wenigen Jahren in die Insolvenz gegangenen P&R-Gruppe können wohl Klagelieder von den Risiken geschlossener Fonds singen. Das Geschäftsmodell des Unternehmens sah eigenen Angaben zufolge vor, dass Investoren Container von P&R kaufen. Die neuen Eigentümer sollten, so die Aussage, die Container wieder P&R zur Weitervermietung überlassen. Während der Laufzeit von drei bis fünf Jahren wollte P&R den Investoren die Erträge aus Mietzahlungen zukommen lassen, die durch die Vermietung der Container erwirtschaftet wurden. Nach Ablauf dieses Zeitraums stellte P&R ein Rückkaufsangebot für die Container in Aussicht. Das Modell entsprach damit der gängigen Konstruktion von Geschäftsmodellen geschlossener Fonds: Investition in einen Sachwert X, laufende Einnahmen durch den Betrieb und am Ende der Laufzeit abschließender Erlös durch Verkauf des Sachwerts. Am Beispiel von P&R zeigten sich alle Schwächen dieses Modells gleichzeitig. Denn das Containergeschäft ist nicht so unproblematisch, wie dies von P&R versprochen worden war. Die Preise fielen zwischenzeitlich ins Bodenlose, nur ein Bruchteil der Container konnte tatsächlich vermietet werden. Die positive Rendite blieb aus.

Seriöse Emittenten hätten ihre Investoren frühzeitig darüber aufklären müssen. Es wäre schlimm genug für sie gewesen. Die P&R-Gruppe ging jedoch einen anderen Weg: Sie hielt den desaströsen Sachverhalt verschlossen, überwies trotzdem Ausschüttungen an die Anteilseigner ihrer Fonds und warb weiter fleißig um neue Kunden. Damit erschuf sie ein Schneeballsystem, dessen Finanzmittel nicht mehr aus den Einnahmen der Containervermietungen, sondern nur noch über den Neuverkauf von Fondsanteilen stammten. Dazu kam das Problem, dass ein Rückkaufswert von 65 Prozent für die Container prognostiziert (aber nicht garantiert) wurde. Angesichts der katastrophalen Entwicklungen auf dem Containermarkt war dieses Versprechen nicht zu halten. Die P&R-Verkaufsmaschine überhitzte bei dem Versuch, die immer größer werdenden Finanzlöcher zu stopfen. Irgendwann flog das Ganze auf. Unvermeidlich. Es endete in einem der größten Anlageskandale der Bundesrepublik.

So dramatisch kommt es natürlich nicht bei allen geschlossenen Fonds. Aber es ist ein Risiko, das für Sie als Anleger immer besteht. Eine Untersuchung der Stiftung Warentest kam zu dem Ergebnis, dass 94 Prozent der in Deutschland untersuchten geschlossenen Immobilienfonds einen Kapitalverlust erzielten und nur 6 Prozent (!) die im Prospekt in Aussicht gestellten Gewinne erreichten. Und als Mitunternehmer heißt es für Sie dann: Ihr Geld ist weg, teilweise weg oder zumindest völlig unzureichend verzinst. Und wenn es ganz blöd läuft, müssen Sie sogar noch Geld nachschießen. Deshalb: Finger weg. Es gibt keinen (!) Grund, in geschlossene Fonds zu investieren. Es gibt grundsätzlich immer bessere Alternativen.

D: Zertifikate – Zockerpapiere ohne Gegenwert

Anleger berichteten uns, dass sie Zertifikate mal schnell an einem Freitagnachmittag beim Besuch ihrer Hausbank gezeichnet haben. Auf die Frage, ob sie wüssten, was sie da gekauft haben, konnte uns bisher kaum einer eine fundierte Antwort geben. Dabei lässt sich die Frage, was Zertifikate eigentlich sind, schnell beantworten: Zertifikate sind Schuldverschreibungen. Das sind recht simple Papiere, die es bereits seit der Einführung des Geldes gibt. Denn eine Schuldverschreibung ist nichts anderes als ein Papier, das dem Inhaber das Recht bescheinigt, vom Herausgeber – dem Emittenten – des Papiers eine bestimmte Summe zu erhalten. Die einfachste Form der Schuldverschreibung ist ein Festbetrag – also die Zusicherung, gegen Vorlage des Papiers eine Summe × zu erhalten. Diese Summe kann beispielsweise genau dem geliehenen Betrag entsprechen und mit einem jährlichen Zins und einer Laufzeit verbunden werden.

Es geht aber auch wesentlich komplizierter

Zur Ermittlung laufender Gewinne und/oder des Rückzahlungsbetrags kann auch eine Formel verwendet oder eine Verknüpfung mit der Wertentwicklung einer Aktie, einer Währung, eines Zinssatzes, eines beliebigen Index oder eines Rohstoffpreises hergestellt werden.

Wenn das passiert, nennt man solche Schuldverschreibungen »Zertifikate«. Kaufen Sie Zertifikate, bedeutet dies also nichts anderes, als dass Sie dem Emittenten dieser Zertifikate Geld leihen, wobei die Rückzahlung dann durch eine Zusatzvereinbarung beeinflusst wird. Die Emittenten sind in der Regel Finanzinstitute wie beispielsweise Banken oder Wertpapierhäuser. Mit welchem Gewinn oder Verlust Sie die Zertifikate wieder an das Geldinstitut zurückverkaufen können, wird im jeweiligen Verkaufsprospekt beschrieben.

Das, was Zertifikate von anderen Schuldverschreibungen unterscheidet, ist – wie oben beschrieben –, dass die Wertentwicklung eines Zertifikats immer an die Formel oder die Kursentwicklung eines Basiswertes gekoppelt ist. Je nach Konstruktion eines Zertifikats steigt oder fällt dessen Wert also in einem bestimmten Verhältnis zur Entwicklung des Basiswertes, auf den es sich bezieht. Dabei muss es sich nicht um eine direkte Kopplung handeln. Zertifikate können auch so konstruiert sein, dass ihr Wert dann steigt, wenn der Kurs des Basiswertes fällt oder sich überhaupt nicht bewegt oder stark im Wert schwankt. Das klingt zunächst verwirrend, hat aber bei genauerem Hinsehen einen ungeheuren Charme – sowohl für die Emittenten als auch, vermeintlich, für die Anleger: Zertifikate sind kein Selbstzweck, sondern eher ein Vehikel, in dem sich sogar komplexe Anlagestrategien verpacken lassen. Was früher nur Vermögensverwaltern oder Investmentprofis möglich war, nämlich unterschiedlichste Finanzwetten, können heute private Anleger mit einigen wenigen Finanzprodukten selbst umsetzen. Denn im Gegensatz zu den Käufern von Aktien oder Anleihen kaufen Investoren, die auf Zertifikate setzen, nicht mehr einzelne Papiere, sondern komplette – höchst unterschiedliche – Investmentideen.

Nachteil: Unübersichtlichkeit

Aufgrund des unglaublich großen Angebots stehen Anleger vor einem Problem: Eine ganze Familie von verschiedenen Zertifikate-Typen sorgt dafür, dass sich hinter dem nüchternen Begriff »Schuldverschreibung« eine Vielzahl ganz unterschiedlicher Generationen von Finanzprodukten mit ganz unterschiedlichen Auszahlungsprofilen etabliert hat, die kaum noch zu überschauen ist. Wer die Funktionsweisen der einzelnen Zertifikate-Typen nicht kennt und wer die oft wichtigen Feinheiten nicht unterscheiden kann, läuft schnell Gefahr, sich im Zertifikate-Dschungel zu verrennen. Und das passiert leider viel zu oft. Auch deshalb, weil selbst die meisten Finanzvertriebler nicht vollständig verstanden haben, wie Zertifikate funktionieren. Falschberatung zu Zertifikaten ist deshalb nicht die Ausnahme, sondern eher die Regel.

Nachteil: das Emittentenrisiko

Viele Anleger glauben, dass sie mittels eines Zertifikatekaufs in den zugrunde liegenden Basiswert investieren. Also, dass sie zum Beispiel mit einem Discount- oder Bonuszertifikat auf Daimler oder Siemens eben in diesen Werten investiert seien. Jedoch bilden Daimler oder Siemens lediglich die Referenz für die Wertentwicklung des jeweiligen Zertifikats. Das Zertifikat selbst ist und bleibt rechtlich ein Darlehen an das ausgebende Kreditinstitut. Wird dieser Emittent zahlungsunfähig, bedeutet das für Sie als Zertifikate-Inhaber, dass Sie mit einem Totalverlust ihres investierten Kapitals rechnen müssen – völlig unabhängig davon, ob die Daimler- oder Siemens-Aktie steigt oder fällt. Neben Ihrem Risiko bezüglich der Entwicklung von Daimler oder Siemens besteht mit dem Ausfallrisiko also noch ein weiteres – für das Sie übrigens keinerlei Risikoprämie erhalten.

Nachteil: intransparente Wertentwicklung

Zertifikate sind zwar Schuldverschreibungen, die in der Regel die Auszahlung eines Geldbetrags oder die Auslieferung eines Wertpapiers verbriefen. Während der Laufzeit kann der Wert eines Zertifikats je nach Typ aber stark im Wert schwanken. Diese Wertschwankungen sind für den Privatanleger leider nicht immer zu 100 Prozent nachvollziehbar, denn hinter der Fassade des Zertifikats verbergen sich oft komplizierte Wertpapierkonstruktionen, die von verschiedenen Faktoren gleichzeitig beeinflusst werden. Besonders bei Zertifikaten, die erst zum Ende ihrer Laufzeit bestimmte Garantien geben – zum Beispiel Bonuszahlungen oder Rückzahlungsgarantien –, müssen Anleger deshalb einkalkulieren, dass sie Verluste erleiden können, wenn sie ein Zertifikat vorzeitig verkaufen.

Nachteil: kein fairer, freier Handel

Zertifikate werden entweder wie Aktien an der Börse oder außerbörslich direkt über das Handelssystem einer Bank gehandelt. Somit ist es jederzeit möglich, Zertifikate zu kaufen oder zu verkaufen. Jedoch bestimmt der jeweilige Emittent, wie viel genau ein Zertifikat wert ist. Er stellt an der Börse und im Direkthandel die Kauf- und Verkaufskurse. Es ist ein ungesundes, einseitiges Handelsverhältnis: Ihr Zertifikate-Dealer macht den Preis. Sonst niemand. Raten Sie mal, wer da im Zweifelsfall immer den Kürzeren zieht. Das erinnert doch sehr an das Bild vom Bock, der zum Gärtner gemacht wurde.

Nachteil: intransparente, hohe Kosten

Die Wertberechnung von Zertifikaten ist eigentlich nachprüfbar. Die Formeln können im jeweiligen Wertpapierprospekt frei eingesehen werden. Das schöne deutsche Wort »eigentlich« bedeutet in diesem Fall: Natürlich können Sie sich bis zu 100 Seiten durchlesen und die entsprechenden verklausulierten, nicht selten in englischer Sprache abgefassten Beschreibungen studieren. Doch ob Ihnen das weiterhilft, sei dahingestellt. Fakt ist: In den Formeln sind die Kosten für Zertifikate gut versteckt. Faustregel: Je länger die Restlaufzeit eines Zertifikats ist, desto mehr Kosten stecken noch darin. Zusätzliche – für den Laien nicht erkennbare – Kosten durch entgangene Erträge entstehen, wenn sich das Zertifikat zum Beispiel auf eine Aktie bezieht, die Dividenden ausschüttet, Sie als Anleger jedoch nicht an diesen beteiligt werden. Das ist ein sehr häufig angewandter Trick.

E: Rohstoffinvestments – Risiken, die man nicht braucht

Viele Topverdiener haben zu Rohstoffen eine gewisse Affinität. Denn Gold ist ein Material, in welches sie auch gerne in Form von Schmuck investieren. Doch eine goldene, namhafte Luxusuhr ist nicht mit einem Rohstoffinvestment zu vergleichen. Die Finanzindustrie versucht seit Jahren, Rohstoffinvestments als »Beimischung« und »sinnvolle Ergänzung« zu verkaufen, mit der Anleger ihr Depot angeblich besser diversifizieren könnten. Diese Behauptung gehört ins Reich der Fabeln. Fakt ist: Man kann zwar kurzfristig mit Rohstoffspekulationen tatsächlich Gewinne erzielen. Doch das ist riskant und kann ebenso schnell nach hinten losgehen. Wer dagegen Vermögen aufbauen will, sollte die Finger von Rohstoffen lassen. Denn die Chance, mit Rohstoffinvestments langfristig Gewinne zu erzielen, geht gegen null. Und das hat verschiedene Gründe. Hier eine kleine Übersicht:

Nachteil: die hohe Komplexität des Rohstoffmarkts

Zunächst einmal: Rohstoffe sind nichts für Anfänger. Wer in Rohstoffe investieren will, sollte sich mit der Thematik sehr intensiv auseinandersetzen. Zyklische Entwicklungen, Prognosen, wann und wo wie viel eines Rohstoffs für die Produktion gebraucht wird,

Lieferengpässe, Produktionsverknappung, zukünftige mögliche Überschüsse verderblicher Waren, zu- und abnehmende Lagerbestände und manchmal auch das Wetter: Das alles sind Faktoren, die die Marktteilnehmer ständig beurteilen und danach entscheiden, welchen Preis sie für ein bestimmtes Gut in der Zukunft erwarten. Wer sein Glück im Handel mit Rohstoffen sucht, darf die Tücken des Marktes nicht unterschätzen.

Nachteil: Rohstoffe bewirken keine intrinsische Rendite

Es gibt ein weiteres wichtiges Argument gegen die Investition in Rohstoffe: Anders als Anleihen oder Aktien, die neben der reinen Kursperformance auch laufende Einnahmen wie Dividenden und Zinsen generieren, bieten Rohstoffe keine solchen Zinsen oder Dividenden. Im Gegenteil. Durch die indirekte Investition in Futures-Kontrakte am Terminmarkt entstehen unvermeidbar laufende Kosten, die auch unter dem Begriff »Haltekosten« oder »cost of carry« bekannt sind.

Fazit: Mithilfe von Zertifikaten oder ETCs können Sie als Anleger zwar prinzipiell in Rohstoff-Futures investieren. Sie sollten sich allerdings sehr, sehr intensiv mit den Besonderheiten des Terminhandels beschäftigen und bedenken, dass die Haltekosten Ihren Anlageerfolg wie ständiger Gegenwind behindern. Wenn Sie diese Überlegung einbeziehen, verstehen Sie, dass wir Ihnen von Rohstoffinvestments abraten.

F: Bausparverträge – braucht kein Topverdiener

Bausparverträge sind ein Produkt, das bis zu Beginn des 21. Jahrhunderts insbesondere für risikoscheue Kunden noch Vorteile bot. Die Grundidee war gut: Viele Sparer schaffen durch ihre Sparleistung gemeinsam einen Investitionstopf, aus dem nach und nach von den Bausparkunden wieder Mittel in Form von Bausparkrediten mit garantiertem und damit vorhersehbarem Festzins entnommen werden. Spätestens mit Beginn der Niedrig- und Nullzinsphase ist das Geschäftsmodell der Bausparkassen jedoch obsolet geworden. Denn in Zeiten, in denen Hypothekenkredite mit einem Zinssatz von nur knapp über oder sogar unter 1 Prozent per annum zu haben sind, benötigt man kein teures, intransparentes, kompliziert verpacktes Anspar-Finanzinstrument mehr. Aktuell profitieren nur noch die Produktemittenten und die Vertriebe, die satte Provisionen für den Verkauf von möglichst lang laufenden Bausparverträgen kassieren. Unser eindeutiges Urteil lautet: Bausparverträge sind aus Sicht der Sparer Geldvernichtungsinstrumente. Insbesondere Topverdiener benötigen als Schnelltilger keinen gemeinsamen Investitionstopf, um das Vorhaben Eigenheim zu finanzieren. Und das von den Bausparvertrieben häufig genannte Argument, dass Bausparen vor Zinssteigerungen in der Darlehensphase schützt, ist wenig glaubwürdig. Denn für die Vorteilhaftigkeit von Bausparverträgen wären sehr starke Zinssteigerungen nötig. Und diese sind anhand der hohen Staatsverschuldung weltweit nicht realistisch, da ansonsten Staaten reihenweise in den Bankrott gehen würden. Seit einiger Zeit ist zudem ja sogar der gegenläufige Trend zu sehen: Die Zentralbanken senken seit dem Jahr 2024 die Zinsen.

Entscheidet sich ein Topverdiener für den Immobilienerwerb, dann hat er im Vergleich zur normalen Einkommensschicht die Möglichkeit, seine privaten Immobiliendarlehen aufgrund seiner hohen Liquidität schneller zu entschulden. Er ist also ein sogenannter Schnelltilger. Schon allein das ist für Topverdiener ein Argument gegen Bausparverträge.

Empfehlung

An dieser Stelle sei gesagt: Es gibt noch viel mehr Finanzprodukte als die, die wir Ihnen gerade beschrieben haben. Oft werden sie als die eierlegende Wollmilchsau angepriesen, nach dem Motto:

maximale Rendite bei gleichzeitiger Sicherheit. Vieles hört sich spannender an, als es in Wirklichkeit ist. Bedenken Sie an dieser Stelle nur Folgendes: Die Diversifikation Ihres Vermögens bedeutet nicht, es über möglichst viele Produktverpackungen zu streuen. Sondern es gezielt und intelligent über die sinnvollen Anlageklassen zu verteilen. Sie werden später in diesem Buch erfahren, dass es einige wenige sehr kosteneffiziente und transparente Lösungen gibt, mit denen Sie in die Anlageklassen investieren können. Wenn Sie über diese Lösungen kaum informiert werden, so liegt das ganz einfach daran, dass die Finanzindustrie daran nur sehr wenig verdient.

4.4 Der Gewinn liegt im Einkauf! Weniger Kosten – mehr Rendite

»Je niedriger der Preis, desto höher der Ertrag.«

Christopher H. Browne

Je teurer, desto besser? So einfach ist die Rechnung nicht

Qualität hat ihren Preis, heißt es gemeinhin. Und in der Tat gilt diese Regel für viele Dinge und Dienstleistungen. Je hochwertigere Materialien zum Beispiel für Produkte oder beim Bau verwendet werden, desto teurer sind sie. Einen VIP-Service mit Chauffeur, Vorzugsbehandlung sowie Blumen und Champagner auf dem Zimmer bekommen Sie natürlich auch nicht umsonst. Und wenn Sie bei einem Konzert oder Sportereignis die besten Plätze haben wollen, dann zahlen Sie dafür mehr als für den Stehplatz ganz hinten neben der Klotür. Als Topverdiener in verantwortungsvoller Position wissen Sie so etwas und sind deshalb bereit, für eine hohe

Qualität einen angemessenen Preis zu bezahlen. Aber natürlich nur, wenn Ihnen das Mehr an Qualität den Aufpreis auch wert ist.

Wie verhält es sich eigentlich bei der Geldanlage? Insbesondere bei Finanzprodukten, die dazu dienen, für das Alter vorzusorgen und Vermögen gewinnbringend anzulegen? Ist eine hohe Qualität zwangsläufig mit höheren Kosten verbunden? Die klare Antwort lautet: Nein! Tatsächlich sind es gerade die Gebühren einer Geldanlage, die maßgeblich über den Anlageerfolg entscheiden – je niedriger sie ausfallen, desto besser. Denn das eigentliche Ziel ist nicht das Produkt selbst, sondern die erzielte Rendite. Jede Kostenbelastung schmälert diese und mindert damit den Wert der gesamten Anlage. Oft wird diesem Aspekt wenig Beachtung geschenkt. Dabei ist die Logik dahinter denkbar einfach: Kosten reduzieren die Rendite – eine mathematische Grundregel, die sich nicht aushebeln lässt. Und doch passiert es immer wieder, dass gerade Menschen mit hohen Einkommen, die beruflich häufig mit komplexen Berechnungen und Budgetplanungen zu tun haben, ausgerechnet bei ihrer eigenen Altersvorsorge erstaunlich sorglos agieren. Sie hinterfragen selten, welche Kosten mit Finanzprodukten verbunden sind und welche langfristigen Auswirkungen diese Gebühren auf ihr Vermögen haben. Stattdessen pflegen sie lockere Gespräche mit ihrem Finanzberater und unterschreiben Verträge, die sie über Jahrzehnte binden – oft mit finanziellen Verpflichtungen, die den Wert einer Eigentumswohnung erreichen. Ja, Sie haben richtig gehört: Ihr vertrauensvoller Finanzberater kann Sie ein Vermögen kosten. Berater und Vermittler meiden dieses Thema gern oder verweisen lediglich auf das Kleingedruckte in Produktinformationsblättern. Manche behaupten sogar, dass Qualität nun einmal ihren Preis habe – doch das ist oft eine irreführende Darstellung.

Warum unterschätzen so viele Menschen die Auswirkungen der Kosten auf ihre Geldanlage? Ein wesentlicher Grund ist mangelndes Bewusstsein darüber, wie drastisch sich Gebühren auf die langfristige Rendite auswirken. Viele Anleger setzen fälschlicherweise voraus, dass Investieren kaum etwas kostet. Hinzu kommt, dass nur die wenigsten ein natürliches Gespür für die langfristigen Effekte von Zins und Zinseszins haben. Evolutionär gesehen war dies schlichtweg kein entscheidender Überlebensfaktor. Unser Körper ist darauf programmiert, auf Gefahr mit Adrenalinausschüttung zu reagieren oder bei Hitze Schweiß zu produzieren – komplexe Zinsberechnungen gehörten nicht zu den primären Fähigkeiten, die unsere Vorfahren benötigten. Doch als einige Menschen die Kraft der Mathematik erkannten, nutzten sie dieses Wissen zu ihrem Vorteil. Kaufmannsfamilien wie die Peruzzis und Medicis in Florenz oder die Fugger in Augsburg häuften gigantische Vermögen an, während diejenigen, die mit Zahlen weniger bewandert waren, finanziell ins Hintertreffen gerieten. Sogar Fürsten und Könige fanden sich oft in prekären finanziellen Lagen wieder, weil ihre Einnahmen aus Steuern und Abgaben nicht ausreichten. So gerieten sie immer stärker in die Abhängigkeit von Finanzexperten und Bankiers. Die Lehre daraus: Ein hohes Einkommen allein garantiert noch lange keinen erfolgreichen Vermögensaufbau – das galt damals ebenso wie heute.

Kommen wir zurück in die Gegenwart: Wie sehr sich eingesparte Kosten auf die Rendite auswirken, zeigen wir Ihnen anhand zweier Beispiele. Nehmen Sie sich ruhig einen Taschenrechner zur Hand und rechnen Sie mit. Stellen Sie sich zwei Investoren vor, die jeweils einmalig 100.000 Euro anlegen (siehe Abb. 4.4.1). Der eine erzielt nach Kosten eine jährliche Rendite von 5,5 Prozent, während der andere aufgrund höherer Gebühren nur auf 3,5 Prozent kommt. Nach 15 Jahren beträgt das Vermögen des ersten Anlegers etwa 223.000 Euro, während der zweite nur auf rund 168.000 Euro kommt. Der scheinbar geringe Renditeunterschied von 2 Prozentpunkten führt zu einem beachtlichen Unterschied von rund 45 Prozent beim Vermögenszuwachs. Nach 20 Jahren wächst die

Differenz noch weiter: Der erste Investor freut sich über einen Gewinn von 192.000 Euro, während der zweite lediglich 99.000 Euro erzielt. Und das, obwohl beide dasselbe Risiko eingegangen sind. Der einzige Unterschied: die Kosten ihrer Geldanlage. Diese Beispiele verdeutlichen eindrucksvoll, dass hohe Gebühren langfristig einen erheblichen finanziellen Nachteil bedeuten. Je niedriger die Kosten, desto mehr bleibt von der Rendite übrig – und genau darauf kommt es an.

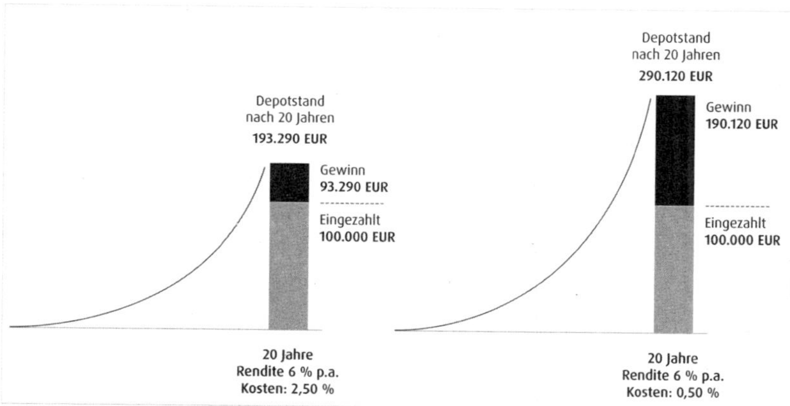

Abb. 4.4.1 Quelle: eigene Darstellung Honorarfinanz AG

Fazit: Wenn wir sagen, dass der Gewinn im Einkauf liegt, beziehen wir uns hauptsächlich auf die Kosten. Denn hierin liegt das wahre Potenzial für eine höhere Rendite. Je niedriger die Kosten sind, desto höher fällt Ihre Rendite aus. Wir werden Ihnen nun anhand eines konkreten Beispiels erläutern, welche Kostenfaktoren relevant sind und wie man sie reduzieren kann, um eine höhere erzielbare Rendite zu erreichen.

4.5 Welche Kosten beim Investieren anfallen und welche Sie gezielt reduzieren können

»Wenn Billionen von Dollar von der Wall Street verwaltet werden, die hohe Gebühren verlangt, werden es normalerweise die Manager sein, die überhöhte Gewinne ernten, nicht die Kunden.«

WARREN BUFFETT

Wir wollen nicht bei theoretischen Überlegungen bleiben, sondern Ihnen ganz konkret anhand eines Beispiels vorrechnen, welche Kosten welchen Effekt auf die langfristige Wertentwicklung Ihres Vermögens haben können. Wir unterstreichen dabei das Wort »langfristig«, denn gerade beim Thema Altersvorsorge zeigt sich, wie groß der Kostenhebel ist. Der Zinseszinseffekt wird nämlich umso stärker, je größer der Faktor Zeit ist. Wir gehen von folgender Situation aus: Sie wollen regelmäßig einen Geldbetrag zur Seite legen, um ein Polster für Ihre Altersvorsorge anzusparen. Sie sprechen Ihren Berater darauf an. Dieser empfiehlt Ihnen daraufhin ein Finanzprodukt, das in Fonds investiert. Die prognostizierte Rendite dieses Fonds soll in unserem Beispiel bei 6 Prozent pro Jahr liegen. Vor Kosten, wohlgemerkt. 6 Prozent pro Jahr klingt zunächst einmal nicht schlecht. Doch die Kosten haben leider einen fatalen Effekt. Und den sehen wir uns nun an. Also los: Folgende Kostenblöcke werden von Anfang an Ihre prognostizierte Rendite schmälern:

- die Abschluss- und Vertriebskosten für Ihren Berater,
- die Verwaltung des Vertrags für die Gesellschaft,
- die Kosten für das Fondsmanagement,

- die Transaktionskosten für Kauf und Verkauf von Wertpapieren und
- eventuell die Performance-Beteiligung.

Die Mehrzahl dieser Kosten fällt kontinuierlich an. Diese nagen über die ganze Zeit hinweg an Ihrem Vermögen und Ihrer Rendite. Das summiert sich auf. Die Nettorendite, die Sie erzielen und mit der Sie Ihre finanziellen Ziele erreichen möchten, ist deshalb in den meisten Fällen viel geringer, als Sie sich vorstellen können.

Was tun, wenn man bemerkt, dass man einen Fehler gemacht hat?

Stellen Sie sich vor, Sie sind in der Wüste auf dem Weg von einer Oase zur nächsten unterwegs. Auf etwa der Hälfte der Strecke bemerken Sie, dass Ihr Wasservorrat knapp wird. Denn Ihr Wassertank, den Sie dabeihaben, ist zu klein. Was tun Sie? Laufen Sie weiter geradeaus? Oder kehren Sie um? Eine schwierige Entscheidung. So oder ähnlich fühlen sich viele Sparer, die zum Zwecke der Altersvorsorge einen Vertrag über eine kapitalbildende Lebensversicherung abgeschlossen haben. Sie bekommen jährlich eine Mitteilung über den Vertragsstand ihrer Altersvorsorge und wundern sich, dass es überhaupt nicht vorangeht mit ihrem Ersparten, obwohl sie seit Jahren in diese Verträge einzahlen. Erstaunt nehmen sie zur Kenntnis, dass der sogenannte Rückkaufswert auch nach Jahren immer noch unter der Summe liegt, die sie einbezahlt haben. Die Betroffenen befinden sich in einem Dilemma: Wenn sie die Verträge weiterlaufen lassen, können sie kaum Besserung erwarten. Kündigen sie, machen sie damit in der Regel erhebliche Verluste. Am schlimmsten erwischt es jedoch diejenigen, die ihren Berater darauf ansprechen und als Lösung einen neuen Vertrag angedreht bekommen, der angeblich besser ist. Das Problem daran: Auch der neue Vertrag wird wieder zusätzliche Vertriebs- und Abschlusskosten verursachen. Das Spiel geht damit ein zweites Mal von vorne los. Es ist ein Spiel, mit dem viele Menschen viel Geld verbrennen. Zigtausende Male in dieser Republik. Wir sind immer wieder erstaunt darüber, wie viele unserer neuen Kunden uns, wenn sie uns ihre Vermögensstruktur offenlegen, mehrere Kapitallebensversicherungen präsentieren, die sie im Laufe ihres Lebens abgeschlossen haben.

Ein Beispiel aus unserer Beratungspraxis

Damit Sie sich die trockene und technische Materie »Kosten« etwas besser und realistischer vorstellen können, rechnen wir Ihnen ein typisches und aus der Praxis gegriffenes Kostenmodell im Rahmen einer wahren Geschichte vor. Wir nennen denjenigen, um den es geht, in unserem Beispiel »Matthias Schmitt«. Der Name ist natürlich geändert. Die Branche, in der er tätig ist, spielt für unser Rechenbeispiel keine Rolle.

In den ersten Jahren nach der Gründung eines kleinen mittelständischen Unternehmens konzentrierte sich Matthias Schmitt darauf, seine Firma am Standort zu positionieren. Als Schmitt 40 Jahre alt war – sein Unternehmen war in der Region etabliert und der Gewinn hatte sich auf einem gesunden Niveau stabilisiert –, entschied er sich, den Aufbau seiner privaten Altersvorsorge ernsthaft in Angriff zu nehmen. Er traf sich mit seinem Finanzberater, den er schon länger kannte, und beauftragte diesen mit folgender Aufgabenstellung:

- Ich bin jetzt 40 Jahre alt und möchte etwas für meine Altersvorsorge tun.
- Ich plane, mit 65 Jahren meine Firma zu verkaufen.
- Ich plane also, 25 Jahre lang Geld auf die Seite zu legen.

- Mein Budget dafür liegt aktuell bei 1.000 Euro pro Monat.
- Ich plane somit, 300.000 Euro in 25 Jahren zu investieren.
- Ich stelle mir im Durchschnitt 6 Prozent Rendite pro Jahr vor.
- Ich möchte am Ende nicht viele Steuern auf diese Rendite zahlen.
- Ich möchte auch nicht viele Kosten mit der Anlage haben.
- Ich möchte Zugriff auf das Geld haben, falls es mal nötig ist.
- Was können Sie mir als Sparmodell empfehlen?

Der Berater gab Schmitt zwei Ansparmöglichkeiten zur Auswahl: Zum einen könne er das Geld direkt über aktiv gemanagte Investmentfonds ansparen. Schmitts Renditevorstellungen seien damit realisierbar. Außerdem könne er im Notfall auch jederzeit auf das Geld zugreifen. Allerdings müsse er auf den Ertrag die volle Abgeltungsteuer von 25 Prozent plus Solidaritätszuschlag und Kirchensteuer zahlen – zusammen seien das knapp 28 Prozent. Zusätzlich fielen hier monatlich auf die 1.000 Euro Sparrate 5 Prozent Ausgabeaufschlag an.

Es gebe allerdings eine Alternative zu dieser Möglichkeit, fuhr der Finanzberater fort und unterbreitete seinen zweiten Vorschlag: Er erklärte Schmitt, er könne Steuern sparen, wenn er den Fondskauf intelligent ausgestalte, indem er die Investmentfonds über eine Rentenversicherung kaufe. Das Beste daran sei, dass er sich dabei nicht nur die 5 Prozent Ausgabeaufschlag, sondern am Ende auch noch die Abgeltungsteuer spare. Diese Fondspolice sei also der viel intelligentere Weg und Schmitt würde mit diesem Modell alle seine Vorstellungen erfüllen.

Die zweite Idee gefiel Schmitt. Doch welchen Anbieter aus rund 80 Lebens- und Rentenversicherern sollte er nehmen? Da der Finanzberater in seiner Funktion zwar Provisionen für den Verkauf von Produkten erhielt, aber unabhängig in der Auswahl der

Gesellschaften war, gab er die Wunschkriterien in eine Vergleichssoftware ein und zeigte dem Unternehmer, welche Anbieter sich unter den Top Ten befanden. Neben der höchsten erwarteten Ablaufleistung nach 25 Jahren beleuchtete er auch die Finanzstärke der Gesellschaften und informierte über die Auswahlkriterien der Fonds. Daraufhin bat Schmitt seinen Berater, ihm ein konkretes Angebot auf Basis der 1.000 Euro monatlich zu berechnen. Wie dieses Angebot aussah, ist in Abb. 4.5.1 dargestellt.

Eintrittsalter	40 Jahre
Versicherungsbeginn	01.04.2013
Vorgesehener Rentenbeginn (Beginn der Rentenbeginnphase)	01.04.2038
Ende der Rentenbeginnphase	01.04.2048
Durchgehende Beitragszahlungsdauer bis Rentenbeginn	
monatlicher Beitrag ab dem 01.04.2013	1.000,00 EUR

Leistungen bei Kapitalwahl:
Bei Ausübung des Kapitalwahlrechts zum 01.04.2038 ergeben sich bei derzeit deklarierten Überschussanteilssätzen voraussichtlich bei einer Wertentwicklung (*) der Kapitalanlage in Höhe von:

0 %	305.341 EUR
6,00 %	689.107 EUR
8,00 %	924.617 EUR
10,00 %	1.251.485 EUR

Abb. 4.5.1 Quelle: Originaldaten entnommen aus der Produktinformation eines führenden Lebensversicherers

Natürlich konnte und wollte der Makler seinem Kunden keine konkrete Rendite pro Jahr garantieren. Deshalb legte er ihm verschiedene Prognosen vor – für 0, durchschnittlich 6, 8 und 10 Prozent Rendite pro Jahr. Durchschnittlich 10 Prozent Rendite pro Jahr über einen Zeitraum von 25 Jahren hinweg sind zwar völlig utopisch. Aber optisch beeindruckend. So konnte sich der Finanzberater seriös geben, wenn er nur die vergleichsweise konservative Schätzung von 6 Prozent in Aussicht stellte. Tatsächlich sind

6 Prozent Rendite pro Jahr erreichbar. Das liegt sogar unter dem historischen Durchschnitt von Aktieninvestments in den vergangenen Jahrzehnten. Schmitt durfte also am Ende der Laufzeit auf eine angestrebte Auszahlung von stolzen 689.000 Euro hoffen. Und sollten die Märkte nach 25 Jahren keine Rendite erzielen, also 0 Prozent erwirtschaften, dann würde Schmitt zumindest sein einbezahltes Geld wieder zurückbekommen.

Das überzeugte den Unternehmer. Er entschied sich für eine fondsgebundene Rentenversicherung und unterzeichnete den Vertrag. Schmitts Beratungsgespräch ist typisch – bis hierhin.

Haken wir an dieser Stelle ein und kommen wir nun zu den Kosten: Diese werden seit 2008 bei Lebensversicherungsgesellschaften in Form eines Produktinformationsblatts ausgewiesen. Was im Angebot von Matthias Schmitt stand, war dies:

> »Die gesamte Beitragssumme der fondsgebundenen Rentenversicherung beträgt bis zur Rentenbeginnphase 300.000 Euro. Hierin sind 4,0000 Prozent (Wert gegebenenfalls gerundet) Abschluss- und Vertriebskosten einkalkuliert, also insgesamt 12.000 Euro. Die Abschluss- und Vertriebskosten werden maximal über die ersten fünf Jahre bei der Beitragszahlungsdauer verteilt. Zusätzlich sind in Ihrem jährlichen Beitrag von 12.000 Euro weitere Kosten in Höhe von durchschnittlich 966,89 Euro enthalten. Des Weiteren werden in dieser Zeit 0,83 Euro je 10.000 Euro Investmentvermögen monatlich dem Investmentvermögen entnommen. [...] Mit jeder dynamischen Erhöhung des Versicherungsvertrages ergeben sich neue einmalige und höhere laufende Kosten.«

Quelle: Originaldaten entnommen aus der Produktinformation eines führenden Lebensversicherers

Was bedeutet dieser Passus im Vertrag konkret? Wir betrachten im Folgenden die Kosten für den steuerlichen Versicherungsmantel und schlüsseln Ihnen im Detail die einzelnen Positionen auf:

1. die Vermittlerprovision für den Makler bei Vertragsabschluss,
2. die Verwaltungskosten,
3. die Anlagekosten des Fonds,
4. die Stückkosten.

Und damit Sie nicht an den Gebühren verzweifeln, zeigen wir Ihnen auch, bei welchem Posten Sie Geld einsparen können – und wie das geht.

Das kostet der steuerliche Versicherungsmantel

Mit der Unterzeichnung des Antrags unter den Versicherungsvertrag zur fondsgebundenen Rentenversicherung aktivierte Matthias Schmitt gleich mehrere Kostenblöcke für den Versicherungsmantel, der sich wie in der Abb. 4.5.2 aufteilt. Es ist übrigens völlig gleichgültig, ob es sich dabei um eine klassische Versicherung mit garantierter Auszahlung oder um eine fondsgebundene Versicherung wie im Fall von Matthias Schmitt handelt.

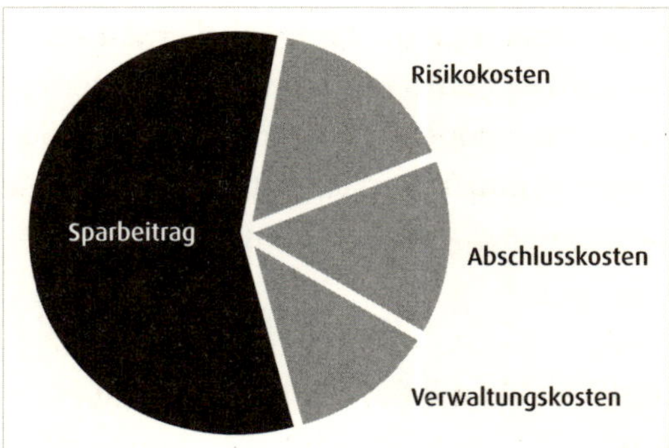

Abb. 4.5.2 Quelle: eigene Darstellung Honorarfinanz AG

Die Kuchengrafik zeigt, wie der monatliche Sparbetrag aufgeteilt wird: Von der Sparrate, die in eine Lebens- oder Rentenversicherung einbezahlt wird, wird nur ein Teil tatsächlich angespart. Je nach Gesellschaft werden zwischen 20 und 30 Prozent der Sparrate für Abschluss- und Verwaltungskosten sowie für Risikokosten, wie etwa die Todesfallsumme, einbehalten. Im ungünstigsten Fall machen Anleger mit jeder Einzahlung vom Start weg 30 Prozent Verlust und hoffen dann, dass das tatsächlich in Fonds angelegte Vermögen diesen Verlust wieder aufholt.

Bei dem Angebot, das Schmitt unterbreitet wurde, sah die Kalkulation wie folgt aus:

1. Die Vermittlerprovision für den Finanzmakler bei Vertragsabschluss

Mit der Unterzeichnung der fondsgebundenen Rentenversicherung aktivierte Schmitt die Vergütung für seinen Berater in Form der Abschlusskosten. Damit wurde die Tätigkeit seines Maklers abgegolten. Die bisher geführten »kostenfreien« Gespräche wurden so indirekt über den Vertrag bezahlt. Hinweis: Laut Gesetz müssen die Abschlusskosten für eine Kapitallebens- oder private Rentenversicherung auf fünf Jahre verteilt werden. Und sie sind gedeckelt. Bis 2015 konnten die Vermittler oder die Versicherer höchstens 4 Prozent der gesamten zu zahlenden Beträge in Rechnung stellen, aktuell dürfen es nicht mehr als 2,5 Prozent sein. Als Matthias Schmitt seinen Vertrag abschloss, hatte er leider Pech. Eigentlich hätten »nur« 2,5 Prozent Provision fällig werden dürfen. Doch davon wusste er nichts. Und auch nicht davon, dass trotz Deckelung der Provisionen im Jahr 2015 Vermittler mit Versicherern immer noch Verträge abschließen können, die ihnen deutlich höhere Provisionen garantieren als die derzeit offiziell ausgewiesenen 2,5 Prozent. Nach wie vor kann man mit den meisten Gesellschaften bis zu 5 Prozent Abschlussprovision auf die Summe der Beitragszahlungen vereinbaren, allerdings mit einem Nachteil: Die Vermittler haften jetzt bis zu zehn Jahre dafür. Zugegeben: Die Haftungsverlängerung ist für die Vermittler nicht sehr schön. Stellen Sie sich vor, Sie würden für jede Zahlung, die Sie von Kunden erhalten, jährlich nur 10 Prozent haftungsfrei erhalten, das heißt nach drei Jahren noch mit 70 Prozent und nach sechs Jahren noch mit 40 Prozent im Risiko der Rückzahlung stehen ... Andererseits ist eine höhere Provision eben auch eine Verlockung.

Damit ist dieser Kostenblock jedoch leider nicht geschlossen. Denn umsatzstarke, unabhängige Versicherungsmakler und Finanzberater können spezielle Vereinbarungen mit Versicherern schließen. So war etwa Matthias Schmitts Berater auf besonders solvente Kunden spezialisiert. Seinen bevorzugten Partnergesellschaften führte er diese Kunden zu. Die Versicherer versüßten ihm diese Leistung mit einer Abschlussprovision von stolzen 4,8 Prozent. Bedingung: Für diese Provisionszahlung muss der Berater fünf Jahre lang haften. Das bedeutet, dass der Berater die erhaltene Provision anteilig hätte zurückbezahlen müssen, falls Matthias Schmitt innerhalb der ersten fünf Jahre nach Abschluss den Vertrag wieder gekündigt hätte. Der Berater hatte also ein hohes Interesse daran, dass Schmitt mindestens fünf Jahre lang vertragstreu blieb.

Doch was heißt das jetzt in unserem Fall von Matthias Schmitt? Wie hoch waren diese Abschlusskosten und um wie viel Prozent reduzierten diese die Zielrendite von 6 Prozent? Die Antwort darauf sieht so aus:

Berechnung der Abschlusskosten

Wir multiplizieren die monatliche Sparrate von 1.000 Euro mit der Laufzeit von zwölf Monaten und 25 Jahren Vertragslaufzeit. Das ergibt eine einzuzahlende Beitragssumme von 300.000 Euro. Diese Summe ist die Basis für die Berechnung der Abschlusskosten.

Offiziell betragen die Abschlusskosten 2,5 Prozent der Beitragssumme in Höhe von 300.000 Euro, also 7.500 Euro. Tatsächlich werden aufgrund der Sondervereinbarung mit der Versicherung aber 4,8 Prozent, also 14.400 Euro, an den Makler ausbezahlt.

Diese Kosten zahlt Schmitt mit seiner monatlichen Sparrate über fünf Jahre ab. Das bedeutet, dass von seinen 1.000 Euro jeden Monat 240 Euro für die Finanzierung der Abschlusskosten entnommen werden (12 Monate × 5 Jahre × 240 Euro = 14.400 Euro). Selbst wenn in den ersten fünf Jahren keine anderen Kosten anfielen, würden nur 760 der 1.000 Euro dafür verwendet, Vermögen aufzubauen. Lassen Sie diesen Gedanken kurz wirken ...

Und dann stellen Sie sich die Frage: Ist eine solche Vergütung angemessen? Und wofür? Welche Leistung genau hat der Berater für Matthias Schmitt erbracht? Er hat ihn über die Möglichkeiten der Umsetzung seiner zusätzlichen Altersvorsorge informiert. Er hat einen Vergleich der Anbieter erstellt und für ihn wahrscheinlich sogar einen guten Vertrag herausgesucht. Dann hat er den oder die Fonds identifiziert, die zu Schmitts Risikobereitschaft passen. Er hat Antragsunterlagen erstellt und zusammen mit Schmitt ausgefüllt. Dann hat er das Ganze dokumentiert. Nehmen wir an, der Berater hätte für alles 30 Stunden Zeit verwendet und dafür einen Stundensatz von 150 Euro angesetzt. Dann hätte er ein Honorar von 4.500 Euro berechnen können. Es ist ein Betrag, der sehr, sehr weit entfernt liegt von den 14.400 Euro, die der Finanzmakler in diesem Fall tatsächlich erhielt. Und die Abschlussprovision ist nicht die einzige Ertragsquelle des Finanzberaters – schließlich gibt es ja noch Bestandsprovisionen und Kostenzuschüsse.

Doch wie heißt es so schön: Was man nicht weiß, macht einen nicht heiß. Und so lebte Matthias Schmitt lange Zeit in dem Glauben, eine kostenfreie Beratung und ein renditestarkes Produkt für die finanzielle Altersvorsorge erhalten zu haben.

Wir belassen es hier jedoch nicht bei Schmitts Glauben. Wir wollen Ihnen nicht nur zeigen, wie teuer die Beratung in solch einem Fall ist, sondern auch, um wie viel Prozent die Abschlusskosten die Zielrendite von 6 Prozent in Schmitts Fall reduzieren.

Um das genau zu berechnen, benötigt man eine spezielle Software. Keine Angst, Sie müssen diese nicht erwerben. Denn wir verraten Ihnen gerne das Ergebnis unserer Berechnungen. Die Reduktion der Rendite durch die Abschlusskosten liegt bei circa 0,3 bis 0,5 Prozent. Das klingt zunächst einmal wenig. Der Grund: Die Berechnung basiert auf 25 Jahren Laufzeit. Der Effekt streckt sich somit auf einen langen Zeitraum. Rechnet man allerdings die Renditereduktion auf die ersten fünf Jahre der Finanzierungszeit um, ergibt sich trotz einer hohen Rendite von 6 Prozent ein jährlicher Verlust von 1 Prozent. Wenn Anleger mitverfolgen, wie die Börsenkurse steigen, sich daran freuen und nach fünf Jahren ein Schreiben der Versicherung zugesendet bekommen, in dem ihnen die Versicherung erklärt, dass sie keinen Gewinn erzielt haben, sondern mit 1 Prozent im Minus sind, also noch nicht einmal die einbezahlten Beiträge als Vertragsguthaben vorhanden sind, dann ist das oft eine höchst ernüchternde Erkenntnis.

Kann man die Abschlusskosten senken?

Müssen solch hohe Kosten tatsächlich sein? Nein. Man kann Abschlusskosten deutlich senken. Eine Alternative zu klassischen Policen sind zum Beispiel Lebens- und Rentenversicherungen mit sogenannten »Nettotarifen«. Solche Nettoprodukte sind komplett von den Abschlusskosten befreit. Man kann sie über Versicherungsberater und Honorarberater sowie den einen oder anderen Versicherungsmakler beziehen. Leider werden Sie als Privatkunde den Zugang zu solchen Nettotarifen in der Regel nicht kostenfrei bekommen. Fast jeder Berater, der Nettotarife anbietet, verlangt dafür ein Honorar. Manche rechnen auf Stundenbasis ab, andere berechnen ein Pauschalhonorar. Hier sollten Sie mit spitzer Feder rechnen. Denn es gibt Berater, die auf die Beitragssumme solcher Nettotarife bis zu 7,8 Prozent Honorar berechnen. Das macht nicht nur den Spareffekt, der sich durch diese Produkte erzielen lässt, zunichte, sondern ist deutlich zu teuer. Sollten Sie an einen »Honorar«-Berater geraten, der solche Wuchergebühren verlangt, sollten Sie Abstand von einer Zusammenarbeit nehmen und nach Alternativen suchen. Nur keine Scheu. Die Suche lohnt sich. Es gibt immer preiswertere Alternativen.

2. Die Verwaltungskosten

Eine Versicherungsgesellschaft arbeitet nicht umsonst. Für die Erstellung des Versicherungsscheins, für die jährliche Information über den Vertragsstand oder für den allgemeinen Kundenservice, der Dinge wie Adress- oder Bankverbindungsänderungen bearbeitet, entstehen bei jeder Gesellschaft interne Kosten. Auch der Vermittler muss weiterhin laufend bezahlt werden. Diese sogenannte »Bestandspflegeprovision« wird ebenfalls aus den Verwaltungskosten finanziert. Diese laufenden Kosten, die beim Versicherer anfallen, werden in der Regel durch die Prämienzahlungen gedeckt. Sie werden entweder prozentual vom jeweiligen Versicherungsbeitrag erhoben oder sie sind eine feste jährliche Kostenposition, unabhängig von der einzelnen Beitragshöhe.

Berechnung der Verwaltungskosten

Zurück zu unserem konkreten Praxisfall: Im Vertrag von Schmitt wurden die Verwaltungskosten mit 966,89 Euro vom jährlichen Beitrag ausgewiesen. Ist das viel oder wenig?

Lassen Sie es uns berechnen:

Wir teilen die Verwaltungskosten von 966,89 Euro durch die Jahresprämie von 12.000 Euro und multiplizieren mit 100. Das

Ergebnis: Die Verwaltungskosten schlagen mit einem Anteil von 8,05 Prozent zu Buche.

Diese Prozentzahl liegt im Durchschnitt der Anbieter. Es gibt viele Versicherer, bei denen die Verwaltungskosten deutlich höher liegen, und andere, bei denen diese Kosten nur 2 Prozent ausmachen. Im Vertrag von Matthias Schmitt kommt man über die gesamte Laufzeit von 25 Jahren auf rund 24.172 Euro an Verwaltungskosten, die der Versicherer einkassiert. Entscheidend ist für uns, wie stark diese Kosten die Zielrendite von 6 Prozent reduzieren. Wir kommen hier in Schmitts Fall auf etwa 0,6 Prozent. Je nach Gesellschaft können diese Kosten die Rendite auch um über 1 Prozent reduzieren.

Kann man die Verwaltungskosten senken?

Auch die Verwaltungskosten sind bei Nettotarifen deutlich geringer als bei den üblichen Bruttotarifen auf Provisionsbasis. Da der Versicherer dem Vermittler bei Nettotarifen keinerlei Bestandspflegeprovisionen bezahlen muss, kann er die Verwaltungskosten deutlich geringer halten. Bei Nettotarifen liegen diese Kosten zwischen 2 und 4 Prozent. Sollte Ihnen ein Berater bei solchen Nettotarifen eine monatliche Pauschalhonorierung berechnen wollen, sollten Sie von dem Angebot Abstand nehmen. Denn oft fällt diese höher aus, als wenn Sie einen Vertrag mit durchschnittlichen Kosten von 8 Prozent abgeschlossen hätten.

3. Die Anlagekosten

Matthias Schmitt kauft für sein Geld zwar eine Versicherung. Diese ist aber nur der rechtliche Mantel. Das tatsächliche Anlageziel sind Investmentfonds. Bei der Investition in diese Fonds entstehen beim Versicherer Kosten für die Verwahrung der Fonds. Anlagekosten sind Kosten, die vom Vertragsguthaben abgezogen werden und vom Anlagevolumen abhängig sind. In der Regel werden diese Kosten mit einer festen Quote vom Vertragsguthaben einbehalten. Zum Beispiel 0,5 Prozent des Vertragsguthabens pro Jahr. Diese Kosten zählen zu den Verwaltungskosten.

Berechnung der Anlagekosten

Im Vertrag von Matthias Schmitt werden diese Kosten wie folgt angegeben: monatlich je 0,83 Euro je 10.000 Euro Investmentvermögen.

In seinem Fall bedeutet das konkret 0,83 Euro × 12 Monate = 9,96 Euro × 100 / 10.000 Euro = 0,1 Prozent.

Das ist ein scheinbar geringer Wert. Aber Kleinvieh macht bekanntlich auch Mist. Im Ergebnis müssen wir die 0,1 Prozent direkt von unserer Zielrendite von 6 Prozent abziehen. In Schmitts Fall sind diese Kosten sogar gering bemessen. Viele Versicherer verlangen heutzutage zwischen 0,3 und 0,5 Prozent, manche auch mehr. Je mehr Geld sich in den Fonds durch die Sparrate anhäuft, desto höher wird auch der absolute Wert in Euro, der hier an Kosten anfällt. In 25 Jahren und bei 6 Prozent Wertentwicklung werden hier Anlagekosten von 4.244 Euro anfallen.

4. Die Stückkosten

Als »Stückkosten« wird eine pauschale Gebühr bezeichnet, die jährlich pro Vertrag erhoben und mit den Einzahlungen verrechnet wird. Gerade bei Verträgen mit geringen Beiträgen können die Stückkosten als feste Pauschale ins Gewicht fallen. Wir haben schon Verträge gesehen, bei denen die Stückkosten pro Vertrag bei 144 Euro im Jahr zuzüglich aller anderen Kosten lagen. In der Regel liegen diese aber bei bis zu 60 Euro pro Jahr und reduzieren die Rendite im Schnitt um 0,1 Prozent. In Schmitts Vertrag sind keine Stückkosten enthalten. Deshalb müssen wir hier für unser Praxisbeispiel keine Berechnung vornehmen.

In der Abb. 4.5.3 sind die Versicherungskosten, die im Vertrag von Matthias Schmitt enthalten sind, noch mal in einer Übersicht zusammengefasst.

	in Prozent	in Euro	Reduktion Rendite
1. Abschlusskosten auf Basis der Summe der Beiträge	4,80 %	14.400 €	0,50 %
2. Verwaltungskosten auf die gesamte Laufzeit	8,05 %	24.172 €	0,60 %
3. Anlagekosten auf Basis des verwaltenden Fondsvermögens	0,10 %	4.244 €	0,10 %
4. Stückkosten als fixe Kosten pro Vertrag und Jahr	0,00 %	0 €	0,00 %
Gesamt		**42.816 €**	**1,20 %**

Abb. 4.5.3 Quelle: eigene Darstellung Honorarfinanz AG
Jährlicher Renditeverlust durch die Versicherungskosten bezogen auf das gesamte angelegte Kapital über die gesamte Laufzeit hinweg pro Jahr

Würde Matthias Schmitt 25 Jahre lang in seine Police einzahlen und im Schnitt tatsächlich 6 Prozent Rendite pro Jahr erzielen, so würden ihm etwa 42.816 Euro an Kosten für den Versicherungsmantel entstehen, die seine Zielrendite von 6 Prozent um etwa 1,2 Prozentpunkte mindern würden. Nach den Versicherungskosten bleiben im Ergebnis also zunächst 4,8 Prozent Rendite. Das klingt ja auch noch nicht schlecht.

Das Beispiel ist jedoch leider noch nicht zu Ende berechnet. Das, was wir bisher ermittelt haben, war nur die Spitze des Eisbergs. Wir kommen nun zu den Kosten der Kapitalanlage, also der Investmentfonds, die ja eigentlich die 6 Prozent Rendite pro Jahr erwirtschaften sollen.

Das kostet der Investmentfonds

Zur Erinnerung: Schmitt investiert über die Rentenversicherung in Investmentfonds. Das Geld in Fonds einzuzahlen, ist grundsätzlich eine gute Sache. Man kann sein Geld breit gestreut an den internationalen Kapitalmärkten in Aktien und Anleihen investieren. Da es eine Vielfalt an Möglichkeiten gibt, ist es als Privatanleger nicht einfach, die richtigen Entscheidungen zu treffen. Fragen wie »Welche Aktie soll ich denn nehmen?« oder »Wie soll ich denn die richtigen Wertpapiere auswählen?« oder »Wie baue ich ein stabiles Portfolio richtig auf?« können Finanzlaien schnell überfordern. Und als Topverdiener haben Sie in der Regel auch keine Zeit, sich damit zu beschäftigen. Dafür gibt es Profis, die sogenannten Fondsmanager und Vermögensverwalter, die sich tagtäglich mit diesem Thema beschäftigen und das Ziel haben, das Geld ihrer Kunden zu vermehren.

Wir wollen uns jetzt nicht verschiedene Anlagestrategien von Investmentfonds anschauen, sondern beschäftigen uns allein mit deren Kostenseite. In der Abb. 4.5.4 sehen Sie die grundsätzliche Kostenzusammenstellung eines Aktien- oder Mischfonds.

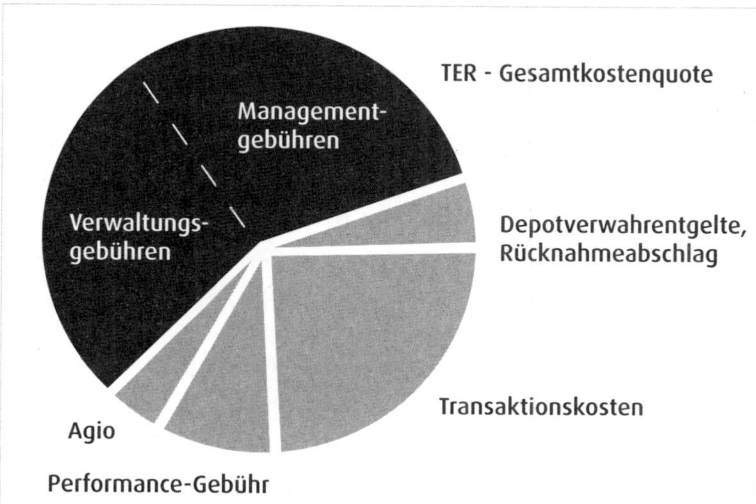

Abb. 4.5.4 Quelle: eigene Darstellung Honorarfinanz AG

So werden die Kosten für diesen Teil im Vertrag von Matthias Schmitt beschrieben:

> »Die Kapitalanlagegesellschaften erheben Verwaltungsvergütungen und die Depotbanken Gebühren für die Führung des Depots, jeweils in marktüblicher Höhe. Die Höhe dieser Kosten ergibt sich aus den aktuellen Verkaufsprospekten der jeweiligen Kapitalanlagegesellschaften. Bei den Kapitalanlagegesellschaften fallen außerdem Transaktionskosten für Erwerb und Veräußerung von Wertpapieren an sowie Kosten für die Fertigung von Jahresabschlüssen, Prospekten und Geschäftsberichten. Diese Kosten belasten das Fondsguthaben. An den von den Kapitalanlagegesellschaften erhobenen Verwaltungsvergütungen werden wir als Großanleger in unterschiedlicher Höhe beteiligt. Diese Beteiligung ziehen wir zur Deckung unserer Kosten heran.«
>
> Quelle: Originaldaten entnommen aus der Produktinformation eines führenden Lebensversicherers

Verwaltungsvergütungen und Depotbankgebühren werden der Beschreibung zufolge in »marktüblicher« Höhe erhoben – eine recht schwammige Aussage, die de facto nichts über die konkrete Gebührenhöhe aussagt. Branchenexperten wissen jedoch: »Marktübliche Kosten« steht für hohe bis sehr hohe Kosten, denn diese sind leider marktüblich! Immerhin: Für den empfohlenen Fonds gibt es auch einen Steckbrief, in dem auf die sogenannte Gesamtkostenquote, auch »Total Expense Ratio (TER)« genannt, hingewiesen wird. Die Managementgebühr liegt bei dem ausgewählten Fonds bei 1,83 Prozent pro Jahr, was bei aktiv gemanagten Investmentfonds nicht unüblich ist.

Rücknahme	--
Verwaltungsgebühr p.a. (max)	2,00 %
Ausgabeaufschlag	4,00 %
Total Expense Ratio	1,83 %

Abb. 4.5.5 Quelle: Originaldaten entnommen aus dem Factsheet eines aktiv gemanagten Mischfonds

Doch sind das tatsächlich alle Kosten, die der Fonds hat? Die Bezeichnung »Gesamtkostenquote« suggeriert dies zumindest. Aber da ist noch mehr. Das Komplettpaket an Kosten sieht nämlich so aus:

a. die Gesamtkostenquote (TER),
b. die Transaktionskosten,
c. die Kosten des Market Impact,
d. die performanceabhängigen Kosten für den Fonds,
e. der Ausgabeaufschlag.

a) Die TER (Total Expense Ratio) oder Gesamtkostenquote

Diese Kosteninformation finden Sie im »Factsheet« oder im »Key Investor Information Document (KIID)« des jeweiligen Fonds. Anlegern müssen diese Kosten seit einigen Jahren komplett vor Abschluss detailliert ausgewiesen werden. Zu dem Zeitpunkt, als Matthias Schmitt seinen Investmentfonds ausgewählt hat, wurde in den Unterlagen nur die TER ausgewiesen, aber weder Transaktionskosten noch Market-Impact-Kosten (die wir später erläutern) waren zu finden. Wie hoch die durchschnittlichen Gesamtkostenquoten (TER) solcher Fonds sind, können Sie der Abb. 4.5.6 entnehmen. Dabei wird zwischen aktiv gemanagten Fonds und ETFs verglichen. Die Unterschiede sind dabei enorm.

ETFs und aktive Fonds – Die Kosten im Vergleich

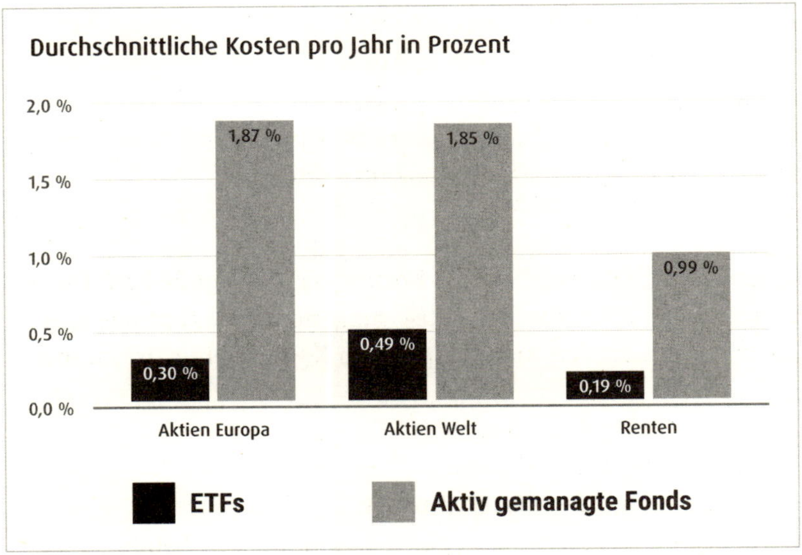

Abb. 4.5.6 Quelle: BlackRock

Die Total Expense Ratio beschreibt die laufenden (!) Fondskosten (also ohne Erwerbs- oder Verkaufskosten) und soll dem Anleger die Gesamtkosten seiner Anlage einigermaßen transparent offenlegen. Mit der TER werden die Kosten für das Fondsmanagement beglichen sowie die Depot- und Betriebskosten der Fondsgesellschaft wie Miete, Personal und Sonstiges. Ermittelt wird die TER, indem die innerhalb eines Geschäftsjahres angefallenen Kosten ins Verhältnis zum durchschnittlichen Fondsvolumen gesetzt werden. In der TER sind auch die Bestandsprovisionen für denjenigen, der Ihnen diesen Fonds vermittelt hat, inkludiert – in Schmitts Fall also die Kosten des Finanzmaklers. Die Fondsgesellschaft honoriert durch die Bestandsprovision den Absatz ihrer Produkte. Diese laufende Vergütung wird aus dem Fonds bezahlt und fließt an die Vertriebspartner, die Ihnen die Fonds vermitteln. Solche Bestandsprovisionen sind in einigen Ländern, wie zum Beispiel Großbritannien, nicht mehr zulässig. Deutschland hinkt hier der Entwicklung leider hinterher. Immerhin sind Vertriebspartner (Banken oder freie Vermittler) verpflichtet, die Bestandsprovision auf Anfrage offenzulegen. Nutzen Sie diese Möglichkeit der Anfrage. Zu wissen, was Ihr Gegenüber verdient, gibt Verhandlungsspielraum – gerade dann, wenn Ihr Vertriebspartner noch einen Ausgabeaufschlag in Rechnung stellen möchte, zu dem wir später noch kommen.

Die Total Expense Ratio (TER) beinhaltet übrigens keineswegs, wie der Name vermuten ließe, alle Fondskosten. Nicht mit eingerechnet werden performanceabhängige Gebühren, Gebühren für Zielfonds, wie sie beispielsweise in Dachfonds anfallen, sowie Transaktionskosten und Market Impact Costs (entstehen bei größeren Transaktionen, da der Kurs ungünstig beeinflusst wird). In der Regel muss also ein Fondsanleger mit tatsächlich weitaus höheren Fondskosten als den offiziell in der TER angegebenen rechnen.

In Schmitts Fall handelt es sich um einen ausgewogenen Mischfonds auf weltweite Aktien und Anleihen. Die TER beträgt 1,83 Prozent und kann laut Steckbrief diese Kosten auf bis zu 2 Prozent anheben. Für Schmitts Sparrate von 1.000 Euro, die er monatlich investieren will, bedeutet dies Folgendes:

Bei einer angenommenen Wertentwicklung von 6 Prozent pro Jahr und einer TER von 1,83 Prozent entstehen in 25 Jahren Kosten in Höhe von circa 78.000 Euro. Diese Kosten schmälern die Zielrendite des in den Fonds investierten Kapitals um die besagten 1,83 Prozent. Nach Abzug dieser Kosten verbleiben noch 4,17 Prozent Rendite bei Matthias Schmitt.

Ziehen wir die oben genannten Versicherungskosten ab, sind wir bereits bei nur noch 2,97 Prozent nach Versicherungskosten und der TER des Fonds.

Die schlechte Nachricht: Wir sind noch nicht am Ende unserer Kalkulation, denn die TER weist ja nicht alle Kosten aus.

Kann man die TER senken?

Vertriebe, die Fonds verkaufen, erhalten von den Fondsgesellschaften sogenannte Kickbacks, also versteckte Provisionen. Es gibt mittlerweile eine Reihe von Banken und Vermittlern, die diese Kickbacks nicht vollständig für sich behalten, sondern – zumindest Teile – für ihre Kunden wieder investieren. Vorteil: Es fließt mehr Geld in Ihre Vermögensbildung. Der Wermutstropfen: Durch die Reinvestition der Kickback-Gelder entstehen erneut Kosten, über die sich manche Versicherer einen Teil der Kickbacks wieder zurückholen.

Die Versicherungs- und Fondsbranche ist eben trickreich, wenn es darum geht, Ihnen Kosten aufzubürden. Das heißt aber nicht, dass es keine Gegenmittel gibt, um die TER zu senken. Möglich ist das zum Beispiel sehr einfach, indem Sie Ihr Geld nicht in aktiv gemanagte Fonds, sondern in börsengehandelte Indexfonds, auch ETFs genannt, investieren. Die TER liegt hier im Durchschnitt deutlich unter 1 Prozent pro Jahr. Je nach Fonds sind eher 0,2 bis 0,5 Prozent pro Jahr üblich. Um im konkreten Beispiel zu bleiben: Hätte Schmitt innerhalb der Versicherung anstatt in einen weltweit agierenden Mischfonds in einen ETF auf Aktien und Anleihen investieren können, dann wären nicht 1,83 Prozent laufende Managementkosten entstanden, sondern nur 0,36 Prozent Verwaltungskosten. Bei einer Laufzeit von 25 Jahren macht das einen enormen Unterschied.

Tipp:

ETFs werden Sie vor allem in den meisten Nettoversicherungen vorfinden.

b) Die Transaktionskosten

Matthias Schmitt erwartet für die gerade beschriebene TER, dass das Fondsmanagement nicht nur Kaffee trinkt, sondern sein Geld professionell verwaltet. Das bedeutet in der Praxis, dass Fondsmanager versuchen, Gewinneraktien zu identifizieren und zu kaufen, wenn sie ihrer Meinung nach günstig sind – und sie wieder mit Gewinn zu verkaufen, wenn sie nach ihrer Ansicht zu teuer geworden sind. Für dieses Kaufen und Verkaufen einzelner Wertpapiere entstehen Transaktionskosten (zum Beispiel die Vergütung für Börsenhändler, gegebenenfalls Börsenumsatzsteuer und die Spanne zwischen An- und Verkaufskosten). Die Höhe der Transaktionskosten hängt von der Umschlaghäufigkeit der Wertpapiere im Fonds ab. Mit anderen Worten: Je aktiver ein Fondsmanager ist, desto höher fallen die Transaktionskosten aus. Diese Kosten werden bisher nicht ausgewiesen und in keiner der beiden Kenngrößen »Total Expense Ratio (TER)« und »Ongoing Charges« berücksichtigt. Da die Transaktionskosten nicht unerheblich sind und bei Aktienfonds auch schon mal bis zu 2 Prozent per annum betragen können, sind sie ein wesentlicher Bestandteil der entscheidungsrelevanten Gesamtkosten im Fonds. Immerhin müssen sie seit 2019 im Rahmen der Kosteninformation dem Anleger aufgezeigt werden. Schmitt unterschrieb seinen Vertrag vor 2019. Somit wurden diese Kosten nicht erwähnt. Doch wir können die Rechnung nachholen ...

Im Durchschnitt kann man bei Rentenfonds mit jährlichen Transaktionskosten von 0,5 Prozent rechnen und bei Aktienfonds mit 1 Prozent pro Jahr. Da es sich in Schmitts Fall um einen weltweit agierenden Mischfonds handelt, der in Aktien und Anleihen investiert, rechnen wir hier mit 0,75 Prozent Transaktionskosten pro Jahr und schauen uns an, was dies in Euro für ihn bedeutet.

Auch hier nehmen wir als Basis die angenommene Wertentwicklung von 6 Prozent pro Jahr und rechnen aus, wie hoch die gesamten Transaktionskosten sind, die mit einem Satz von 0,75 Prozent pro Jahr in 25 Jahren entstehen. Das Ergebnis: Für das regelmäßige Kaufen und Verkaufen kommen über die Laufzeit kumulierte Kosten in Höhe von rund 32.000 Euro auf Schmitt zu. Dieser Euro-Betrag entspricht also der Renditereduktion durch Transaktionskosten von 0,75 Prozent. Aber wir sind leider noch nicht komplett mit den Kosten durch. Es geht weiter:

Kann man die Transaktionskosten senken?

Wenn Sie Ihr Geld in Indexfonds und ETFs investieren, dann sind die Transaktionskosten grundsätzlich sehr gering. Denn im Gegensatz zu aktiv gemanagten Fonds gibt es hier keinen Fondsmanager, der die Aufgabe hat, durch Käufe und Verkäufe eine Überrendite zu erzielen. Bei ETFs wird der Bestand nur angepasst, wenn es im betreffenden Index Veränderungen gibt. Das passiert jedoch selten. Als Kostenfaktor fallen Wertpapiertransaktionen deshalb kaum ins Gewicht.

c) Die Market-Impact-Kosten

Market Impact Costs, zu Deutsch »Marktbeeinflussungskosten«, entstehen, wenn Fonds große Wertpapierpositionen handeln. Sie sind unumgänglich und unvermeidbar, jedoch fallen sie auf reifen und liquiden Märkten mit täglich hohem Handelsvolumen weniger ins Gewicht als in engen illiquiden Märkten, an denen nur geringe Umsätze stattfinden. Beispiel: Ein Fonds, der in einem Schwellenland investiert, an dessen Börse nicht so viel gehandelt wird, kauft ein größeres Aktienpaket, zum Beispiel 100.000 Aktien eines Unternehmens, dessen Aktien am Tag × offiziell 100 Euro kosten. Hier kann es passieren, dass nicht 100.000 Aktien zu diesem Preis verfügbar sind, sondern beispielsweise nur 30.000 Stück. Die übrigen 70.000 Aktien werden zu einem späteren Zeitpunkt je nach

Verfügbarkeit nachgekauft, allerdings zu einem vielleicht deutlich höheren Preis. Umgekehrt kann dies auch beim Verkauf passieren, wenn nicht genügend Käufer zur Verfügung stehen, die zum offiziellen Marktpreis kaufen wollen. Dann können Aktien auch unter dem offiziellen Marktpreis veräußert werden, eventuell auch außerbörslich. Die Mehrkosten beim Kauf beziehungsweise die Mindereinnahmen beim Verkauf sind Teil der Transaktionskosten und können mit 0,2 bis 1 Prozent pro Jahr – bezogen auf den vom Anleger eingezahlten Beitrag – zu Buche schlagen.

Da es sich beim Fonds von Matthias Schmitt um ein bekanntes Produkt mit sehr großem Volumen handelt, gehen wir von geschätzten 0,25 Prozent Renditeminderung pro Jahr aus. Die ursprünglich prognostizierte Rendite von 6 Prozent schmilzt also um einen weiteren Viertelprozentpunkt. Auf 25 Jahre Laufzeit gerechnet ergeben sich etwa 10.000 Euro an Market-Impact-Kosten.

Folgende mögliche Kostenblöcke sind im Fonds von Matthias Schmitt nicht enthalten, können aber zuweilen auftreten:

d) Die performanceabhängigen Kosten (»Performance Fee«)

Zu den zuvor aufgeführten Kosten stellen immer mehr Fonds eine sogenannte Performancegebühr in Rechnung. Sie soll die besondere Leistung eines Fonds belohnen. Ärgerlich: Oft wird die Performancegebühr in Beziehung zu einem Index wie dem DAX gesetzt, wobei die Vergleichbarkeit der Anlage mit dem DAX überhaupt nicht gegeben ist.

Diese Gebühren werden zwar als Anreiz für eine gute Leistung des Fondsmanagements verkauft, sind aber bei genauer Betrachtung eher nicht im Sinne des Anlegers. Denn es stellt sich die Frage, warum ein Fondsmanagement zusätzlich entlohnt werden soll, wenn es eine gute Leistung erbringt. Schließlich ist dies explizit die Aufgabe von Fondsmanagern. Wofür werden sie sonst bezahlt? Im Gegenzug wird das Fondsmanagement bei einer schlechten Wertentwicklung seinen Anlegern ja auch kein Geld zurückerstatten.

Vermeiden Sie deshalb Fonds mit einer performanceabhängigen Vergütung. Sollten Sie dennoch einen Fonds mit einer »Performance Fee« erwerben, empfiehlt es sich, die Ausgestaltung genau zu analysieren. Die Ausgestaltung sollte neben einer fair gewählten Benchmark auch eine sogenannte »High Watermark« beinhalten und gewährleisten, dass performanceabhängige Gebühren nur dann in Rechnung gestellt werden dürfen, wenn der Fondspreis einen neuen Höchststand erreicht hat. Hätte der ausgewählte Fonds von Matthias Schmitt diese Art von Gebühr gehabt, dann wären noch einmal Kosten von 0,3 bis 0,5 Prozent zusätzlich entstanden.

e) Der Ausgabeaufschlag (Agio)

Ausgabeaufschläge und Rücknahmeabschläge sind Provisionen für Vermittler und werden in der Regel nur unwissenden Privatanlegern beim Kauf von Fondsanteilen in Rechnung gestellt. Institutionelle Anleger zahlen diese einmalige Eintritts- oder Rücknahmegebühr grundsätzlich nicht. Bei Aktienfonds werden in der Regel bis zu 6 Prozent beziehungsweise bei Rentenfonds bis zu 3 Prozent der Investitionssumme als Ausgabeaufschlag berechnet.

Kann man den Ausgabeaufschlag senken?

Den Ausgabeaufschlag bei aktiv gemanagten Fonds können Sie immer verhandeln und bis auf 0 Prozent senken, egal ob Ihnen ein Banker oder ein Finanzberater diesen Fonds verkaufen will. Auch gibt es im Internet Discountbroker, bei denen der Ausgabeaufschlag von vornherein rabattiert ist oder wegfällt. Achten Sie aber auf Lockangebote wie: »Diese Fonds erhalten Sie ohne Ausgabeaufschlag.« Oft sind es dann Fonds, die im Gegenzug eine deutlich höhere TER haben. Das rechnet sich für den Anbieter langfristig besser und für Sie als Anleger in der Regel schlechter. Wir wiederholen an dieser Stelle unseren Rat: Investieren Sie Ihr Geld lieber über ETFs, denn diese haben grundsätzlich keinen Ausgabeaufschlag.

Fazit: Wie man über 160.000 Euro an Kosten produziert

Fassen wir nun alle Kosten, die wir bisher ermittelt haben, in einer Übersicht zusammen. Addiert man die Kosten der Versicherung und des Fonds, so entstehen in 25 Jahren und bei einer angenommenen Zielrendite von 6 Prozent im Vertrag von Matthias Schmitt Kosten in Höhe von über 160.000 Euro. Der Großteil dieser Kosten wird bei neu abgeschlossenen Verträgen im Produktinformationsblatt der Gesellschaft ausgewiesen. Leider sind diese Kosten in der Praxis bei Weitem nicht so einfach und übersichtlich wie in den Abbildungen 4.5.7 und 4.5.8 für Sie zusammengestellt.

Kosten aufseiten der Versicherung

	in Prozent	in Euro	Reduktion Rendite
1. Abschlusskosten auf Basis der Summe der Beiträge	4,80%	14.400 €	0,50%
2. Verwaltungskosten auf die gesamte Laufzeit	8,05%	24.172 €	0,60%
3. Anlagekosten auf Basis des verwaltenden Fondsvermögens	0,10%	4.244 €	0,10%
4. Stückkosten als fixe Kosten pro Vertrag und Jahr	0,00%	0 €	0,00%
Gesamt		**42.816 €**	**1,20%**

Abb. 4.5.7 Quelle: eigene Berechnung Honorarfinanz AG
Jährlicher Renditeverlust durch die Versicherungskosten bezogen auf das gesamte angelegte Kapital über die gesamte Laufzeit hinweg pro Jahr

Kosten aufseiten des Fonds

	in Prozent	in Euro	Reduktion Rendite
5. Total Expense Ratio (TER) auf Basis des verwalteten Fondsvermögens	1,83 %	ca. 78.000 €	1,83 %
6. Transaktionskosten auf Basis des verwalteten Fondsvermögens	0,75 %	ca. 32.000 €	0,75 %
7. Market-Impact-Kosten auf Basis des verwalteten Fondsvermögens	0,25 %	ca. 10.000 €	0,25 %
8. Performance-Gebühren auf Basis des verwalteten Fondsvermögens	0,00 %	0 €	0,00 %
9. Ausgabeaufschlag auf Basis der Summe der Beiträge	0,00 %	0 €	0,00 %
Gesamt		ca. 120.000 €	2,83 %

Abb. 4.5.8 Quelle: eigene Berechnung Honorarfinanz AG
Jährlicher Renditeverlust durch die Fondskosten bezogen auf das gesamte angelegte Kapital über die gesamte Laufzeit hinweg pro Jahr

In der Tabelle in Abb. 4.5.9 sehen Sie, wie sich das Vermögen mit einer regelmäßigen Einzahlung von 1.000 Euro pro Monat und mit einer Zielrendite von 6 Prozent unter Berücksichtigung der Kosten im Laufe der Jahre entwickelt. Interessant ist, dass der genannte Altersvorsorgevertrag in den ersten 14 Jahren ein negatives Guthaben aufweist. Matthias Schmitt hätte bis zu diesem Stichtag 168.000 Euro einbezahlt und einen Rückkaufswert bei Kündigung von 167.752 Euro bekommen – und dies trotz der versprochenen 6 Prozent, die als Rendite angenommen wurden. Die Kosten schlagen also so stark zu Buche, dass der Vertrag erst ab dem 15. Jahr mehr Guthaben aufweist, als Schmitt eingezahlt hat. Im Jahr 25 hätte Schmitts Depot schließlich einen Kontostand von 370.785 Euro erreicht.

Jahr	Beitrag p.a.	bisher einbezahlt	Rückkaufswert
1	12.000,00 €	12.000,00 €	-1.880,00 €
2	12.000,00 €	24.000,00 €	6.253,77 €
3	12.000,00 €	36.000,00 €	14.609,54 €
4	12.000,00 €	48.000,00 €	23.207,16 €
5	12.000,00 €	60.000,00 €	32.053,60 €
6	12.000,00 €	72.000,00 €	55.365,33 €
7	12.000,00 €	84.000,00 €	68.051,43 €
8	12.000,00 €	96.000,00 €	81.104,69 €
9	12.000,00 €	108.000,00 €	94.535,75 €
10	12.000,00 €	120.000,00 €	108.355,52 €
11	12.000,00 €	132.000,00 €	122.575,27 €
12	12.000,00 €	144.000,00 €	137.206,56 €
13	12.000,00 €	156.000,00 €	152.261,31 €
14	**12.000,00 €**	**168.000,00 €**	**167.751,77 €**
15	12.000,00 €	180.000,00 €	183.690,56 €
16	12.000,00 €	192.000,00 €	200.090,66 €
17	12.000,00 €	204.000,00 €	216.965,42 €
18	12.000,00 €	216.000,00 €	234.328,55 €
19	12.000,00 €	228.000,00 €	252.194,20 €
20	12.000,00 €	240.000,00 €	270.576,93 €
21	12.000,00 €	252.000,00 €	289.491,68 €
22	12.000,00 €	264.000,00 €	308.953,88 €
23	12.000,00 €	276.000,00 €	328.979,35 €
24	12.000,00 €	288.000,00 €	349.584,39 €
25	12.000,00 €	300.000,00 €	370.785,78 €

Abb. 4.5.9 Quelle: eigene Berechnung Honorarfinanz AG

Wenn die Altersvorsorge zum Renditegrab wird

Matthias Schmitt war bereit, über viele Jahre hinweg insgesamt 300.000 Euro für seine Altersvorsorge zur Seite zu legen. Seine Hoffnung war, dass daraus bei einer Rendite von 6 Prozent – laut dem Angebot seines Beraters – rund 689.000 Euro resultieren würden. Das tatsächlich erreichte Vermögen beträgt jedoch nur 370.785 Euro. Das ist weit entfernt vom gewünschten Betrag. Das Ergebnis weist also ein Defizit von 318.000 Euro gegenüber dem geplanten Ziel auf. Doch warum ist das so? Um es auf den Punkt zu bringen: Die Angaben aus dem Angebot sind leider völlig unverbindliche Schätzungen vor Kosten und Steuern. Von den ursprünglichen 6 Prozent Rendite kommt beim Anleger eben nicht besonders viel an.

Ergebnisse

Summe Sparrate	300.000,00 €
Summe aller Einzahlungen (ggf. inkl. Honorar)	**300.000,00 €**
Versicherungskosten	
Summe Abschlusskosten (Alpha-Kosten)	14.400,00 €
Summe Verwaltungskosten (Beta-Kosten)	24.172,25 €
Summe Kapitalkosten (Gamma-Kosten)	4.243,91 €
	42.816,16 €
Fondskosten	
Summe TER	77.662,90 €
Summe sonstige Kosten	42.438,73 €
	120.101,63 €
Summe aller Kosten	**162.917,79 €**
Vertragsguthaben nach Kosten und vor Steuern	370.785,78 €
Effektivkosten	4,353 %
Effektivzins (§ 6 PAngV)	**1,64 %**

Abb. 4.5.10 Quelle: eigene Berechnung Honorarfinanz AG

Wie Sie der finanzmathematischen Berechnung in der folgenden Abb. 4.5.10 entnehmen können, wird die Rendite durch die Effektivkosten um 4,35 Prozent geschmälert. Somit verbleibt nach Kosten nur eine Nettorendite von 1,64 Prozent bei Matthias Schmitt. Diese erreicht nicht einmal die Inflationsrate des Betrachtungszeitraums. Armer Schmitt. Dass er sein Schicksal mit Millionen von Anlegern teilt, dürfte ihn vermutlich nur wenig trösten.

Die Steuern sollte man nicht vergessen

Eines der Hauptargumente, eine solche Rentenversicherung abzuschließen, lautet, dass Vertragsnehmer von der Steuervergünstigung bei Versicherungspolicen profitieren. Fakt ist: Schmitt kann nach seinem 62. Lebensjahr die Abgeltungsteuer umgehen. Der entstandene Gewinn muss dann nur noch zur Hälfte mit Schmitts persönlichem Steuersatz versteuert werden.

Wir machen uns die Mühe und rechnen nach: Nehmen wir an, Matthias Schmitt hat zum Ablauftermin in 25 Jahren einen Steuersatz von 38 Prozent, dann muss er von seiner Ablaufleistung noch circa 13.000 Euro an das Finanzamt abführen. Somit bleiben ihm nach Steuern rund 357.000 Euro. Somit hat Schmitt sein Vermögen in 25 Jahren um 57.000 Euro steigern können. Das entspricht einer Rendite von etwa 1,36 Prozent per annum. Berücksichtigen wir nun noch die Inflation, wird die Rendite sogar negativ.

Fazit: Wie Sie am Beispiel von Matthias Schmitt erkennen können, haben vermeintlich kleine Kostenfaktoren in ihrer Summe einen sehr großen Effekt. Die Lehre, die Sie daraus ziehen können, liegt auf der Hand: Je niedriger die Kosten sind, desto höher fällt die Rendite für Sie als Anleger am Ende aus.

Die gute Nachricht lautet: Sie können zwar nicht völlig kostenfrei Geld anlegen, jedoch sehr kosteneffizient. Denn die Finanzindustrie hat Lösungen im Angebot, die sehr günstig sind und dazu führen, dass der Großteil der Rendite bei Ihnen als Anleger verbleibt.

Wir haben es in diesem Kapitel bereits ausführlich beschrieben: Bei der Geldanlage können Sie auf teures Fondsmanagement verzichten und stattdessen auf passive Produkte wie Indexfonds und ETFs setzen. Was genau hinter diesen Lösungen steckt, erfahren Sie später im Buch.

Bei Produkten zur Altersvorsorge bieten mittlerweile einige Gesellschaften in Deutschland ihre Lebens- und Rentenversicherungen zu Nettokonditionen an und verzichten dabei komplett auf Vertriebskosten, was dazu führt, dass solche Produkte kosteneffizient und rentabel sein können. Diese Lösungen werden als »Nettotarife« oder »Nettopolicen« bezeichnet.

Damit Sie ein Gefühl dafür bekommen, welchen unglaublichen Effekt es hat, wenn Sie Ihre Altersvorsorge kostenbewusst gestalten, zeigen wir Ihnen in der folgenden Grafik eine konkrete Alternative zu Schmitts Altersvorsorgevertrag. Anstatt das Geld über eine fondsgebundene, provisionsbasierte Rentenversicherung mit aktiven Fonds zu besparen, haben wir hier die 1.000 Euro über 25 Jahre in eine provisionsfreie Nettopolice mit ETFs und einem ETF-Sparplan angelegt.

Damit wir nicht Äpfel mit Birnen vergleichen, haben wir bei den beiden kosteneffizienten Lösungen ein einmaliges Honorar von 4.500 Euro unterstellt. Dieses Honorar basiert auf einem Stundensatzhonorar von 150 Euro und einem Zeitaufwand von 30 Stunden. Welche Leistungen in dieser Zeit seitens Ihres Beraters zu erbringen sind, müssen Sie mit ihm verhandeln und festlegen. Können Sie sich noch daran erinnern, welche Summe Matthias Schmitt als Provision an seinen Berater bezahlt hat? Falls nicht: Es waren 14.400 Euro.

	Fonds-Bruttotarif	ETF-Nettotarif	ETF-Sparplan
Rendite	6,00 %	6,00 %	6,00 %
Sparrate (Zahlweise)	1.000,00 € (mtl.)	1.000,00 € (mtl.)	1.000,00 € (mtl.)
Einzahlungs- / Berechnungsdauer	25 Jahre/25 Jahre	25 Jahre/25 Jahre	25 Jahre/25 Jahre
Ergebnisse			
Summe Sparrate	300.000,00 €	300.000,00 €	300.000,00 €
Summe Honorare	0,00 €	4.500,00 €	4.500,00 €
Summe aller Einzahlungen (ggf. inkl. Honorar)	**300.000,00 €**	**304.500,00 €**	**304.500,00 €**
Summe Honorare	0,00 €	4.500,00 €	4.500,00 €
Versicherungskosten			
Summe Abschlusskosten (Alpha-Kosten)	14.400,00 €	-	-
Summe Verwaltungskosten (Beta-Kosten)	24.172,25 €	2.950,00 €	-
Summe Kapitalkosten (Gamma-Kosten)	4.243,91 €	12.852,43 €	-
Summe Stückkosten (Kappa-Kosten)	-	900,00 €	-
	42.816,16 €	16.702,43 €	-
Fondskosten			
Summe Ausgabeaufschläge	-	-	375,00 €
Summe TER	77.662,90 €	19.278,60 €	19.894,33 €
Summe Sonstige Kosten	42.438,73 €	-	-
Summe aller Kosten	**162.917,79 €**	**40.481,03 €**	**24.769,33 €**
Vertragsguthaben nach Kosten und vor Steuern	370.785,78 €	620.136,78 €	647.312,79 €
Effektivkosten	4,353 %	0,812 %	0,519 %
Effektivzins (§ 6 PAngV)	**1,647 %**	**5,188 %**	**5,481 %**

Abb. 4.5.11 Quelle: eigene Berechnung Honorarfinanz AG

Tipp:

Einen ETF-Sparplan können Sie auch ohne einen Berater aktivieren. So würden Sie das Honorar komplett einsparen. Wie Sie das machen, erfahren Sie später im Buch detailliert.

Schauen wir uns das Ergebnis jetzt vor Steuern an und vergleichen die Alternativen. Während der Vertrag von Matthias Schmitt in 25 Jahren über 160.000 Euro an Kosten produziert, entstehen im gleichen Zeitraum im »ETF-Nettotarif« nur rund 40.000 Euro Kosten und im »ETF-Sparplan« etwa 25.000 Euro, beides inklusive des einmaligen Honorars von 4.500 Euro für den Berater. Während bei

Schmitts Vertrag nach 25 Jahren rund 370.000 Euro vor Steuern angehäuft wurden, erzielt der »ETF-Nettotarif« circa 620.000 Euro und der »ETF-Sparplan« knapp 647.000 Euro. Wir reden hier von einem Mehrwert von 250.000 Euro bis 277.000 Euro vor Steuern!

Und so wirken sich die Kosten auf die Bruttorendite von 6 Prozent aus:

- Die Effektivkosten von Schmitts Vertrag liegen bei rund 4,35 Prozent.
- Bei den beiden günstigen Varianten reduzieren die Kosten die Bruttorendite einschließlich des Honorars nur um 0,5 bis 0,8 Prozent.

Matthias Schmitt kommt mit der typischen Versicherungslösung somit nach Kosten auf eine Nettorendite von circa 1,65 Prozent, während er mit den beiden kosteneffizienten Varianten zwischen 5,2 und 5,5 Prozent vor Steuern erzielt. Das macht bei langen Laufzeiten durch den Zinseszinseffekt am Ende einen enormen Unterschied.

In diesem Beispiel haben wir nur eine gängige, durchschnittliche Versicherungslösung analysiert und keineswegs einen besonders schlimmen Fall. Wir haben in unserer Praxis erheblich unvorteilhaftere Fälle erlebt, bei denen die Kosten der abgeschlossenen Finanzprodukte im Vergleich zum gezeigten Beispiel noch um ein Vielfaches höher waren.

Fazit: Wir wissen, dass dieses Kapitel keine leichte Kost für Sie als Leser war. Aber wir hoffen, bei Ihnen mit diesem konkreten Beispiel die Sensibilität dafür geweckt zu haben, welchen Effekt schon vermeintlich kleine Kostenpositionen haben können und wo sich Kosten verstecken, von denen Sie vermutlich gar nicht geahnt haben, dass sie überhaupt existieren. Unsere Warnung an Sie lautet:

Wenn Sie bei den Kosten von Finanzprodukten nicht aufpassen, kostet Sie der viel zu teure Einkauf ein Vermögen.

Das Ziel dieses Kapitels war, Sie zu befähigen, im Gespräch mit Finanzberatern wichtige Fragen zu stellen. Sie wissen jetzt sogar mehr als die meisten Berater, die Ihnen solche Lösungen verkaufen wollen.

Sollten Sie Vorsorgeverträge besparen, die demjenigen ähneln, den wir Ihnen hier beschrieben haben, dann raten wir Ihnen, Ihr gutes Geld hier nicht weiter einzuzahlen – sei es aus Bequemlichkeit oder in der Hoffnung, dass sich etwas von allein verbessern könnte. Denn solche Vertragswerke werden nicht von allein besser. Es wird nur noch teurer, je länger Sie zögern. Aber treffen Sie jetzt bitte keine Hauruck-Entscheidung und kündigen die bestehenden Verträge, ohne diese vorher geprüft zu haben. In seltenen Fällen können sich alte, steuerfreie Verträge als bewahrenswert erweisen, wenn man berücksichtigt, dass die gesamten Vertriebs- und Abschlusskosten ohnehin verloren sind und daher in Ihre Entscheidung nicht mehr einzubeziehen sind. Ein seriöser, auf Honorarbasis arbeitender Berater, der nur in Ihrem Interesse handelt, rechnet Ihnen aus, ob sich Beitragsfreistellung, Kündigung oder sogar Widerruf Ihres Altvertrags lohnt. Wichtig: Verzweifeln Sie nicht. Es lohnt sich, Zeit und Geld in die Hand zu nehmen und nach kostengünstigeren und damit renditestärkeren Lösungen zu suchen.

KAPITEL 5

Zocken Sie nicht! Investieren Sie!

»Ich kann Ihnen nicht sagen, wie man schnell reich wird. Ich kann Ihnen aber sagen, wie man schnell arm wird: indem man nämlich versucht, schnell reich zu werden.«

André Kostolany

Bei privaten Zusammenkünften im Freundes- und Familienkreis werde ich manchmal gefragt, welche Aktie ich momentan empfehlen würde, um schnell hohe Gewinne an der Börse zu erzielen. Ich müsse es doch wissen. Schließlich sei ich Experte in Sachen Geldanlage. Das stimmt zwar. Aber gerade deshalb, weil ich Experte in diesen Dingen bin, gebe ich solche Empfehlungen nicht. Stattdessen verweise ich auf meine langjährige Erfahrung. Und die bestätigt mir immer und immer wieder, dass die Versuche, mit kurzfristigen Erfolgen langfristig hohe Gewinne zu erzielen, regelmäßig scheitern. Wer auf Dauer erfolgreich an der Börse agieren will, braucht eine Strategie und – sehr, sehr wichtig – Geduld. Dann klappt es auch mit der Rendite. Das klingt für den einen oder anderen langweilig, ist aber effektiv, viel weniger stressig als ständiges Hin-und-Her-Handeln und macht trotzdem Spaß. Zur Veranschaulichung der Wirkung gebrauche ich gerne eine Metapher: Stellen Sie sich vor, Sie haben einen Garten und die Auswahl zwischen zwei Samenkörnern. Der eine Samen entstammt einer Ihnen nicht genau bekannten Blumenart. Sie hoffen, dass sie bald aufblühen wird. Nehmen wir an, Sie haben tatsächlich Glück. Sie entfaltet bald ihre volle Pracht. Nach einigen Tagen verblasst sie aber wieder und verschwindet. Schade. Das andere Samenkorn wird einmal ein robuster Baum, der zwar langsam keimt und wächst, aber über Jahrzehnte hinweg beständig Schatten spendet und nach und nach immer mehr Früchte trägt. Welches Samenkorn würden Sie einpflanzen? Das Samenkorn der unbekannten Blume? Viel Glück damit. Falls Sie dagegen wissen wollen, wie man Herr eines Waldes wird, der einen lange Zeit ernährt, dann empfehle ich Ihnen das Studium der folgenden Seiten.

5.1 Der Traum von 8 Prozent Rendite pro Jahr – kein Märchen, sondern Realität!

»Der Aktienmarkt ist – kurzfristig betrachtet – faszinierend und irreführend. Auf lange Sicht ist der Markt nahezu langweilig zuverlässig und vorhersagbar.«

Charles D. Ellis

Dies gleich zu Beginn: Sie können mit den passenden Investitionen eine jährliche Rendite von 8 Prozent pro Jahr erwirtschaften. Das ist kein Märchen, sondern durch die empirische Forschung an den Kapitalmärkten belegt. Ein Rückblick auf über 100 Jahre Entwicklung der Aktienkurse an internationalen Börsen zeigt unmissverständlich, dass 8 Prozent Rendite per annum kein Wunschdenken, sondern eine realistische Größe sind. Die entscheidende Frage lautet also: Wie können Sie das enorme Potenzial der Finanzmärkte nutzen, ohne dabei unnötige Risiken einzugehen? Entgegen der weitverbreiteten Annahme, dass hohe Renditen nur durch riskante

Spekulationen erreichbar sind, gibt es einen anderen, fundierten Ansatz. Dazu werfen wir einen analytischen Blick unter die Motorhaube des Kapitalmarkts. Und was sehen wir dort? Zum Beispiel die Aktien von Unternehmen. Wer verstehen will, wie Börse funktioniert, sieht sich nicht nur die Entwicklung der Wertpapiere, sondern auch die dahintersteckenden Unternehmen an. Was macht sie aus? Warum werden sie so bewertet, wie sie bewertet werden? Warum sind sie überhaupt an die Börse gegangen? Letzteres lässt sich einfach beantworten: Weil diese Unternehmen zusätzliches Kapital benötigt haben, zum Beispiel, um ihr Geschäft zu expandieren. Zu diesem Zweck lässt sich auch Fremdkapital aufnehmen. Doch gerade in einer Phase, in der Unternehmen stark wachsen wollen, können Kredite sehr teuer werden. Und sie belasten die Firmenbilanz. Je nach Situation ist es für Firmen der bessere Weg, Anteile in Form von Aktien an Investoren zu verkaufen. Diese werden dann am Gewinn beteiligt – in Form von Dividenden. Je nach Unternehmenserfolg steigt auch der Preis für die Aktien – worüber sich dann alle Aktionäre freuen dürfen. Als Aktionär haben Sie also eine doppelte Chance auf Gewinne: nämlich auf die regelmäßige Auszahlung von Dividenden und auf die Wertsteigerung des Unternehmens. Mit etwas Glück haben Sie einen Jahrhundertgewinner wie Apple, Microsoft oder Amazon im Depot. Aber es müssen nicht immer die Superlative sein. Auch andere Unternehmen wachsen stetig. Ihr Risiko besteht darin, dass ein Unternehmen nicht wächst und der Kurs der betreffenden Aktien in Ihrem Depot sinkt.

Viele Anleger fragen sich nun, wie sie stets die besten Unternehmen finden können – jene, die hohe Gewinne ausschütten und deren Aktienkurse kontinuierlich steigen. Dabei hoffen sie, den idealen Moment abzupassen, um von der Wertentwicklung zu profitieren. Die Realität sieht jedoch anders aus: Es existiert keine allgemeingültige Erfolgsformel, um dauerhaft die »Rosinen im

Kuchen« zu entdecken. Analysten und Experten beschäftigen sich seit Jahrzehnten mit dieser Herausforderung, und dennoch bleiben verpasste Gelegenheiten an der Börse an der Tagesordnung. Sicherlich erinnern sich viele Anleger heute mit Bedauern daran, nicht bereits in den 1990er-Jahren in Unternehmen wie Apple, Amazon oder Google investiert zu haben. Doch auch wenn man verzweifelt nach dem nächsten Mega-Gewinn sucht, bleibt die Tatsache bestehen: Den perfekten Zeitpunkt zu erwischen, ist nahezu unmöglich – die Chancen, im Lotto zu gewinnen, sind oft höher. Diese Erkenntnis sollte Sie jedoch nicht entmutigen, sondern vielmehr dazu anregen, ein bewährtes Prinzip zu verfolgen, das nicht auf Glück oder Zufall basiert. Statt mit hohem Aufwand und Kosten nach vermeintlichen Gewinneraktien zu suchen, empfiehlt sich eine breit diversifizierte Strategie, nach den Worten des Urvaters von Indexfonds, John Bogle: »Suche nicht nach der Nadel im Heuhaufen. Kauf einfach den Heuhaufen.«

Übertragen auf die Kapitalanlage heißt das: Statt auf teure Analysten und selbst ernannte Experten zu setzen, die versuchen, die Gewinneraktien herauszufiltern, investieren Sie breit gestreut am internationalen Aktienmarkt. Legen Sie nicht ausschließlich in Unternehmen wie Apple und Co. an, sondern nutzen Sie die Möglichkeit, in weltweit börsennotierte Unternehmen zu investieren. Dies ist dank zahlreicher Aktienindizes, die jeweils eine Vielzahl von Aktien bündeln, heute einfacher denn je. Preiswerte Finanzinstrumente ermöglichen es Ihnen, sich an den Entwicklungen dieser Indizes zu beteiligen.

Empirische Belege für den langfristigen Erfolg

Die lohnenden Perspektiven von Aktieninvestments wurden auch von renommierten Finanzmarktforschern, wie dem Nobelpreisträger Professor Eugene Fama, bestätigt. Eines seiner zentralen Ergebnisse besagt, dass wesentliche unsystematische Risiken planbar und kontrollierbar sind. Die Analyse der vergangenen Marktzyklen – seien es Krisen, Boomphasen oder eher durchschnittliche Zeiten – zeigt, dass sich die langfristige Rendite trotz kurzfristiger Schwankungen stabil eingependelt hat. Abbildung 5.1.1 illustriert dies eindrucksvoll: Sie veranschaulicht die Renditeentwicklung bekannter Aktienindizes wie des MSCI World (rund 1.600 der größten Unternehmen weltweit), MSCI Europe (die rund 450 führenden Unternehmen Europas), MSCI Germany (die rund 62 größten deutschen Unternehmen) und des S&P 500 (die 500 größten US-Unternehmen) seit 1970.

Zusammenfassend lässt sich sagen, dass eine durchschnittliche jährliche Rendite von 8 Prozent also kein unerreichbarer Traum, sondern ein belegbares Resultat historischer Daten ist. Entscheidend für Ihren Erfolg als Anleger ist es, auf ein breit diversifiziertes Engagement im internationalen Kapitalmarkt zu setzen, statt auf das Glück zu hoffen, den perfekten Einstiegszeitpunkt zu finden. Dieses systematische Vorgehen ermöglicht es, langfristig von den Wachstumschancen der Weltwirtschaft zu profitieren – ohne sich auf spekulative und risikoreiche Strategien zu verlassen.

MSCI World	1970–2024	9,83 % p.a.
MSCI Europe	1970–2024	8,10 % p.a.
MSCI Germany	1970–2024	7,71 % p.a.
S&P 500	1970–2024	10,95 % p.a.

Abb. 5.1.1 Quelle: Dimensional Fund Advisors – Returns Web

Siehe da: Wir stellen fest, dass der Markt Anleger langfristig mit rund 8 bis 9 Prozent Rendite pro Jahr belohnt. Aktien aus den

Schwellenländern konnten seit 1988 sogar 11,0 Prozent pro Jahr erzielen. Natürlich haben die Märkte diese 8 Prozent pro Jahr nicht linear und jedes Jahr erzielt. Es gab immer wieder Krisen und Börsencrashs. Dies zeigt die Darstellung der Renditen des MSCI World Index in Abb. 5.1.2 eindrücklich. In den vergangenen 55 Jahren gab es 15 Jahre, in denen der Weltindex nicht an Wert gewann, sondern das Jahr mit einem Verlust beendete. In besonders schlimmen Krisenjahren verlor der MSCI World teilweise bis zu 40 Prozent, zum Beispiel während der Finanzkrise im Jahr 2008. Allerdings konnten sich Anleger in diesem Zeitraum auch über 40 positive Jahre freuen. Darunter waren auch Jahre mit fast 50 Prozent Zuwachs.

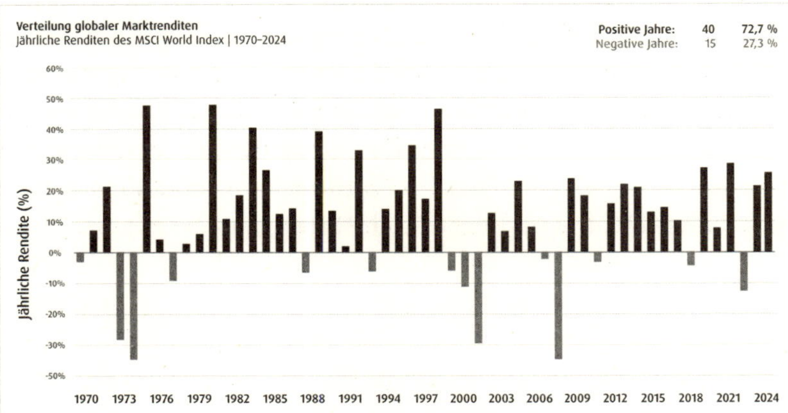

Abb. 5.1.2 Quelle: Dimensional Fund Advisors. Daten: in EUR. MSCI-Daten © MSCI 2024

Die Abb. 5.1.3 zeigt uns, wie im Jahr 1931 Aktien an den internationalen Wertpapiermärkten im Schnitt mehr als 40 Prozent an Wert verloren. Im Jahr 1933 legten sie über 50 Prozent zu. In den allermeisten Jahren stiegen die Aktienkurse um bis zu 10 Prozent. Es gab deutlich mehr Gewinner- als Verliererjahre.

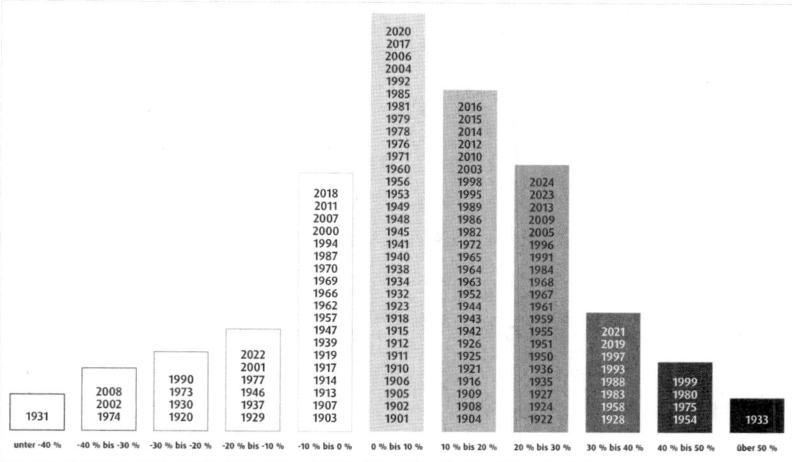

Abb. 5.1.3 Quelle: Vanguard. Daten: Bloomberg, Aktienrenditen werden durch den DMS World Equity Total Return Index von 1901 bis 1969 und danach durch den MSCI World Index repräsentiert. Die Renditen sind Nettorenditen in Euro (Deutsche Mark vor 2002).

Was unterm Strich zählt: Am Ende findet der Markt immer wieder zu seinem Mittelwert zurück. Und das bedeutet, dass nach allen Hochs und Tiefs eine Durchschnittsrendite von etwa 8 Prozent pro Jahr steht. Was wir an dieser Stelle nicht verschweigen wollen: Diese Renditeangabe ist natürlich vor Kosten und Steuern zu betrachten, denn es handelt sich bei diesen Angaben um Marktrenditen und nicht um irgendwelche Produktrenditen, die wir in den Abschnitten über Kosten (Kapitel 4, Abschnitte 4.4 und 4.5) ausführlich besprochen haben.

Die Ergebnisse der Kapitalmarktforschung zeigen auch, dass die oben genannten Renditen immer in unterschiedlichen Märkten auftreten. In der Abb. 5.1.4 sehen wir, wie sich einzelne Märkte seit dem Jahr 2000 entwickelt haben.

Wenn Sie zum Beispiel in der Euro-Krise im Jahr 2011 im irischen Aktienmarkt investiert waren, dann gehörten Sie damit zu den Gewinnern mitten in einer heftigen Börsenkrise und wurden

Aktienmarktrenditen in entwickelten Märkten
Annualisierte Renditen (EUR, %)

	2003	2004	2005	2006	2007	2008	2009	2010	2011	2012	2013	2014	2015	2016	2017	2018	2019	2020	2021	2022	2023	2024
Australien	24,3	21,0	33,7	17,1	15,7	-48,1	70,9	22,5	-8,0	20,2	-0,3	10,0	0,3	14,8	5,3	-7,6	25,2	-0,2	17,7	1,0	10,9	8,0
Österreich	30,6	**59,2**	43,6	22,1	-7,8	-66,8	38,7	17,5	-34,3	24,0	8,5	-20,0	15,2	14,6	**39,1**	-23,8	16,6	-11,3	9,9	-6,8	2,4	26,2
Belgien	12,6	33,2	25,7	22,2	-12,3	-64,7	52,6	6,5	-7,6	**37,4**	22,1	18,6	24,9	-4,8	4,1	-23,2	22,5	-15,7	28,1	1,4	26,8	15,8
Kanada	28,6	13,4	**47,9**	5,4	16,9	-42,7	51,3	28,8	-9,8	7,4	1,1	15,6	-15,5	**28,3**	2,0	-13,0	29,8	-3,4	13,3	-17,3	18,8	19,4
Dänemark	24,2	21,4	43,5	24,1	13,3	-44,8	32,3	39,8	-13,2	29,3	19,8	20,9	**37,5**	-13,3	18,3	-11,2	30,6	**31,9**	17,3	-9,7	-8,8	-7,1
Finnland	-0,7	-1,5	34,5	16,2	**34,1**	-52,8	7,7	17,9	-29,6	12,8	**39,7**	13,1	13,6	-1,9	7,6	**1,4**	11,5	10,5	28,6	-7,7	17,3	-1,1
Frankreich	16,7	9,9	26,6	20,3	2,1	-40,3	27,7	2,6	-14,1	19,4	20,9	2,6	11,3	8,0	13,1	-8,4	28,0	-4,5	3,4	1,5	-17,7	1,0
Deutschland	36,3	7,8	26,7	21,6	21,9	-43,1	21,3	16,0	-15,3	28,9	25,7	2,1	9,3	5,8	12,2	-18,2	23,0	2,3	16,7	-21,5	20,1	17,6
Hongkong	14,9	16,0	24,9	16,6	27,4	-48,7	55,2	31,8	-13,2	26,3	6,3	19,7	10,8	5,3	19,6	-3,2	12,4	-2,9	23,8	-8,8	**32,5**	6,8
Irland	19,7	32,8	12,6	31,3	-27,9	-70,5	8,8	-12,4	**17,5**	4,1	35,1	16,5	29,8	-4,3	3,8	-21,5	40,0	5,6	9,4	-11,2	16,2	21,6
Italien	14,7	22,9	17,4	18,5	-4,3	-47,4	22,6	-9,1	-20,6	10,7	15,2	3,0	14,0	-7,8	12,8	-13,6	29,7	-6,6	35,5	-7,2	11,5	18,7
Japan	13,1	7,5	44,6	-5,0	-13,6	**-25,5**	2,9	23,5	-11,5	6,5	21,7	9,3	22,1	5,4	8,9	-8,5	21,8	5,0	-10,8	-8,0	2,5	15,5
Niederlande	6,6	4,2	31,2	17,5	8,8	-45,5	37,8	8,8	-9,2	18,7	25,6	9,9	12,9	8,0	16,1	-8,7	34,5	13,9	37,3	-23,0	21,6	8,2
Neuseeland	29,3	25,4	17,2	4,3	-1,8	-51,4	45,7	15,8	9,1	27,3	6,5	22,2	4,4	21,9	-1,9	0,9	**40,7**	10,0	31,3	-0,9	2,3	5,1
Norwegen	23,2	42,2	43,2	29,8	18,5	-62,4	**81,2**	18,7	-7,0	16,8	4,7	-11,2	-5,3	16,7	12,7	-4,0	12,4	-9,9	**52,3**	-21,6	13,2	2,1
Portugal	19,0	15,7	13,1	31,8	11,8	-49,7	36,0	-5,2	-20,5	1,9	6,2	-29,7	12,4	6,7	8,8	-6,6	26,0	5,0	7,8	**6,8**	3,9	-20,2
Singapur	14,5	13,5	31,8	31,2	15,8	-44,6	68,5	30,6	-15,2	28,9	-2,7	17,3	-8,3	4,5	19,1	-4,8	17,1	-15,1	31,1	-23,7	19,7	**41,1**
Spanien	31,8	19,6	20,3	**33,6**	11,8	-37,5	39,0	-16,5	-9,3	1,4	25,6	8,6	-6,0	1,9	11,6	-12,0	14,0	-12,6	28,4	-13,0	11,8	17,1
Schweden	**36,9**	26,5	27,1	28,3	-9,3	-47,3	59,0	**43,0**	-13,2	20,1	19,1	5,3	5,8	3,6	5,9	-9,3	23,4	13,6	13,7	-5,2	1,7	2,7
Schweiz	11,6	6,7	34,1	14,0	-5,0	-26,9	21,4	19,6	-3,7	18,5	21,1	13,8	11,9	-2,0	7,6	-4,5	34,8	2,4	9,1	-1,2	27,5	4,5
UK	9,9	11,0	23,7	16,8	-2,3	-45,7	38,8	16,3	0,7	13,5	15,5	7,7	3,0	2,9	7,4	-9,8	23,3	-17,9	27,5	1,4	10,2	14,7
USA	6,8	2,2	21,2	2,6	-4,9	-34,3	22,3	22,7	4,8	13,6	26,1	**28,3**	12,2	14,2	6,4	-0,3	33,3	10,8	36,1	-14,6	22,2	32,9

Die Wertentwicklung in der Vergangenheit stellt keine Garantie für zukünftige Entwicklungen dar.
Quelle: Individuelle MSCI-Länderindizes entwickelter Märkte (Nettorenditen). MSCI Daten © MSCI 2024, alle Rechte vorbehalten.
Man kann nicht direkt in Indizes investieren. Ihre Wertentwicklung enthält daher nicht die mit der Verwaltung eines tatsächlichen Portfolios verbundenen Kosten.

■ Höchste Rendite im betreffenden Jahr

Abb. 5.1.4 Quelle: Dimensional Fund Advisors. Daten: Individuelle MSCI-Länderindizes entwickelter Märkte (Nettorenditen). MSCI-Daten © MSCI 2024

mit 17,5 Prozent Wertzuwachs belohnt. Im Jahr 2012 hätten Sie mit belgischen Aktien die höchste Rendite erzielt – und zwar mit einem Plus von sagenhaften 37,4 Prozent. Das Problem: Leider weiß man im Vorfeld niemals, wann und wo der nächste Gewinner sein wird. Es ist kaum möglich, vorherzusagen, welche Märkte, Branchen oder Sektoren nächstes Jahr zu den Gewinnern und welche zu den Verlierern gehören werden. Die oben gezeigte Matrix jedenfalls lässt kein Muster erkennen. Märkte sind und bleiben völlig erratisch. Es gibt leider tatsächlich keine Systematik und keine verlässlichen Orientierungspunkte.

Empfehlung

Welche Schlussfolgerungen können Sie aus dieser Erkenntnis ziehen?

Erstens: Die Gesamtheit aller Unternehmen steigert ihren Wert durchschnittlich um beachtliche 8 Prozent jährlich.

Zweitens: Manche dieser Unternehmen sind erfolgreich und andere nicht.

Drittens: Welche Unternehmen wann erfolgreich sein werden und wie sich ihr Aktienkurs entwickeln wird, lässt sich nicht vorhersagen. Also sparen Sie sich am besten die Mühe, diese einzelnen Unternehmen zu finden und eine Voraussage zu den Aktienkursen machen zu wollen.

Viertens: Kaprizieren Sie sich nicht auf die Trüffelsuche nach den vermeintlich besten Unternehmen. Kaufen Sie den Markt, in dem die Trüffel ganz zwangsläufig mit enthalten sind.

Fazit: Streuen Sie Ihr Kapital breit. Bleiben Sie geduldig. Werden Sie damit reich. So einfach kann Börse sein. Natürlich gibt es noch ein paar Details, die Sie beachten sollten. Dazu kommen wir auf den folgenden Seiten.

5.2 Die fatalen Stolpersteine auf dem Weg zum Anlageerfolg

> *»Erfolg hat viel mit Inaktivität zu tun. Die meisten Anleger können der Versuchung nicht widerstehen, ständig zu kaufen und zu verkaufen.«*
>
> Warren Buffett

Wer keine Erfahrung hat und an der Börse schnell reich werden will, geht in der Regel davon aus, dass er nur die richtigen Aktien finden muss, die jetzt gerade günstig sind, in naher Zukunft aber eine enorme Kurssteigerung erfahren werden. Billig kaufen, teuer verkaufen – fertig. Millionär in nur sechs Monaten. Bravo. Und weil es so gut funktioniert hat, suchen Sie dann gleich die nächste Aktie aus, mit der das dann genauso geht. Auch nicht schlecht wäre, wenn Sie in ein Unternehmen investieren, das nicht nur kurzfristig, sondern auch langfristig im Wert steigt und nebenbei hohe Dividenden ausschüttet. Sie müssen im Vorfeld nur ein paar wichtige Fragen klären, zum Beispiel: Wie finden Sie als Anleger die Aktie, die demnächst schnell im Wert steigen wird? Oder: Wie finden Sie als Investor die besten Unternehmen, die Ihnen als Anteilseigner hohe Gewinne ausschütten und am Kapitalmarkt gleichzeitig so begehrt sind, dass ihre Aktienkurse stark und am besten stetig steigen? Und wie schaffen Sie es, so rechtzeitig in diese Unternehmen zu investieren, dass Sie zu den ersten Anteilseignern gehören, die von den steigenden Kursen profitieren?

Die Antworten auf diese Fragen sind ernüchternd und ermunternd zugleich: ernüchternd, weil es keine Erfolgsformel gibt, um ständig solche Unternehmen zu finden – und das auch noch zum optimalen Zeitpunkt. Ganze Kohorten an Analysten quälen sich mit dieser Aufgabe seit Jahrzehnten herum. Es gibt Zyniker, die sagen, die Börse sei eine Aneinanderreihung von verpassten Gelegenheiten. Weil immer irgendwelche Aktien durch die Decke gehen, die ausgerechnet sie selbst gerade nicht in ihrem Portfolio haben. Diese Sicht auf die Welt ist sicherlich zu hart. Natürlich gibt es an der Börse genug Beispiele dafür, welche Chancen sich viele Anleger im Laufe der Geschichte schon entgehen ließen. So werden heute vielleicht viele mit Wehmut darüber sinnieren, warum sie nicht schon in den 1990er-Jahren Aktien von Apple, Amazon oder Google (heute unter dem Namen »Alphabet« an der Börse) gekauft haben. Nicht wenige davon suchen immer wieder verzweifelt nach ähnlichen Firmen, mit denen sie am besten schnell reich werden können. Aber das Problem bleibt: Man weiß es nie im Voraus.

Trügerische Expertise

Kennt denn tatsächlich niemand die zukünftigen Gewinner-Aktien? Wenn Sie sich mit dem Thema Aktien beschäftigen, werden Sie immer wieder Nachrichten lesen, in denen Analysten oder selbst ernannte Experten zitiert werden, die sogenannte »Kursziele« zu börsennotierten Unternehmen nennen. Kursziele sollen Kurse sein, von denen die Analysten erwarten, dass die betreffende Aktie sie bald erreichen könne. Kursziele implizieren also Werte, die nach Ansicht der Analysten in den Aktien stecken, vom Markt aber noch nicht als solche erkannt sind. Wenn Sie solche Nachrichten lesen, sollten Sie sich zwei Fragen stellen: Wie kommen Analysten zu solchen Ergebnissen? Und warum kosten die Aktien zum Zeitpunkt der Analysen nicht so viel, wie sie nach Meinung der Experten wert sind?

Die Antwort ist so naheliegend wie simpel und auch wissenschaftlich erwiesen. Professor Eugene Fama, einer der bekanntesten Kapitalmarktforscher, wurde 2013 mit dem Wirtschaftsnobelpreis für seine Forschungsergebnisse zu dieser Frage ausgezeichnet. Seine Erkenntnis: Die Märkte sind in der Regel effizient. Das bedeutet, dass der Preis einer Aktie bereits alle am Markt verfügbaren Informationen verarbeitet hat. Der Aktienkurs spiegelt den aktuellen Wert eines Unternehmens also zu jeder Zeit wider. Es gibt keine »versteckten« Aktienkurspotenziale. Wie auch? Die Märkte sind heutzutage deshalb so effizient, weil allen Marktteilnehmern alle Informationen (abgesehen von Insider-Informationen, deren Verwertung jedoch illegal ist und unter Strafe steht) jederzeit gleichzeitig zugänglich sind. Die Quintessenz aus dieser Erkenntnis lautet: Es gibt keine empirischen Evidenzen dafür, dass Fondsmanager, Privatanleger oder selbst ernannte Propheten auf legalem Weg, das heißt ohne Nutzung von Insiderinformationen, den Markt schlagen können, indem sie versuchen, einzelne Aktien auszuwählen, die angeblich unterbewertet sind. Es ist eine Wahrheit, die insbesondere Fondsmanager nur sehr ungern hören: Sogenanntes »Stock Picking«, also das gezielte Auswählen von Aktien, um eine Überrendite gegenüber dem Markt zu erzielen, ist keine Wissenschaft, sondern in der Regel reine Glückssache.

Fakt ist, dass die wenigen vermeintlichen Anlagestars, die eine höhere Rendite als der Gesamtmarkt erzielen, nicht etwa Könner, sondern einfach glückliche Zufallsgewinner sind. Das belegt unter anderem eine Studie der Goethe-Universität Frankfurt, die in der Zeitschrift *Finanztest* im April 2017 mit dem Titel »Gewinnen statt Glänzen« veröffentlicht wurde. Die beiden Wirtschaftsprofessoren Andreas Hackethal und Steffen Meyer hatten die Wertentwicklungen von 40.000 Privatanleger-Portfolios einer Direktbank im Zeitraum vom 1. Januar 2005 bis zum 31. Dezember 2015 untersucht. Das ernüchternde Ergebnis: Mit einer durchschnittlichen Rendite von 3,1 Prozent pro Jahr blieben die Portfolios der Privatanleger weit hinter den Wertzuwächsen des Gesamtmarktes zurück. Die Anlegerdepots enthielten im Durchschnitt rund 80 Prozent Aktienanlagen (darin enthalten waren Einzelaktien, Aktienfonds, Zertifikate und Sonstiges) und etwa 20 Prozent Anleihen. Damit wäre im Untersuchungszeitraum eine Rendite von rund 8,7 Prozent per annum möglich gewesen. Voraussetzung: Um die 8,7 Prozent zu erreichen, hätten die Anleger in den breiten Markt investieren müssen, wie er beispielsweise vom Weltindex MSCI World abgebildet wird. Und nach dieser marktbreiten Investition hätten sie einfach stillhalten müssen. Diese Passivität, auch »Buy & Hold (Kaufen und Halten)«-Strategie genannt, ist nahezu immer die ideale Vorgehensweise. Und ein weiterer Vorteil: Anleger schonen damit zusätzlich ihre Nerven, da eine marktbreite Indexmischung wie zum Beispiel auf den MSCI World vergleichsweise geringere Wertschwankungen im Portfolio verursacht als die selbst oder mithilfe eines Bankberaters gebastelte Individualanlage. Es bleibt also bei der Erkenntnis: Niemand (!) kann den Markt langfristig schlagen. Jedenfalls nicht mit einem System, das angeblich Erfolg garantiert.

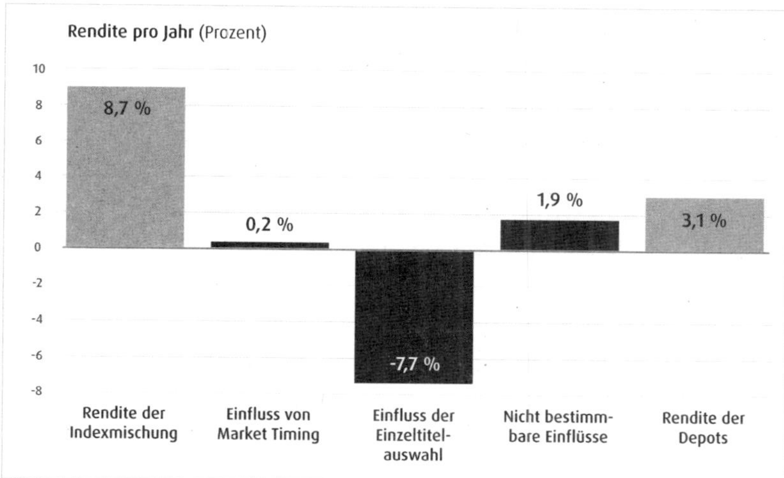

Abb. 5.2.1 Quelle: Berechnungen Prof. Hackethal und Prof. Meyer, Thomsen Reuters

Die Abb. 5.2.1 zeigt, wie dieses Ergebnis zustande kam. Links in der Grafik sehen Sie die Rendite des MSCI World, der im benannten Zeitraum 8,7 Prozent pro Jahr erzielte, und das trotz der Finanzkrise 2008, in der der MSCI World auch mal um knapp 40 Prozent eingebrochen war. Die drei Balken rechts daneben zeigen, welche Einflüsse in den Portfolios dafür gesorgt haben, dass die Anlegerdepots schlechter performten als der Weltindex. Zu versuchen, den richtigen Zeitpunkt für den Ein- und Ausstieg zu finden (Market Timing), brachte faktisch keinen Mehrwert. Dagegen zerstörte das ständige Wechseln der Strategie, der Kauf und Verkauf von einzelnen Positionen im Anlegerdepot, mit minus 7,7 Prozent fast die gesamte Rendite. Am Ende hatten 86 Prozent aller Anleger im Durchschnitt 3,1 Prozent Rendite mit ihrem Anlagedepot erzielt.

Die in der Studie untersuchten Depotbesitzer verschenkten also in diesem Zeitraum im Durchschnitt rund 5 Prozentpunkte Rendite pro Jahr!

Fazit: Was lernen wir daraus? Breit zu investieren und die Füße stillzuhalten, ist deutlich gewinnbringender, als mit Übereifer und ständig neuen Ideen den Markt schlagen zu wollen. Die Frage ist, warum die meisten Anleger auch nach Jahrzehnten, in denen sich die Börsenregeln niemals wirklich verändert haben, immer noch und immer wieder den Fehler machen, zu glauben, sie seien schlauer als alle anderen Marktteilnehmer.

5.3 Die größten Anleger-Fehler – und was Sie dagegen tun können

»Die Tatsache, dass die meisten Profis bei der Aktienauswahl ziemlich schlecht sind, bedeutet nicht zwangsläufig, dass Amateure es besser können.«

Benjamin Graham

Was hält Anleger davon ab, Marktrenditen von über 8 Prozent mit möglichst geringem Aufwand und geringen Kosten zu erwirtschaften? Ganz einfach: Es ist nicht der Markt. Der macht ohnehin, was er will. Es sind die Anleger, die sich selbst immer wieder im Weg stehen. Und damit wird auch schon das wichtigste Erfolgsrezept deutlich: Es geht nicht darum, alles richtig zu machen. Es geht darum, die ganz schlimmen und teuren Fehler zu vermeiden.

Im ersten Schritt laden wir Sie deshalb ein, sich von falschen Vorstellungen über funktionierende Erfolgsstrategien, die Sie vielleicht haben, zu befreien. So können Sie die wichtigsten und teuersten Fehler selbst erkennen und wirksame Gegenstrategien nutzen, um sich gezielt davor zu schützen. Wer seine Schwächen kennt und sich gezielt hier stärkt, kann den Erfolg seiner Geldanlage drastisch steigern und dabei deutlich ruhiger schlafen. Durch Nutzung der hier empfohlenen Anlagetechniken erhöhen Sie die Wahrscheinlichkeit spürbar, Ihre Anlageziele zu erreichen. Und Sie verbessern obendrein Ihre Lebensqualität.

Fehler Nummer 1: Selbstüberschätzung

Mangelnde Finanzmarktkenntnisse können zu einer erhöhten Fehlerquote führen. Das heißt aber nicht, dass gut informierte Anleger grundsätzlich die besseren Investoren sind. Denn mit dem Interesse am Börsengeschehen wächst oft die Neigung, die vermeintliche eigene »Expertise« zu überschätzen, vor allem dann, wenn man mit einzelnen Anlageentscheidungen Erfolge erzielt hat. Das verführt dazu, zu verkennen, dass der Ausgang einzelner Anlageentscheidungen in der Regel mehr vom allgemeinen Marktgeschehen abhängt als vom eigenen strategischen Geschick. Aber wie heißt es so schön: Wer zu lange in die Sonne sieht, ist irgendwann vom Anblick geblendet.

Beispielhaft für diesen Effekt stehen die Jahre der sogenannten New Economy um die Jahrtausendwende herum. Jahrelang stiegen die Aktienkurse scheinbar unaufhaltsam. Und selbst die *Bild*-Zeitung gab Anlagetipps. Jeder, der auch nur das Wort »Aktie« aussprechen konnte, fühlte sich plötzlich berufen, am Neuen Markt mitzumischen und zu spekulieren. Das Ende ist bekannt. Viele Anleger verbrannten sich heftig die Finger. Wie es dazu kommen konnte, ist hinlänglich erforscht. Und es hat sich bis heute nichts Wesentliches verändert: Oft stellen sich sogenannte Selbstentscheider Aktienportfolios nach mehr oder weniger willkürlichen und zufälligen Kriterien zusammen, die für Außenstehende nur schwer nachzuvollziehen sind. Reinfälle drohen dabei nicht nur mit »Geheimtipps«, die in zahllosen Börsenbriefen veröffentlicht werden und vor denen die Bundesanstalt für Finanzdienstleistungsaufsicht (BaFin) immer wieder warnt. Auch die Zusammenstellung bekannter Aktien birgt oft höhere Risiken, als Anleger sich eingestehen wollen. Beispiele dafür finden sich nicht nur unter den ehemaligen Börsenstars der sogenannten New Economy, sondern auch viel aktueller. Da wäre etwa die Aktie des Finanzdienstleisters Wirecard zu nennen. Das Unternehmen war Bestandteil des deutschen Aktienindex DAX. Der Index repräsentierte zum Zeitpunkt des Eklats immerhin die 30 größten und umsatzstärksten Unternehmen in Deutschland. Was sollte da schon schiefgehen? Die Wachstumsaussichten schienen gigantisch und das vorangegangene Wachstum bestätigte das weitere Potenzial dieses Unternehmens. Sogar Fondsmanager übergewichteten dieses Unternehmen im Portfolio, weil sie am weiteren Wachstum partizipieren wollten und einige von ihnen sogar vom schnellen Reichtum träumten. Was dann im Sommer 2020 passierte, schrieb Geschichte in der Wirtschaftskriminalität. Wer nicht noch rechtzeitig aus dem Wert ausgestiegen war, verlor seinen gesamten Einsatz – und das mit einem deutschen Bluechip aus dem renommierten DAX-Index.

Zugegeben, Wirecard war ein betrügerisches Unternehmen, dessen Vorstand es mit ausgewiesen hoher krimineller Energie gelang, die Öffentlichkeit, die Börsenwelt, Gläubigerbanken, Wirtschaftsprüfer und sogar die Aufsichtsbehörden jahrelang hinters Licht zu führen. Sollte man den Fall deshalb ausklammern, wenn es um Beispiele für Anlagefehler geht? Mitnichten. Der Fall Wirecard zeigt nur plakativ, dass es niemals Gewissheiten gibt. Jedes Unternehmen in Ihrem Depot könnte ein neues Wirecard sein. Vergessen Sie das niemals und setzen Sie daher niemals allzu viel auf eine Karte, sondern streuen Sie breit.

Leider zeigen Untersuchungen, dass Anleger immer wieder dieselben Fehler begehen – auch die gut informierten. Wer sich täglich mit dem Börsengeschehen auseinandersetzt, ist permanent in Versuchung, in irgendeiner Form auf die Fülle von Nachrichten und Einschätzungen zu reagieren. Die Finanzmedienwelt mit ihren reißerischen »heißen Tipps« trägt ihr Übriges bei und verwirrt mit ihren Aussagen und Empfehlungen Anleger massiv. Traurig, aber wahr: Anstatt das Ergebnis der Anleger zu verbessern, richtet die Medienwelt mit ihren Ratschlägen und Analysen tendenziell eher Schaden an. Aus der Perspektive des nüchternen Beobachters fällt vor allem eines auf: Wenige Anleger behalten den dauerhaften Blick auf das große Ganze, nämlich ihr Gesamtvermögen. Auch eine anfangs sinnvolle Aufteilung kann durch unbedachte Aktionen leicht aus der Balance geraten.

Warum ist das so? Uns Menschen fällt es offensichtlich schwer, diszipliniert zu investieren. Stattdessen suchen wir nach immer besseren Systemen, wie wir unser Geld schnell und sicher vermehren können. Ein Klient erzählte uns einmal, dass er ein bewährtes System hat, mit dem er die besten Aktien oder Investmentmanager auswählen kann. Ein anderer erzählte uns, dass er eine Systematik gefunden habe, mit der er immer den richtigen Zeitpunkt zum Ein- und Aussteigen aus den Aktienmärkten finden würde. Solche Systeme mögen eine Weile erfolgreich sein – bis sie es nicht mehr sind. Und häufig beginnt das Muster mit einer Reihe von kleinen Gewinnen. Es endet jedoch oft mit einem sehr großen Verlust. Warum ist das so? Weil Ursache und Wirkung von Ereignissen nicht immer eindeutig sind, aber manchmal doch miteinander in Zusammenhang gebracht werden. Ein Klassiker unter den historischen Fehlinterpretationen waren Untersuchungen, die Zusammenhänge zwischen der Länge von Damenröcken und Börsenzyklen erkannt haben wollten. Das war natürlich völliger Blödsinn. Aber die Mär hält sich bis heute. Was wir damit sagen wollen: Nicht alles, was gleichzeitig passiert, hat immer miteinander zu tun. Doch wir neigen nun einmal dazu, in jedem Geschehen einen Sinn zu sehen. Dabei sehen wir oft Zusammenhänge, die es gar nicht gibt. Dieses Denken führt zwangsläufig zu fehlerhaftem Handeln, Verlusten und Enttäuschungen.

So vermeiden Sie, sich selbst zu überschätzen

Der erste Schritt zur Besserung ist die Erkenntnis, dass man nur ein Mensch ist und Fehler macht. Ein Symbol dafür war früher im alten Rom ein Sklave, der dem siegreichen Triumphator beim Einzug in die Stadt einen goldenen Lorbeerkranz über den Kopf hielt und dabei ständig die Worte »Respice post te, hominem te esse memento« wiederholte, übersetzt: »Sieh dich um und bedenke, dass auch du nur ein Mensch bist«. Heute gibt es Gott sei Dank keine Sklaven mehr. Doch den Satz sollten Sie sich merken und sinngemäß erweitern: Sie sind nicht unfehlbar. Es gibt kein perfektes System. Vertrauen Sie nicht blind Ihren Fähigkeiten. Wenn Sie mit einem scheinbar guten Stock-Picking-System gute Aktien gefunden haben, die im Wert gestiegen sind, dann war das nur Glück und nicht Ihr Können. Diese Erkenntnis ist sehr, sehr wichtig.

Fehler Nummer 2: Emotionalität

Emotionen entfalten an der Börse leider fatale Wirkung. Es gibt ein bekanntes Muster, das sich seit Jahrzehnten wiederholt: Steigt die Euphorie an den Aktienmärkten und immer mehr Menschen investieren, dann wollen wir irgendwann auch dabei sein. Die Folge: Die Aktienkurse der Unternehmen steigen. Haben wir investiert, freuen wir uns, weil unser Depot mehr wert ist als zuvor. Wir vermehren unser Kapital. Das fühlt sich gut an. Doch die Welt bewegt sich in einem Marktzyklus. Nichts währt ewig, schon gar nicht eine Börsenhausse. An den weltweiten Märkten finden immer wieder negative Ereignisse statt, welche dazu führen, dass die Unternehmenswerte sinken und die Aktienkurse fallen. Dann kann es sogar so weit kommen, dass die Kurse einzelner Unternehmen und Branchen oder auch ganze Aktienmärkte abstürzen können. Da wir Menschen natürliche Fluchtreflexe bei Gefahr zeigen, tendieren wir sehr schnell dazu, unser Geld retten zu wollen, weil wir fürchten, alles zu verlieren. Wenn das eine Vielzahl von Anlegern gleichzeitig fühlt und danach handelt, dann wird aus Nervosität plötzlich Angst und schließlich Panik. Und diese führt dazu, dass wir impulsiv handeln. Wir kaufen also Aktien aus Gier zu teuer ein und verkaufen sie dann aus Angst wieder zu billig.

Abb. 5.3.1 Quelle: eigene Darstellung Honorarfinanz AG

Eine Börsenweisheit bestätigt dieses Verhalten: »Steigen die Kurse, kommen die Privatanleger. Fallen die Kurse, gehen die Privatanleger.« In der Praxis sieht das dann so aus: Ein großer Teil der privaten Anleger steigt regelmäßig zu spät ein, nämlich wenn die Aktienmärkte steigen und das Hoch fast erreicht ist. Und viele steigen regelmäßig zu spät aus, nämlich dann, wenn die Kurse schon stark gesunken sind und sie damit dicke Verluste realisieren. Es ist nur folgerichtig, dass sie dann auch den Wiedereinstieg nahe den Tiefstkursen verpassen und erst wieder in Aktien investieren, wenn die Aktienmärkte einen zu großen Teil des Wiederanstiegs bereits hinter sich haben. Diese Vorgehensweise führt am Aktienmarkt dazu, dass ein erheblicher Teil der langfristigen Marktentwicklung verpasst wird und nur geringe Renditen, wenn nicht sogar Verluste realisiert werden.

So vermeiden Sie, in diese Falle zu tappen

In der griechischen *Odyssee* ließ sich Odysseus an den Mast seines Schiffes ketten, um den Sirenengesängen nicht zu folgen, die ihn gegen die Klippen locken wollten. Das ist eine schöne Metapher, die Sie sich zu Herzen nehmen sollten. Wenn Sie Sirenengesänge hören, die Ihnen empfehlen, schnell und spontan zu handeln, anstatt stur Ihrer eigentlichen, einfachen Strategie zu folgen, sollten Sie sich anketten und standhaft bleiben. Wenn Sie das Gefühl haben, mit einer spontanen Eingebung richtig zu liegen, ignorieren Sie dieses Gefühl. Und vor allem: Handeln Sie nicht danach. Denn Emotionen sind keine guten Ratgeber für einen Aktienmarktinvestor.

Fehler Nummer 3: Der Glaube an Market Timing

Wenn Anleger überlegen, ob sie beginnen sollten, am Aktienmarkt zu investieren, dann stellen sie sich meistens folgende Frage: Ist »jetzt« der richtige Zeitpunkt für einen Einstieg? Die Antwort, die sie sich selbst meistens geben, lautet: Nein. Hinter diesem Nein steht, je nach Marktphase, eine von zwei Ängsten, die sich im Laufe der Jahre fast ständig und sehr zuverlässig abwechseln und die dazu raten, nicht zu handeln:

Die Angst, zu spät einzusteigen. Die innere Stimme warnt: *»Die Aktienmärkte sind nach all dem, was ich höre, sehr teuer. Das kann nicht richtig sein. Sicherlich kommt es bald zu einem Crash. Das ist viel zu heiß. Warte lieber, bis die Märkte wieder billiger sind, und steige erst dann ein.«*

Die Angst, zu früh einzusteigen. Die innere Stimme warnt: »*Wir befinden uns ganz sicher in einer starken Abwärtsphase. Der endgültige Crash ist nur eine Frage der Zeit. Jetzt ist der falsche Zeitpunkt, Aktien zu kaufen. Warte, bis erkennbar ist, dass der Trend wieder spürbar aufwärts dreht. Im Moment fehlen dafür noch überzeugende Belege.*«

Hinter diesen beiden Ängsten verbirgt sich ein mangelndes Verständnis dafür, wie Märkte historisch funktionieren, ein mangelhaftes Verständnis von Risiko und der mit beiden Wissensdefiziten zusammenhängende Irrtum von Market Timing. Market Timing bedeutet nichts anderes als der Versuch, den besten Zeitpunkt für den Kauf und Verkauf von Wertpapieren zu finden. Das Problem: Es gibt eine ganze Reihe von Theorien darüber, wie dieser Zeitpunkt zu finden sei. Dafür werden verschiedene historische Erfahrungen herangezogen und Indexberechnungen durchgeführt. Aus wissenschaftlicher Sicht gibt es jedoch keinen überzeugenden Beweis dafür, dass der Versuch, irgendeine der vielen Market-Timing-Techniken anzuwenden, tatsächlich auf Dauer funktioniert. Im Gegenteil liegen sehr viele überzeugende Erkenntnisse darüber vor, dass Market Timing Schaden verursachen kann. Das zeigt etwa das Beispiel in Abb. 5.2.2 im Zusammenhang mit der Entwicklung des amerikanischen Index S&P 500, der die Wertentwicklung der 500 größten US-amerikanischen Unternehmen wiedergibt.

Und so lesen Sie die Abb. 5.3.2: Der S&P 500 Index hat in den Jahren 1990 bis 2024 durchschnittlich 10,60 Prozent jährlich an Wert zugelegt. Wenn Sie in dieser Zeitspanne nur die 25 besten Tage am Aktienmarkt verpasst hätten, dann wäre Ihre durchschnittliche Jahresrendite auf gerade einmal die Hälfte gesunken. Und das nur, weil Sie vielleicht versucht haben, den richtigen Zeitpunkt zu finden, ein- und wieder auszusteigen.

Die Erfahrung zeigt, dass es in der Regel bei Anlegern, die Market Timing betreiben, nicht bei nur 25 Tagen bleibt, die sie verpassen. Das ist einer der Hauptgründe dafür, dass die wenigsten

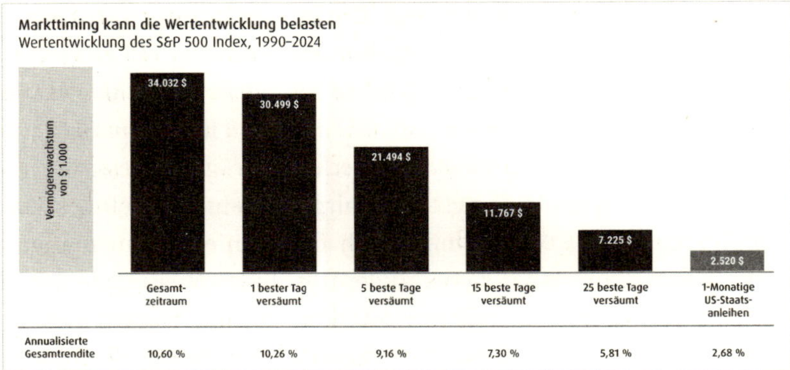

Abb. 5.3.2 Quelle: Daten Dimensional Fund Advisors
In US-Dollar. Nur zu Illustrationszwecken. Die Beispiele des verpassten besten Tages gehen davon aus, dass das hypothetische Portfolio seine Anteile am Tagesende vor dem verpassten besten Tag (den verpassten besten Tagen) vollständig veräußert, Barmittel für den verpassten besten Tag (die verpassten besten Tage) gehalten und das gesamte Portfolio in den S&P 500 am Tagesende des besten verpassten Tages (der besten verpassten Tage) reinvestiert hat. Annualisierte Renditen für den verpassten besten Tag (die verpassten besten Tage) wurden mit substituierenden tatsächlichen Renditen für den verpassten besten Tag (die verpassten besten Tage) mit null berechnet. S&P Daten © 2025 S&P Dow Jones Indizes LLC, eine Tochtergesellschaft von S&P Global. Alle Rechte vorbehalten. »Einmonatige US-Staatsanleihen« sind der IA SBBI US 30 Day TBill TR USD, zur Verfügung gestellt von Ibbotson Associates via Morningstar Direct. Daten wurden anhand gerundeter täglicher Indexwerte berechnet. Man kann nicht direkt in Indizes investieren. Ihre Wertentwicklung enthält daher nicht die mit der Verwaltung eines tatsächlichen Portfolios verbundenen Kosten.

Investoren die mögliche Rendite erreichen, die ihnen der Aktienmarkt bietet. Die Lehre, die wir daraus ziehen, heißt: Market Timing funktioniert nicht, auch wenn Fondsmanager und Vermögensverwalter suggerieren, sie seien dazu in der Lage. Schlimmer noch: Market Timing kostet nicht nur das Geld der Anleger, sondern belastet diese zudem auch noch emotional.

So entgehen Sie dem Glauben ans Market Timing

Wer an der Seitenlinie steht, kann kein Spiel gewinnen. Wer kein Risiko eingeht, weil er ängstlich an der Seitenlinie wartet, wird auch nicht an den Renditen teilhaben, die Aktien ihren treuen Besitzern auf lange Sicht liefern. In den Aktienmarkt einzusteigen, wird sich, egal wann, immer so anfühlen, als sei gerade ein ungünstiger Zeitpunkt. Dieses mulmige Gefühl ist aber ganz normal. Aber für das eingegangene Risiko werden Sie langfristig mit hohen Renditen belohnt. Renditen sind die Kompensation für das Tragen von Risiko und die Belohnung dafür.

Wichtig: Wenn es um Investitionen am Aktienmarkt geht, sollten Sie grundsätzlich in Jahrzehnten denken, bitte nicht in Monaten und auch nicht in Zeiträumen von wenigen Jahren. Der Aktienmarkt ist langfristig die ertragreichste Anlageklasse, ertragreicher als Immobilien, Rohstoffe und Edelmetalle und auch ertragreicher als viele Produkte wie zum Beispiel Ihr Versorgungswerk. Langfristig, und wir sprechen hier rückblickend von weit über 100 Jahren, geht es am Aktienmarkt aufwärts. Immer. Das gilt auch für die meisten 10- oder 20-Jahres-Zeiträume. Die kurz- und mittelfristigen Bewegungen des Aktienmarktes kann jedoch niemand zuverlässig prognostizieren, auch wenn große Teile der Finanzbranche mit ihren Strategien und Aktienmarkttechniken Ihnen etwas anderes weismachen wollen.

Deshalb empfehlen wir Ihnen folgende Strategie, um das Market Timing zu umgehen, das aus Sicht der Wissenschaft recht einfach funktioniert: Bestimmen Sie anfänglich die für Sie richtige, einfache (!) Strategie (siehe Abschnitt 5.3) und investieren Sie die zur Verfügung stehenden Geldmittel (freie Liquidität) immer dann, wenn diese Ihnen zufließen. Investieren Sie also stets sofort. Punkt. Statistisch gesehen ist das die rentabelste Vorgehensweise.

Haben Sie einen größeren Betrag zur Verfügung, den Sie investieren wollen, haben aber Angst davor, zum falschen Zeitpunkt einzusteigen, dann können Sie so vorgehen: Erstellen Sie sich einen Investmentphasenplan mit der Selbstverpflichtung, diesen zu erfüllen. In diesem Plan ist beispielsweise folgender Ablauf vorgegeben: Sie investieren ein Viertel der Summe sofort und in den folgenden drei Quartalen jeweils ein weiteres Viertel. Es können auch jeweils 20 Prozent auf fünf Investitionszeitpunkte verteilt sein oder jeweils ein Sechstel auf sechs Zeitpunkte. Das ist völlig egal. Wichtig ist, dass Sie den ursprünglich festgelegten Plan konsequent umsetzen, egal in welche Richtung sich die Märkte kurzfristig bewegen. Mit einem solchen Plan können Sie nur gewinnen. Auch emotional. Steigt der Markt nach dem Anfangsinvestment, freuen Sie sich über den Wertzuwachs Ihres Portfolios und über Ihre Klugheit, das Investment nicht völlig aufgeschoben zu haben. Fällt der Markt, haben Sie nun die Gelegenheit, zu günstigeren Preisen mehr Anteile zu kaufen, und werden sich in der Entscheidung bestätigt fühlen, nicht alles auf einmal investiert zu haben.

Glauben Sie also nicht an die Mär vom »richtigen Timing«. Bestimmen Sie ruhig und abgeklärt die für Sie richtige Anlagestruktur, die Ihre Risikotragfähigkeit reflektiert. Investieren Sie in den Aktienmarkt auf dieser Grundlage am besten immer genau dann und sofort, wenn Ihnen freie Liquidität zufließt. Folgen Sie dieser einfachen Regel, am besten bis an Ihr Lebensende. Praktizieren Sie radikales Buy and Hold (Kaufen und Halten). Sie werden damit langfristig garantiert Erfolg haben und eine herausragende Investmenterfahrung machen.

Fehler Nummer 4: Der Versuch des Stock Pickings

Zwei Vorgehensweisen, die aussichtsreichsten Aktien zu finden, könnten so lauten: Sie lesen viel Literatur zum Thema Aktienbewertung und Trading. Oder Sie beauftragen einen Finanzprofi, der Ihnen verspricht, anhand bestimmter Kennzahlen die Märkte, Branchen und Aktien zu finden, die seiner Meinung nach unterbewertet und demnach günstig zu haben sind. Die entscheidende

Frage lautet: Welche dieser beiden Alternativen ist erfolgversprechender? Wenn Sie dieses Kapitel bisher aufmerksam gelesen haben, drängt sich Ihnen die Antwort vermutlich schon auf: Die Erfolgsbilanz beider Vorgehensweisen ist haarsträubend schlecht. Studien zeigen, dass es sowohl für einzelne Personen als auch für Institutionen nicht möglich ist, systematisch treffende Vorhersagen der Renditen von Einzelwertpapieren oder Marktsegmenten zu erstellen. Gelegentliche Treffer sind reine Glückstreffer. Zur Veranschaulichung haben wir Ihnen in der Abb. 5.3.3 die Jahresrenditen unterschiedlicher Märkte im Zeitraum 2009 bis 2024 dargestellt.

Die obere Darstellung ist jahresweise von oben nach unten gemäß dem Kriterium »fallende Rendite« sortiert. Die untere führt die fünf Teilmärkte beziehungsweise Anlageklassen mit ihren jeweiligen Jahresrenditen auf. Sie finden also zu Ihrer Bequemlichkeit den identischen Zusammenhang in zwei unterschiedlichen Darstellungsformen.

So lesen Sie die Abb. 5.3.3: Im Jahr 2020 zum Beispiel wurden Anleger von den Schwellenländer-Märkten (abgebildet durch den MSCI Emerging Markets Index, der die rund 1.400 größten Unternehmen der Schwellenländer vereint) mit einer Rendite von 8,9 Prozent am höchsten belohnt. Dagegen war es im Corona-Jahr keine gute Idee, Kapital in sogenannte Value-Aktien anzulegen. Schaut man aber zwei Jahre zurück, war es wohl besser, sein Geld am Geldmarkt zu parken, anstatt in Aktien zu investieren. Denn 2018 war an den weltweiten Aktienmärkten ein Verlustjahr. In den Jahren 2009 und 2010 war es wiederum klug, in kleinere Unternehmen (Small Caps) investiert gewesen zu sein.

Erkennen Sie ein System? Falls ja: Vergessen Sie es sofort wieder. Es gibt kein System. Es ist de facto nicht möglich, im Voraus den Markt zu identifizieren, der in den kommenden zwölf Monaten am besten performen wird. Und es ist ganz und gar unmöglich, mit irgendeinem Investmentansatz nicht nur diesen Markt

	2009	2010	2011	2012	2013	2014	2015	2016	2017	2018	2019	2020	2021	2022	2023
Höchste Rendite	73,4	34,0	1,2	17,6	30,2	20,1	11,1	23,0	21,0	-0,4	30,8	8,9	34,1	0,7	20,2
	40,9	27,5	-1,8	16,8	26,2	15,9	11,0	18,3	8,1	-3,6	27,1	6,9	31,6	-0,1	14,5
	34,6	23,8	-5,7	16,3	21,9	13,7	6,4	14,9	6,8	-9,9	26,4	3,2	30,3	-9,9	14,1
	26,7	20,1	-6,8	14,7	0,1	11,8	-0,1	11,4	5,8	-11,4	21,1	-0,5	5,2	-12,3	6,5
Niedrigste Rendite	1,1	0,6	-15,4	0,4	-6,5	0,1	-4,9	-0,3	-0,4	-11,5	-0,4	-21,1	-0,6	-14,5	3,2

	2009	2010	2011	2012	2013	2014	2015	2016	2017	2018	2019	2020	2021	2022	2023
MSCI World Index (Brutodiv.)	26,7	20,1	-1,8	14,7	21,9	20,1	11,0	11,4	8,1	-3,6	30,8	6,9	31,6	-12,3	20,2
Global Small Index	40,9	34,0	-5,7	16,3	30,2	13,7	11,1	18,3	6,8	-11,4	27,1	3,2	30,3	-9,9	14,5
Global Large Value Index	34,6	23,8	-6,8	17,6	26,2	15,9	6,4	23,0	5,8	-11,5	26,4	-12,1	34,1	0,7	14,1
MSCI Emerging Markets Index (Brutodiv.)	73,4	27,5	-15,4	16,8	-6,5	11,8	-4,9	14,9	21,0	-9,9	21,1	8,9	5,2	-14,5	6,5
Geldmarktsatz	1,1	0,6	1,2	0,4	0,1	0,1	-0,1	-0,3	-0,4	-0,4	-0,4	-0,5	-0,6	-0,1	3,2

Abb. 5.3.3 Quelle: Daten Dimensional Fund Advisors
Die oben widergespiegelten Indizes Dimensional und Fama/French sind keine »Finanzindizes« im Sinne der EU-Richtlinie über Märkte für Finanzinstrumente (MiFID). Sie spiegeln vielmehr akademische Konzepte wider, die relevant oder informativ für die Portfoliokonstruktion sein könnten. Man kann nicht direkt in diese Indizes investieren und sie sind nicht als Benchmark verfügbar. Die Indexwertentwicklung enthält nicht die mit der Verwaltung eines tatsächlichen Portfolios verbundenen Kosten. Die Indexrenditen sind nicht repräsentativ für ein tatsächliches Portfolio und enthalten nicht die mit einem tatsächlichen Investment verbundenen Kosten und Gebühren. Tatsächliche Renditen können geringer ausfallen. Siehe im Anhang eine Beschreibung der Dimensional- und Fama/French-Indexdaten. MSCI-Daten © MSCI 2024, alle Rechte vorbehalten. Dimensional-Indexdaten nachgebildet von Dimensional auf Basis von Daten von Bloomberg und StyleResearch.

zu finden, sondern mit diesem System auch noch eine überdurchschnittlich hohe Rendite in diesem Markt zu erzielen. Es sei denn, durch Zufall. Dasselbe gilt übrigens auch für Einzelaktien. Kein privater oder professioneller Anleger ist dazu in der Lage. Wir übrigens auch nicht. Wären wir es, würden wir vermutlich unser Geheimwissen für uns behalten und nicht dieses Buch schreiben.

Kurzum: Die Regel ist, dass es keine Regel gibt. Stock Picking funktioniert nicht. Das zeigt unter anderem auch eine Studie von Standard & Poor's. Das US-amerikanische Ratinghaus untersucht jährlich die Leistung von Profiinvestoren und veröffentlicht, wie diese im Vergleich zu der von ihnen selbst festgelegten Benchmark abschneiden. Die Benchmark ist in der Regel ein Vergleichsindex wie beispielsweise der MSCI World Index. Das Ergebnis einer solchen Studie sehen Sie in der Abb. 5.3.4.

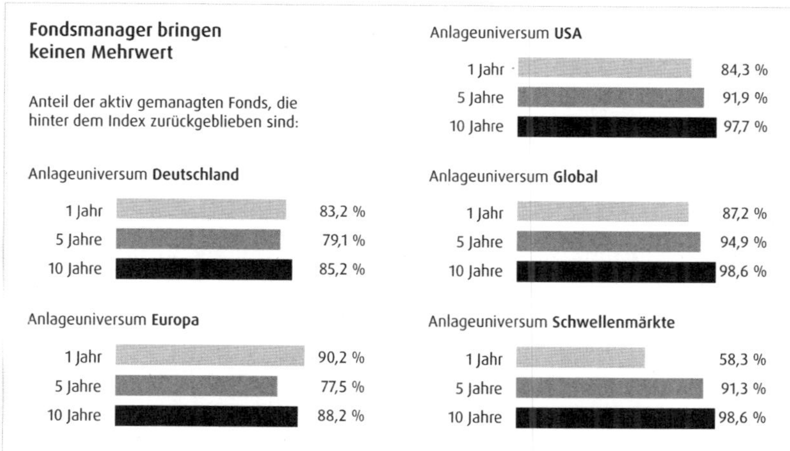

Abb. 5.3.4 Quelle: S&P Dow Jones Indices

Im Beispiel des Anlageuniversums Global schaffen es innerhalb eines Anlagejahres gerade mal 12,8 Prozent der Fondsmanager, den Vergleichsindex MSCI World zu schlagen. Im Umkehrschluss heißt das, dass 87,2 Prozent ihn nicht schlagen. In einem Anlagezeitraum von fünf Jahren schaffen es fast 95 Prozent nicht, den Index zu schlagen, und auf zehn Jahre Anlagezeitraum ist es faktisch für kaum einen Profiinvestor möglich, besser als der Gesamtmarkt abzuschneiden. Dabei ist es übrigens egal, ob es um eine Anlagestrategie auf globale Aktien, Schwellenmärkte, die USA, Europa oder Deutschland geht. Das Ergebnis ist tendenziell immer dasselbe. Der Markt ist auf Dauer nicht zu schlagen. Das belegt entweder, dass die Mehrzahl der Fondsmanager Stock Picking nicht beherrscht. Oder dass Stock Picking prinzipiell nicht funktioniert und vor allem die Kosten des aktiven Managements nicht wieder hereinspielen kann.

Das ist die bessere Alternative zum Stock Picking

Für die Erkenntnis, dass häufiges Handeln auf Dauer nicht funktioniert, haben Börsianer einen kleinen Reim erfunden: »Hin und Her macht Taschen leer.« Machen Sie sich diesen Reim zu eigen. Er hilft Ihnen, der Versuchung zu widerstehen, den Markt schlagen zu wollen.

Stattdessen kaufen Sie einfach die ganze Welt in Ihr Portfolio und treffen Sie keine Prognosen mehr, bleiben Sie passiv – beziehungsweise prognosefrei. Das ist zwar das Gleiche, klingt aber viel klüger. Wenn Sie die ganze Aktienwelt gekauft haben, dann gehen Sie in den Buy-and-Hold-Modus (kaufen und dann halten) und lassen die globalen Märkte für sich arbeiten, egal, was dazwischen passiert, egal, ob eine weitere Pandemie die Welt zeitweilig stilllegt, egal, wer die nächsten US-Wahlen gewinnt, und egal, welche sonstigen Krisen die Welt auch in Zukunft heimsuchen werden. Und bitte nicht vergessen: Es gibt auch jede Menge positive Überraschungen, die wir ja auch nicht vorhersehen können. An der oben genannten Vorgehensweise dürfen Sie nichts mehr ändern. Sie werden am Ende mit dieser Technik die meisten Fondsmanager und Vermögensverwalter schlagen – und das ohne großen Aufwand und Stress. Und Sie ersparen sich die hohen Kosten des aktiven Portfoliomanagements, die mindestens 2 bis 3 Prozent der jährlichen Aktienrendite aufzehren.

Fehler Nummer 5: Übertriebene Heimatliebe

Die aussichtsreichste und sicherste Methode, sein Geld erfolgreich anzulegen, besteht darin, das Kapital breit gestreut in mehrere Anlageklassen und Titel zu investieren. Ein breit gestreutes Portfolio weist ein geringeres Risiko bei einem höheren Ertrag aus als das beste einzelne Wertpapier. So lässt sich zusammenfassend das beschreiben, was Harry Markowitz in seiner »Modernen Portfoliotheorie« beschrieben hat. Markowitz hat dafür zusammen mit seinen beiden Forschungskollegen den Alfred-Nobel-Gedächtnispreis für Wirtschaftswissenschaften erhalten. Leider haben offensichtlich zu wenige Privatanleger von Markowitz' wissenschaftlichen Erkenntnissen gehört. Denn wir stellen bei vielen Kunden, die zum ersten Mal zu uns kommen, fest, dass ihre Wertpapierdepots eher willkürlich zusammengestellt sind. Diversifikation findet, wenn überhaupt, nur zufällig statt, der schlimmste Fehler dafür umso häufiger: In den Depots deutscher Anleger findet man im Schnitt rund 43 Prozent deutsche Titel. Das Phänomen der Heimatmarktliebe ist unter Börsianern übrigens bekannt unter dem Namen »Home Bias«. Wie – im wahrsten Sinne des Wortes – weltfremd dieses Vorgehen ist, wird deutlich, wenn man aus der Vogelperspektive auf den internationalen Aktienmarkt blickt. Dann nämlich stellt man fest, dass deutsche Börsenunternehmen gerade einmal 2 Prozent zum Volumen weltweiter Börsenmärkte beitragen.

Im Umkehrschluss heißt das: Wenn Sie nur in deutsche Unternehmen investieren, dann verpassen Sie 98 Prozent aller Chancen, die der globale Aktienmarkt bietet. Was das konkret bedeutet, wird an einem Vergleich in der Abb. 5.3.5 klar: Im Zeitraum von 1988 bis 2024 hätten Sie mit deutschen Unternehmen im Schnitt 8,4 Prozent pro Jahr erzielt. Was immerhin den oben beschriebenen 8 Prozent Marktrendite entspricht, die man mit Aktien erzielen kann. Aber die Anleger hätten im gleichen Zeitraum mit Aktien aus den Schwellenländern circa 9,5 Prozent und mit amerikanischen Aktien über 11 Prozent pro Jahr erzielt – und das Ganze mit geringeren oder gleich hohen zwischenzeitlichen Verlusten.

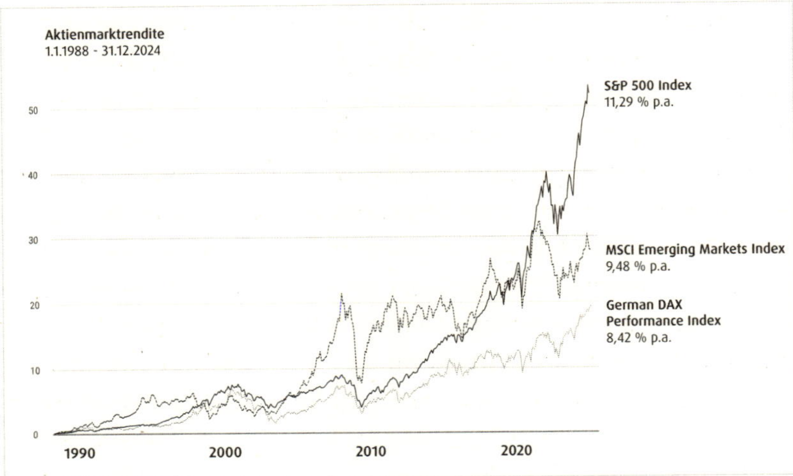

Abb. 5.3.5 Quelle: Dimensional Funds Advisors

Fazit: Die Fokussierung auf einen kleinen Ausschnitt des globalen Aktienmarktes erhöht nicht nur die Wertschwankungen im Depot, sondern veringert gleichzeitig sogar die Rendite.

So vermeiden Sie jede Form von Heimatliebe

Investieren Sie global: Streuen Sie Ihr Geld über Aktien aus Industrieländern wie den USA, Europa und Japan sowie aus Schwellenländern wie China, Indien oder Südamerika. Setzen Sie nicht ausschließlich auf die großen Unternehmen (Large Caps), sondern berücksichtigen Sie auch mittelgroße (Mid Caps) und kleinere Gesellschaften (Small Caps). So stellen Sie sicher, dass Ihr Portfolio in sämtlichen Ländern, Branchen und Sektoren vertreten ist – und Sie von allen weltweit erzielten Renditen profitieren. Natürlich gehören dabei auch weniger erfolgreiche Aktien und Märkte zu Ihrer Anlage, doch letztlich erhalten Sie so die durchschnittliche Rendite des jeweiligen Marktes – ohne dass Sie ständig aktiv eingreifen müssen.

Besitzen Sie bereits ein Depot mit Einzelaktien, empfehlen wir, sich mittelfristig von diesen Titeln zu trennen – auch wenn sie aktuell im Minus stehen. Der verbreitete Gedanke, eine Aktie erst verkaufen zu wollen, wenn sie zumindest den ursprünglichen Kaufpreis erreicht, ist irrational. Behalten sollten Sie Verlustpositionen nur dann, wenn es überzeugende Gründe dafür gibt, dass diese Aktie in Zukunft den breiten Markt übertreffen könnte.

Sollte Ihr Portfolio eine starke Heimatfixierung aufweisen, sollten Sie diesen Trend überdenken. Wenn Sie dennoch in deutsche Aktien investieren möchten, sollte deren Anteil maximal 10 Prozent des Gesamtportfolios betragen – ein Wert, der deutlich über dem tatsächlichen Anteil deutscher Unternehmen im globalen Vergleich liegt.

Ein breit gestreutes Depot lässt sich heutzutage unkompliziert mit wenigen kostengünstigen Indexfonds aufbauen, über die Sie gezielt in die entwickelten Märkte sowie in Schwellenländer investieren können – und das ganz ohne tiefgehende Expertenkenntnisse.

Fehler Nummer 6: Ungeduld – die Erwartung, in kurzer Zeit hohe Gewinne zu erzielen

Gerade Börsenanfänger neigen dazu, nach einer Investition fast täglich die Entwicklung der Börsenkurse in den Medien zu verfolgen. Jede Kursbewegung sorgt für Emotionen. Und jedes emotionale Erlebnis löst einen Handlungsimpuls aus. Das sorgt auf Dauer nicht nur für Stress, sondern auch für falsche Handlungen aus einem Reflex heraus. Je öfter Sie aufs Kurstableau schauen, desto hektischer werden Sie. Das ist nicht nur völlig sinnlos, sondern geradezu kontraproduktiv. Denn ob Sie mit Ihrer Strategie falsch- oder richtigliegen, erfahren Sie nicht nach wenigen Tagen oder wenigen Monaten, sondern erst nach Jahren.

Die Zeit senkt das Risiko – so entgehen Sie dem Stress

Beim Whisky achten Kenner genau aufs Alter: Ein Single Malt muss mindestens zehn Jahre im Fass gelagert worden sein. Erst dann entfaltet er sein volles Aroma und seine volle Wirkung. Erfahrene Anleger wissen, dass diese Regel auch an der Börse gilt. Wenn Sie Ihr Geld am Kapitalmarkt investieren, dann werden Sie erst nach durchschnittlich zehn Jahren den vollen Geschmack des Anlageerfolgs genießen können. So lange sollten Sie mindestens durchhalten und auch zwischenzeitliche Rücksetzer aussitzen. Statistisch gesehen sinkt während der zehn Jahre das Risiko, dass Sie Ihr eingesetztes Kapital verlieren, ganz erheblich und ist ab zwölf Jahren faktisch bei null, wie Sie der Abb. 5.3.6 entnehmen können. Im Laufe dieser Zeit finden die Märkte nach Übertreibungen immer wieder zurück zur Mitte. Zudem wirkt die Macht des Zinseszinseffekts. Ihr Geld vermehrt sich quasi im Schlaf. Die Rendite Ihres Portfolios wird sich je nach dem durch Ihre Risikobereitschaft vorgegebenen Aktienanteil bei einem höheren oder niedrigeren Mittelwert einpendeln. Wenn Sie beispielsweise zu 100 Prozent in Aktien investiert sind, wird sich dieser Mittelwert im Laufe von zehn Jahren erfahrungsgemäß bei etwa 7 bis 9 Prozent jährlich einpendeln. Das sollten Sie auch bedenken, wenn Sie planen, in weniger als zehn Jahren Ihre berufliche Laufbahn zu beenden und zu diesem Zeitpunkt auch auf Ihre Mittel zugreifen wollen. Meiden Sie also den Aktienmarkt weitgehend, wenn Ihr Anlagehorizont deutlich kürzer als zehn Jahre ist. Denn in den ersten Jahren ist das Risiko, Buchverluste zu erleiden, am höchsten. Wenn Sie dann zu früh in Verlegenheit geraten, Wertpapiere verkaufen zu müssen, werden aus Buchverlusten realisierte Verluste. Das gilt es zu vermeiden. Denn in solch einem Fall kommen zu den realisierten Verlusten später noch Frust und Entsetzen dazu, wenn die Kurse wieder steigen und Sie nicht mehr investiert sind. Und das wäre doch sehr schade.

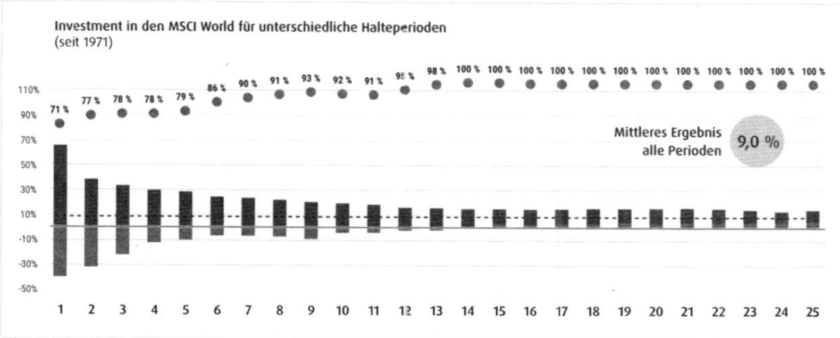

Abb. 5.3.6 Quelle: eigene Berechnung am MSCI World Index

So lesen Sie die Abb. 5.3.6: Wären Sie ein Jahr lang in die Aktien des MSCI World investiert gewesen, dann hätten Sie – ganz gleich, wann Sie in den vergangenen Jahrzehnten seit 1971 investiert hätten – im Durchschnitt bestenfalls einen Wertzuwachs von 65,3 Prozent einfahren können. Genauso hätten Sie aber in der schlechtesten Ein-Jahres-Periode 39,0 Prozent verlieren können. Bei einer Haltedauer von zehn Jahren hätten Sie bestenfalls mit 19 Prozent Wertzuwachs pro Jahr rechnen können. Im schlechtesten Fall hätten Sie nur rund 4 Prozent verloren. Ab 14 Jahren Haltedauer und darüber ist die Wahrscheinlichkeit, Geld zu verlieren, nahezu null.

Fazit

Sie sehen: Es ist eigentlich gar nicht so schwer, Geld mit Aktieninvestments zu verdienen. Investieren Sie weltweit, meiden Sie hektisches Handeln, halten Sie durch, setzen Sie auf Zeit. Erstaunlicherweise schaffen es nur sehr, sehr wenige Anleger, so diszipliniert zu bleiben. Wir sind wohl doch keine Vernunftwesen, sondern von unseren Urinstinkten Getriebene. Deshalb unser Tipp: Holen Sie sich einen unabhängigen Berater zur Seite, quasi einen Personal Trainer für die Geldanlage, der Sie auf Ihrem Weg begleitet und Sie vor den klassischen Fehlern bewahrt und der Ihnen hilft, von den Kräften des Kapitalmarktes zu profitieren. Studien haben gezeigt, dass die Zusammenarbeit mit einem Berater zwischen 1,5 und 3 Prozent mehr Nettorendite pro Jahr bringt, einfach da dieser den Anleger vor Verhaltensfehlern bewahrt, die sich stark renditemindernd auswirken. (Wie Sie erkennen, dass dieser Personal Trainer tatsächlich auch Ihre und nicht seine eigenen Interessen vertritt, haben wir Ihnen in Kapitel 3 erklärt.)

KAPITEL 6

Der Weg zum Freiheitsdepot – Ihre sieben Stufen

»Verlasse dich auf die einfachen Werte, auf die intelligente, ausgeglichene Menschen seit Jahrhunderten bauen: gesunder Menschenverstand, Sparsamkeit, realistische Erwartungen, Geduld und Ausdauer.«

JOHN BOGLE

Nachdem wir Ihnen auf den vorigen Seiten Stolpersteine und Anlegerfehler aufgelistet haben, kommen wir nun zu den positiven Perspektiven des Geldanlegens. Sie möchten ja schließlich nicht nur keine Fehler, sondern möglichst alles richtig machen und eine Rendite von mindestens 8 Prozent jährlich erreichen. Wir wollen Ihnen jetzt zeigen, wie das geht. Dazu beschreiben wir Ihnen sechs solide Stufen, die eine Erfolgstreppe hinaufführen. Nutzen Sie unsere Anleitung wie ein Geländer, an dem Sie sich bei Ihrem Weg nach oben festhalten können. Wenn Sie diese sechs Stufen unbeirrt und sicheren Schrittes gehen, haben Sie die Chance, die Ergebnisse von über 85 Prozent aller Fondsmanager und Vermögensverwalter zu übertreffen. Wichtig: Nicht umdrehen, nicht wackeln, nicht wenden, nicht nach unten sehen. Disziplin und Geduld bilden die Basis für Ihren Börsenerfolg.

6.1 Erste Stufe: Schätzen Sie Ihre Risikobereitschaft realistisch ein

»Alle Investitionsüberlegungen sollten mit dem Bemessen des Risikos beginnen.«

CHARLIE MUNGER

Jeder Finanzberater wird Ihnen in einem der ersten Gespräche mit Ihnen die Frage stellen: »Sehen Sie sich als ertragsorientierten oder doch eher als sicherheitsbewussten Anleger?« Diese Frage ist ein Standardelement in Beratungsgesprächen, das leider oft nur beiläufig von Banken und Anlageberatern gestellt wird. Dennoch sollten Sie diese Frage keinesfalls verharmlosen. Denn findige Verkäufer nutzen diesen Moment gerne, um Ihnen schmeichelnde Bemerkungen zu machen, wie etwa: »Sie sind doch Unternehmer. Mit der Gründung Ihres eigenen Unternehmens haben Sie bereits bewiesen, dass Sie kalkulierte Risiken eingehen können – wer nicht wagt, der nicht gewinnt, nicht wahr? Außerdem klingt ›konservativ‹ einfach langweilig – und Sie sind sicherlich alles andere als langweilig.« Diese Art der Schmeichelei folgt einem systematischen, suggestiven und manipulativen Muster. Banken und Finanzberater haben nämlich ein klares Interesse daran, Sie in eine möglichst hohe Risikoklasse einzustufen. Denn dann können sie Ihnen ein breiteres Spektrum an Finanzprodukten anbieten – vor allem jene, die ihnen selbst hohe Provisionen einbringen. Daher ist es entscheidend, Ihre Risikobereitschaft gleich zu Beginn sorgfältig zu bestimmen. Sonst kommen Sie schon auf der ersten Stufe ins Stolpern und laufen in der Folge Gefahr, auszurutschen und immer wieder unpassende Anlageentscheidungen zu treffen.

Welcher Risikotyp sind Sie?

Auch wenn der Begriff »Risikobereitschaft« recht abstrakt klingt, handelt es sich dabei um eine sehr konkrete Beschreibung. So unterscheidet sich beispielsweise die Risikobereitschaft grundlegend von der Risikotragfähigkeit. Es ist wichtig, dass Sie die Bedeutung dieser feinen Unterscheidung kennen:

Risikotragfähigkeit: Sie gibt an, wie viel finanzielles Risiko Sie verkraften können. Hier handelt es sich also um einen eher technischen Begriff, den man in Zahlen fassen kann.

Risikobereitschaft: Sie beschreibt, welches Risiko Sie psychisch ertragen können. Es geht hier also darum, wo Ihre Schmerzgrenze für vorübergehende Verluste liegt.

Die Reflexion beider Begriffe und ihre Bedeutung für Sie persönlich sind die Leitplanken, an denen Sie sich orientieren sollten. Denn der Kapitalmarkt kümmert sich nicht um Ihre Gefühle oder Ihre aktuelle finanzielle Situation. Ob Sie eher ängstlich oder risikofreudig sind, spielt für den Markt keine Rolle. Die Ereignisse und Entwicklungen passieren schlichtweg – der Kapitalfluss variiert mal schneller, mal langsamer in verschiedene Richtungen. Ob Sie nun mit oder gegen den Strom schwimmen oder sich einfach treiben lassen, bleibt dem Markt egal. Die Richtung und die Geschwindigkeit dieses mächtigen Stroms lassen sich nicht beeinflussen. Diese Machtlosigkeit müssen Sie aushalten können. Deshalb sollten Sie sich bei der Geldanlage genau überlegen, wie weit Sie persönlich gehen möchten. Antworten Sie sich selbst präzise auf Fragen wie:

- Welchen maximalen Verlust in meinem Depot kann ich zwischenzeitlich verkraften?
- Wie lange könnte ich solche Verlustphasen ausstehen, ohne psychisch unter Druck zu geraten?

- Wann wäre ich versucht, meine Strategie aufzugeben und aus Angst vor weiteren Verlusten Aktien zu verkaufen?
- Wo liegt meine absolute Verlustgrenze?

Um diese Fragen greifbarer zu machen, stellen Sie sich am besten vor, Sie investieren langfristig einen erheblichen Betrag – sagen wir 1 Million Euro – am Kapitalmarkt. Nun folgt ein Szenario: Eine weltweite Krise bricht aus, die Nachrichten überschlagen sich und die Aktienkurse stürzen ab. Der Markt gerät in Panik, die Medien prophezeien das Ende der Aktie, und Sie müssen täglich miterleben, wie der Wert Ihres Portfolios sinkt. Die Verluste wachsen – erst 10 Prozent, dann 15, plötzlich 32, 45, schließlich 60 Prozent ... Und Sie haben keine Ahnung, wie es weitergeht. Bedenken Sie, es geht um ein Depot, das ursprünglich 1 Million Euro wert war – Geld, das Sie sich hart erarbeitet haben.

Die entscheidende Frage lautet nun: Wann würden Sie Panik bekommen? Würden Sie bei einem Verlust von 100.000 Euro reagieren und komplett aussteigen? Oder erst bei 300.000 Euro oder erst, wenn über die Hälfte des Investments verloren ist? Oder sind Sie jemand, der niemals verkaufen würde, weil er das Geld in diesem Moment nicht dringend benötigt und ausreichend Zeit hat, auf den Aufschwung zu warten? Vielleicht gehören Sie zu denjenigen, die fest an eine Erholung glauben, weil Sie die Funktionsweise der Märkte verstehen und wissen, dass sie langfristig nur in eine Richtung tendieren.

Lassen Sie dieses Szenario auf sich wirken und ermitteln Sie so Ihre persönliche Risikobereitschaft. Seien Sie ehrlich zu sich selbst – es ist keineswegs beschämend, zuzugeben, dass Sie Verlustängste haben, oder im Gegenteil, dass Sie überhaupt keine Schmerzen bei Börsenverlusten empfinden. Sie sind weder ein Feigling noch ein waghalsiger Spekulant und niemand wird Sie dafür verurteilen.

Haben Sie für sich konkrete prozentuale Verlustgrenzen definiert, die Ihrer Risikobereitschaft und Risikowahrnehmung entsprechen – also Grenzen, mit denen Sie leben können, ohne psychisch unter Druck zu geraten –, dann haben Sie bereits einen wichtigen Schritt getan. Wir gehen nun mehr in die Tiefe: Um ein noch besseres Gefühl dafür zu bekommen, welcher Risikotyp Sie sind, klopfen Sie folgende zwei weitere Grundgedanken für sich ab:

Was ist Ihre Risikokapazität?

Bestimmen Sie zunächst, welcher Anteil Ihres Vermögens über einen Zeitraum von mindestens zehn Jahren unberührt bleiben kann und welcher Teil für Investitionen mit höherem Risiko infrage kommt. Dabei ist es unabdingbar, dass Sie Ihre tägliche Liquidität – also die Gelder, die Sie zur Deckung Ihrer laufenden Ausgaben benötigen – nicht gefährden. Steuerliche Rücklagen oder vergleichbare Reserven sind dabei nicht zu berücksichtigen. Es geht einzig um das Kapital, das für Ihre langfristige finanzielle Unabhängigkeit und private Versorgung bestimmt ist.

Wie hoch ist Ihr Risikobedarf?

Erzielen Sie Renditen, müssen Sie auch Risiken in Kauf nehmen. Um ein bestimmtes Renditeziel zu erreichen, muss Ihr Portfolio so strukturiert sein, dass es dem damit verbundenen Risiko entspricht. Angenommen, Sie möchten aus einem Einsatz von 200.000 Euro in zwölf Jahren 400.000 Euro machen, dann benötigen Sie im Durchschnitt etwa 6 Prozent Rendite pro Jahr. Gleichzeitig sollten Sie in der Lage sein, vorübergehende Kursverluste von etwa 35 bis 40 Prozent zu verkraften. Der Grund hierfür liegt auf der Hand: Mit steigenden Ertragsaussichten geht in der Regel auch eine höhere Volatilität einher, das heißt, die Anlageklasse wird anfälliger für kurzfristige

Schwankungen. So unterliegen Aktien beispielsweise wesentlich stärkeren Kursschwankungen als Anleihen. Sehen Sie die zusätzlichen Erträge als Risikoprämie – als Entschädigung für das Aushalten der unvermeidlichen Marktschwankungen –, wird der Zusammenhang deutlich: Höhere Gewinne sind nur möglich, wenn Sie auch die damit verbundenen Verluste temporär akzeptieren können. Wie Kostolany es ausdrückte: Gewinne an der Börse sind Schmerzensgeld. Erst kommen die Schmerzen und dann das Geld.

Hohe Risiko-/Renditeerwartung ↔ Niedrige Risiko-/Renditeerwartung

Anteil risikoarme Anlage	0 %	10 %	20 %	30 %	40 %	50 %	60 %	70 %	80 %	90 %
Anteil Aktien weltweit	100 %	90 %	80 %	70 %	60 %	50 %	40 %	30 %	20 %	10 %
↓ Maximaler historischer Verlust	54 %	50 %	45 %	41 %	35 %	30 %	24 %	18 %	11 %	4 %
↓ Langfristig erwartete Rendite p.a. zwischen	7,2 %	6,7 %	6,1 %	5,5 %	5,0 %	4,4 %	3,8 %	3,3 %	2,7 %	2,2 %
konservativ und optimistischer Annahme	9,2 %	8,3 %	7,8 %	7,2 %	6,6 %	6,0 %	5,3 %	4,6 %	3,6 %	2,6 %
Notwendiger Mindestanlagehorizont in Jahren	11	10	9	8	7	6	4	3	2	2

Abb. 6.1.1 Quelle: eigene Berechnungen auf Basis öffentlich zugänglicher Daten

In Abb. 6.1.1 sehen Sie eine Tabelle, die veranschaulicht, wie Risiko und Chance zueinander in Beziehung stehen. Dabei handelt es sich um einen Orientierungsrahmen, der auf statistischen Vergangenheitsdaten basiert. Die Darstellung zeigt, wie sich – unter Berücksichtigung des maximal geschätzten jährlichen Verlusts und des Anlagehorizonts – ein Portfolio aus globalen Aktien und sicheren, risikoarmen Staatsanleihen zusammensetzen könnte. Dabei ist zu beachten, dass sowohl der maximal erwartete Verlust als auch die prognostizierte Rendite lediglich Schätzwerte darstellen. In besonders ungünstigen – wenn auch sehr selten eintretenden – Fällen kann der Verlust auch höher ausfallen als angenommen. Was Sie darüber hinaus auch einkalkulieren sollten, sind die Auswirkungen von Kosten und Steuern. Diese beiden Faktoren sind in der Tabelle nicht berücksichtigt.

Die 72er-Regel als Gedankenstütze

Ein finanzielles Ziel und die dafür nötigen Ansparsummen und Renditeziele zu bestimmen, scheint auf den ersten Blick schwierig – weil ziemlich abstrakt. Aber es gibt eine Faustformel, die Ihnen dabei hilft: die sogenannte 72er-Regel. Grundlage dafür ist die Zinseszinsrechnung. Mit der 72er-Regel können Sie schnell überschlagen, in welcher Zeit bei welchem Zinssatz sich der Wert einer Kapitalanlage verdoppelt. Der Trick: Man teilt 72 einfach durch die Prozentzahl des Zinssatzes des angelegten Betrages und erhält den Zeitraum. Und so sieht das dann zum Beispiel aus:

- Zins der Geldanlage 2 Prozent pro Jahr: Verdoppelung der Geldanlage in 36 Jahren.
- Zins der Geldanlage 4 Prozent pro Jahr: Verdoppelung der Geldanlage in 18 Jahren.
- Zins der Geldanlage 6 Prozent pro Jahr: Verdoppelung der Geldanlage in 12 Jahren.
- Zins der Geldanlage 8 Prozent pro Jahr: Verdoppelung der Geldanlage in 9 Jahren.

Um bei unserem Beispiel zu bleiben: Starten Sie mit 200.000 Euro und wollen diesen Betrag in zwölf Jahren verdoppeln, müssen Sie Ihr Geld so anlegen, dass Sie damit eine Rendite von durchschnittlich 6 Prozent jährlich erzielen. Um durchschnittlich 6 Prozent zu erzielen, wäre laut Risiko-Ertragsmatrix (Abb. 6.1.1) eine Aktienquote von mindestens 60 Prozent nötig. In dieser Risikoaufteilung müssen Sie aber bereit sein, zeitweilige Verluste von etwa 35 Prozent zu verkraften. Sie sehen: Risiko und Rendite sind untrennbar miteinander verbunden.

Empfehlung für Ihre persönliche Risikobereitschaft

Jetzt sind Sie schon nah am Ziel, den ersten Schritt zu vollenden. Nehmen Sie sich bitte genügend Zeit. Dieser Schritt ist der wichtigste in diesem Prozess und sollte gut überlegt sein. Entscheiden Sie, wie viel Risiko Ihr Portfolio beinhalten darf. Diesen Risikoanteil investieren Sie in Aktien. Der risikoarme Anteil wird in passende Staats- und Unternehmensanleihen bonitätsstarker Schuldner investiert.

Natürlich kann sich Ihre Risikobereitschaft im Lauf der Zeit ändern. Befinden Sie sich beispielsweise aktuell noch in der aktiven Aufbauphase mit Ihrem Vermögen, dann haben Sie eventuell eine höhere Risikobereitschaft. Diese können Sie später zum Ende Ihrer Aufbauphase senken und entsprechend Ihr Portfolio umschichten. Je mehr Sie sich dem Ruhestandsalter nähern, desto intensiver sollten Sie sich mit diesem Gedanken befassen. Ein anderer Grund für eine Portfolio-Neuausrichtung könnte sein, dass Sie sich anfänglich mit der Risikobereitschaft etwas übernommen haben und nun feststellen, dass Sie die zeitweiligen Verluste emotional nur schwer verkraften können. Dann gehen Sie lieber etwas vom Gas und reduzieren den Risikoanteil in Ihrem Portfolio. Dies sollte jedoch nicht angstgesteuert und spontan nach einem stärkeren Kursrücksetzer oder Aktiencrash passieren, sonst realisieren Sie gerade Verluste zu Tiefstkursen.

Hier nochmals der Hinweis, dass Sie sich für diesen ersten Schritt Zeit nehmen sollten, auch auf die Gefahr hin, dass wir Sie nerven. Aber unser Insistieren hat einen guten Grund. Denn wir wissen: Korrekturen und Umschichtungen kosten Geld – Ihr Geld! Deshalb lohnt es sich, sich im Vorhinein mehr Gedanken zu machen. Je länger Sie Ihrer vorher klar definierten Risikobereitschaft treu bleiben, desto niedriger sind die Enttäuschungen und Kosten. Und niedrigere Kosten drücken sich langfristig in höheren Renditen aus. Denn nur jeder nicht an Gebühren gezahlte Euro hat die Chance, sich in Ihrem Depot zu vervielfachen. Eine solide, gut durchdachte Portfoliostruktur zahlt sich also im wahrsten Sinne des Wortes aus.

Tipp:

Wenn Sie sich auf unserer Website einwählen, dann können Sie kostenlos und unverbindlich unter dem Link https://www.honorarfinanz-ag.de/leistungen/anlageberatung/welcher-anlagetyp-sind-sie den Selbsttest auf wissenschaftlicher Basis starten.

6.2 Zweite Stufe: Achten Sie auf die passenden Anlageklassen und die Struktur

»Der einzige Investor, der nicht diversifizieren sollte, ist derjenige, der immer zu 100 Prozent richtig liegt.«

John Templeton

Haben Sie bereits in Wertpapiere investiert? Haben Sie bereits ein Depot? Dann stellen Sie sich bitte ernsthaft folgende Frage: Welche Struktur hat mein Wertpapierportfolio? Und warum? Was hat Sie dazu bewogen, genau in diese Wertpapiere zu investieren? Was war das Ziel? Und erfüllt Ihr Portfolio heute noch dieses Ziel?

Wir stellen unseren Anlegern diese Fragen jedes Mal, wenn wir ihr Wertpapierportfolio zum ersten Mal sehen. Denn viele

Portfolios gleichen einem Wildwuchs und sind das Ergebnis von Stimmungen und spontanen Zufallsentscheidungen. Regelmäßig müssen wir feststellen, dass das Wertpapierdepot keine nachvollziehbare logische Struktur besitzt, geschweige denn einer Strategie folgt. Der Fokus liegt erfahrungsgemäß auf dem Heimatmarkt Deutschland, weit weg von einer internationalen Ausrichtung. Einzelaktien, aktive Fonds und Zertifikate wurden zufällig beziehungsweise aufgrund von Eigeninteresse des provisionsorientierten Beraters gekauft. Die Zusammensetzung und Aufteilung wurden meistens auf Produktebene durchgeführt und nicht auf Ebene der Anlageklassen. Damit wird das Ziel eines weltweit diversifizierten Portfolios komplett verfehlt. Bei nahezu allen Depots können wir nur durch Sichtung der Positionen bestimmen, bei welcher Bankengruppe ihr Inhaber beraten wurde und in welchen Jahren welche Positionen wohl erworben wurden.

Kurzum: Die meisten Depots sind nicht gut strukturiert. Das können Sie besser machen. Und zwar folgendermaßen: Auf Basis Ihrer persönlichen Risikobereitschaft, die Sie in Schritt 1 festgelegt haben, gehen Sie nun den zweiten Schritt. Nehmen wir an, Sie haben sich im ersten Schritt (Abb. 6.2.1) entschieden, zu 50 Prozent in risikobehafteten Anlageklassen anzulegen und zu 50 Prozent in risikoarmen Anlageklassen. Nehmen wir weiter an, Sie konzentrierten sich hier klassisch auf die Anlageklassen Aktien und Anleihen. Dann bedeutet dies, dass Sie mit der Investition in Aktien Vermögenswerte kaufen und durch den Kauf von Anleihen Ihr Geld verleihen. In diesen beiden Anlageklassen arbeitet Ihr Geld also unterschiedlich und weist somit auch unterschiedliche Risiken auf. Das ist gut so.

Was ist bei den Anlageklassen jeweils zu berücksichtigen? Was macht Sinn? Und was sollten Sie lieber bleiben lassen? Welche Aufgaben haben welche Anlageklassen in Ihrem Depot? Lassen Sie uns Ihr Portfolio zusammen füllen.

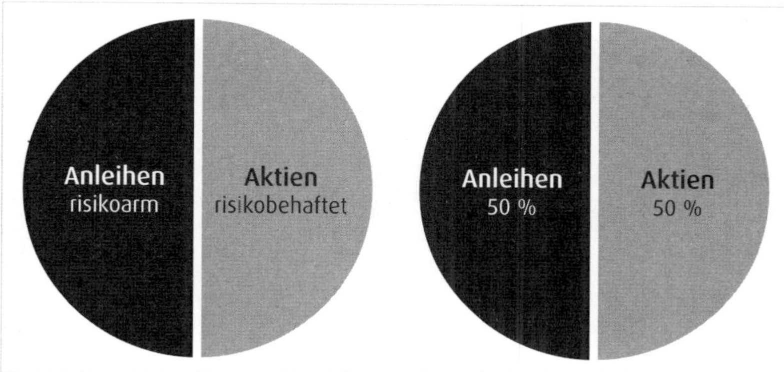

Abb. 6.2.1 Quelle: eigene Darstellung Honorarfinanz AG

Anlageklasse Aktien

In Ihrem Portfolio sind Aktien für das Vermögenswachstum zuständig. Hier wird langfristig die Rendite erzeugt. Umso wichtiger ist es, diesen Teil richtig zu strukturieren und aufzubauen. Wir empfehlen hier eine klassische und robuste Zusammensetzung. Keine Spielereien, keine unnötigen Experimente, komplett und schnörkellos fokussiert auf Ihr Renditeziel. Mit den Hinweisen zum passiven beziehungsweise regelgebundenen Investieren und der Orientierung an möglichst marktbreiten globalen Indizes sind Sie hier schon bestens vorinformiert.

Die nächste Entscheidung, die Sie treffen dürfen, ist, in welchen Märkten, also Ländern und Regionen, Ihr Geld investiert werden soll. Um die bereits als vorteilhaft erkannte globale Verteilung Ihrer Aktienengagements zu erreichen, investieren Sie auf der einen Seite in Aktien aus entwickelten Märkten wie USA, Europa, Pazifikregion und Japan und auf der anderen Seite in Schwellenländer-Aktien aus beispielsweise Südamerika, China oder auch Indien. Somit haben Sie die ganze Weltkarte erst mal abgedeckt, wie in Abb. 6.2.2 dargestellt.

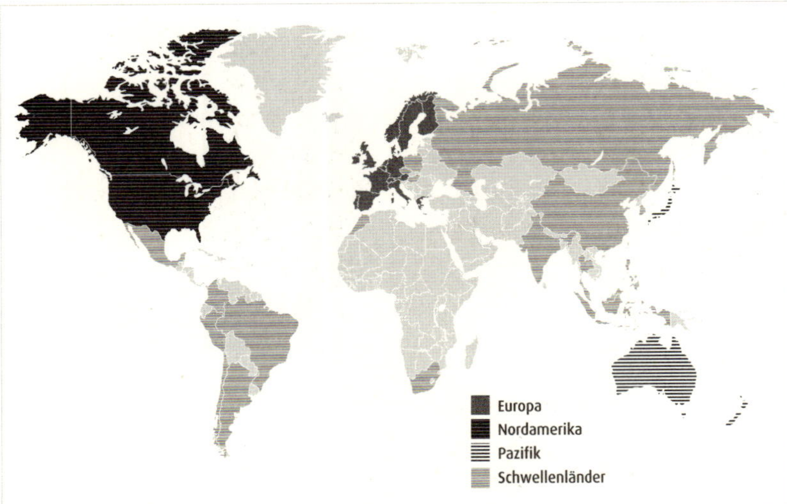

Abb. 6.2.2 Quelle: eigene Darstellung Honorarfinanz AG

Jetzt wird es spannend! Wie gewichtet man Länder und Regionen im Portfolio richtig? Der definitiv falsche Weg wäre es, die Investitionen nach persönlichem Gefühl und Geschmack zu mischen. Vorlieben und Abneigungen sind hier nicht gefragt. Wer zum Beispiel mit der Politik der USA nicht einverstanden ist oder den aktuellen US-Präsidenten nicht mag, sollte trotzdem nicht den Fehler machen, Aktien aus diesem Land aus dem Portfolio zu streichen. Ganz gleich, ob Sie Deutscher, Marokkaner, Japaner oder Argentinier sind: Wenn es um die regionale Verteilung von Kapitalanlagen geht, sollten Sie Ihre eigene Herkunft vergessen. Stattdessen können Sie nach zwei verschiedenen Methoden vorgehen: Entweder Sie gewichten die Regionen nach Marktkapitalisierung (also dem gesamten Marktwert der in einem Land an den Börsen gelisteten Aktiengesellschaften) oder nach dem Bruttoinlandsprodukt (BIP) der Länder in den betreffenden Regionen. Die Tabelle in Abb. 6.2.3 gibt Ihnen einen Überblick.

Region	Gewichtung der Aktienallokation Marktkapitalisierung	Bruttoinlandsprodukt
Nordamerika	59,0 %	28,0 %
Europa	21,0 %	24,0 %
Pazifik	11,0 %	9,0 %
Schwellenländer	9,0 %	39,0 %
Summe	100 %	100 %

Abb. 6.2.3 Quelle: eigene Darstellung auf Basis öffentlich zugänglicher Informationen

Die **Marktkapitalisierung** wird herangezogen, um Ihr Investment proportional zur Größe der Aktienmärkte einzelner Länder zu erfassen und deren Anteil am weltweiten Kapitalmarkt zu ermitteln. Die Marktkapitalisierung eines Landes ist dabei als Gesamtwert der in diesem Land an der Börse gehandelten Unternehmen zu verstehen. Wenn Sie die Marktkapitalisierung als wesentlichen Entscheidungsfaktor für die Verteilung Ihrer Investitionen auf verschiedene Regionen heranziehen, dann gewichten Sie Ihr Portfolio also nach der Größe der dort befindlichen Unternehmen – aber eben nur der börsennotierten Unternehmen. Gemessen an der Marktkapitalisierung liegt der größte Kapitalmarkt der Welt in den USA, was an der schieren Anzahl und Größe der Aktienunternehmen liegt, die dort gehandelt werden. Entscheiden Sie sich dafür, diesen Parameter als Hauptmaßstab für die regionale Verteilung Ihres Vermögens heranzuziehen, dann werden Schwellenländer in Ihrem Portfolio nur vergleichsweise schwach gewichtet. Der Fokus Ihrer regionalen Anlage-Allokation liegt aktuell dann auf dem US-Aktienmarkt.

Ziehen Sie das Bruttoinlandsprodukt (BIP) als Entscheidungsgrundlage für die regionale Verteilung Ihrer Investitionen heran, so ergibt sich ein ganz anderes Bild, da hier die Wirtschaftskraft der Länder in den Vordergrund rückt. Das BIP misst die Wirtschaftsleistung eines Landes, und zwar völlig unabhängig davon, ob die Unternehmen an einer Börse notiert oder vielleicht in Familienbesitz sind. Es spiegelt den Gesamtwert aller Waren und Dienstleistungen wider, die über den Zeitraum eines Jahres innerhalb der Landesgrenzen einer Volkswirtschaft hergestellt werden. Das BIP gilt unter Marktteilnehmern als eine der wichtigsten Kennzahlen und wird als Messgröße für das Wachstum von Ländern und ganzen Regionen herangezogen. Entscheiden Sie sich für diese Gewichtung, dann sind die Schwellenländer in Ihrem Portfolio stärker gewichtet.

Kurz zusammengefasst: Eine Gewichtung der Länder nach ihrer Marktkapitalisierung spiegelt den weltweiten Kapitalmarkt genauer wider. Nachteil: Viele Faktoren außerhalb des Börsengeschehens werden ausgeblendet. Bei einer Gewichtung nach BIP fließt auch die Wirtschaftsleistung der Unternehmen, die nicht an einer Börse gehandelt werden, in die Berechnung mit ein. Das gesamte wirtschaftliche Umfeld eines Landes wird damit realistischer abgebildet. Nachteil: Handelt es sich um einen kleinen, wenig liquiden Aktienmarkt, werden nicht alle positiven Faktoren der Volkswirtschaft an der Börse abgebildet.

Unsere Empfehlung: Gewichten Sie das Portfolio nach dem Mittelwert beider Methoden. Dann haben Sie ein ausgewogenes Verhältnis zwischen Marktkapitalisierung und Bruttoinlandsprodukt. Keine Übergewichtung des US-Marktes und keine Untergewichtung der wachstumsstarken Schwellenländer.

Nun geht es um den Einsatz verschiedener Anlageklassen in Ihrem Portfolio. In Abschnitt 4.2 (»Diese Anlageklassen sollten Sie kennen und verstehen«) haben wir Ihnen einige Anlageklassen schon einmal kurz vorgestellt. Auf den folgenden Seiten erklären wir Ihnen, wie Sie sie in Ihrem Depot sinnvoll einsetzen.

Anlageklasse Anleihen

Zur Erinnerung – so funktionieren Anleihen: Unternehmen oder Staaten geben Anleihen heraus, um sich Geld zu leihen. Als Investor kaufen Sie mit Anleihen also Schuldpapiere und bekommen dafür Zinsen. Anleihen haben immer eine Laufzeit. Am Ende dieser Laufzeit bekommen Sie Ihr Geld vom Emittenten der jeweiligen Anleihe zurück. Im Idealfall. Wenn der Schuldner nicht zwischendurch insolvent wird.

So setzen Sie Anleihen in Ihrem Wertpapierportfolio ein: Anleihen sind der in Hinblick auf kurzfristige Kursverluste risikoarme Anteil im Portfolio und begrenzen die nominellen Verluste im Gesamtportfolio, wenn die Aktienmärkte in den Verlustmodus wechseln. Mit Anleihen können Sie aufgrund der sehr expansiven Notenbankpolitik in den vergangenen Jahren keine hohen Zins- und Kursgewinne wie in früherer Vergangenheit mehr erwarten. Im Gegenteil: Profis sprechen von der »Zinsfalle«. Damit ist gemeint, dass Anleihen bei dauerhaft niedrig bleibendem Zins unvorteilhaft sind. Und bei steigenden Zinsen Kursverluste erleiden und daher ebenfalls unvorteilhaft sind. Diese Kursverluste werden umso höher sein, je länger die Restlaufzeit der Anleihen ist. Deshalb sollte die Laufzeit der Anleihen in ihrem Depot kurz- bis mittelfristig sein. Achten Sie also darauf, dass die durchschnittliche Restlaufzeit der Anleihen in Ihrem Depot (Duration) einen Wert von fünf Jahren möglichst nicht überschreitet. Insgesamt empfehlen wir, die Anleihen nur als Stabilisator in Ihrem Portfolio einzusetzen. Aus diesem Grund sollten Sie möglichst nur Staats- und Unternehmensanleihen hoher Bonität (Rating AAA bis BBB) kaufen. In der Fachsprache sind dies Anleihen mit einem sogenannten »Investment Grade«-Rating, also guter Bonität. Der Versuch, mit Anleihen schlechter Bonität ein Mehr an Rendite erzielen zu wollen, endet oft mit hohen Verlusten. Schlechte Bonität haben zum Beispiel viele

Schwellenländer wie Argentinien, Ägypten und andere. Bei Unternehmen sind es Anleihen von kleineren Unternehmen mit wenig stabilen Geschäftsmodellen, die »Schrottanleihen« oder »High-Yield-Anleihen« genannt werden. Die mit bonitätsschwachen Anleihen erzielbare Mehrrendite steht derzeit in keinem Verhältnis zum zusätzlichen Risiko. Bevor Sie solche Anleihen ins Depot nehmen, erhöhen Sie lieber den Aktienanteil. Denn damit investieren Sie wenigstens in die Unternehmen und kaufen nicht deren Schulden.

Auch bei Anleihen empfehlen wir Ihnen, ebenso wie bei Aktien, sich global aufzustellen. Das gilt sowohl für Staats- als auch für Unternehmensanleihen. Langfristig werden Sie damit besser fahren als mit Tages- und Festgeldkonten.

Diese beiden Geldkontenarten sind durchaus eine Alternative zu Anleihen. Ihr Vorteil: Sie unterliegen keinen Kursentwicklungen wie Anleihen. Nachteil: Bei Geldkonten sollten Sie das Thema Einlagensicherung berücksichtigen. Ihr Geld ist nämlich nur bis zu einer gesetzlich vorgeschriebenen Höhe sicher, falls die betreffende Bank insolvent werden sollte. Wenn Sie Ihr Geld also auf Tages- und Festgeldkonten anlegen, dann bis zu einer maximalen Höhe von 100.000 Euro.

Tipp:

Meiden Sie Angebote ausländischer Banken, besonders wenn sie sich in Osteuropa befinden – ganz gleich, was Ihnen an Zinsen versprochen wird.

Mögliche Beimischungen in einem Portfolio

Mit einem Portfolio bestehend aus Aktien und Anleihen können Sie Ihre langfristigen Ziele sehr gut erreichen. Dennoch kann jeder Anleger entscheiden, ob er zusätzlich Rohstoffe / Edelmetalle oder alternative Anlageklassen dazu gewichtet. Deshalb ein paar Worte dazu im Folgenden.

Anlageklasse Rohstoffe/Edelmetalle/Gold

Zur Erinnerung – so steigt und fällt der Goldpreis: Gold generiert keine intrinsische Rendite, also weder regelmäßige Dividenden noch Zinszahlungen oder sonstige Zahlungsströme. Der Goldpreis richtet sich allein nach Angebot und Nachfrage.

So setzen Sie Gold in Ihrem Wertpapierportfolio ein: Gold ist zwar ein Rohstoff, den jeder kennt. Deshalb ist es kein Zufall, dass viele Anleger bei ihren Anlageentscheidungen auch Gold in Betracht ziehen. Doch das heißt nicht, dass Gold tatsächlich geeignet ist, Vermögen aufzubauen. Die Nachfrage steigt erfahrungsgemäß vor allem dann, wenn Anleger von der Angst vor einem Zusammenbruch der Börsen oder eines Währungsraumes getrieben werden. Solch eine Angst kann mehr oder weniger begründet sein. Sie sollten aber Ihre langfristigen Vermögenspläne nicht darauf aufbauen. Denn das würde bedeuten, dass Sie gegen die Weltwirtschaft wetten. Was paradox wäre. Denn ginge Ihre Wette auf, hätten Sie ganz andere Probleme als Gewinne oder Verluste im Portfolio. Dennoch spricht nichts dagegen, eine Goldposition von 5 bis 10 Prozent in ein Portfolio einzubauen. Entscheiden müssen Sie das selbst. Außer Gold gibt es noch eine ganze Reihe weiterer Rohstoffe. Diesen Bereich lassen wir hier bewusst außen vor. Denn am Rohstoffmarkt zu handeln, ist ein ganz eigenes Business mit sehr speziellen Risiken – und für Privatanleger, die mit regelmäßigen Investitionen ein Vermögen aufbauen wollen, gänzlich ungeeignet. Das belegen auch empirische Studien. Demnach bringen Rohstoffe nur Unruhe ins Portfolio und generieren im Ergebnis langfristig keinen entscheidenden Mehrwert. Natürlich müssen Sie selbst entscheiden, inwieweit Sie diese Anlageklasse in Ihr Portfolio mit aufnehmen. Wenn Sie uns fragen: Wir raten davon ab.

Alternative Investments

Der Begriff »AI« (Alternative Investments) steht für eine Vielzahl von Produkten: Dazu zählen beispielsweise Private Equity (also direkte Investitionen in nicht börsengelistete Unternehmen), geschlossene Fonds oder auch Kryptowährungen wie etwa Bitcoin oder Ethereum. Nach allgemeinem Verständnis können diese Anlageklassen weder klassischen Aktienanlagen noch dem Anleihensegment oder dem Geldmarkt zugeordnet werden.

So setzen Sie AI in Ihrem Wertpapierportfolio ein: Obwohl ein global ausgerichtetes und hochdiversifiziertes Portfolio mit Aktien und Anleihen bereits ausreicht, werden wir häufig gefragt, ob alternative Anlageklassen einen Mehrwert liefern oder ob man sie kategorisch ablehnen sollte. Wir haben festgestellt, dass gerade Topverdiener häufig durch die Finanzindustrie mit hohem Vertriebsdruck auf solche Anlagen angesprochen werden. Die Argumentation lautet, dass alternative Anlageklassen zum Teil sehr niedrige Korrelationen mit Aktien- und Anleiheninvestments aufweisen. Eine Beimischung zu bestehenden Portfolios könne somit theoretisch zu einer wirksamen Diversifikation beitragen. Da alternative Anlageklassen in der Regel aber stark risikobehaftet sind, muss Anlegern klar sein, dass sie mit hohen Verlusten rechnen müssen. Und es geht hier nicht nur um Kursrisiken, sondern zusätzlich um juristische Risiken, Kostenrisiken, Risiken aus unerprobten Geschäftsmodellen, Betrugsrisiken und Ähnliches.

Unser Rat: Auf gar keinen Fall sollten Sie in alternative Investmentfonds, also geschlossene Beteiligungen (Schiffe, Flugzeuge, Windkrafträder und so weiter), investieren, die ebenfalls als alternative Anlagen gelten. Wir haben dies im Abschnitt 4.3 schon einmal erklärt. Wir behaupten, dass Sie mit einem Weltportfolio aus Aktien und Anleihen breit genug diversifiziert sind.

Die Core-Satellite-Strategie – für Topverdiener, die den Kick suchen

Wir sind der Meinung, dass Sie mit einem international ausgerichteten Kernportfolio bestens aufgestellt sind. Das heißt jedoch nicht, dass Sie weitere interessante Anlagemöglichkeiten außerhalb Ihres weltweit diversifizierten Portfolios ignorieren müssen. Kapitalanlage darf auch Spaß machen. Für diejenigen, die den Renditekick suchen, möchten wir kein Spielverderber sein, auch wenn wir selbst die nachstehend kurz erläuterte Strategie nicht anwenden. Natürlich gibt es die Möglichkeit, in hochspannende Märkte, Branchen und Sektoren zu investieren. Und ja, es ist erlaubt, aus einem solide fundierten Depot heraus eine sogenannte Core-Satellite-Strategie zu entwickeln. Was heißt das?

Bei der Core-Satellite-Strategie ergänzt man ein stabiles Kernportfolio (englisch »core« bedeutet zu Deutsch »Kern«) um mehrere Einzelinvestments, die sogenannten Satelliten. Die Idee dahinter ist, dass Ihr Kernportfolio eine dem Markt folgende stabile Wertentwicklung hat, während Sie mit einzelnen Investments persönliche Schwerpunkte setzen können, zum Beispiel indem Sie in eine bestimmte Branche oder Region oder aber auch in Einzelaktien, Kryptowährungen und Ähnliches investieren.

Wenn Sie die Core-Satellite-Strategie anwenden, investieren Sie mindestens 80 Prozent Ihres Geldes als sogenannten Kern/Core in das beschriebene Weltportfolio und maximal 20 Prozent in die Satelliten. Die Prozentzahlen haben sich in der Vergangenheit gut bewährt. Wichtig: Die Verteilung zwischen Kern und Satelliten sollte regelmäßig überprüft und gegebenenfalls durch Käufe oder Verkäufe der betreffenden Elemente angepasst werden.

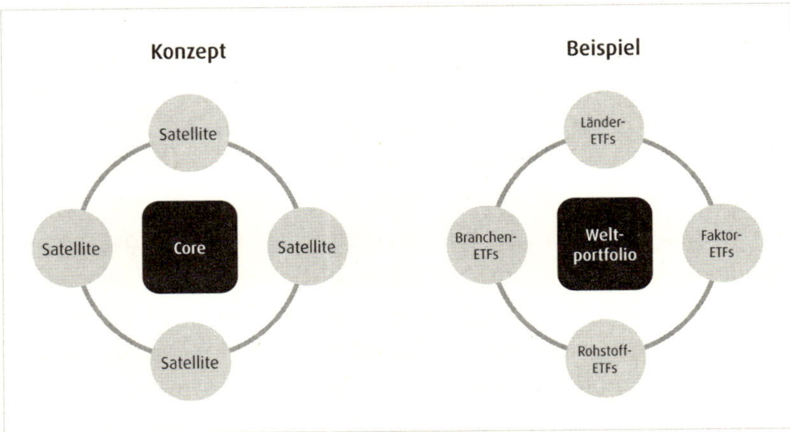

Abb. 6.2.4 Quelle: eigene Darstellung Honorarfinanz AG

Tipp:

Wenn Sie diese Strategie anwenden wollen, empfehlen wir Ihnen, für die Satelliten bei Ihrer Depotbank ein Zweitdepot zu eröffnen, da die Satelliten nicht mit dem Kernportfolio vermischt werden sollen. Ob Sie eine Core-Satellite-Strategie verfolgen wollen, ist Ihre ganz persönliche Entscheidung. Wir empfehlen es von unserer Seite aus nicht.

6.3 Dritte Stufe: Wählen Sie die richtigen Marktindizes aus

»Ich möchte lieber ungefähr recht als präzise unrecht haben.«

JOHN MAYNARD KEYNES

Wenn wir davon reden, dass Sie Ihr Vermögen möglichst weltweit für sich arbeiten lassen sollen, dann stellt sich natürlich die Frage, wie Sie das konkret umsetzen können. Nun, zunächst wählen Sie den passenden Zielmarkt, dann das passende Finanzinstrument.

Fangen wir mit dem Zielmarkt an. Ganz gleich, ob es um Asien, Nordamerika, Europa, Japan oder gleich die ganze Welt geht: Für alle möglichen Assetmärkte gibt es mindestens einen passenden Index – sowohl für Aktien als auch für alle anderen Anlageklassen wie Anleihen, Renten oder Rohstoffe. Solche Indizes sind praktisch. Man nutzt Marktindizes etwa, um zu sehen, wie es einem Markt insgesamt und abgesehen von Einzelentwicklungen wirtschaftlich geht. Fondsmanager nutzen Indizes, um sich daran zu orientieren und ihre Leistung als Portfoliomanager im Vergleich zu messen. Frei nach dem Motto: Hat sich meine Strategie besser oder schlechter entwickelt als zum Beispiel der Aktienweltindex MSCI World? Durch so eine Gegenüberstellung kann man schnell erkennen, wie gut die jeweilige Anlagestrategie im Vergleich zum Gesamtmarkt abschneidet.

Sie können zwar nicht direkt in Indizes investieren, aber immerhin so, dass es sich fast so anfühlt. Wie genau das funktioniert und mit welchen Instrumenten es möglich ist, dazu kommen wir in Schritt 4. So viel aber schon einmal vorweg: Indizes bilden die Wertentwicklung des jeweiligen Marktes ab. Wenn Sie also in den DAX investieren, dann haben Sie quasi alle 40 Aktien im Depot, aus denen sich der deutsche Leitindex seit September 2021 zusammensetzt (vorher waren es 30 Aktien).

Eine kurze Geschichte der Indizes

Aktien existieren schon seit dem späten Mittelalter, der erste Aktienindex jedoch wurde erst im Jahre 1896 herausgegeben: Die damaligen Herausgeber des *Wall Street Journal*, Charles Henry Dow und Edward Davis Jones, veröffentlichten am 26. Mai 1896 den Dow Jones Industrial Average, heute auch »Dow-Jones-Index« genannt. Den Hintergrund bildeten die prosperierende US-amerikanische Wirtschaft sowie das Aufkommen der ersten großen Industrieunternehmen. Durch die Versammlung von Aktien der größten und erfolgreichsten Unternehmen in einen Aktienkorb (Index) wollten Anleger einen Überblick darüber haben, wie es um die amerikanische Wirtschaft insgesamt bestellt ist, und gleichzeitig an deren Erfolg teilhaben. Daran hat sich bis heute im Wesentlichen nicht viel geändert: Deutsche Anleger schauen vor allem auf die Entwicklungen des DAX und des Dow-Jones-Index, weil sich dadurch schnell und einfach die aktuelle Gesamtlage der Börsenwelt ablesen lässt. Fällt der DAX beispielsweise über einen längeren Zeitraum, sagt man, dass es den Börsen und damit der Wirtschaft gerade schlecht gehe. DAX und Dow Jones werden daher gerne auch als »Börsenbarometer« bezeichnet.

Mithilfe von Indizes lassen sich also Börsenmärkte besser und leichter überblicken. Außerdem kann man mit bestimmten Indizes die Entwicklung diverser Branchen verfolgen: Für Länder und Regionen (zum Beispiel der MSCI Emerging Markets Index für Schwellenländer) oder andere Themen (Beispiel: der DivDAX für dividendenstarke deutsche Aktien) gibt es spezielle Indizes. Indizes gibt es für alle Märkte auf dieser Welt, wie Sie dem Schaubild in Abb. 6.3.1 entnehmen können.

Kommen wir nun zur entscheidenden Frage: Wie wählen Sie die richtigen Indizes für Ihr Portfolio aus?

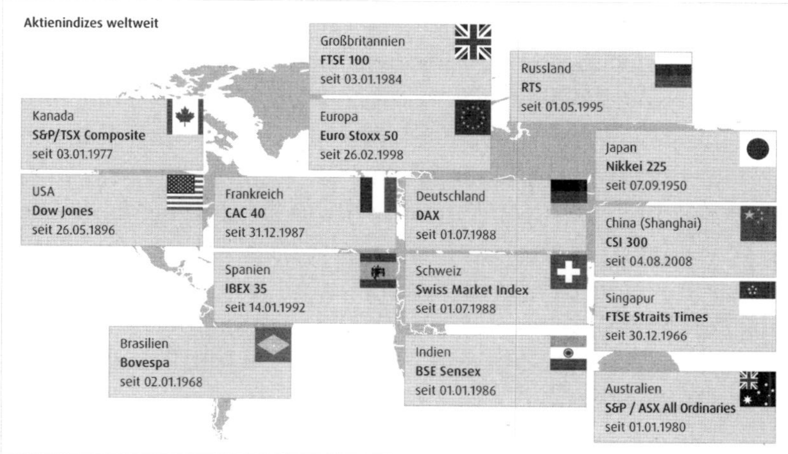

Abb. 6.3.1 Quelle: eigene Darstellung Honorarfinanz AG

In Schritt 2 haben Sie für sich entschieden, in welchem Verhältnis Sie Ihr Portfolio klassisch mit Aktien und Anleihen versehen werden. Sie haben entschieden, weltweit Ihr Geld zu investieren. Um jetzt Ihr Kapital konkret in Aktien und Anleihen zu investieren und dabei regional so zu verteilen, wie Sie es geplant haben, müssen Sie entscheiden, mithilfe welcher Indizes Sie das tun wollen. Folgende drei Kriterien sollten die Indizes dafür erfüllen:

1. Breite Indizes sind vorzuziehen, weil sie den Gesamtmarkt besser abbilden als enge, kleine Indizes. Konkretes Beispiel: Wenn Sie in den US-amerikanischen Aktienmarkt investieren wollen, dann bietet sich eher der S&P 500 oder der MSCI USA an als der Dow-Jones-Index. Der Grund: Der Dow-Jones-Index ist zwar vielleicht sogar bekannter als die beiden anderen Indizes. Doch er bildet nur die Kursentwicklung der 30 größten US-Unternehmen ab. Die beiden anderen Indizes umfassen bis zu 600 Unternehmen. Ähnliche Beispiele gibt es für nahezu alle Kapitalmärkte.

2. Bei einem Index muss es sich um einen Performance-Index handeln und nicht um einen Kursindex. Anders als beim Kursindex fließen beim Performance-Index Dividendenzahlungen in die Berechnung mit ein. Das bedeutet, dass beim Performance-Index angenommen wird, dass alle Dividenden und sonstigen Einnahmen aus dem Besitz der Aktien wieder in Aktien des Index reinvestiert werden. Die ausgeschütteten Dividenden werden zum gewichteten Kurswert des Index hinzugerechnet. Der Kursindex hingegen berücksichtigt nur die Kurswerte der im Index enthaltenen Aktien. Da der Kurswert einer Aktie nach der Ausschüttung einer Dividende um die Höhe dieser Dividende gekürzt wird, entwickeln sich Kursindizes grundsätzlich schwächer als Performance-Indizes.

3. Indizes müssen den Wertpapiermarkt durch klare, vorgegebene Regeln abbilden. Vermeiden Sie bitte künstlich zusammengewürfelte Indizes und orientieren Sie sich an den bewährten und klassischen Indizes, mit denen Sie die Marktwirklichkeit so präzise wie möglich abbilden. Damit Sie ein Gefühl dafür bekommen, wie eine gute Indexaufteilung auf globaler Basis funktionieren kann, zeigen wir Ihnen zwei Beispiele: eine sehr einfache Variante mit Indizes, die jeweils einen Gesamtmarkt abbilden (Abb. 6.3.2), und eine Variante, die die wichtigsten Kernmärkte nach Regionen gezielt abbildet (Abb. 6.3.3).

Mit der stärker differenzierten zweiten Variante werden Sie eine höhere Diversifikation im Portfolio erreichen als mit der Variante nach Gesamtmarkt. Dafür ist die Gesamtmarktvariante einfacher in der Pflege, da die Anzahl der Indizes im Portfolio um die Hälfte geringer ausfällt.

Indexauswahl nach Gesamtmärkten

Aktienindex	Markt	Beschreibung Index
MSCI World	weltweite Standardaktien	Der MSCI World Index bietet Zugang zu den internationalen Aktienmärkten in 23 Industrieländern.
MSCI Emerging Markets	Schwellenländer-Aktien	Der MSCI Emerging Markets Index bietet Zugang zu den größten und liquidesten Aktien aus den Schwellenländern.
MSCI World Small Cap	weltweite Small-Cap-Aktien	Der MSCI World Small Cap Index bietet Zugang zu kleineren Unternehmen in entwickelten Aktienmärkten weltweit.
Anleihenindex		
Bloomberg Barclays Global Aggregate	weltweite Staats- und Unternehmensanleihen	Der Index umfasst weltweite Investment-Grade- und Staatsanleihen von Regierungen, staatlichen Einrichtungen und Unternehmen sowie aus festverzinslichen Kreditverbriefungen mit Laufzeiten von über einem Jahr.

Abb. 6.3.2 Quelle: eigene Darstellung Honorarfinanz AG

Indexauswahl gezielt nach Ländern/Regionen

Aktienindex	Markt	Beschreibung Index
S&P 500	amerikanische Standardaktien	Der (Performance-) Index S&P 500® bietet Zugang zu 500 der größten Unternehmen aus den USA.
MSCI Emerging Markets (IMI)	Schwellenländer-Aktien	Der MSCI Emerging Markets Index (IMI) bietet Zugang zu Aktien aus Schwellenländern der ganzen Welt. Der Index umfasst bis zu 2.500 Wertpapiere aus den Segmenten Large Caps, Mid Caps und Small Caps und er setzt sich aus etwa 23 Länderindizes der Schwellenländer zusammen.
STOXX® Europe 600	europäische Aktien	Der Index STOXX® Europe 600 bietet Zugang zu 600 Unternehmen aus 18 europäischen Ländern. Der Index setzt sich aus jeweils 200 Unternehmen aus dem Large-, Mid- und Small-Cap-Segment zusammen.
MSCI Japan (IMI)	japanische Aktien	Der MSCI Japan Investable Market Index (IMI) bietet Zugang zu japanischen Unternehmen mit hoher, mittlerer und kleiner Marktkapitalisierung.
MSCI Pacific ex Japan	Aktien aus dem Pazifikraum ohne Japan	Der MSCI Pacific ex Japan Index bietet Zugang zu den entwickelten Aktienmärkten der Pazifik-Region ohne Japan (Australien, Hongkong, Singapur und Neuseeland).
MSCI World Small Cap	weltweite Small-Cap-Aktien	Der MSCI World Small Cap Index bietet Zugang zu kleineren Unternehmen in entwickelten Aktienmärkten weltweit.
Anleihenindex		
Bloomberg Barclays Global Aggregate	weltweite Staats- und Unternehmensanleihen	Der Index umfasst weltweite Investment-Grade- und Staatsanleihen von Regierungen, staatlichen Einrichtungen und Unternehmen sowie aus festverzinslichen Kreditverbriefungen mit Laufzeiten von über einem Jahr.
Bloomberg Barclays Global Aggregate 1–5 Year	weltweite Staats- und Unternehmensanleihen	Der Index umfasst globale Staatsanleihen, regierungsnahe Anleihen sowie Unternehmensanleihen und verbriefte festverzinsliche Anlagen mit Laufzeiten von ein bis fünf Jahren.
Bloomberg Barclays Euro Corporate Bond	Europäische Unternehmensanleihen	Der Index Bloomberg Barclays Euro Corporate Bond bietet Zugang zu in Euro denominierten Unternehmensanleihen, die von Industrieunternehmen, Versorgern oder Finanzunternehmen emittiert wurden und in den Märkten der Euro-Zone börsennotiert sind. Rating: Investment Grade.

Abb. 6.3.3 Quelle: eigene Darstellung Honorarfinanz AG

Indizes werden von Dienstleistern wie Morgan Stanley Capital (deshalb das Kürzel »MSCI«), Standard & Poor's (S&P) oder zum Beispiel STOXX Limited, um nur einige zu nennen, nach festen Regeln gewichtet und zusammengesetzt. Der Anbieter MSCI ist auf marktbreite Indizes wie zum Beispiel den MSCI World spezialisiert. Wie bereits erwähnt, können Sie aber nicht den Index selbst kaufen oder direkt in ihn investieren. Sie finden die Übersicht der marktgängigen Indizes zum Beispiel auf Portalen wie www.extraetf.com oder www.justetf.com. Beide Portale bieten Ihnen alle Informationen zu Indizes und noch viel mehr.

Klingt kompliziert? Auf den ersten Blick vielleicht. Wenn Sie vor einem hohen Berg stehen, sehen Sie vielleicht auch den Gipfel in der Ferne und denken: Wow, das ist weit weg und verdammt hoch. Aber wenn Sie sich auf den Weg machen und den Pfad erkennen, der sich hinaufschlängelt, dann stellen Sie schnell fest: Es geht (im wahrsten Sinne des Wortes). Und jetzt kommt die gute Nachricht: Es gibt einen komfortabel ausgebauten Schnellweg und sogar einen Sessellift, die Ihnen helfen, schnell hinaufzukommen.

6.4 Vierte Stufe: Wählen Sie das passende Finanzinstrument

»Investiert euer Geld in Indexfonds und das war's. Ernsthaft, ihr werdet damit besser fahren.«

Warren Buffett

Der Schnellweg zu einer guten Diversifikation führt über die Auswahl eines Instruments, mit dem Sie in die Wertpapiere des von Ihnen gewählten Index vollständig und in der richtigen Gewichtung investieren. Das geht fix, erfordert allerdings ein wenig

Hintergrundwissen, das Sie an dieser Stelle bequem erwerben können.

Da aktive Fonds in der Regel zu teuer sind und in ihrer Performance ganz überwiegend hinter ihrer eigenen Benchmark zurückbleiben und Anlagezertifikate vermeidbare unbezahlte Risiken aufweisen, bieten sich vor allem Indexfonds als beste Lösung an, um die Welt mit einem einfachen Instrument abzubilden. Der Hintergrund: In einen Index können Sie zwar nicht direkt investieren, dafür aber über Indexfonds, die auch »ETFs« genannt werden. Ein ETF (englisch: Exchange-traded Fund) ist ein börsengehandelter Fonds, der automatisch und ohne aktives Fondsmanagement die Wertentwicklung eines bestimmten Index – wie zum Beispiel des MSCI World oder des DAX – eins zu eins nachverfolgt (siehe zum Beispiel https://www.justetf.com/de/academy/was-sind-etfs.html). Während Fondsmanager bei aktiv verwalteten Fonds nach einer bewussten Strategie Unternehmensanteile erwerben, sind bei ETFs keine aufwendigen Analysen des Marktgeschehens nötig. Aus diesem Grund fallen die Gebühren der ETFs auch deutlich geringer aus.

Modetrend oder vertrauenswürdige Innovation?

Ist das wieder so ein Mode- oder Trend-Investment? Nein! Indexfonds gibt es bereits seit den 70er-Jahren. Der erste Indexfonds für Privatanleger wurde 1975 auf den amerikanischen Index S&P 500 aufgelegt. Indexfonds für institutionelle Investoren wurden bereits 1972 entwickelt. US-amerikanische Investoren nutzen Indexfonds bereits seit Jahrzehnten, um am Kapitalmarkt breit zu investieren. Indexfonds werden hauptsächlich von Großanlegern und institutionellen Anlegern genutzt. Anfang 2000 wurden ETFs dann auch allmählich in den europäischen Markt eingeführt. Damals galten sie noch als Insider-Instrumente unter besonders gut informierten Privatanlegern. Erst ab 2010 wurden auch immer mehr Privatanlegern die Vorteile von ETFs bewusst. So wurden ETFs zum beliebten Instrument, um am Kapitalmarkt zu investieren. In Deutschland besaßen einer Studie aus dem Jahr 2018 zufolge erst 4 Prozent der Anleger ETFs.[2] Aber auch hierzulande werden diese Finanzinstrumente immer beliebter. Denn gegenüber aktiv verwalteten Fonds bieten ETFs handfeste Vorteile. Einer davon wiegt gerade in Zeiten niedriger Zinsen schwer: der Kostenvorteil. Da ETFs immer einen Index abbilden und daher ohne Fondsmanagement auskommen, sind die laufenden Kosten bei ETFs deutlich geringer als bei aktiven Fonds. Während zum Beispiel aktiv gemanagte Fonds schnell 3 Prozent Kosten pro Jahr verursachen, kostet ein passiver ETF gerade mal 0,3 Prozent und weniger pro Jahr.

Ein weiterer Vorteil von ETFs ist ihre Transparenz. Wer in ETFs investiert, weiß immer ganz genau, was er im Depot hat. Das ist bei vielen anderen Finanzprodukten gar nicht so selbstverständlich. Bei ETFs sind die aktuellen Positionen ständig einsehbar. Anleger erleben so keine bösen Überraschungen und haben zudem Vorteile bei der langfristigen Finanzplanung. Der Investment-Grundsatz, wonach man nicht alle Eier in einen Korb legen soll, lässt sich dank breit streuender ETFs besonders einfach umsetzen. Wer weiß, wo er investiert ist, kann leichter ein ausgewogenes Portfolio zusammenstellen. Ganz nebenbei sind ETFs als börsengehandelte Indexfonds sehr flexibel. Sie haben eine unbegrenzte Laufzeit und können zu Börsenzeiten jederzeit gekauft und verkauft werden. Somit ist man mit seiner Geldanlage und Altersvorsorge in der Entscheidung komplett frei von irgendwelchen Laufzeitbindungen. Mehr Flexibilität geht nicht.

Und wie sieht es mit der Sicherheit aus? Das Vermögen von ETFs gehört zum Sondervermögen und ist somit bei einer Insolvenz der Fondsgesellschaft geschützt. ETF-Vermögen werden bei

Depotbanken gesondert verwahrt, sie sind also genauso sicher wie die Vermögen klassischer aktiv verwalteter Fonds.

In welche Anlageklassen können Sie denn konkret mit ETFs investieren? Letztendlich in die fünf wichtigen Anlageklassen Aktien, Anleihen, Geldmarkt, Rohstoffe und Immobilien. Wobei für Rohstoffe und Immobilien Besonderheiten zu beachten sind: Bei der Investition in Rohstoffe handelt es sich um eine Spielart der ETFs, die »ETCs« (Exchange-traded Commodities) genannt wird. Hier wird für das Geld, das Anleger in die jeweilige ETC einzahlen, der jeweilige Rohstoff gekauft und irgendwo gelagert – falls es sich um eine ETC mit physischer Replizierung handelt. Es gibt auch andere Modelle, die nur die Preisentwicklung des jeweiligen Rohstoffs nachbilden. Bei Immobilien-ETFs handelt es sich um ETFs, die in Aktien von Immobiliengesellschaften investieren. De facto sind dies also Aktien-ETFs. Die Tabelle in Abb. 6.4.1 zeigt Ihnen, welche Investitionsmöglichkeiten Ihnen bei welchen Anlageklassen mit ETFs zur Verfügung stehen.

ETFs bieten sehr breite Anlagemöglichkeiten – aber Vorsicht bei Sonderthemen und spekulativen Ansätzen

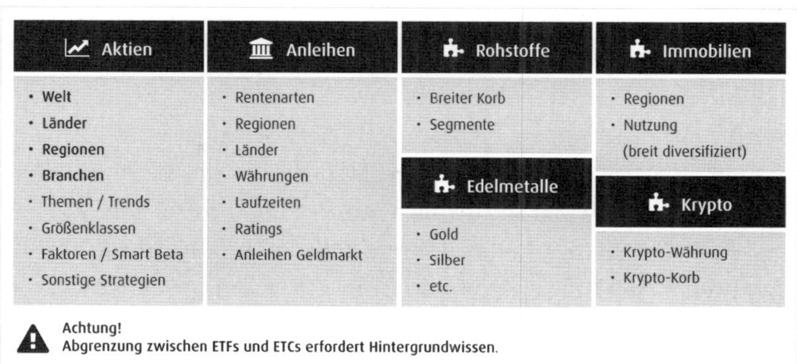

Abb. 6.4.1 Quelle: eigene Darstellung Honorarfinanz AG

Mit ETFs können Sie also auf eine einfache Art und Weise in ganze Märkte, Branchen und Sektoren investieren. Auch die Aufteilung der Anlagen auf verschiedene Anlageklassen wie Aktien, Anleihen, Immobilien oder auch Rohstoffe ist problemlos möglich. Damit eignen sich ETFs perfekt für die Umsetzung einer individuellen und maßgeschneiderten Anlagestrategie. Das macht es für Sie maximal einfach, unser empfohlenes Weltportfolio umzusetzen.

Natürlich stellt sich bei so vielen Vorteilen von ETFs die Frage, warum Ihre Bank und Ihr Finanzdienstleister Ihnen keine ETFs empfehlen. Die Antwort ist simpel: Weil sie daran nichts verdienen. Ein wesentlicher Teil des Geschäfts von Banken und Finanzdienstleistern basiert auf Provisionen, die Fondsgesellschaften und Versicherungen bezahlen. Für ETFs gibt es dagegen keine Provisionen. Außerdem benötigen ETFs nur selten eine Anpassung im Portfolio. Auch das ist schlecht für diejenigen, die Ihnen Finanzprodukte verkaufen.

Vielleicht fragen Sie sich jetzt, wo der Haken bei der Sache ist. Der Haken dabei ist, dass Ihnen als Anleger aktuell mehr als 3.000 Indexprodukte in Deutschland zur Auswahl stehen, davon allein über 1.000 ETFs auf Aktienmärkte, Branchen und Sektoren. Die große Herausforderung ist also, genau die maximal zehn Indexfonds für Ihr Weltportfolio auszuwählen, mit denen Sie über Jahrzehnte investieren. Sie haben richtig gehört: Die einmal ausgewählten ETFs halten Sie idealerweise auf Dauer, denn Anpassungen sind nur selten erforderlich. Und solange Sie Ihre ETFs nicht veräußern, fallen auch keine Steuern auf die Wertzuwächse an, sondern Ihr Geld kann viele Jahre lang brutto den Zinseszinseffekt für Sie erarbeiten. Somit geht es nun darum, nach bestimmten Kriterien den passenden ETF für den jeweiligen Markt auszuwählen.

Wir zeigen Ihnen jetzt, auf welche acht Kriterien Sie bei der Auswahl achten sollten.

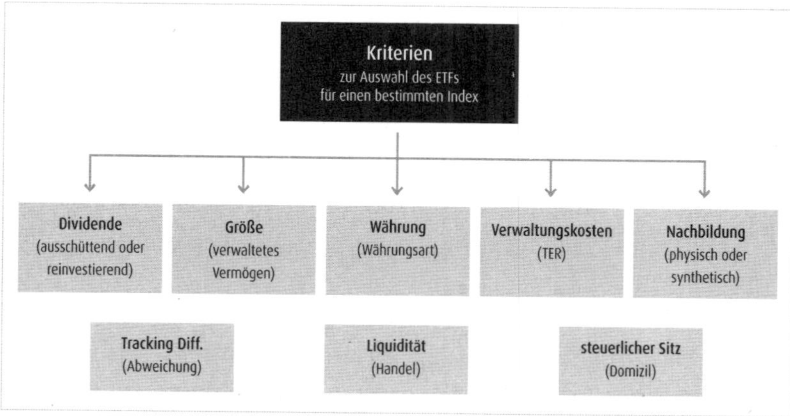

Abb. 6.4.2 Quelle: eigene Darstellung Honorarfinanz AG

Erstes Kriterium: Ausschüttungsart des Indexfonds

ETFs bieten Ihnen zwei grundlegende Möglichkeiten, wie Sie von den Dividenden und Zinsen profitieren können: Es gibt ausschüttende und thesaurierende ETFs. Ausschüttende ETFs überweisen Ihnen die anfallenden Erträge mindestens einmal pro Jahr. Thesaurierende ETFs investieren die Ausschüttungen direkt wieder in den Kauf neuer Anteile.

Wann macht die eine und wann die andere Art mehr Sinn? Wenn Sie sich in der Phase befinden, Vermögen aufzubauen, dann wählen Sie besser thesaurierende ETFs aus. Denn dann partizipieren Sie automatisch am Zinseszinseffekt und haben keine Transaktionskosten für die Wiederanlage der Ausschüttungen. Wenn Sie sich dagegen bereits in der Ruhestandsphase befinden und mit Ihrem angelegten Vermögen den Lebensunterhalt finanzieren müssen, also oft Entnahmen aus Ihrem Depot tätigen, dann macht es mehr Sinn, ausschüttende ETFs zu wählen. Sie bekommen dann die ganzen Erträge auf Ihr Konto ausbezahlt und können sie zur Finanzierung des Lebensstandards nutzen.

Zweites Kriterium: Größe des Indexfonds

Bei der Auswahl eines ETF sollten Sie auf dessen Größe, also das im Fonds verwaltete Geldvolumen, achten. Also: Wie viel Kundengeld verwaltet der jeweilige ETF? Ein ETF sollte mindestens ein Volumen von 50 Millionen Euro haben. Liegt er unter dieser Größe, dann rechnet er sich aufgrund seiner Bewirtschaftungskosten für den ETF-Anbieter langfristig nicht mehr und wird wahrscheinlich irgendwann geschlossen werden. Ihr Geld ist dann zwar nicht verloren, aber es fallen Steuern an und die Kosten für die Liquidation gehen zulasten des Fondsvermögens. Zudem müssen Sie dann das Geld wieder neu anlegen und den passenden ETF dafür finden. Ein weiterer Nachteil bei zu kleinen ETFs ist, dass sie an der Börse aufgrund ihres kleinen Volumens kaum Angebot und Nachfrage erzeugen und somit die Ankauf- und Verkaufskosten vergleichsweise hoch für Sie als Anleger ausfallen.

Drittes Kriterium: Abrechnungswährung des Indexfonds

Wenn Sie mit ETFs weltweit investieren, dann sind Sie logischerweise auch in anderen Währungen als dem Euro investiert. Ein ETF auf den US-amerikanischen Aktienmarkt ist beispielsweise in US-Dollar aufgelegt, ein ETF für den europäischen Aktienmarkt in Euro. Was heißt das für Sie als Anleger? Das ist grundsätzlich kein Problem für Sie. Sie müssen sich deswegen keine Sorgen machen. Kurzfristig kann sich das Wechselkursrisiko zwar bemerkbar machen, auf ihrer langen Zeitachse gleichen sich diese Risiken jedoch stets wieder aus.

Viertes Kriterium: Kosten von Indexfonds

Einer der großen Vorteile von ETFs sind die geringen Kosten im Vergleich zu anderen Geldanlagen. Günstiger und einfacher können Sie langfristig kaum investieren. Dennoch sollten Sie auch hier wissen, welche ETF-Gebühren und anderen laufenden Kosten für ETFs anfallen. Um die Kosten eines ETF zu beurteilen, können Sie die Gesamtkostenquote, die sogenannte Total Expense Ratio (TER), heranziehen. Die TER gibt die laufenden jährlichen Kosten für den Besitz eines ETF an. Es handelt sich dabei um Kosten, die täglich anteilig vom Fondsvermögen im ETF abgezogen werden. Im Ergebnis bewegen wir uns mit ETFs auf einem sehr niedrigen Kostenniveau. Deshalb sollte man bei ETFs nicht auf das letzte Zehntel Kosten achten, denn die Kriterien, die wir hier aufzeigen, müssen insgesamt in Einklang stehen. In der Regel kosten synthetische ETFs weniger als physisch replizierende ETFs – Sie werden gleich den Unterschied zwischen den zwei Methoden erfahren. Denn Kosten bei ETFs sind in unseren Augen nicht alles – wir vergleichen ja ohnehin schon auf sehr niedrigem Niveau.

Fünftes Kriterium: Nachbildung von Indexfonds

Ziel eines jeden ETF ist es, den jeweiligen Index, auf den er sich bezieht, so exakt und kostengünstig wie möglich nachzubilden. Dabei fließen Ihnen als ETF-Anleger alle Einnahmen aus den Wertpapieren im Index zu. So partizipieren Sie mit ETFs auch an Dividenden und Zinserträgen, siehe oben (erstes Kriterium). Diese Grundregeln gelten für alle ETFs. Für die Nachbildung von Indizes verwenden die Emittenten allerdings verschiedene Methoden. Die klassische Methode ist die physische Replikation (siehe https://www.justetf.com/de/academy/physische-replikation-von-etfs.html). Dabei hält der ETF die Wertpapiere des Index eins zu eins, kauft also tatsächlich die im Index enthaltenen Aktien im »richtigen« Verhältnis ins Fondsvermögen hinein (vollständige Replikation).

Die vollständige Replikation ist jedoch nicht immer möglich. So entstanden mit der Zeit weitere Verfahren zur Nachbildung des

Index, ohne alle Indexbestandteile zu halten. Gerade bei sehr breiten, illiquiden oder internationalen Marktindizes stoßen vollständig replizierende ETFs an ihre Grenzen. Breite Marktindizes werden heute meist durch computergestützte Optimierungsverfahren mit weit weniger Titeln nachgebildet (Sampling). Die synthetische Replikation (siehe https://www.justetf.com/de/academy/synthetische-replikation-von-etfs.html) ermöglicht ETF-Anlegern das gewünschte Ergebnis auf elegantere Weise. Dabei investiert der ETF nicht in die zugrunde liegenden Märkte, sondern bildet diese nur ab. Synthetische ETFs sind in manchen Fällen über Tauschgeschäfte (Swaps, siehe Kasten) in der Lage, den Index effizienter und besser nachzubilden. So wurden Anlageklassen wie Rohstoffe und Geldmarkt erst investierbar gemacht.

»Synthetisch replizierende« ETFs investieren nicht direkt in die entsprechenden Indizes, die sie auf ihrem Etikett tragen, sondern in eine alternative Wertpapierauswahl. Um dem Anleger die Rendite zu bieten, die auf dem Etikett steht, also beispielsweise die des DAX, tauschen sie über sogenannte Swaps die Über- oder Unterrendite ihrer tatsächlichen Wertpapierauswahl zum Index, den sie abbilden. Dafür gehen sie Geschäfte mit speziellen Anbietern ein, die diesen Tausch möglich machen. Dafür fallen Gebühren an.

Welche Art von ETFs Sie nun nehmen sollen, bleibt natürlich Ihnen überlassen. Wir empfehlen grundsätzlich, in physisch replizierende ETFs zu investieren. Dann sind Sie auch in den Unternehmen aus dem Index eins zu eins investiert.

Sechstes Kriterium: Abweichung vom Index

Die **Tracking Difference** (Abbildungsdifferenz) stellt dar, wie gut sich ein ETF im Vergleich zum Index geschlagen hat, und zeigt damit die **tatsächlichen Kosten** eines ETF oder Indexfonds auf. Denn anders als bei aktiv gemanagten Investmentfonds, bei denen der Erfolg des Fondsmanagers am Erzielen einer Outperformance gegenüber dem Vergleichsindex gemessen wird, sollen Exchange-traded Funds (ETFs) die Wertentwicklung eines Index möglichst exakt wiedergeben. Die Abbildungsdifferenz sollte deshalb bevorzugt bei der Auswahl eines ETF berücksichtigt werden. Sie macht sichtbar, wie gut der ETF dies im gewählten Betrachtungszeitraum erreicht hat. Ein Vergleich lohnt, denn die Unterschiede bei der Tracking Difference sind zum Teil recht deutlich.

Tipp:

Die Tracking Difference ist auf www.extraetf.com für viele ETFs, auf den Profil-Seiten eines ETF und in der ETF-Suche unter https://de.extraetf.com/etf-search zu finden. Darüber hinaus zeigen viele ETF-Anbieter die Tracking Difference auch auf ihrer eigenen Website an.

Siebtes Kriterium: steuerlicher Sitz

Für europäische Anleger sind eher sogenannte UCITS-ETFs von Interesse, die in Europa aufgelegt werden. Die meisten dieser Fonds kommen aus Luxemburg oder Irland – vornehmlich deshalb, weil dort die rechtlichen und steuerlichen Bedingungen für Investmentfonds günstig sind. Es existieren aber auch europäische ETFs, die aus Frankreich oder Deutschland stammen. Außereuropäische ETFs, etwa aus Kanada oder den USA, werden von vielen europäischen Brokern aus juristischen Gründen nicht gehandelt, aber auch deshalb, weil sie gewisse rechtliche und steuerliche Nachteile mit sich bringen. Sie als Anleger können solche ETFs einfach identifizieren: Nicht in Europa aufgelegte ETFs tragen den

Zusatz »UCITS« nicht im Namen, sondern ihre länderspezifische Wertpapier-Identifikationsnummer (ISIN) – zum Beispiel »US« für USA oder »CA« für Kanada.

Achtes Kriterium: Liquidität des Indexfonds

Aus Ihrer berechtigten Interessenlage heraus betrachtet stellt Liquidität sicher, dass der Markt die Handelsinteressen der Anleger ausreichend abdecken kann. Da ETFs an der Börse gehandelt werden, bezahlen Sie neben Ordergebühren auch die sogenannte Geld-Brief-Spanne. Beide Posten hängen von der Börsenliquidität des jeweiligen ETF ab. Als Faustregel gilt daher: Je liquider die im Portfolio versammelten Wertpapiere sind und je höher das Fondsvolumen ausfällt (minimal 50 Millionen), desto liquider ist der jeweilige ETF. Außerdem erhöht ein großes Fondsvermögen auch die Anzahl der Marktteilnehmer, die verbindliche An- und Verkaufskurse auf dem Kapitalmarkt stellen und somit die Liquidität abermals erhöhen. Das ist gut für Sie.

Zwischenergebnis/Zusammenfassung

Nun, diese acht Kriterien zur Auswahl der passenden Finanzinstrumente waren der eingangs genannte Schnellweg. Aber wir wissen, Sie haben als Topverdiener wenig Zeit. Sie wollen sich hauptsächlich um Ihr Business kümmern und nicht zu viel Zeit mit den Details der Geldanlage verbringen. Deshalb lösen wir gerne unser Versprechen ein, Ihnen auch einen zweiten, komfortablen Weg zum Berg hinauf zu zeigen, den Sessellift: Sie können jemanden beauftragen, der für Sie die Aufgabe der Produktauswahl übernimmt und die erforderlichen Indizes und die dazu passenden Instrumente für Ihr Portfolio heraussucht. Keine Angst vor den Kosten dieser Dienstleistung: Wer sich damit auskennt, benötigt nicht viel Zeit dafür.

Tipp:

Es kann natürlich nicht schaden, wenn Sie sich einmal mit den acht Kriterien zur Auswahl der passenden ETFs auseinandergesetzt haben. Wenigstens theoretisch. Damit Sie mit Ihrem beauftragten Dienstleister besser auf Augenhöhe kommunizieren und seine Argumente einschätzen können. Das ist in der Regel hilfreich.

6.5 Fünfte Stufe: Kaufen Sie die Weltwirtschaft

»Sparen. Kaufen. Halten. Wiederholen. Es ist ein langweiliger Ratschlag, aber es funktioniert.«

Brian Feroldi

Sie haben es fast geschafft. Im ersten Schritt haben Sie Ihre Risikobereitschaft definiert und im zweiten Schritt die Anlageklassen festgelegt, in die Sie investieren möchten. Im dritten Schritt haben Sie die Indizes ausgewählt, über die Sie in die Länder und Regionen investieren möchten. Darauf basierend haben Sie im vierten Schritt die passenden ETFs gewählt. Ihr persönliches Weltportfolio auf Basis einer Risikobereitschaft von 50 Prozent könnte nun zum Beispiel wie in Abb. 6.5.1 aussehen.

Wenn Sie Ihr Depot richtig umsetzen, dann sind Sie mit der Aktien-Komponente in den 46 Ländern der wirtschaftlich bedeutendsten Weltregionen investiert. Ihr Portfolio besteht aus Dollar- und Euro-ETFs und ist zu 100 Prozent physisch repliziert, das heißt, Sie sind über die ETFs auch in große Konzerne wie Apple, Siemens, Novartis und Co. und in fast 18.000 andere Werte tatsächlich investiert. Und jetzt kommt das Beste: Das Ganze kostet in unserem Beispieldepot nur 0,19 Prozent des angelegten Kapitals auf Produktebene. Vielleicht können Sie sich noch erinnern, was

Aktien	Kosten in Prozent	Werte	Indexabbildung	Fondswährung	Ausschüttung
ETF S&P 500	0,07	507	physisch	USD	nein
ETF MSCI Emerging Markets	0,18	2823	physisch	USD	nein
ETF Stoxx® Europe 600	0,07	598	physisch	EUR	nein
ETF MSCI Japan	0,15	1211	physisch	USD	nein
ETF Pacific ex Japan	0,15	399	physisch	USD	nein
ETF World Small Cap	0,35	3465	physisch	USD	nein
Anleihen					
ETF Global Aggregate Bond	0,10	3715	physisch	EUR	nein
ETF Corporate Bond	0,20	3080	physisch	EUR	nein
Gesamt	0,19	15798			

Abb. 6.5.1 Quelle: eigene Darstellung Honorarfinanz AG

aktiv gemanagte Fonds an Kosten verursachen. Mehr kann man mit Geld nicht machen. Maximale Streuung bei minimalen Kosten. Das ist Ihr persönliches Weltportfolio. Es passt sich der Weltwirtschaft automatisch an. Egal welche Branchen oder Regionen in Zukunft laufen: Sie sind dabei!

Jetzt müssen Sie die ETFs nur noch kaufen. Dafür brauchen Sie als Erstes einen ETF-Broker. Bitte machen Sie das nicht bei Ihrer Hausbank, die in der Regel eine klassische Geschäfts-/Filialbank ist. Dort sind die Kosten für die Führung eines Depots viel zu hoch. Online-Broker dagegen verzichten auf hohe Gebühren, die die zu erwartende Rendite schmälern. Am günstigsten ordert man ETFs daher über eine Direktbank. Dort können ETFs zu deutlich geringeren Gebühren gehandelt werden als bei klassischen Filialbanken. Schauen Sie sich die Angebote genau an. Sie unterscheiden sich zum Teil erheblich.

Wenn Sie ETFs kaufen, entstehen Transaktionsgebühren wie beim Kauf jedes anderen Wertpapiers auch. Online-Broker bieten in der Regel zwei Modelle an: variable Kosten oder Flat-Preis. Bei einem variablen Modell zahlen Sie als Anleger pro Order einen

Fixbetrag von zum Beispiel 5 Euro und zusätzlich noch einen prozentualen Anteil, wie etwa 0,25 Prozent des Ordervolumens. Bei einem Flat-Preis werden beispielsweise nur 5 Euro pro Order zuzüglich Fremdspesen fällig. Bei einem höheren Kapitaleinsatz fallen die Transaktionskosten folglich nicht mehr so ins Gewicht. Als Faustregel haben sich akzeptable Transaktionskosten von etwa 1 Prozent pro Order für ein Volumen von etwa 1.000 Euro bei Aktien und ETFs etabliert. Noch einmal eine andere Geschichte ist es, wenn Sie einen Sparplan abschließen, also regelmäßig – in der Regel monatlich – denselben Betrag in ETFs investieren. Hier sollten Sie die Preise gut vergleichen. Je nach Höhe der Sparrate rechnet sich das eine oder andere Modell, kombiniert aus festen und variablen Kosten, für Sie besser oder schlechter.

Neben den Handelsgebühren ist vor allem die Depotführungsgebühr zu beachten. Gerade von den Direktbanken dürfen Sie eine kostenfreie Depotführung erwarten. Denn das Angebot an kostenfreien Depots ist groß. Angesichts dieser Wettbewerbssituation kann niemand hohe Preise verlangen. Die meisten Anbieter im ETF-Broker-Vergleich bieten deshalb ein bedingungslos kostenfreies Depot an.

Tipp:

Natürlich können sich die Konditionen der Broker jederzeit ändern. Passen die neuen Konditionen nicht mehr zum eigenen Anlagestil, so bietet sich ein Depotwechsel zu einem anderen Anbieter an. Depotwechsel sind in der Regel kostenfrei und gehen unkompliziert vonstatten. Aufgrund des hohen Wettbewerbs gibt es bei vielen Anbietern sogar eine Prämie für den Wechsel. Ein Nachteil aus einem Depotwechsel besteht für Anleger deshalb nicht. Sie sollten allerdings aufpassen, dass die Steuermerkmale Ihrer ETFs beim Depotumzug nicht verloren gehen – das hätte fatale Folgen, die Sie vielleicht erst viele Jahre später beim Verkauf der Anteile zu spüren bekommen.

Ist Ihr Geld sicher angelegt?

Um die Sicherheit Ihres Wertpapiervermögens bei solchen Online-Banken müssen Sie sich übrigens keine Gedanken machen. De facto ist Ihr in ETFs angelegtes Geld sogar sicherer als auf einem Sparkonto. Denn für Sparkonten gibt es nur eine gesetzlich vorgeschriebene Höchstsumme, die vor Verlust geschützt ist. Bei Tagesgeld und Vermögen auf den Cash- beziehungsweise Verrechnungskonten sind per EU-Verordnung 100.000 Euro pro Kunde und Bank geschützt. Darüber hinaus gehören einige Banken dem Einlagensicherungsfonds oder anderen Absicherungen an, somit sind auch Guthabenbestände über 100.000 Euro geschützt. Aktien, Fonds und ETFs dagegen sind Sondervermögen. Bei einer Insolvenz des Brokers gehören die Anteile immer noch den Anlegern – in unbegrenzter Höhe.

Und an welcher Börse führen Sie Ihre Wertpapierorder aus?

Wie gesagt: ETFs sind börsengehandelte Fonds. Wenn Sie einen Online-Broker gefunden haben, bei dem Ihr Wertpapierdepot eingerichtet ist und über den Sie ETFs kaufen, müssen Sie nun noch die Wahl treffen, an welcher Börse Sie ETF-Anteile erwerben möchten. Hier bieten sich die Stuttgarter EUWAX oder das Handelssystem Xetra der Deutschen Börse AG an.

Wir empfehlen Ihnen Xetra, den größten Handelsplatz für ETFs in Europa. Hier finden Sie alle wesentlichen Indexfonds und können sich aufgrund der enormen Liquidität auf eine sehr hohe Ausführungsqualität verlassen. Das Marktmodell von Xetra nennt sich »fortlaufende Auktion«. Die fortlaufende Auktion ermöglicht eine schnelle Ausführung von Kauf- und Verkaufsorders zum aktuellen Marktpreis sowie eine Bündelung der Liquidität. Außerdem stellen sogenannte »Designated Sponsors« fortlaufend verbindliche Geld-

und Briefkurse und sorgen damit für zusätzliche Liquidität. Somit wird eine sofortige Ausführung von Kundenorders zu marktgerechten und attraktiven Preisen sichergestellt.

Steuern und legale steuerliche Gestaltungsmöglichkeiten

Wie bei fast allen Anlagen holt sich der Staat auch bei ETFs seinen Anteil der Erträge. Wir möchten Ihnen jetzt nicht das Investmentsteuergesetz aus dem Jahr 2018 erklären. Aber immerhin so viel: Die Besteuerung von ETFs wurde wesentlich vereinfacht. Die ETFs selbst werden im ersten Schritt direkt besteuert. Das erfolgt automatisch. Die Berechnung und Zahlung der Steuer wird direkt von der Depotbank abgewickelt. Sie haben damit nichts zu tun. Sollten Sie Geld aus dem Depot mit Gewinn entnehmen, dann wird dieser Kursgewinn besteuert. Ebenso werden Ausschüttungen wie Dividenden und Zinsen besteuert. Auf all diese Erträge wird eine sogenannte Abgeltungsteuer in Höhe von 25 Prozent erhoben sowie der Solidaritätszuschlag von 5,5 Prozent. Und wenn Sie in Ihrem Pass als Katholik oder Protestant eingetragen sind, kommt noch die Kirchensteuer obendrauf. Diese Steuern können Sie mit dem Freibetrag von 1.000 Euro bei Ledigen und 2.000 Euro bei Verheirateten (Stand: 2024) etwas senken.

Tipp:

Zwar sollte es beim Investieren nicht in erster Linie Ihr Ziel sein, Steuern zu sparen. Trotzdem haben wir noch eine legale Lösung für Sie parat, wie Sie langfristig deutlich Steuern sparen können. Und das funktioniert so: Wie Sie gerade gelesen haben, werden ETFs klassisch über eine Direktbank gekauft. Wenn Sie selbst irgendwann einmal Wertpapiere mit Gewinn verkaufen, dann fallen Steuern an. Das ist nachvollziehbar.

Wenn Sie allerdings sterben, müssen Ihre Erben nach Ausschöpfung des Freibetrags auch dann Abgeltungsteuer auf das Erbe bezahlen, wenn gar keine Wertpapiere aus dem Depot verkauft wurden. Das kann man legal umgehen. Und zwar, indem Sie über das ETF-Depot eine kostengünstige Lebens-/Rentenversicherungshülle packen. Erschrecken Sie jetzt bitte nicht, denn wir haben ja zu Lebens- und Rentenversicherungen unsere Meinung geschrieben und Ihnen von solchen Produkten eher abgeraten. Hierbei handelt es sich aber um eine spezielle Lösung, die nicht die Nachteile von klassischen Lebens- und Rentenversicherungen hat. Es ist eine Speziallösung. Die Versicherungshülle kostet zwar zusätzlich Geld, aber nicht viel. Das ETF-Depot im Mantel einer Lebensversicherung ist von der Abgeltungsteuer befreit, wenn folgende Kriterien erfüllt sind:

1. Sie lassen den Vertrag über einen Zeitraum von mindestens zwölf Jahren laufen.

2. Sie haben bei Auszahlung mindestens das 62. Lebensjahr vollendet. Sie müssen dann nur noch 50 Prozent des Gewinns mit Ihrem persönlichen Steuersatz versteuern. Zusätzlich sind alle Zins- und Dividendenzahlungen während der gesamten Anlagezeit in der Versicherungshülle von der Abgeltungsteuer befreit. Im Todesfall ist das Depot sogar komplett von der Abgeltungsteuer befreit. Ob sich solch ein Modell für Sie lohnt, sollten Sie sich von einem unabhängigen Honorar-Finanzanlageberater oder Honorar-Anlageberater ausrechnen lassen. Diese haben Zugriff auf kostengünstige Lösungen für dieses alternative Modell. Wichtig dabei: Das Versicherungsprodukt muss zu 100 Prozent provisionsfrei sein!

Erntezeit – am Ende winkt der Lohn der Mühe

Wo wir schon davon sprechen, ob sich etwas lohnt oder nicht: Wir möchten Sie nicht im Unklaren darüber lassen, welche Rendite solch ein ETF-Portfolio, wie wir es Ihnen hier vorschlagen, in der Vergangenheit erzielt hat.

Diese Rendite hängt in erster Linie von Ihrer Risikobereitschaft ab. Mehr Aktien bedeuten mehr Rendite und umgekehrt. Aber schauen Sie selbst. In der Abb. 6.5.2 haben wir von Januar 1999 bis Dezember 2024 drei Szenarien mit drei unterschiedlichen Risikoklassen simuliert. Einmal mit 70 Prozent Aktien, einmal mit 50 Prozent und einmal mit 30 Prozent für den sicherheitsorientierten Anleger.

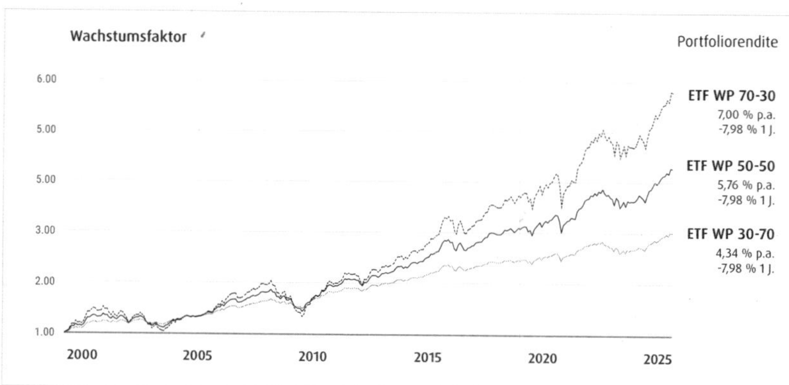

Abb. 6.5.2 Quelle: Dimensional Fund Advisor – Returns Web

Was heißt das jetzt konkret? Nehmen wir einmal an, Sie haben im Januar 1999 genau 500.000 Euro angelegt, dann hätten Sie mit Ihrem Weltportfolio bis zum 31.12.2024 inklusive aller Krisen aus dem 2000er-Jahrzehnt (und wir sprechen hier von richtig großen Krisen und dem schlimmsten Jahrzehnt seit Börsengedenken) bei einem Aktienanteil von 70 Prozent im Schnitt eine Rendite von

7 Prozent pro Jahr erzielt. Sie hätten während dieser Zeit in einem Jahr auch einen zwischenzeitlichen Verlust von 26,57 Prozent in Kauf nehmen müssen. Trotzdem lag der Wachstumsfaktor nach dieser Zeit unter dem Strich bei über 5. Das bedeutet, dass aus Ihren 500.000 Euro in knapp 25 Jahren über 2.500.000 Euro geworden wären. Was hätten Sie dafür tun müssen? Nichts, außer einmal zu investieren. Das nennt man eine Buy-and-Hold-Strategie.

6.6 Sechste Stufe: Warten Sie regelmäßig Ihr Freiheitsdepot

»Sei immer voll investiert und halte dein Portfolio gut diversifiziert.«

PHILIP CARRET

Lassen Sie uns diese Stufe mit einem Zitat beginnen: »Kaufen Sie Aktien, nehmen Sie Schlaftabletten und schauen Sie die Papiere nicht mehr an. Nach vielen Jahren werden Sie sehen: Sie sind reich.« Das sagte einst die Investorenlegende André Kostolany, um die Vorzüge einer Buy-and-Hold-Strategie zu erläutern (siehe https://de.extraetf.com/wissen/buy-and-hold). Er liegt damit auch nicht falsch, denn in vielen Fällen erweist sich »Kaufen und Halten« für passive Anlageformen mit ETFs als Garant für langfristige und erfolgreiche Investments.

Aber auch mit einem weltweit diversifizierten Indexdepot ist es damit noch nicht ganz getan: Ähnlich wie ein Auto bedarf auch ein ETF-Portfolio ein wenig regelmäßiger Pflege und Kontrolle. Da jede langfristige Buy-and-Hold-Strategie vorab festgelegten Zielen folgt, muss man zunächst verstehen, dass sich im Laufe des Lebens nicht nur die Lebensverhältnisse und Einstellungen ändern, sondern natürlich auch das aktuelle Marktumfeld. Wer sein ETF-Weltportfolio also weder pflegt noch bewirtschaftet, muss damit rechnen, dass es sich im Laufe der Zeit völlig anders entwickelt als ursprünglich geplant. Mit einem sogenannten Rebalancing jedoch lässt sich das individuelle Risikoprofil auf Jahre berechenbar halten. »Rebalancing« meint in erster Linie die gelegentliche Anpassung des Portfolios an das individuelle Anlageprofil.

Warum sollte man also regelmäßig das Rebalancing tätigen? Bei der Erstellung Ihres eigenen ETF-Portfolios haben Sie sich zunächst über Ihre eigene Risikobereitschaft Gedanken gemacht. Je nach Risikobereitschaft kann das Depot mit mehr oder weniger »riskanten« Indexfonds bestückt werden. Wir gehen für unsere Betrachtung wieder von einer 50-zu-50-Aufteilung aus. Grob gesagt investieren Sie darin zu 50 Prozent in (als risikobehaftet geltende) Aktien und zu 50 Prozent in (als risikoarm geltende) Anleihen.

Dabei ist es wichtig, Folgendes zu verstehen: Immer wenn die Aktienkurse steigen oder fallen, verschiebt sich unter Umständen auch das Mischverhältnis der ETFs in Ihrem Portfolio, das ja aus gewissen individuellen Gründen anfangs so oder so bestimmt wurde. Wir machen den Effekt an einem sehr simplen, plakativen Beispiel deutlich: Angenommen, Sie haben ein Depot mit drei Aktien. Diese Aktien machen zu Beginn jeweils ein Drittel des Portfolios aus, sind also gleichmäßig verteilt. Im Laufe der Zeit steigen und fallen die Kurse dieser Aktien sehr unterschiedlich. Und nach drei Jahren stellen Sie fest: Der Kurs der Aktie A hat sich verdoppelt, der Kurs der Aktie B ist um 10 Prozent gestiegen und Aktie C hat sich halbiert. Dann haben Sie nach drei Jahren ein Portfolio, dessen Wert insgesamt um 20 Prozent gestiegen ist. Darüber dürften Sie sich freuen. Doch die weitere Entwicklung Ihres Portfolios hängt nun vornehmlich von Aktie A ab. Aktie C spielt kaum noch eine Rolle. Das Risikoprofil Ihres Portfolios ist nicht mehr so, wie Sie es sich zu Beginn ausgedacht haben. Deshalb sollte man ab und zu auf die Gewichtung im Portfolio schauen – und gegebenenfalls rebalancieren.

	Ursprünglicher Anteil der Aktie im Portfolio	Kurs beim Kauf	Kurs nach drei Jahren	Anteil der Aktie im Portfolio nach drei Jahren
Aktie A	33,33 %	100,00 €	200,00 €	55,56 %
Aktie B	33,33 %	100,00 €	110,00 €	30,56 %
Aktie C	33,33 %	100,00 €	50,00 €	13,89 %

Abb. 6.6.1 Quelle: eigene Darstellung Honorarfinanz AG

Ein weiterer Grund für Rebalancing: Wenn Sie in Ihr ETF-Portfolio über Jahrzehnte investieren (was gemeinhin ja auch empfohlen wird), dann werden Sie früher oder später feststellen, dass sich nicht nur die Marktverhältnisse, sondern auch die eigenen Anlageziele (hinsichtlich Alter, Familie und so weiter) verändern können. Deshalb bedürfen beide einer regelmäßigen Überprüfung, wobei sowohl zeitliche als auch marktbedingte Faktoren eine Rolle spielen.

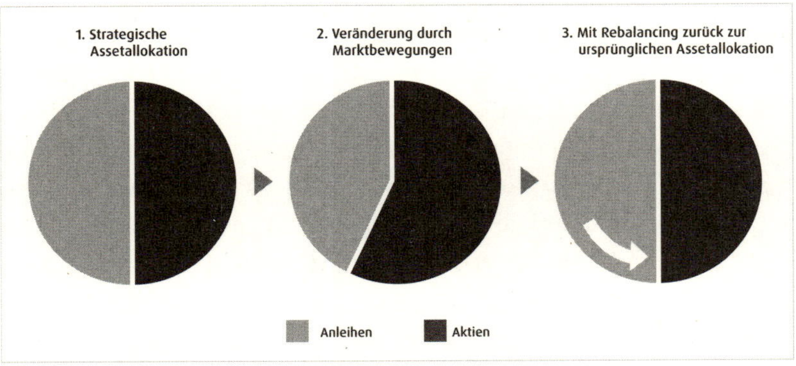

Abb. 6.6.2 Quelle: eigene Darstellung Honorarfinanz AG

Das oben gezeigte Beispiel mit den drei Aktien gilt auch für verschiedene Anlageklassen. Beim Rebalancing werden also Anlageklassen, die stark an Wert gewonnen haben, anteilig verkauft und Anlageklassen, die an Wert verloren haben, zugekauft. Für Sie kostengünstig und besonders vorteilhaft wird es, wenn Sie das Rebalancing mit frischem Geld durchführen, weil Sie ohnehin laufend nachinvestieren. Dann kaufen Sie ausschließlich die Werte nach, die verloren haben, schlagen zwei Fliegen mit einer Klappe, benötigen keine Extra-Transaktionen für das Rebalancing und bringen damit wieder ein Gleichgewicht in Ihr Portfolio. Somit müssen Sie Ihre Top-Performer nicht verkaufen und umgehen die Besteuerung von realisierten Gewinnen.

Es gibt keine pauschale Aussage darüber, wie oft Sie ein Rebalancing vornehmen sollten. Unser Rat: Schauen Sie einmal pro Jahr in Ihr ETF-Portfolio und ermitteln Sie, wie hoch die prozentualen Abweichungen zur ursprünglichen Allokation sind.

Drei ultimative Regeln: investiert bleiben, nicht aktiv managen, diszipliniert bleiben

Ist mein ETF-Portfolio jetzt die ultimative Lösung für mein Geld? Nein, ist es noch nicht!

Wir haben Ihnen das beste Finanzwerkzeug, die ETFs, für Ihre Geldanlage vorgestellt. ETFs sind kosteneffizient, flexibel, sicher und breit diversifiziert. So weit, so gut. Aber das beste Werkzeug nützt nun mal leider nichts, wenn man es nicht benutzen kann oder falsch anwendet. Und auch ein ETF ist letztlich nur ein Werkzeug. Eines, das, wenn es richtig eingesetzt wird, viel Nutzen bringt, aber bei falscher Anwendung auch Schaden verursachen kann.

Leider haben mittlerweile viele Studien[3] gezeigt, dass viele Anleger, die ihr Geld über ETFs angelegt haben, am Ende schlechter abgeschnitten haben als Anleger, die in Einzelaktien und aktive Fonds investiert haben. Der Grund: Sie haben ETFs zum aktiven Investieren missbraucht.

Eine Studie von drei deutschen Finanzprofessoren und einem Hongkonger Kollegen hat gezeigt, wie dies geschehen kann: Anleger treffen demnach zwar mit dem Kauf von ETFs grundsätzlich oft die richtige Entscheidung. Aber danach machen sie einiges falsch und erzielen dadurch eine schlechtere Rendite, als möglich wäre. In dreijähriger Arbeit haben die Wissenschaftler Originaldepots von fast 8.000 Anlegern einer großen deutschen Online-Bank ausgewertet. Es sind Anleger, die ihre Kaufentscheidungen selbst treffen, sogenannte »Selbstentscheider«, die in »passive« ETFs investieren. Die Professoren untersuchten den Zeitraum von 2005 bis 2010. Neuere Daten waren für sie nicht verfügbar. Es besteht aber kein Grund zu der Annahme, dass das Ergebnis mit aktuelleren Werten anders wäre. Das erschreckende Resultat: Mit ihren Indexfonds erzielten die Anleger Verluste in Höhe von 0,55 Prozent im Jahr, während das Gesamtdepot 2,74 Prozent zulegte. Die Ursache für das schlechte Abschneiden war, dass die Anleger die ETFs falsch einsetzten. Sie betrieben ständiges Market Timing und Stock Picking. Somit machten sie alle Fehler, die möglich sind.

Welche Schlussfolgerungen ziehen Sie daraus? ETFs sind ein optimales Instrument für langfristiges Investieren. Doch auf dieser langen Zeitreise fällt es den meisten »Selbstentscheidern« schwer, diszipliniert zu bleiben. Sie sehen in ETFs vor allem ein Instrument, um selbst Fondsmanager zu spielen. Wir legen Ihnen ans Herz, es besser zu machen. Es ist eigentlich nicht schwer. Sie sollten nur drei Regeln beachten:

1. **Bleiben Sie investiert!** Egal, was da draußen an den weltweiten Märkten passiert, egal, welche Krise die Märkte zum Rotieren bringt: Halten Sie still, entspannen Sie sich und bleiben Sie investiert. Sollte Ihr Portfolio in dem einen oder anderen Jahr ins Minus rauschen: Bleiben Sie investiert. Sie können keinen Totalverlust erleiden und die Kurse werden sich wieder erholen – wenn Sie nur die Ruhe bewahren können. Das können wir Ihnen garantieren.

2. **Managen Sie nicht aktiv!** Versuchen Sie nicht, den richtigen Zeitpunkt zum Einsteigen und Aussteigen zu finden. Versuchen Sie erst gar nicht, die richtigen Märkte, Branchen und Sektoren zu picken. Führen Sie Ihr Portfolio mit ruhiger Hand. Führen Sie maximal einmal pro Jahr das Rebalancing aus, mehr nicht. Investieren Sie regelmäßig Geld in Ihr Portfolio, wenn Sie die Möglichkeit haben.

3. **Bleiben Sie diszipliniert!** Warren Buffett brachte es auf den Punkt: »Sie müssen nicht schlauer sein als der Rest. Sie müssen disziplinierter sein als der Rest.« Träumen Sie nicht vom schnellen Reichtum, denn das hat am Kapitalmarkt kaum einer geschafft. Egal, wie alt Sie sind: Sie benötigen einen Anlagehorizont von mindestens zehn Jahren, um von Ihrem Portfolio belohnt zu werden.

Unsere Erfahrung zeigt auch: Wenn Ihnen Ihre Bank empfiehlt, dass sie ein ETF-Portfolio für Sie managt, dann ist das alles andere als eine Erfolgsgarantie. Im Ergebnis wird die Bank die aktive Verwaltung der ETFs genauso missbrauchen, wie wir es Ihnen oben beschrieben haben. Man wird Ihnen zudem noch eine horrende Gebühr für die Verwaltung aufbrummen, sodass der gesamte Vorteil dieses genialen Finanzinstruments verloren geht. Lassen Sie also bitte die Finger von aktiven, vermögensverwaltenden ETF-Portfolios!

Sie trauen sich nicht, alles allein zu machen?

Mit Ihrem ETF-Portfolio können Sie herausragende Ergebnisse erzielen und die Mehrheit der anderen Investoren in den Schatten stellen. Doch wie im Spitzensport wird man das wahrscheinlich nur mit einem Spitzentrainer an der Seite erreichen. Eine Studie der US-Investmentgesellschaft Vanguard (dem Pionier der Indexfonds) hat gezeigt[4], dass fehlerhaftes Verhalten sehr viel Rendite kostet und es besser ist, mit einem Berater zusammenzuarbeiten (siehe Abb. 6.6.3). Durch die sorgfältige Auswahl der richtigen ETFs, eine ausreichende Diversifizierung, regelmäßiges Rebalancing und Verhaltens-Coaching konnten Anleger nachweislich durchschnittlich 3 Prozent mehr Nettorendite pro Jahr erzielen als im Alleingang. Im Ergebnis kostet diese Begleitung im Schnitt etwa 1 Prozent vom betreuten Vermögen pro Jahr, aber eben nicht so viel wie der systematisch falsche Umgang mit ETFs.

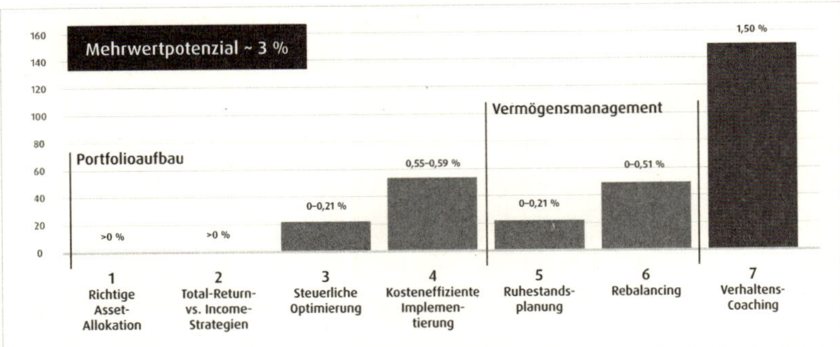

Abb. 6.6.3 Quelle: Vanguard Advisor's Alpha strategy

Der Wert professioneller Anlageberatung ist genauso subjektiv und individuell unterschiedlich wie jeder einzelne Anleger. Einigen bringt die Zusammenarbeit mit einem Berater ein Gefühl der Sicherheit. Für andere könnte es interessant sein, dass eine Beratung und ein Verhaltens-Coaching die Anlageergebnisse nach Abzug von Kosten um bis zu 3 Prozent verbessern können. Wir behaupten nicht, dass Anleger diese 3-prozentige Verbesserung jedes Jahr erwarten können. Wie bei jeder Schätzung kann der tatsächliche Wertzuwachs je nach Anleger und Umständen stark differieren. Aber Beratung und Verhaltens-Coaching können gerade in schwierigen (oder euphorischen) Marktphasen besonders wertvoll sein, denn dann neigen Anleger am ehesten dazu, ihren sorgfältig erstellten Anlageplan aufzugeben. Denn wir sprechen bei dieser Art des Investierens nicht davon, über kurze Zeit hinweg Geld anzulegen, sondern ein Leben lang, über viele Jahrzehnte. Und in dieser Zeit wird es viele Hochs und Tiefs an den Kapitalmärkten geben. Entscheiden Sie selbst, ob Sie sich einen Sparringspartner an die Seite nehmen. Zur Erinnerung: Welche Berater für eine solche Aufgabe geeignet sind, haben wir Ihnen in Kapitel 3 (»Ihr Finanzberater ist nicht Ihr Freund – und sollte es auch nicht werden«) erläutert.

Empfehlung

Oft werden wir gefragt, ob es noch andere Möglichkeiten gibt, Geld anzulegen. Die Antwort lautet: Ja. Und zwar jede Menge, wie Sie gerne im Abschnitt 4.2 noch einmal nachlesen können. Im Ergebnis ist Ihr ETF-Weltportfolio jedoch ein lebensbegleitender und selbstständig wachsender Wertspeicher. Eigentlich brauchen Sie, abgesehen von Immobilien, Ihrem Versorgungswerk oder der gesetzlichen Rente nichts anderes mehr. Letztlich liegt die Entscheidung natürlich allein bei Ihnen. Wir können Ihnen nur empfehlen, Ihre Dinge einfach zu halten, und wünschen Ihnen bei der Umsetzung Ihrer Pläne viel Erfolg. Und denken Sie immer daran: Nicht die Verpackung ist entscheidend, sondern der Inhalt.

6.7 Siebte Stufe: Vom Vermögen leben – Strategien zum Entsparen

»Wer mit Aktien Geld verdienen will, macht dies nicht mit dem Kopf oder dem Bauch, sondern mit dem Hintern, indem er möglichst lange darauf sitzen bleibt.«

André Kostolany

Das Beste kommt zum Schluss! Nachdem wir im Laufe dieses Buches die Grundlagen des intelligenten Anlegens am weltweiten Kapitalmarkt mittels ETFs besprochen haben, kommen wir nun zur entscheidenden letzten Stufe: der Entnahmestrategie. Ihr Freiheitsdepot ist prall gefüllt. Jetzt geht es darum, wie Sie die Früchte erfolgreichen Investierens ernten – das nennt man »Entsparen«. Der Übergang in diese neue Lebensphase bringt viele Veränderungen mit sich, insbesondere wenn es darum geht, den gewohnten Lebensstandard zu sichern und das angesparte Vermögen klug zu verwalten und zu verzehren.

In der siebten Stufe widmen wir uns also final dem Entspar-Prozess Ihres Freiheitsdepots – einer wichtigen Disziplin, die es ermöglicht, Ihren Status als Privatier sorgenfrei zu genießen. Die wichtigste Hausaufgabe haben Sie bereits im Abschnitt 2.1 dazu erarbeitet, nämlich die Ermittlung des Kapitalbedarfs zur Finanzierung Ihrer finanziellen Sicherheit, Ihrer finanziellen Spielräume und Ihrer finanziellen Freiheit. Jetzt geht es in der nächsten Stufe darum, aus dem aufgebauten Vermögen Ihr Leben zu finanzieren und am besten am Ende sogar noch etwas den Nachkommen zu hinterlassen.

Entspar-Phase mit einigen Herausforderungen

Die Entspar-Phase des Vermögens stellt einen kritischen Abschnitt im Leben eines Privatiers dar. Während dieser Phase steht die Frage im Vordergrund, wie das mühsam angesammelte Vermögen nachhaltig genutzt werden kann, um den Lebensstandard als Privatier zu sichern. Dabei hat man zahlreiche Gedanken und Bedenken, die die eigenen Entscheidungen beeinflussen können.

Die zentrale Frage lautet in der Regel: Reicht das Vermögen für den Rest meines Lebens aus? Nun, die unangenehme Antwort lautet: Wenn Sie heute schon wüssten, wie lange Sie leben werden, könnten Sie Ihre finanziellen Verhältnisse punktgenau ausrichten. Das Problem: Sie haben keine Ahnung, wie alt Sie werden. Und selbst wenn Sie die Möglichkeit hätten, es herauszufinden: Würden Sie das Datum Ihres Todestages wissen wollen? Deshalb ist tatsächlich der größte Unsicherheitsfaktor für Ihren Entspar-Plan Ihr Langlebigkeitsrisiko. Es ist also wichtig, eine realistische und gleichzeitig flexible Entnahmestrategie zu entwickeln, bei der Ihr potenziell erreichbares Lebensalter eine möglichst geringe Rolle spielt.

Eine weitere bedeutende Überlegung betrifft die Entnahmerate. Sie müssen sorgfältig abwägen, wie viel Sie monatlich oder jährlich entnehmen können, um Ihren Lebensstandard halten zu können, ohne Ihr Kapital zu schnell aufzubrauchen. Hierbei spielen verschiedene Entnahmestrategien eine Rolle, wie die konstante oder variable Entnahme, um den individuellen Bedürfnissen und Marktbedingungen gerecht zu werden.

Marktschwankungen stellen ebenfalls eine große Sorge dar. Besonders in den ersten Jahren als Privatier können starke Schwankungen des Marktes Ihr Vermögen empfindlich treffen. Das Risiko bezeichnet man als »Renditereihenfolgerisiko« und es darf bei der Planung nicht unterschätzt werden. Deshalb sollten Sie überlegen, ob Sie Ihr Portfolio defensiver ausrichten sollten, um das Risiko zu minimieren. Gleichzeitig muss das Portfolio jedoch ausreichend Rendite erwirtschaften, um die Inflation auszugleichen und die Kaufkraft zu erhalten.

Ein weiterer Gedanke betrifft das Erbe. Viele Anleger möchten sicherstellen, dass sie ihren Erben ein Vermögen hinterlassen. Die Entspar-Strategie sollte daher auch Aspekte der Nachlassplanung berücksichtigen, um den Übergang des Vermögens zu erleichtern.

Diese Überlegungen zeigen, wie vielschichtig die Entspar-Phase des Vermögens ist. Sie sollten eine ausgewogene Balance finden, um ihre finanzielle Unabhängigkeit und Sicherheit als Privatier zu gewährleisten. Nur mit einer gut durchdachten Strategie und regelmäßiger Überprüfung können Sie Ihre Ziele erreichen und Ihre finanzielle Freiheit genießen.

Was die Anspar- von der Entspar-Phase unterscheidet

Die Anspar- und die Entspar-Phase sind zwei zentrale Abschnitte im finanziellen Lebenszyklus, die sich grundlegend voneinander unterscheiden. Während die Ansparphase primär darauf abzielt, Vermögen aufzubauen, um zukünftige finanzielle Ziele zu erreichen, steht in der Entspar-Phase die strategische Nutzung des angesparten Vermögens zur Sicherung des Lebensunterhalts im Mittelpunkt. In der Anspar-Phase fließen aktive Einkünfte wie Gehälter, Boni und andere Einnahmequellen kontinuierlich in das Vermögen, wobei das Einkommen hauptsächlich dafür genutzt wird, Ersparnisse und Investitionen zu tätigen. Im Gegensatz dazu stellt das angesparte Vermögen in der Entspar-Phase die Hauptfinanzierungsquelle dar, da aktive Einkünfte in der Regel nicht mehr vorhanden sind.

In der Anspar-Phase dominiert oft eine risikoreichere Anlagestrategie, die auf langfristiges Wachstum ausgerichtet ist. Investitionen am Kapital- und Immobilienmarkt sollen maximale Renditen erzielen. In der Entspar-Phase hingegen wird die Anlagestrategie konservativer, um das vorhandene Vermögen zu schützen und stabile Einkünfte zu gewährleisten. Die Risikobereitschaft, wie in Kapitel 6.1 beschrieben, muss in dieser Phase eventuell neu angepasst werden.

Ein weiterer wesentlicher Unterschied liegt im Zeithorizont: Während die Anspar-Phase im Idealfall von einem langen Zeithorizont profitiert, der es ermöglicht, Marktschwankungen auszusitzen und das Vermögen langfristig zu maximieren, ist der Zeithorizont in der Entspar-Phase vermutlich kürzer – je nach Lebensdauer, siehe oben. Hier muss die Planung sicherstellen, dass das Vermögen bis zum Lebensende ausreicht. Das Risikomanagement spielt daher eine noch wichtigere Rolle, da Verluste in der Entspar-Phase schwer wieder aufzuholen sind und der Schutz des Vermögens oberste Priorität hat.

Wie lange muss mein Freiheitsdepot halten?

Neben dem benötigten Budget, welches Sie in Abschnitt 2.1 ermittelt haben, muss man sich im nächsten Schritt Gedanken darüber machen, wie lange dies ausreichen soll. In unseren Simulationen haben wir pauschal 30 Jahre angenommen. Was aber, wenn Sie bereits mit 50 Privatier sind und über 90 Jahre alt werden? Da dies nicht sicher zu prognostizieren ist, kann man sich hier an Statistiken orientieren.

Dabei sollte man jedoch nicht den Fehler begehen, sich an der durchschnittlichen Lebenserwartung zu orientieren. Die durchschnittliche Lebenserwartung – oder genauer gesagt der Median – bedeutet, dass man mit einer 50-prozentigen Wahrscheinlichkeit dieses Alter erreicht. Im Umkehrschluss bedeutet das: Wer seine Entspar-Phase an die durchschnittliche Lebenserwartung anlehnt, liegt mit einer 50-prozentigen Wahrscheinlichkeit falsch.

Um die Lebenserwartung ein wenig genauer schätzen zu können, kann man die Periodensterbetafeln des Statistischen Bundesamtes als Basis nehmen. Darin kann man sehen, wie viel Prozent der Bevölkerung in einem bestimmten Alter noch leben.

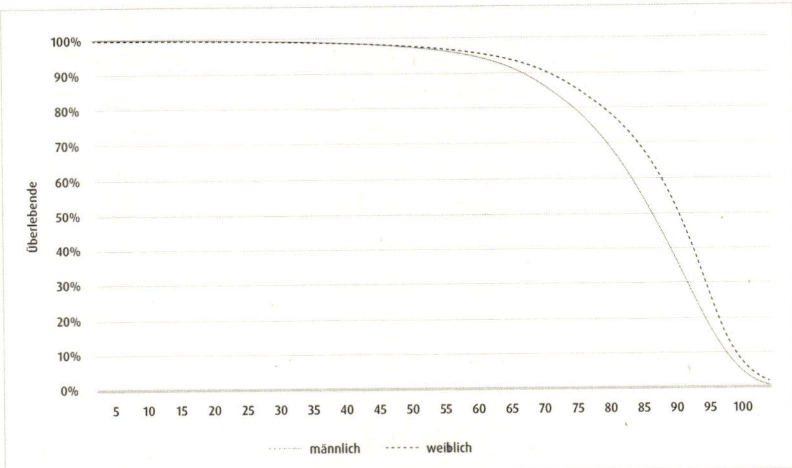

Abb. 6.7.1 Quelle: statistisches Bundesamt

Wie wir der Abbildung 6.7.1 entnehmen können, werden Männer zu 50 Prozent mit 82 Jahren und Frauen zu 50 Prozent mit 87 Jahren noch leben. Die anderen 50 Prozent sind in diesem Alter bereits verstorben. Im Alter von 93 Jahren (Männer) oder 96 Jahren (Frauen) leben hingegen nur noch 10 Prozent der Bevölkerung. 90 Prozent sind bis zu diesem Alter bereits verstorben. Daraus lässt sich eine 90-prozentige Wahrscheinlichkeit ableiten, dass man dieses Alter nicht mehr erreicht. Für die Planung der Entnahmephase ist dies eine deutlich sicherere Annahme. Mit welcher Lebenserwartung könnte man zum Beispiel als heute 55-jähriger Privatier rechnen? Laut Sterbetafel des Statistischen Bundesamtes werden Männer 80 Jahre und 9 Monate alt und Frauen 84 Jahre und 9 Monate. Rechnet man mit dieser Lebenserwartung, ergibt sich eine Entspar-Phase von etwa 26 Jahren bei Männern oder rund 29 Jahren bei Frauen.

Sterbewahrscheinlichkeit	Männer	Frauen
50 %	82 Jahre	87 Jahre
90 %	93 Jahre	96 Jahre
95 %	95 Jahre	98 Jahre

Abb. 6.7.2 Quelle: statistisches Bundesamt[5]

Es ist wichtig, zu bedenken, dass diese Zahlen Durchschnittswerte sind und individuelle Lebensumstände und Gesundheitsfaktoren die Lebenserwartung beeinflussen können. Ein gesunder Lebensstil, regelmäßige medizinische Vorsorge und eine positive Einstellung können ebenfalls einen großen Unterschied machen. Als Privatier können Sie diese Faktoren sicherlich gut beeinflussen und sollten es auch tun. Im Umkehrschluss muss aber Ihre Entnahmestrategie die deutlich längere Lebenserwartung dann auch finanzieren können.

Welche Entnahmestrategien nutzen Privatiers?

Es gibt verschiedene Entnahmestrategien, die an die individuellen Bedürfnisse und Präferenzen eines Privatiers angepasst werden können. Zu den gängigsten Strategien gehören die prozentuale, die inflationsorientierte und die dynamische Entnahmestrategie, sowie die Drei-Topf-Entnahmestrategie. Im Folgenden beschreiben wir diese Entnahmestrategien, um sie damit näher zu erläutern.

1. Die prozentuale Entnahmestrategie

Die prozentuale Entnahmestrategie, besser bekannt als 4-Prozent-Regel, ist eine bekannte Faustregel, die besagt, dass ein Privatier jährlich 4 Prozent seines ursprünglichen Vermögens entnehmen kann, um seinen Lebensunterhalt zu bestreiten. Diese Methode basiert auf historischen Daten und zielt darauf ab, das Vermögen über einen langen Zeitraum hinweg zu erhalten. Sie bietet eine einfache und leicht verständliche Richtlinie, muss jedoch regelmäßig überprüft werden, um sicherzustellen, dass sie in der aktuellen finanziellen und wirtschaftlichen Lage noch angemessen ist. Deshalb sind die 4 Prozent nur als statistischer Mittelwert zu sehen. Mit einer flexibleren Entnahmestrategie können die jährlichen Entnahmen an die Marktbedingungen angepasst werden. In Jahren mit hohen Renditen können dann die Entnahmen erhöht werden, während sie in Jahren mit schwachen Renditen reduziert werden, um das Vermögen zu schützen. Diese Strategie erfordert mehr Aufmerksamkeit und Anpassung, kann aber dazu beitragen, das Risiko eines vorzeitigen Kapitalverzehrs zu minimieren.

An einem Rechenbeispiel wird deutlich, wie die Strategie in der Praxis funktioniert ...

Ausgangssituation: Thomas Müller hat ein Vermögen von 5 Millionen Euro, das in ein global diversifiziertes Portfolio aus Aktien und Anleihen investiert ist. Er benötigt jährlich rund 200.000 Euro vor Steuern und möchte diese Entnahme jährlich an die Inflation anpassen.

Umsetzung der prozentual basierten Entnahme: Thomas legt einen festen Prozentsatz von 4 Prozent seines aktuellen Vermögens für jährliche Entnahmen fest. Bei einem Vermögen von 5 Millionen Euro wären das die gewünschten 200.000 Euro.

Diese Strategie basiert auf dem aktuellen Wert des Vermögens, was bedeutet, dass die Entnahmen je nach Marktwert variieren können. Erwischt er am Anfang eine negative Marktphase und sein Depot bricht um beispielsweise 10 Prozent ein, dann beträgt die Entnahme auf Basis von 4,5 Millionen Euro nur noch 180.000 Euro. Thomas muss seine Entnahmen deshalb jährlich an den aktuellen Wert seines Portfolios anpassen, um sicherzustellen, dass er seinen Lebensunterhalt bestreiten kann, ohne sein Vermögen langfristig zu gefährden.

Die prozentuale Entnahmestrategie im Stresstest

Um zu sehen, ob sich diese Entnahmestrategie in der Praxis tatsächlich bewährt hätte, haben wir sie zwei unterschiedlichen Stresstests wie folgt ausgesetzt:

Thomas Müller hat sich entschieden, sein Vermögen ausgewogen am internationalen Kapitalmarkt zu investieren. Seine Risikobereitschaft liegt bei 50 Prozent risikobehaftetem Anteil, bestehend aus sechs Aktienmarkt-ETFs rund um den Globus. Die restlichen 50 Prozent wurden in risikoarme, kurzlaufende Anleihen investiert. Dem Portfolio wurden laufende Kosten von 0,2 Prozent pro Jahr unterstellt.

Anlagemarkt	Aufteilung
USA Markt	15,00 %
Schwellenländer Markt	13,00 %
Europa Markt	9,00 %
Japan Markt	2,00 %
Pazifik Markt	2,00 %
Small Cap Markt	9,00 %
Anleihen Markt	50,00 %

Abb. 6.7.3 Quelle: portfoliovisualizer.com

Der Zeitraum des Stresstests

Das Portfolio haben wir einer historischen Marktstressperiode mit einem positiven Marktstart zum 01.01.1997 und einem negativen Marktstart ab dem 01.01.2000 ausgesetzt. In dieser Zeit musste das Portfolio etliche Krisen durchstehen. Am härtesten wurde das Portfolio in der Finanzkrise 2007 bis 2009 getroffen.

Historische Marktstressperioden

Stress Period	Start	Ende	Jahresverlust
Asienkrise	Jul 1997	Jan 1998	-3,95 %
Russischer Zahlungsausfall	Jul 1998	Okt 1998	-8,53 %
Dotcom-Crash	Mär 2000	Okt 2002	-13,71 %
Subprime-Krise	Nov 2007	Mär 2009	32,01 %
COVID-19-Start	Jan 2020	Mär 2020	12,68 %

Abb. 6.7.4 Quelle: portfoliovisualizer.com

Der Verlauf des Portfolios und der Entnahmestrategie bei einem positiven Markteintritt

Hätte Thomas Müller 1997 sein Geld investiert, dann wäre er sofort mit einer positiven Marktphase belohnt worden. Die Nettorendite nach Kosten betrug in diesem Jahr 9,44 Prozent. Somit hätte sein Depot am Ende des Jahres einen Stand von über 5,2 Millionen Euro gehabt und dies, obwohl er über 218.000 Euro (4 Prozent + Inflation 1,7 Prozent (US-Inflation) = 4,17 Prozent) aus dem Depot entnommen hätte.

Heute, am Ende des Jahres 2024, wäre aus seinen damaligen 5 Millionen Euro Anlagebetrag und trotz der regelmäßigen Entnahmen von insgesamt fast 7,8 Millionen Euro immer noch ein Vermögen von über 7,8 Millionen Euro im Depot übrig. Die jährliche Entnahme von 4 Prozent, steigend um die Inflation (hier die US-Inflation als Basis, die höher als die Inflation in Europa war), hätte trotz aller Krisen nicht dazu geführt, dass das Depot entspart worden wäre, sondern es wäre sogar erhalten geblieben.

Anlagejahr	Inflation (USA)	Bruttorendite	Nettorendite	Depotstand	Entnahme
1997	1,70 %	9,66 %	9,44 %	5.253.086,75 €	-218.878,61 €
1998	1,61 %	7,71 %	7,50 %	5.420.994,66 €	-225.874,78 €
1999	2,68 %	18,76 %	18,52 %	6.167.935,94 €	-256.997,33 €
2000	3,39 %	-2,88 %	-3,07 %	5.739.436,30 €	-239.143,18 €
2001	1,55 %	-0,79 %	-0,99 %	5.455.362,35 €	-227.306,76 €
2002	2,38 %	-5,48 %	-5,67 %	4.940.310,09 €	-205.846,25 €
2003	1,88 %	23,00 %	22,76 %	5.821.988,98 €	-242.582,87 €
2004	3,26 %	10,38 %	10,16 %	6.157.051,46 €	-256.543,81 €
2005	3,42 %	8,42 %	8,20 %	6.395.415,05 €	-266.475,63 €
2006	2,54 %	13,44 %	13,21 %	6.950.585,94 €	-289.607,75 €
2007	4,08 %	10,13 %	9,91 %	7.333.735,38 €	-305.572,31 €
2008	0,09 %	-23,29 %	-23,44 %	5.389.937,11 €	-224.580,71 €
2009	2,72 %	27,47 %	27,22 %	6.582.661,48 €	-274.277,56 €
2010	1,50 %	10,82 %	10,60 %	6.988.916,21 €	-291.204,84 €
2011	2,96 %	-3,06 %	-3,25 %	6.491.348,11 €	-270.472,84 €
2012	1,74 %	11,05 %	10,83 %	6.906.445,93 €	-287.768,58 €
2013	1,50 %	11,11 %	10,89 %	7.352.320,31 €	-306.346,68 €
2014	0,76 %	2,81 %	2,60 %	7.241.866,51 €	-301.744,44 €
2015	0,73 %	-1,60 %	-1,80 %	6.827.210,89 €	-284.467,12 €
2016	2,07 %	6,35 %	6,14 %	6.956.386,59 €	-289.849,44 €
2017	2,11 %	13,23 %	13,00 %	7.546.352,57 €	-314.431,36 €
2018	1,91 %	-4,91 %	-5,10 %	6.875.230,60 €	-286.467,94 €
2019	2,29 %	15,53 %	15,30 %	7.610.244,77 €	-317.093,53 €
2020	1,36 %	10,18 %	9,96 %	8.033.140,17 €	-334.714,17 €
2021	7,04 %	7,25 %	7,03 %	8.254.256,36 €	-343.927,35 €
2022	6,45 %	-11,69 %	-11,87 %	6.983.558,02 €	-290.981,58 €
2023	3,35 %	12,24 %	12,02 %	7.509.905,13 €	-312.912,71 €
2024	3,77 %	9,21 %	8,99 %	7.857.993,60 €	-327.416,40 €
					-7.793.486,53 €

Abb. 6.7.5 Quelle: portfoliovisualizer.com

Portfolioentwicklung von 1997 bis 2024

Mit der Anlagestrategie 50 Prozent Aktien und 50 Prozent Anleihen betrug die zeitgewichtete Rendite im betrachteten Anlagezeitraum immerhin 6,07 Prozent pro Jahr, bei einer durchschnittlichen Schwankung von 8,77 Prozent. Das beste Anlagejahr war das Jahr 2009 nach der Finanzkrise mit einem Zuwachs von 27,22 Prozent. Das schlechteste Ergebnis mit einem Jahresverlust von 23,44 Prozent war das Jahr der Finanzkrise 2008. Dabei musste das Depot von Thomas Müller kurzfristig einen maximalen Verlust von 37,59 Prozent verkraften.

Depotstand am Anfang 1997	5.000.000,00 €
Depotstand am Ende 2024	7.857.993,60 €
Zeitgewichtet Rendite	6,07 %
Standard Abweichung	8,77 %
Bestes Anlagejahr	27,22 %
Schlechtestes Anlagejahr	-23,44 %
Maximaler Verlust	-37,59 %

Abb. 6.7.6 Quelle: portfoliovisualizer.com

Der Verlauf des Portfolios und der Entnahmestrategie bei einem negativen Markteintritt

Hätte Thomas Müller im Jahr 2000 sein Geld investiert, dann wäre er sofort von einer negativen Marktphase bestraft worden. Der Verlust betrug in diesem Jahr 3,07 Prozent und sein Portfolio wurde auch noch zwei weitere Jahre mit Verlusten strapaziert. Somit hätte sein Depot am Ende des Jahres 2000 noch einen Stand von 4,6 Millionen Euro und im Jahr 2002 nur noch von 3,9 Millionen Euro gehabt. Aufgrund der hohen Inflation von 3,39 Prozent im Jahr 2000 hätte seine Entnahme dennoch den gewünschten Betrag von über 200.000 Euro betragen.

Heute, am Ende des Jahres 2024, wäre aus seinen damaligen 5 Millionen Euro Anlagebetrag trotz der regelmäßigen Entnahmen von insgesamt 6,8 Millionen Euro immer noch ein Vermögen von über 4,4 Millionen Euro im Depot übrig. Die jährliche Entnahme von 4 Prozent, steigend um die Inflation (hier die US-Inflation als Basis, die höher als die Inflation in Europa war), hätte trotz des negativen Markteintritts und aller folgenden Krisen nicht dazu geführt, dass das Depot entspart worden wäre. Dennoch verdeutlicht dieses Beispiel, dass das Renditereihenfolgerisiko sich sowohl auf

Anlagejahr	Inflation (USA)	Bruttorendite	Nettorendite	Depotstand	Entnahme
2000	3,39 %	-2,88 %	-3,07 %	4.639.725,60 €	-206.773,73 €
2001	1,55 %	-0,79 %	-0,99 %	4.383.853,07 €	-209.982,28 €
2002	2,38 %	-5,48 %	-5,67 %	3.920.406,11 €	-214.973,33 €
2003	1,88 %	23,00 %	22,76 %	4.593.555,75 €	-219.013,53 €
2004	3,26 %	10,38 %	10,16 %	4.834.189,77 €	-226.143,99 €
2005	3,42 %	8,42 %	8,20 %	4.996.694,65 €	-233.868,06 €
2006	2,54 %	13,44 %	13,21 %	5.416.904,41 €	-239.810,10 €
2007	4,08 %	10,13 %	9,91 %	5.704.058,62 €	-249.597,64 €
2008	0,09 %	-23,29 %	-23,44 %	4.117.053,53 €	-249.825,98 €
2009	2,72 %	27,47 %	27,22 %	4.980.984,93 €	-256.624,44 €
2010	1,50 %	10,82 %	10,60 %	5.248.277,71 €	-260.462,70 €
2011	2,96 %	-3,06 %	-3,25 %	4.809.564,13 €	-268.177,98 €
2012	1,74 %	11,05 %	10,83 %	5.057.484,12 €	-272.847,19 €
2013	1,50 %	11,11 %	10,89 %	5.331.379,32 €	-276.944,71 €
2014	0,76 %	2,81 %	2,60 %	5.191.049,56 €	-279.040,12 €
2015	0,73 %	-1,60 %	-1,80 %	4.816.653,34 €	-281.075,66 €
2016	2,07 %	6,35 %	6,14 %	4.825.372,10 €	-286.906,92 €
2017	2,11 %	13,23 %	13,00 %	5.159.758,99 €	-292.958,02 €
2018	1,91 %	-4,91 %	-5,10 %	4.598.200,85 €	-298.553,99 €
2019	2,29 %	15,53 %	15,30 %	4.996.481,28 €	-305.376,33 €
2020	1,36 %	10,18 %	9,96 %	5.184.351,79 €	-309.535,57 €
2021	7,04 %	7,25 %	7,03 %	5.217.698,49 €	-331.315,74 €
2022	6,45 %	-11,69 %	-11,87 %	4.245.697,60 €	-352.700,19 €
2023	3,35 %	12,24 %	12,02 %	4.391.407,71 €	-364.523,14 €
2024	3,77 %	9,21 %	8,99 %	4.408.147,99 €	-378.260,35 €
					-6.865.291,69 €

Abb. 6.7.7 Quelle: portfoliovisualizer.com

die gesamten Entnahmen von 6,8 im Vergleich zu 7,8 Millionen Euro als auch auf den Endstand von 4,4 im Vergleich zu 7,85 Millionen Euro deutlich negativ ausgewirkt hätte. Der negative Markteintritt hätte sich auch auf die durchschnittliche Rendite des Portfolios ausgewirkt, die bei diesem negativen Markteinstieg am Ende bei 5,44 Prozent und nicht wie beim positiven Markteinstieg bei 6,07 Prozent gelegen hätte.

Diese Vorteile hat die prozentuale Entnahmestrategie

- **Einfache Berechnung:** Die prozentuale Entnahmestrategie, zum Beispiel mit der 4-Prozent-Regel, ist leicht zu verstehen und anzuwenden. Man entnimmt jedes Jahr einen definierten Prozentsatz des Anfangswertes des Portfolios.
- **Inflationsanpassung:** Die Strategie berücksichtigt die Inflation, indem der Entnahmebetrag jährlich angepasst wird.
- **Langfristige Sicherheit:** Studien wie die Trinity-Studie haben gezeigt, dass die 4-Prozent-Regel über einen Zeitraum von 30 Jahren eine hohe Wahrscheinlichkeit bietet, dass das Vermögen nicht vorzeitig aufgebraucht wird.

Diese Nachteile hat diese Strategie

- **Marktschwankungen:** Die Strategie kann in Zeiten von Marktschwankungen riskant sein, da der Wert des Portfolios stark schwanken kann.
- **Lebensdauer:** Die 4-Prozent-Regel basiert auf einer durchschnittlichen Lebensdauer. Wenn man länger lebt als erwartet, könnte es sein, dass das Vermögen nicht ausreicht.
- **Steuern und Gebühren:** Die Strategie berücksichtigt nicht die Auswirkungen von Steuern und Gebühren, die die tatsächliche Entnahmerate beeinflussen können.

2. Die inflationsorientierte Entnahmestrategie

Diese Strategie basiert darauf, dass jedes Jahr ein festgelegter Anfangsbetrag aus dem Portfolio entnommen wird. Dieser Betrag wird jährlich an die Inflationsrate angepasst, um sicherzustellen, dass die Kaufkraft des entnommenen Geldes erhalten bleibt. Der erste Schritt besteht also darin, einen Anfangsbetrag zu bestimmen, der aus dem Portfolio entnommen werden soll. Dieser Betrag sollte so gewählt werden, dass er die aktuellen jährlichen Ausgaben des Anlegers deckt und gleichzeitig das Portfolio nicht übermäßig belastet. Die Berechnung basiert oft auf dem ursprünglichen Portfoliowert und der erwarteten Rendite. Die Inflation wird in der Regel anhand eines Inflationsindex wie dem Verbraucherpreisindex (VPI) gemessen. Wenn die Inflationsrate beispielsweise 2 Prozent beträgt, wird der Entnahmebetrag für das nächste Jahr um diesen Prozentsatz erhöht.

Um sicherzustellen, dass das Portfolio nachhaltig bleibt und die Entnahmen langfristig gesichert sind, sollten regelmäßige Bewertungen der Portfolio-Performance durchgeführt werden. Dabei werden die Renditen und die Auswirkungen von Marktschwankungen berücksichtigt. Diese Strategie ist darauf ausgelegt, eine stabile finanzielle Grundlage zu schaffen. Sie funktioniert am besten, wenn das Portfolio gut diversifiziert ist und ausreichend Wachstumsinvestitionen enthält, um die Entnahmen zu kompensieren.

Diese Vorteile hat die inflationsorientierte Entnahmestrategie

- **Stabilität und Berechenbarkeit:** Da die Entnahmen jährlich an die Inflation angepasst werden, kann der Anleger sicher sein, dass er über die Zeit hinweg eine konstante Kaufkraft behält. Dies schafft finanzielle Sicherheit und ermöglicht eine verlässliche Planung.

- **Einfachheit:** Die Strategie ist relativ einfach umzusetzen. Sie erfordert lediglich die jährliche Berechnung der Inflationsrate und die Anpassung des Entnahmebetrags.

Diese Nachteile hat diese Strategie

- **Frühzeitige Erschöpfung des Portfolios:** Ein wesentliches Risiko besteht darin, dass das Portfolio aufgrund der Entnahmen und möglicher Marktrückgänge vorzeitig aufgebraucht wird. Besonders in Zeiten schwacher Marktperformance kann dies kritisch werden.
- **Fehlende Flexibilität:** Diese Methode reagiert nicht auf individuelle Bedürfnisse oder außergewöhnliche finanzielle Ereignisse. Die Anpassung erfolgt strikt basierend auf der Inflationsrate, unabhängig von der tatsächlichen Performance des Portfolios.
- **Inflationsschwankungen:** In Zeiten niedriger Inflation mag die Strategie weniger relevant erscheinen, aber bei hoher Inflation könnten die benötigten Beträge das Portfolio übermäßig belasten.

Fazit: Die inflationsorientierte Entnahmestrategie bietet eine strukturierte und transparente Möglichkeit, Geld aus einem Anlageportfolio zu entnehmen, während sie gleichzeitig die Inflation berücksichtigt. Sie kann jedoch nur dann effektiv sein, wenn das Portfolio robust genug ist, um sowohl die Entnahmen als auch die Inflation und Marktschwankungen zu bewältigen. Regelmäßige Überprüfungen und Anpassungen sind daher unverzichtbar.

3. Die dynamische Entnahmestrategie

Die dynamische Entnahmestrategie ist eine flexible Methode zur Entnahme von Mitteln aus einem Anlageportfolio. Sie passt sich aktiv an die Marktbedingungen und die individuellen finanziellen Bedürfnisse des Anlegers an, um sowohl die finanzielle Sicherheit als auch die langfristige Nachhaltigkeit des Portfolios zu gewährleisten. Im Gegensatz zu statischen Entnahmestrategien berücksichtigt sie Schwankungen in der Wertentwicklung des Portfolios und ermöglicht eine Anpassung der Entnahmen, wenn sich die wirtschaftliche Situation ändert.

Das Hauptmerkmal dieser Strategie ist ihre Flexibilität. Statt feste Beträge oder Prozentsätze zu entnehmen, wird der Entnahmebetrag jährlich (oder in bestimmten Intervallen) an die Marktperformance, die aktuelle Portfoliogröße und möglicherweise an individuelle Bedürfnisse angepasst. Das Ziel ist es, ein Gleichgewicht zwischen der Sicherung eines stabilen Einkommens und dem Erhalt des Portfolios zu erreichen.

Der erste Schritt besteht also darin, einen initialen Betrag festzulegen. Dieser dient als Orientierungspunkt für die ersten Entnahmen und wird später dynamisch angepasst. Zu Beginn jedes Jahres oder Entnahmeintervalls wird die Wertentwicklung des Portfolios im vorangegangenen Zeitraum analysiert. Wenn das Portfolio stark gewachsen ist, können höhere Entnahmen erfolgen. Falls jedoch ein Rückgang zu verzeichnen ist, sollte der Entnahmebetrag reduziert werden, um das Portfolio zu schützen. Der Basisbetrag wird anhand von bestimmten Kriterien, wie etwa der Rendite des Portfolios, den individuellen finanziellen Bedürfnissen und der Lebenssituation, angepasst. Dabei können auch Ober- und Untergrenzen für die Entnahmen definiert werden, um extreme Schwankungen zu vermeiden.

Diese Vorteile hat die dynamische Entnahmestrategie

- **Flexibilität:** Die Strategie ermöglicht es, auf Veränderungen in den Marktbedingungen zu reagieren. In guten Zeiten können höhere Entnahmen erfolgen, während in schlechten Zeiten das Portfolio geschützt wird.
- **Langfristige Nachhaltigkeit:** Durch die Anpassung der Entnahmen bleibt die Wahrscheinlichkeit hoch, dass das Portfolio über einen langen Zeitraum erhalten bleibt, auch in turbulenten Marktphasen.
- **Personalisierung:** Die Strategie kann individuell auf die Bedürfnisse und Lebensumstände des Anlegers zugeschnitten werden, was sie besonders attraktiv macht.

Diese Nachteile hat diese Strategie

- **Komplexität:** Im Vergleich zu statischen Methoden ist die dynamische Strategie komplexer und erfordert eine kontinuierliche Überwachung und Bewertung des Portfolios.
- **Emotionale Aspekte:** Anleger könnten Schwierigkeiten haben, ihre Entnahmen in schlechten Marktzeiten zu reduzieren, besonders wenn sie auf die Gelder angewiesen sind.
- **Abhängigkeit von der Portfolio-Performance:** In lang anhaltenden Baisse-Phasen könnte die Strategie weniger stabile Einkünfte bieten, was zu Unsicherheit führen kann.

Die dynamische Entnahmestrategie bietet eine moderne und flexible Lösung für die Mittelentnahme aus einem Portfolio. Sie ermöglicht es, auf Veränderungen in der Marktperformance und den individuellen finanziellen Bedürfnissen zu reagieren, ohne das langfristige Ziel – den Erhalt des Portfolios – aus den Augen zu verlieren. Dennoch erfordert sie eine sorgfältige Planung und regelmäßige Überprüfung, um effektiv zu sein.

4. Die »Drei-Topf-Entnahmestrategie«

Die Drei-Topf-Strategie teilt das Vermögen in verschiedene »Vermögenstöpfe« auf, die unterschiedliche Zeithorizonte und Risikoprofile haben. Der erste Vermögenstopf enthält liquide Mittel und kurzfristige Investments für die nächsten ein bis zwei Jahre, um unmittelbare Lebenshaltungskosten zu decken. Der zweite Vermögenstopf besteht aus mittelfristigen Anlagen und zu einem Großteil aus kurzlaufenden Anleihen sowie einem klassischen Aktienmarktanteil, der sowohl Wachstum als auch Stabilität bieten soll. Der dritte Vermögenstopf ist Ihr weltweit allokiertes ETF-Weltportfolio, das auf langfristiges Wachstum abzielt. Diese strukturierte und klar definierte Planung kombiniert Vermögensschutz und Wachstum und erfordert regelmäßige Umschichtungen.

Ausgangssituation:
Thomas Müller möchte seine 5 Millionen Euro nach der Drei-Topf-Entnahmestrategie investieren. Er benötigt jährlich 200.000 Euro für seinen Lebensunterhalt.

Umsetzung der Drei-Topf-Strategie:
Thomas teilt sein Vermögen in drei Vermögenstöpfe auf:

Topf 1 – Liquidität kurzfristig: 400.000 Euro (8 Prozent des Vermögens) werden in sehr sichere, liquide Anlagen wie Geldmarktfonds oder Tages-/Festgeld angelegt, um die Lebenshaltungskosten der nächsten zwei Jahre zu decken. Die laufenden Entnahmen für Lebenshaltungskosten und andere kurzfristige Bedürfnisse erfolgen ausschließlich aus diesem Topf. Der Betrag wird regelmäßig überprüft und bei Bedarf angepasst.

Topf 2 – Mittelfristige Sicherheit: 1.800.000 Euro (36 Prozent des Vermögens) werden zu 60 Prozent in mittelfristigen Anlagen wie kurzlaufende Anleihen investiert und zu 40 Prozent in klassische Aktienmarkt-ETFs, um Topf 1 aufzufüllen, wenn dessen Mittel aufgebraucht sind. Wenn Topf 1 erschöpft ist, werden Mittel aus Topf 2 (oder bei Bedarf aus Topf 3) übertragen, um die Liquidität wiederherzustellen. Gleichzeitig wird Topf 2 durch Erträge aus Topf 3 wieder aufgefüllt. Dies stellt sicher, dass der kurzfristige Bedarf gedeckt ist und das Portfolio langfristig nachhaltig bleibt.

Topf 3 – Wachstum langfristig: 2.800.000 Euro (56 Prozent des Vermögens) investiert Thomas in sein ETF-Weltportfolio, welches er zu 70 Prozent in Aktienmarkt-ETFs und zu 30 Prozent in Anleihen-ETFs investiert, um langfristiges Wachstum zu erzielen. Topf 3 bleibt die wichtigste Wachstumsquelle. Durch langfristige Anlage in renditestarke Wertpapiere wird das Kapital über Jahre hinweg vermehrt. Die Gewinne aus Topf 3 sichern den nachhaltigen Substanzerhalt des gesamten Portfolios.

Thomas überprüft seine Drei-Topf-Strategie regelmäßig und nimmt Umschichtungen vor, um sicherzustellen, dass er stets genügend liquide Mittel zur Verfügung hat und gleichzeitig sein Vermögen langfristig wächst.

Diese Vorteile hat die Drei-Topf-Entnahmestrategie

- **Stabilität und Sicherheit:** Durch die klare Trennung der Mittel werden Risiken minimiert, da kurzfristige Ausgaben unabhängig von der Marktentwicklung abgedeckt werden.
- **Flexibilität:** Die Strategie erlaubt es, die Mittel zwischen den Töpfen zu verschieben und so auf sich ändernde finanzielle Bedürfnisse oder Marktbedingungen zu reagieren.
- **Langfristiges Wachstum:** Topf 3 sorgt für den Inflationsausgleich und die Vermehrung des Kapitals, während die anderen Töpfe die kurzfristige Stabilität sicherstellen.

Diese Nachteile hat diese Strategie

- **Komplexität**: Die Einrichtung und Verwaltung der drei Töpfe erfordert ein hohes Maß an Planung und Überwachung.
- **Abhängigkeit von Umschichtungen**: Der Erfolg der Strategie hängt von einer disziplinierten Umsetzung und der kontinuierlichen Nachschichtung der Töpfe ab.
- **Erhöhte Kosten**: Das Verwalten unterschiedlicher Anlageklassen in separaten Töpfen kann höhere Gebühren und Transaktionskosten verursachen.

Die Drei-Topf-Entnahmestrategie ist eine durchdachte Methode, die sowohl Sicherheit als auch Wachstum bietet. Sie erfordert jedoch eine aktive Überwachung und regelmäßige Anpassungen. Der Erfolg der Strategie hängt von einer guten Balance zwischen den Töpfen und einer langfristig ausgerichteten Investmentphilosophie ab.

Lebensumstände beeinflussen Entnahmestrategien

Die Lebensumstände eines Privatiers haben einen erheblichen Einfluss auf die Wahl und Anpassung der Entnahmestrategie. Verschiedene Faktoren spielen hierbei eine Rolle.

Der vielleicht wichtigste Faktor ist die **Gesundheit**: Ein guter Gesundheitszustand kann zu einer langfristigen Strategie führen, während ein schlechter Gesundheitszustand eine konservativere Entnahmestrategie erfordert, um medizinische Ausgaben sicherzustellen.

Der **Familienstand und Abhängigkeiten** müssen ebenfalls berücksichtigt werden. Verheiratete Privatiers oder solche mit abhängigen Familienmitgliedern müssen möglicherweise höhere Ausgaben einplanen und eine flexible Entnahmestrategie wählen, um unvorhergesehene Ausgaben zu decken.

Der **Lebensstil** und die Ausgaben eines Privatiers sind weitere wichtige Faktoren. Ein aufwändiger Lebensstil erfordert höhere monatliche Entnahmen, was eine robuste und gut durchdachte Entnahmestrategie notwendig macht. Bescheidenere Lebensstile ermöglichen eine konservativere Strategie, die das Vermögen länger erhalten kann. **Zusätzliche Einkommensquellen** wie Mieteinnahmen, Pensionen oder Nebenbeschäftigungen können die Abhängigkeit von Entnahmen aus dem Anlagevermögen verringern und ermöglichen es, einen größeren Teil des Kapitals langfristig zu investieren. Die **Marktsituation und die wirtschaftlichen Bedingungen** beeinflussen ebenfalls die Entnahmestrategie. Wirtschaftliche Unsicherheiten und Marktvolatilität können zu häufigeren Anpassungen der Strategie führen. Eine flexible Strategie, die auf aktuelle Marktbedingungen reagiert, schützt das Vermögen besser. Die **Inflation und die Lebenshaltungskosten** sind entscheidende Faktoren, da sie die Kaufkraft der Entnahmen beeinflussen. Eine Strategie, die jährliche Anpassungen der Entnahmen an die Inflation vorsieht, hilft, den Lebensstandard aufrechtzuerhalten. **Steuerliche Aspekte** spielen ebenfalls eine große Rolle, da sie die Nettorenditen und somit die Entnahmestrategie beeinflussen. Eine steuerlich optimierte Strategie minimiert die Steuerlast und maximiert die Effizienz der Entnahmen.

Schließlich sind **persönliche Ziele und Präferenzen** zu berücksichtigen. Ziele wie die Weitergabe von Vermögen an Erben oder die Finanzierung von wohltätigen Zwecken beeinflussen die Entnahmestrategie. Diese Ziele sollten in der Planung berücksichtigt werden, um sicherzustellen, dass genügend Mittel für diese Zwecke vorhanden sind.

Insgesamt müssen Privatiers ihre Entnahmestrategie regelmäßig überprüfen und anpassen, um auf Veränderungen in ihren Lebensumständen und den äußeren Bedingungen zu reagieren. Eine gut durchdachte und flexible Strategie gewährleistet langfristig finanzielle Sicherheit und Lebensqualität.

KAPITEL 7

Ein Immobilien-Investment ist keine eierlegende Wollmilchsau

»Es gibt keine Wunderwaffe im Investment. Immobilien sind kein Allheilmittel und erfordern ebenso viel Wissen und Strategie wie andere Anlageformen.«

DAVOR HORVAT

Der schöne Begriff »Betongold« steht sinnbildlich für Immobilien. Wer auch immer diesen Begriff erfunden hat: Chapeau dafür. Denn die Suggestionskraft des Wortes ist enorm. Immobilien werden dadurch als wertbeständiges Gut beschrieben, das jede Krise übersteht. So wie auch Gold, dessen Preis zwar im Wert schwankt, sich aber über die Jahrhunderte hinweg als Krisenwährung etabliert hat. Der Vergleich zwischen Gold und Immobilien hinkt bei näherer Betrachtung jedoch gewaltig. Das fängt schon damit an, dass Gold gleich Gold ist. Selbst als reich verziertes Amulett zählt am Ende des Tages nur sein Gewicht, umgerechnet in den Tagespreis in US-Dollar. Gold wird nicht geschaffen, es erwirtschaftet keinen Gewinn, verursacht keine Unterhaltskosten und es ist egal, wo es sich befindet. Eine Unze davon kostet in Tokio so viel wie in London, New York oder Castrop-Rauxel. Der Wert einer Immobilie dagegen hängt von sehr vielen Faktoren ab. Die Lage dürfte einer der wichtigsten davon sein. Ein weiterer wichtiger Faktor ist ihre Verwendung. Es macht einen sehr großen Unterschied, ob Sie viel Geld und Herzblut in den Kauf und die Verschönerung Ihrer selbst genutzten Immobilie stecken oder eine Immobilie allein unter dem Gesichtspunkt der Erwirtschaftung einer Rendite betrachten – und entsprechend rechnen und agieren.

7.1 Welches Betongold glänzt – und welches nicht

»Das Eigenheim ist der teuerste aller Schlüsselanhänger.«

Werner Mitsch

Ihr Bankberater ist keine Hilfe, wenn es darum geht, Entscheidungen darüber zu treffen, in welche Art von Immobilie Sie investieren sollten. Wenn er Ihnen dazu rät, Immobilienvermögen aufzubauen, dann ist es ihm völlig egal, ob Sie in ein Renditeobjekt investieren oder ein Eigenheim kaufen. Hauptsache, Sie finanzieren die Immobilie mit einem Darlehen seiner Bank. Obwohl Eigenheime zur Selbstnutzung und Renditeobjekte völlig verschiedene Dinge sind, wird die Argumentation Ihres Gegenübers trotzdem ähnlich sein: Geld in Betongold anzulegen und damit gleichzeitig fürs Alter vorzusorgen – das klingt nach einem schlüssigen Konzept. Und ein Eigenheim fügt noch einen weiteren Faktor hinzu: Mit einer schönen Immobilie, die Sie nach Ihrem Gusto gestalten, können Sie die eigene Lebensqualität steigern. Und so kommt es, wie es häufig kommt: Als Topverdiener erwirbt man ein großes Grundstück, welches man zu einem großen Teil mit seinem angesparten Eigenkapital zahlt. Und dann baut man darauf ein Eigenheim für sich und die Familie. So etwas kann je nach persönlichen Wünschen schnell einen siebenstelligen Betrag und jedes Jahr mehrere Zehntausend Euro für laufende Gebühren und Steuern sowie teure Verschönerungsmaßnahmen kosten. Oft ist für Topverdiener die Finanzierung kein Problem. Denn sie genießen aufgrund ihrer hohen Einnahmen bei Banken einen guten Ruf als Schuldner.

Grundsätzlich fühlt sich eine luxuriöse Immobilie erst einmal gut an. Sie ist schließlich nicht nur Wohnstätte, sondern oft auch ein Statussymbol. Und die Eigentümer sind oft der Meinung, dass man nicht nur die Miete spart, sondern das Eigenheim später wieder mit Gewinn verkaufen kann. Ein guter Deal!

Nun ja. Fakt ist: Eine selbst genutzte Immobilie ist ein Konsumgut und keine Investition – und schon gar kein in Beton gegossener Altersvorsorgeplan.

Damit Sie dies richtig einordnen: Wir wissen, dass ein eigenes Haus eine emotionale Sache ist. Wir wollen niemanden davon abhalten, sich ein Haus zu kaufen oder eines zu bauen. Im eigenen Haus zu wohnen, bedeutet, Lebensqualität und Gestaltungsfreiheit zu haben und nicht nur keine Miete zu zahlen, sondern irgendwann vielleicht auch keine Zinsen und Rückzahlungen mehr leisten zu müssen.

Wenn Eigentümer von ihrem Heim schwärmen, dann haben sie ja insofern richtig entschieden, als sie sich offensichtlich einen Traum erfüllt haben. Das ist legitim. Da widerspricht man als Außenstehender nur ungern. Gleichzeitig würden wir uns nicht wohlfühlen, wenn wir Eigenheimbesitzer in dem falschen Glauben ließen, sie hätten nicht nur emotional, sondern auch unter dem Aspekt des Vermögensaufbaus eine grundsolide Entscheidung getroffen. Deshalb erklären wir Ihnen an dieser Stelle mit dem gebotenen Respekt die finanziellen Vor- und Nachteile einer selbst genutzten Immobilie.

Das spricht aus finanzieller Sicht für eine selbst genutzte Immobilie

Ein Eigenheim, das Ihnen gehört, hat ohne Zweifel Vorteile gegenüber einer Wohnung oder einem Haus, das Sie mieten. Erstens: Sie zahlen keine Miete, sondern – falls Sie finanzieren – eine Rate, die je nach Finanzierungsmodell und Eigenanteil geringer sein kann als eine vergleichbare Miete. Zweitens: Mit Ihrer Kreditrate machen Sie nicht einen anderen Immobilienbesitzer reich, sondern zahlen neben den Zinsen auch in den eigenen Besitz ein. Denn Sie zahlen ja auch den Kredit ab. Irgendwann gehört Ihnen die Immobilie ganz. Drittens: Die ersparte Miete steigt von Jahr zu Jahr an. Denn bei Annuitätendarlehen steigt der Tilgungsanteil kontinuierlich, während der Zinsanteil der monatlichen Rate sinkt. Viertens: Die ersparte Miete muss nicht versteuert werden – im Gegensatz zu Kapitalerträgen. Das ist ein Vorteil, der gerne übersehen wird.

Das spricht aus finanzieller Sicht gegen eine selbst genutzte Immobilie

Keine Miete mehr zu zahlen, ist natürlich charmant. Doch diese Ersparnis hat leider einen Preis, den Sie sich nicht schönrechnen sollten. Erstens sind da die Kapitalkosten. Entweder Sie zahlen beim Kauf den kompletten Preis Ihrer Immobilie aus Ihrem freien Vermögen. Dann binden Sie sehr viel Kapital unverzinst in Ihrem Eigenheim. Das ist Geld, das Sie sehr wahrscheinlich besser investieren könnten. Das ist aber natürlich die Ausnahme. In den allermeisten Fällen werden Immobilien zu einem großen Teil finanziert. Bis einem ein Eigenheim zu 100 Prozent gehört und man schuldenfrei darin leben kann, vergehen erfahrungsgemäß etwa 20 bis 25 Jahre. In dieser Zeit hat man monatliche Zahlungsverpflichtungen an die Bank oder Bausparkasse. Hier muss man schon bei der Gestaltung der Finanzierung sehr gut aufpassen und nicht zu knapp kalkulieren: Zinsen und Tilgung sollten nur so hoch sein, dass einem noch Luft zum Atmen bleibt. Denn zum einen werden die Folgekosten eines Immobilienkaufs oft unterschätzt – wie zum Beispiel neue Möbel, nötige Schönheitsreparaturen, Renovierungen, Extrawünsche, Versicherungen, Steuern und, und, und. Zum anderen neigen insbesondere Topverdiener dazu, sich große Häuser mit entsprechend hohen Finanzierungsvolumina zuzulegen. Monatliche Nettoraten von 5.000 bis zu 10.000 Euro sind keine Seltenheit. Hier sagen wir ganz klar: Solche hohen regelmäßigen finanziellen Belastungen sprengen den Rahmen, den man vernünftigerweise fürs Wohnen abstecken sollte. Es gilt immer noch die Faustregel: Wohnkosten sollten nicht mehr als 30 Prozent und inklusive der Finanzierungskosten maximal 40 Prozent des monatlichen Nettoeinkommens betragen. Das heißt konkret: Wenn Sie im Monat netto 15.000 Euro verdienen, dann sollten Sie maximal 6.000 Euro für die Finanzierung Ihres Eigenheims ausgeben.

Mit folgender kleiner Pauschalformel können Sie ermitteln, welches Finanzierungsvolumen Sie mit dieser Rate finanzieren können, wenn Sie ein Darlehen in 20 Jahren zurückbezahlen wollen:

6.000 Euro × 12 Monate = 72.000 Euro / 7,5 Prozent
(davon 4 Prozent Tilgung und 3,5 Prozent Zinsen)
= 960.000 Euro maximales Finanzierungsvolumen.

In der Tabelle in Abb. 7.1.1 finden Sie die Dauer der Tilgung eines Darlehens bei unterschiedlichen Tilgungs- und Zinssätzen.

Tilgung	Zins: 3,0 Prozent	3,5 Prozent	4,0 Prozent	4,5 Prozent	5,0 Prozent
1 Prozent	46 Jahre, 6 Monate	43 Jahre, 2 Monate	40 Jahre, 5 Monate	38 Jahre, 1 Monat	36 Jahre, 0 Monate
2 Prozent	30 Jahre, 8 Monate	29 Jahre, 1 Monat	27 Jahre, 8 Monate	26 Jahre, 4 Monate	25 Jahre, 3 Monate
3 Prozent	23 Jahre, 3 Monate	22 Jahre, 3 Monate	21 Jahre, 4 Monate	20 Jahre, 6 Monate	19 Jahre, 9 Monate
4 Prozent	18 Jahre, 10 Monate	18 Jahre, 1 Monat	17 Jahre, 6 Monate	16 Jahre, 11 Monate	16 Jahre, 5 Monate
5 Prozent	15 Jahre, 10 Monate	15 Jahre, 4 Monate	14 Jahre, 10 Monate	14 Jahre, 5 Monate	14 Jahre, 0 Monate
6 Prozent	13 Jahre, 8 Monate	13 Jahre, 3 Monate	12 Jahre, 11 Monate	12 Jahre, 7 Monate	12 Jahre, 3 Monate

Abb. 7.1.1 Quelle: eigene Darstellung Honorarfinanz AG

Tipp:

Wenn Sie ein Eigenheim erwerben, sollten Sie mindestens 20 bis 30 Prozent des Kaufpreises aus Eigenmitteln bezahlen und maximal 70 bis 80 Prozent finanzieren. Die Nebenkosten sollten Sie möglichst nicht finanzieren, sondern komplett mit Eigenkapital bezahlen.

Ein Eigenheim sollte in unserem Beispiel bei einem Nettoeinkommen von 15.000 Euro monatlich also maximal 960.000 Euro kosten – inklusive Erwerbsnebenkosten. Und ja, dafür bekommt man heutzutage aufgrund der hohen Immobilienpreise nicht gerade eine luxuriöse Villa. Sollten die Kosten fürs Eigenheim deutlich höher ausfallen und die Rate die besagten 40 Prozent vom Nettoeinkommen deutlich übersteigen, dann spricht man von sehr teurem Wohnen. Das ist Luxus. Mit Vermögensaufbau hat das wenig zu tun.

Aus Sicht eines Immobilieninvestors ist ein Eigenheim keine Geldanlage. Dabei spielt die vollständige Bezahlung des Eigenheims keine Rolle. Selbst wenn Sie als Besitzer eines Eigenheims später einmal in Rente gehen, entstehen jedes Jahr weitere Kosten, wobei ein Anstieg allein durch gesetzliche Gebührenerhebungen erfolgen kann. Dazu gehören Grundsteuern oder teilweise kostenintensive Reparaturen und energetische Sanierungen, die Sie selber tragen müssen. Der einzige Vorteil ist, dass Sie später keine Kaltmiete bezahlen müssen, und ja, natürlich hat das Haus auch einen Wert, allerdings oft nicht den, den Sie sich selber vorstellen.

An dieser Stelle möchten wir Ihnen Ihr Eigenheim nicht madig machen, sondern nur den Hinweis geben, dass Sie dieses langlebige Konsumgut in seiner Wirkung nicht falsch einordnen und mit einer Investition verwechseln. Übrigens: Es ist keine gute Idee, ein Eigenheim zu erwerben, nur weil dies Ihre Freunde und Bekannten so planen. Und es ist auch keine gute Idee, den Nachbarn in der Größe und Ausstattung übertrumpfen zu wollen.

Hier ein paar gut gemeinte Empfehlungen:

- Planen Sie Ihr Eigenheim im Rahmen Ihrer Ressourcen so, dass Ihnen noch genügend Liquidität bleibt, um die Investitionen für Ihre finanzielle Freiheit zu finanzieren.
- Verstehen Sie Ihr selbst genutztes Eigenheim nicht als Investition, sondern als langlebiges Konsumgut, denn es befriedigt Ihr Bedürfnis nach »Wohnen« und Wohnen ist wie Essen oder Kleidung ein Konsumbedürfnis. Vermietete Immobilien sind dagegen Investitionsobjekte, weil Sie damit Geld verdienen.
- Nutzen Sie als Topverdiener die Möglichkeit, Ihr Eigenheim mit Sondertilgungen schneller zu entschulden, als es Normalverdiener können. Es sei denn, dass Sie bei sorgfältiger Abwägung zwischen Risiko und Chance die Sondertilgungen unterlassen und die entsprechenden Mittel in renditestarke und kostengünstige Investments (das werden wohl geradezu zwangsläufig Aktien-ETFs sein) stecken.
- Achten Sie in diesem Zusammenhang darauf, dass Ihre Finanzierung flexibel mit Sondertilgungsoptionen ausgestattet ist und so zeitnah entschuldet wird.

Vermietete Wohnimmobilien sind ein wichtiger Vermögensbaustein

Kommen wir nun zu einer Immobilienart, mit der Sie tatsächlich Geld verdienen können: Die Rede ist von Wohnimmobilien, die Sie vermieten. Die Vorteile liegen auf der Hand: Fremdvermietete Wohnimmobilien generieren bereits vom ersten Moment an einen **positiven Cashflow, nämlich** die monatlichen Mieten, die Sie von Ihren Mietern erhalten. Vermietete Objekte finanzieren sich damit gerade in der Nullzinswelt selbst: Über die Mieten erhalten Sie sofort planbare und laufende Einnahmen, die Sie zur Refinanzierung von Zins und Tilgung der Investition einsetzen können. Weitere Vorteile:

- Sie können die meisten Ausgaben rund um diese Immobilieninvestition steuerlich verwerten, wie beispielsweise Werbungskosten, Renovierungen, Kreditzinsen oder Abschreibungen.
- Auch die Besteuerung der Mieteinnahmen kann durch Gestaltungen über eine Immobilien-GmbH oder eine Familienstiftung deutlich gesenkt werden.
- Der finanzielle Eigenanteil, den Sie beim Kauf einer Wohnung, die Sie vermieten wollen, selbst einsetzen müssen, ist in der Regel eher gering (wir empfehlen 30 Prozent plus Nebenkosten). Denn wenn Sie eine gute Bonität haben und über ausreichend Liquidität verfügen, leiht Ihnen die Bank den Großteil des Geldes für den Erwerb der Immobilie. Wenn man als Investor diesen sogenannten Hebeleffekt nutzt, lassen sich mit vermieteten Immobilien außergewöhnlich hohe Renditen erzielen. »Hebeleffekt« bedeutet in diesem Zusammenhang: Sie finanzieren den Immobilienkauf zu einem großen Teil auf Kredit. Das steigert die

Rendite auf das von Ihnen eingesetzte eigene Kapital immer dann, wenn die Mietrendite höher ist als die Kreditzinsen.

- Wenn der Kaufpreis stimmt, rechnen sich Mietimmobilien also kurz- wie langfristig. Kurzfristig erzielen Vermieter eine Rendite auf ihr eingesetztes Kapital, langfristig steigt der Wert des Grundstücks und – mit Einschränkungen – auch der Immobilie.
- Zusätzlich kann man als Immobilienkäufer für Mietobjekte Zuschüsse in Form von günstigen Förderdarlehen beantragen, die ein solches Investment kosteneffizient refinanzieren.
- Immobilienbesitz wirkt auch als Puffer gegen Inflation und gilt als sichere sowie risikoarme Kapitalanlage, die der Geldentwertung trotzt. In der Regel treibt die Inflation auch die Mieten nach oben, sodass der Eigentümer mit steigenden Einnahmen rechnen kann.
- Nach mindestens zehn Jahren Haltedauer müssen Sie bei einem Verkauf der Immobilie keine Steuern auf den erzielten Veräußerungsgewinn zahlen.

Viele Gründe sprechen also für die Immobilie als Kapitalanlage, denn Immobilienbesitz verbessert die Wertstabilität des Privatvermögens und schützt gegen Inflation und Krisen am Kapitalmarkt.

Wer intelligent in fremdvermietete Immobilien investiert, kann damit einen wichtigen Baustein auf dem Weg zur eigenen finanziellen Freiheit setzen. Gleichzeitig gilt es aber auch, Herausforderungen zu meistern. Denn ein Selbstläufer ist ein Immobilieninvestment nicht. Hier lauern viele Fallstricke, über die Sie möglichst nicht stolpern sollten.

7.2 Der Charme und die Risiken von vermieteten Immobilien

»Ein Gebäude ist immer ein Kompromiss aus Sicherheit, Wirtschaftlichkeit und Funktionalität.«

MONIKA ETSPÜLER

Vermietete Immobilien gelten als attraktive Geldanlage. Das heißt jedoch nicht, dass garantiert ist, dass sie hohe Renditen abwerfen. Im Gegensatz zu einfachen Sparanlagen erfordert eine Investition in Mietobjekte fundierte Kenntnisse und eine sorgfältige Planung. Entscheidend sind Faktoren wie eine gute Lage, um Mieter zu finden, sowie ein solider baulicher Zustand, um hohe Folgekosten zu vermeiden. Letztlich hängt die Rentabilität davon ab, ob und inwieweit die Mieteinnahmen die Investitions- und Unterhaltskosten langfristig rechtfertigen. Manchmal werden Immobilien, die eigentlich als Renditeobjekt gekauft wurden, zum Groschengrab oder gar zum Fass ohne Boden. Das kann passieren, wenn Anleger Entscheidungen aus dem Bauch heraus treffen oder sich von Erfolgsgeschichten in ihrem Umfeld beeinflussen lassen. Oder beim Kauf missachten, welche langfristigen Verpflichtungen sie damit eingehen. Ohne eine nüchterne Planung sollte man solch eine Investition deshalb nicht tätigen. Wer unvorbereitet investiert, läuft Gefahr, sehr viel Zeit und Geld in eine unrentable Immobilie zu stecken. Was bei sechs- oder siebenstelligen Investitionssummen mehr als nur ärgerlich ist.

Wer hingegen strategisch und sachlich vorgeht, verbessert seine Chancen auf eine gewinnbringende Investition erheblich. Um typische Fehler zu vermeiden, ist es ratsam, auf die wichtigsten Faktoren vor einem Kauf genau zu achten ...

Drum prüfe, wer sich ewig bindet …

Immobilien heißen nicht umsonst genau so, wie sie heißen: Sie binden zum einen Beton auf festen Boden und lassen sich nicht bewegen. Sie binden zum anderen aber auch Kapital – und zwar langfristig. Immobilien sind darüber hinaus anspruchsvolle Anlageformen. Als Eigentümer und Vermieter haben Sie mit Wasserschäden, Heizungsreparaturen, säumigen Mietern, Baumängeln und vielen anderen Dingen zu tun, die immer wieder Ihre Aufmerksamkeit fordern. Und zwar ab sofort und über lange Zeiträume. Anders als bei anderen Investments lässt sich ein Immobiliengeschäft nicht ohne Weiteres rückgängig machen. Zudem entstehen beim Kauf hohe Erwerbskosten, die etwa 10 Prozent des Kaufpreises ausmachen. Investitionen in Mietobjekte rechnen sich deshalb nicht sofort, sondern erst nach Jahren. Und das oft nicht so gut wie erwartet. Die Mietrendite ist oft geringer als erhofft. Nach Abzug aller Kosten bleibt häufig nicht der Gewinn übrig, den sich viele Investoren im Vorfeld ausmalen. Dazu kommt: Wertzuwachs ist keine Garantie. Ob und in welchem Zeitraum eine Immobilie im Wert steigt, lässt sich nicht sicher voraussagen. Zahlreiche externe Faktoren beeinflussen diese Entwicklung. Zwar steigen Grundstücke oft im Wert, Gebäude aber nicht zwangsläufig. Immobilienbesitzer unterschätzen oft, dass Gebäude ohne kontinuierliche Investitionen in ihren Erhalt an Wert verlieren. Regelmäßige Modernisierungen und Instandhaltungen sind daher essenzielle Kostenfaktoren, die in die Kalkulation einfließen müssen. Im Jahr 2024 lag die durchschnittliche Bruttomiete für Wohnimmobilien in den größten Städten Deutschlands zwischen 3 und 4 Prozent.

Der aktuelle Wert einer Immobilie lässt sich nur schätzen. Anders als bei einem Wertpapierdepot ist der Marktwert einer Immobilie nicht jederzeit transparent. Preisveränderungen werden meist erst beim Verkauf spürbar.

Vermieter sein kann stressig sein. Problematische Mieter, aufwendige Reparaturen, Streit in Eigentümergemeinschaften oder Mietausfälle – all das sind Herausforderungen, mit denen Immobilieneigentümer konfrontiert werden können. Wer diese Belastungen unterschätzt, verliert möglicherweise schnell die Freude an seinem Investment und verkauft die Immobilie unter Wert.

Wie Sie sehen, ist es essenziell, die grundlegenden Regeln der Immobilienanlage zu verstehen und typische Stolpersteine zu vermeiden. In den folgenden Kapiteln möchten wir Ihnen hilfreiche Informationen an die Hand geben, damit Sie gut informiert investieren und unangenehme Überraschungen vermeiden können.

Langfristige Bindung an Ihr Zinshaus

Wer in Wohnimmobilien investiert, sollte sich der langfristigen Verpflichtung bewusst sein und mit der richtigen Einstellung an die Sache herangehen. Geduld ist dabei essenziell, denn Immobilieninvestments sind keine schnellen Geschäfte. Der Anlagehorizont erstreckt sich oft über Jahrzehnte – nicht zuletzt, weil Gewinne erst nach einer zehnjährigen Haltedauer steuerfrei realisiert werden können. Deshalb sollten Sie sich ausreichend Zeit nehmen, um ein geeignetes Objekt zu finden, anstatt sich unter Druck setzen zu lassen. Überstürzte Entscheidungen, getrieben von der Angst, eine Gelegenheit zu verpassen, führen häufig zu teuren Fehlkäufen. Ein kühler Kopf und eine fundierte Kalkulation sind daher unerlässlich: Es geht nicht um Ihr persönliches Traumhaus, sondern um ein rentables Investment – die Zahlen müssen stimmen.

Lage als entscheidender Faktor

Die Wertentwicklung einer Immobilie hängt von vielen Aspekten ab – darunter Bauqualität, Ausstattung und Grundriss. Doch zwei der wichtigsten Kriterien sind Standort und Lage. Während der Standort die übergeordnete Region oder Stadt beschreibt, bezieht sich die Lage auf das direkte Umfeld des Objekts.

Makrolage: Wie attraktiv ist die Region?

Die Makrolage umfasst das wirtschaftliche und infrastrukturelle Umfeld. Dazu gehören unter anderem die Nähe zu Unternehmen, die Arbeitsplätze schaffen, sowie die allgemeine wirtschaftliche Stabilität der Region. Eine florierende Wirtschaft sorgt für eine konstant hohe Wohnraumnachfrage, während eine schwache Wirtschaft und hohe Arbeitslosigkeit das Risiko von Leerständen erhöhen. Auch die Infrastruktur spielt eine wesentliche Rolle: Sind Geschäfte, Schulen, Ärzte und Freizeiteinrichtungen in ausreichender Zahl vorhanden? Wie gut ist die Anbindung an den öffentlichen Nahverkehr? Je attraktiver die Region für Pendler, Studenten oder Touristen ist, desto stabiler sind die Mietnachfrage und langfristige Wertsteigerungschancen.

Mikrolage: Das direkte Wohnumfeld

Die unmittelbare Umgebung der Immobilie bestimmt, welche Zielgruppen angesprochen werden. Familien bevorzugen eine gute Erreichbarkeit von Schulen und Einkaufsmöglichkeiten, während Studenten eine Anbindung an Hochschulen und ein lebendiges Umfeld benötigen. Senioren hingegen legen Wert auf Barrierefreiheit und die Nähe zu medizinischer Versorgung. Eine strukturierte Checkliste hilft bei der Beurteilung:

- Gibt es Einkaufsmöglichkeiten und Ärzte in der Nähe?
- Sind Cafés, Restaurants und Freizeitangebote fußläufig erreichbar?
- Wie ist die Anbindung an öffentliche Verkehrsmittel?
- Ist die Parkplatzsituation angemessen?
- Passt das Umfeld zur gewünschten Mieterklientel?

Idealerweise liegt die Immobilie in einem Gebiet, das eine breite Zielgruppe anspricht. Je größer der potenzielle Mietermarkt, desto geringer ist das Risiko von Leerstand und desto stabiler sind die Mieteinnahmen.

A-, B- und C-Lagen: Wo lohnt sich die Investition?

Viele Investoren konzentrieren sich auf Metropolen wie München, Frankfurt, Hamburg oder Berlin. Aufgrund hoher Nachfrage und begrenzten Wohnraums sind diese A-Städte für Kapitalanleger attraktiv, allerdings sind die Preise dort oft stark überhöht. B-Städte mit 250.000 bis 650.000 Einwohnern bieten eine interessante Alternative: Sie verfügen über eine gute Infrastruktur und wirtschaftliche Stabilität, sind jedoch preislich noch erschwinglicher als die großen Metropolen. Dadurch lassen sich dort oft höhere Renditen erzielen. C-Lagen in kleineren Städten oder ländlichen Regionen mögen auf den ersten Blick günstig erscheinen, bergen jedoch Risiken. Wirtschaftliche Schwäche, hohe Arbeitslosigkeit oder eine schrumpfende Bevölkerung können die Mietnachfrage erheblich beeinträchtigen. Dennoch gibt es ländliche Standorte im Einzugsgebiet von Großstädten, die aufgrund steigender Zuzugszahlen Potenzial für Wertsteigerungen haben. Unabhängig von der Lage sollte jede Immobilie sorgfältig geprüft werden. Während manche ländlichen Standorte Chancen bieten, können überteuerte A-Lagen oder wirtschaftlich schwache C-Gebiete langfristig problematisch sein.

Standortunabhängig denken – nicht nur im Heimatort investieren

Viele Anleger bevorzugen Immobilien in der Nähe ihres Wohnortes, um eine bessere Kontrolle zu haben. Doch dies kann dazu führen, dass wirtschaftliche Kriterien in den Hintergrund rücken. Eine rentable Kapitalanlage sollte primär anhand von Zahlen und

Standortanalysen bewertet werden, nicht aufgrund persönlicher Bequemlichkeit. Zudem bedeutet eine Investition in Wohnortnähe häufig mehr Eigenaufwand. Statt sich regelmäßig selbst um das Objekt zu kümmern, ist es oft sinnvoller, eine professionelle Hausverwaltung einzusetzen – auch wenn dies die Rendite leicht schmälert.

Neubau oder Altbau – welche Immobilie passt zu Ihnen?

Sobald die ideale Lage gefunden ist, stellt sich die Frage nach der Art der Immobilie. Grundsätzlich gibt es drei Optionen: Neubauten, Bestandsimmobilien und Denkmal- oder Sanierungsobjekte. Jede hat ihre eigenen Vor- und Nachteile. Ein Neubau bietet moderne Bauqualität und hohe Energieeffizienz und erfordert in den ersten Jahren kaum Instandhaltungsmaßnahmen. Zudem sind Neubauten für Mieter oft attraktiver. Nachteilig sind jedoch die hohen Kaufpreise, die sich nicht immer vollständig durch höhere Mieteinnahmen ausgleichen lassen. Bestandsimmobilien sind in der Anschaffung meist günstiger, können jedoch versteckte Mängel und hohe Renovierungskosten mit sich bringen. Denkmal- oder Sanierungsimmobilien bieten steuerliche Vorteile, erfordern aber hohe Investitionen für Modernisierungsmaßnahmen. Die Entscheidung zwischen Alt- und Neubau sollte daher individuell getroffen und stets unter wirtschaftlichen Gesichtspunkten betrachtet werden. Letztlich zählt nicht der persönliche Geschmack, sondern die langfristige Rentabilität der Immobilie.

Beurteilen Sie die Attraktivitätsmerkmale einer Wohnung aus der Sicht von Mietern

Bevor Sie sich für eine Immobilie entscheiden, sollten Sie sich in die Perspektive potenzieller Mieter hineinversetzen. Welche Kriterien spielen bei der Wohnungswahl eine entscheidende Rolle?

- Mieter legen zunehmend Wert auf niedrige Nebenkosten. Aufgrund des gestiegenen Bewusstseins für Energiekosten bevorzugen sie energieeffiziente Wohnungen, die langfristig Kosten sparen.
- Helle und lichtdurchflutete Räume sind für viele Mieter ein Muss. Große Fensterflächen, insbesondere bodentiefe Fenster im Wohnbereich, tragen wesentlich zur Wohnqualität bei.
- Außenflächen wie ein Balkon, eine Terrasse oder gar ein eigener Garten steigern die Attraktivität einer Wohnung erheblich und werden von vielen Mietinteressenten geschätzt.

Während bei Neubauten diese Kriterien häufig von Anfang an berücksichtigt werden, kann es bei Bestandsimmobilien herausfordernder sein, alle Anforderungen zu erfüllen. Denkmalgeschützte Gebäude unterliegen zusätzlich baurechtlichen Einschränkungen, die gewisse Modernisierungen erschweren können.

Exkurs: Die Sanierungs-/Denkmalimmobilie

Wir haben die Erfahrung gemacht, dass manche Menschen gerne mit den Augen kaufen, also am besten ein schönes, ansprechendes Objekt, in dem sie am liebsten selber wohnen würden. Gleichzeitig finden viele es sehr erstrebenswert, mit einer Immobilieninvestition auch noch im großen Stil Steuern sparen zu können und parallel die höchstmögliche Objektrendite zu erzielen. Einige dieser Wünsche lassen sich eventuell über eine Denkmalimmobilie realisieren.

Denkmalgeschützte Immobilien kombinieren Merkmale von Bestands- und Neubau-Immobilien. Hier bekommt man steuerliche Vorteile und obendrein noch etwas fürs Auge, zum Beispiel moderne Lofts in denkmalgeschützten Industrieruinen oder schöne Jahrhundertwende-Altbauten in Toplage mit Kernsanierung. Das klingt zunächst nach einer perfekten Immobilieninvestition – wäre da nicht der horrende Kaufpreis, der die Objektrendite stark reduziert. Bei Denkmalimmobilien müssen Sie als Anleger deshalb anders rechnen. Das hat nicht zuletzt mit dem besonderen Status und den steuerlichen Fördermöglichkeiten zu tun.

Denkmalimmobilien sind Gebäude, die in einer amtlichen Denkmalliste verzeichnet sind. In der Regel handelt es sich um Objekte, die aus unterschiedlichen Gründen als besonders schützenswert eingestuft werden. Da diese Immobilien als kulturelles Erbe gelten, wird der Erhalt ihres historischen Gesamtbildes durch den Staat gefördert. Sanierungsmaßnahmen an einer Denkmalimmobilie werden mit Steuervorteilen unterstützt. Diese sind allerdings an strenge Auflagen des Denkmalamtes gebunden. Der Denkmalschutz von Immobilien in Deutschland wird durch das Denkmalschutzgesetz (DSchG) geregelt, die Aufnahmevoraussetzungen für die Denkmallisten werden auf Länderebene festgelegt. Die Verwaltung der Denkmallisten und die Genehmigung von Sanierungsmaßnahmen werden durch die lokalen Denkmalämter übernommen, die auf Kreis- oder Kommunalebene angesiedelt sind.

Denkmalimmobilien werden oft fälschlicherweise mit Sanierungsimmobilien gleichgesetzt. Die Renovierung einer Sanierungsimmobilie wird zwar mit ähnlichen Steuervorteilen gefördert, doch der Staat bezweckt hier nicht, ihre historische Bausubstanz zu erhalten. Stattdessen werden sogenannte Sanierungsgebiete ausgewiesen, um städtebauliche Missstände zu beseitigen. Für Anleger bedeutet dies, dass die Renovierung einer Sanierungsimmobilie meist an weniger strenge Vorgaben gebunden ist als die Renovierung eines Baudenkmals.

Der deutsche Staat hat sich selbst dazu verpflichtet, die Erhaltung von Denkmalimmobilien sicherzustellen. Mittels »Denkmal-AfA« werden Anlegern **erhebliche Steuerabschreibungen** für die Sanierung einer Denkmalimmobilie ermöglicht. Die Abkürzung

»AfA« steht für »Absetzung für Abnutzung« und bezeichnet die steuerrechtliche Möglichkeit, die Anschaffung von Wirtschaftsgütern steuerlich geltend zu machen. Wer eine amtlich anerkannte Denkmalimmobilie besitzt, erhält neben der linearen Abschreibung (vor 1925 errichtete Häuser: jeweils 2,5 Prozent über 40 Jahre, nach 1925 errichtete Häuser: jeweils 2 Prozent über 50 Jahre) zusätzlich die Möglichkeit, Sanierungs- und Renovierungskosten in besonderem Maße steuerlich geltend zu machen. Die Höhe der absetzbaren Kosten hängt davon ab, ob die Immobilie zur Eigennutzung oder als Kapitalanlage zur Weitervermietung gekauft wird. Kapitalanleger können die kompletten Sanierungskosten laut Paragraf 7 i, h EstG wie folgt abschreiben:

- Jahr eins bis acht: 9 Prozent der Herstellungskosten,
- Jahr neun bis zwölf: 7 Prozent der Herstellungskosten.

Sie können in den ersten acht Jahren nach Kauf jeweils 9 Prozent und in den folgenden vier Jahren jeweils 7 Prozent der Modernisierungs- und Renovierungskosten als Abschreibung ansetzen. Die Nutzung dieser Steuervorteile unterliegt strengen Voraussetzungen. Missachten Anleger diese, kann das zu einem **kompletten Verlust des Abschreibungsanspruchs** führen, was für Käufer einer solchen Immobilie der absolute Albtraum wäre. Nur unter folgenden Voraussetzungen können Steuervorteile in Anspruch genommen werden:

- Die Immobilie ist **amtlich als Baudenkmal anerkannt**, das heißt in der lokalen Denkmalliste verzeichnet.
- Alle geplanten Sanierungsmaßnahmen sind **durch das örtliche Amt für Denkmalschutz genehmigt**.
- Ein notarieller Kaufvertrag ist **vor Beginn der Sanierungsmaßnahmen** abgeschlossen.

- Bereits vor Beginn der Bauarbeiten wurde eine **steuerrechtliche Vorabbescheinigung vom Denkmalamt eingeholt**, da nach Sanierungsbeginn keine Bescheinigungen mehr ausgestellt werden dürfen, wodurch der Anspruch auf Abschreibungen verfällt.

Bei der Sanierung denkmalgeschützter Immobilien lohnt es sich für Sie als Investor, Energie-Aspekte zu beachten. Damit bieten Sie nicht nur Ihren Mietern ein Zuhause mit geringen Nebenkosten, sondern sichern sich im besten Fall Fördergelder von der Kreditanstalt für Wiederaufbau (KfW).

Aufgrund all dieser hohen Subventionen gibt es schon seit einigen Jahren eine **konstante Nachfrage nach Denkmalimmobilien**, welche die Anzahl der verfügbaren Objekte reduziert hat. Experten betonen häufig, dass im Gegensatz zu den neuen Bundesländern im Westen des Landes **kaum noch attraktive Denkmalimmobilien verfügbar sind**. Die konstante Nachfrage sorgt in den alten Bundesländern für einen Preisanstieg bei den noch vorhandenen Objekten.

Wie für alle Immobilien gilt auch für das Baudenkmal: Trotz der attraktiven Chancen sollten Kaufinteressenten ihren **kritischen Blick bewahren**. Die hohe Nachfrage und die »eingepreisten« Steuervorteile haben zu **Preisaufschlägen** geführt, welche die Mietrendite drücken. Hier gilt es, besonders genau hinzuschauen. Schwarze Schafe unter den Bauträgern und vor allem unter den Finanzvertrieben, die Denkmalimmobilien verkaufen und solvente Kunden mit **unseriösen Renditeberechnungen** locken, gilt es zu identifizieren. Überoptimistisch kalkulierte Sanierungskosten sind die häufigste Ursache für nicht realisierbare Plan-Renditen. Auch bei einem Verkauf gilt es, Fristen zu beachten. Im Falle einer vorzeitigen Veräußerung gehen alle verbleibenden Abschreibungsansprüche verloren, da diese dann **weder weiter genutzt**

noch »mitverkauft« werden können. Das kann sich auch auf den Wert der Immobilie auswirken, wenn die Steuerersparnisse in den Kaufpreis einkalkuliert waren. Wie bei allen Immobilien ist ein steuerfreier Verkauf nach Ablauf der zehnjährigen Spekulationsfrist möglich. Eine Denkmalsanierung erfordert Fachkompetenz und Expertenwissen und sollte von einem erfahrenen Bauträger durchgeführt werden.

Für wen sind Denkmalimmobilien interessant?

Wenn Sie in Denkmalimmobilien investieren wollen, sollten Sie zunächst einmal eine starke finanzielle Basis mitbringen. Sie sollten auf Dauer dem Spitzensteuersatz unterliegen, was bedeutet, dass Ihr Einkommen aus Ihrer beruflichen Tätigkeit deutlich über 150.000 Euro pro Jahr liegen sollte. Dazu sollten Sie eine sehr gute Liquidität haben, denn eine Objektsanierung kann bis zu eineinhalb Jahre andauern. Darüber hinaus müssen Sie in der Lage sein, anfallende Bereitstellungs- und Bauzeitzinsen auf das Darlehen zu bezahlen, ohne im Gegenzug Mieteinnahmen zu haben.

Letztendlich senken Sie durch diese Art der Immobilieninvestition Ihre steuerliche Last und bilden mithilfe von Steuerersparnissen, aber auch unter Einsatz von Eigenmitteln Immobilienvermögen.

Die Denkmalimmobilie lässt daher zunächst keine hohe Mietrendite erwarten. Erst die Kombination von Mietrendite plus steuerlichen Vorteilen plus erhofftem steuerfreien Veräußerungsgewinn bietet die Chance auf eine attraktive Gesamtverzinsung Ihres Einsatzes. Die emotionalen Aspekte wie »Liebhaberimmobilien« oder Schaffung großartigen Wohnraums für Dritte, die ihre Freude daran haben, in historischer Bausubstanz zu leben, dürfen Ihr klares wirtschaftliches Kalkül dabei nicht beeinträchtigen.

Wer Denkmalimmobilien erwirbt, sollte in der Lage sein, das Objekt lange zu halten, um keine Verluste zu erleiden. Mindestens

15 bis 20 Jahre sollte der Anlagehorizont betragen. Erst nach dieser Zeit ist damit zu rechnen, dass die Marktwerte gewöhnlicher Eigentumswohnungen am Standort so stark angezogen haben, dass die überteuert eingekauften Denkmalobjekte trotz Steuervorteil ohne Verlust wieder verkauft werden können.

Fazit

Ganz gleich, für welche Art von Immobilieninvestment Sie sich entscheiden: Eine Immobilie als Kapitalanlage ist kein Tagesgeldersatz und auch keine Kurzfristanlage. Ist die Entscheidung für eine Immobilie als Kapitalanlage gefallen, können Sie sich in der Regel nicht schnell wieder davon trennen. Deshalb müssen Sie diese Investition im Vorfeld gut überlegt planen, denn immerhin handelt es sich hier um eine große Investitionssumme. Die Standortwahl wird in erster Linie über den Erfolg oder Misserfolg dieser Investition entscheiden. Setzen Sie sich deshalb ausführlich damit auseinander. Ob Sie sich darauf basierend dann für einen Neubau, eine Bestandsimmobilie oder ein Sanierungsobjekt entscheiden, ist Geschmacksfrage und hängt in erster Linie von den Angeboten am Wunschstandort ab. Wichtig ist, dass sich Ihre potenziellen Mieter in der Immobilie wohlfühlen, denn nur dann vermeiden Sie ständigen Ärger, zusätzliche Mühe und hohe Mieterfluktuation. Am Ende aller Tage muss sich eine Immobilieninvestition für Sie als Anleger wirtschaftlich rechnen. Wie man die Rentabilität von Immobilien berechnet und auf was es bei der Finanzierung ankommt, erfahren Sie im nächsten Kapitel.

7.3 Brutto ist nicht netto – Immobilienrendite richtig gerechnet

»Sobald wir anfangen, die Kosten zu berechnen, beginnen die Kosten.«

Henry David Thoreau

In Immobilien zu investieren, um damit einen erquicklichen Gewinn zu erwirtschaften und regelmäßige Einnahmen zu erzielen, ist kein verkehrter Gedanke. Schließlich klingt die Aussicht verlockend: Manche Objekte versprechen eine Rendite von 4 oder mehr Prozent per annum. Und die mögliche Wertsteigerung ist da noch nicht mit eingerechnet. Die gute Nachricht lautet: Ja, das ist möglich. Die weniger gute Nachricht lautet: Viele Immobilieninvestoren verkalkulieren sich. Und das fängt schon beim Kauf an, wenn Makler ihren potenziellen Kunden die Renditeperspektiven eines Objekts aufzeigen. In ihren Berechnungen lassen die Makler nämlich gerne die Kaufnebenkosten, inklusive ihrer eigenen Provision, einfach weg. Dabei fallen in Deutschland je nach Bundesland und Makler etwa 10 bis 12 Prozent an Kaufnebenkosten an. Sie können sich selbst ausrechnen, welchen Betrag das beispielsweise bei einer Wohnung, die 400.000 Euro kostet, ausmacht. Angenommen, diese Wohnung wird für 1.000 Euro kalt im Monat vermietet. Dann benötigen Sie fast dreieinhalb Jahre allein dafür, die Nebenkosten wieder einzuspielen. Selbst bei einer Miete von 1.500 Euro im Monat vergehen immer noch zweieinhalb Jahre, bis die Mietwohnung beginnt, auf den eigentlichen Kaufpreis eine Rendite zu erwirtschaften. Vielleicht fallen in diesen zweieinhalb Jahren noch Renovierungskosten an. Oder ein Mieterwechsel findet statt. Oder, oder, oder. Sie sehen: Wer die Renditeperspektiven einer

Immobilie abschätzen will, sollte eine ehrliche Rechnung aufmachen, die alle absehbaren Nebenkosten und möglichen Unwägbarkeiten mitberücksichtigt. Sonst geht es Ihnen wie einem unserer Kunden, der, bevor wir ihn kennenlernten, in ein fremdvermietetes Mehrfamilienhaus investiert hatte. Das Haus war zu diesem Zeitpunkt erst vier Jahre zuvor an den wichtigsten Stellen saniert worden und deshalb insgesamt in einem guten Zustand. Auch die Lage der Immobilie war gut. Die vier großen Wohnungen sind bis heute konstant vermietet. Das Haus kostete damals 1,3 Millionen Euro. Die Mieteinnahmen betrugen 46.800 Euro jährlich. Der Immobilienmakler rechnete ihm eine Mietrendite von 3,6 Prozent vor, bezogen auf den Kaufpreis. Doch die Berechnung hatte genau den Haken, den wir Ihnen eingangs beschrieben haben: Bei den 3,6 Prozent handelte es sich nur um die Bruttorendite vor Kosten. Auch die Bewirtschaftungskosten blieben in den Kaufverhandlungen außen vor. Diese einfache Rechnung vernachlässigte unser Kunde damals. Und so übersah der Käufer, dass die geschönt dargestellte Mietrendite von 3,6 Prozent gleich zwei Schönheitsfehler hatte: Erstens wurden die Nebenerwerbskosten nicht in den Kapitalbedarf einbezogen. Das heißt, der Nenner war zu klein. Und zweitens wurden die laufenden Nebenkosten nicht von der Bruttomiete abgezogen. Dadurch wurde der Zähler zu groß. Merke: Es geht nicht nur um die Relation von Kaufpreis und Miete. Es müssen alle Kosten berücksichtigt werden. Dazu gehören eben die Kauferwerbsnebenkosten und langfristig das Verhältnis von Einnahmen und Ausgaben. Erst unter Berücksichtigung aller Faktoren lässt sich am Ende eine realistische Rendite errechnen.

Und noch ein Tipp: Rechnen Sie sich die Kosten nicht unnötig klein. Immobilien kosten nicht nur Geld, sondern auch Zeit. Unser Immobilieneigentümer, den wir Ihnen oben vorgestellt haben, fährt heute noch alle drei Monate zu seinem Mietshaus, um nach dem Rechten zu sehen. Die Immobilie liegt rund 80 Kilometer von seinem Wohnort entfernt. Das bedeutet, dass er für seine Besichtigungstouren jährlich 640 Kilometer zurücklegt und entsprechende Fahrtkosten verursacht. Es ist ein Rechnungsposten, der auf den ersten Blick überschaubar wirkt, sich aber mit vielen anderen Kosten zusammen zu einer erklecklichen Summe aufaddiert, die die Rendite des Objekts am Ende spürbar schmälert. Instandhaltung, Kosten beim Mieterwechsel oder Leerstand senken die Erträge.

Damit wir uns nicht falsch verstehen: Wir wollen Ihnen einen Immobilienkauf nicht ausreden. Wenn der Kaufpreis und die laufenden Kosten in einem guten Verhältnis zu den Einnahmen stehen, kann Ihnen als Investor eine Immobilie viel Spaß bereiten. Damit Sie in den Genuss dieses Gefühls kommen können, erklären wir Ihnen auf den folgenden Seiten die wesentlichen Kennzahlen, auf die Sie vor jeder Immobilieninvestition achten sollten. Und wir stellen Ihnen die wichtigsten Berechnungsmethoden vor.

Einmalige und laufende Kosten

Wir wollen nicht abstrakt bleiben und Ihnen stattdessen ein konkretes Beispiel vorrechnen. Wir nehmen also die oben genannte Immobilie unseres Kunden. Zur Erinnerung: Kaufpreis 1,3 Millionen Euro und eine Bruttomiete von 46.800 Euro jährlich. Folgende Kosten kämen hier neben dem Kaufpreis auf Sie als Immobilieninvestor zu:

Die Kauferwerbsnebenkosten

Die meisten mit dem Kauf einer Immobilie verbundenen Erwerbsnebenkosten sind keine konstante Größe, sondern sie werden in Prozent angegeben. Die konkrete Summe ist also vom Kaufpreis abhängig. Oder um es noch deutlicher zu formulieren: Je höher der Kaufpreis, desto höher die Kosten. Und da wir bei Immobilieninvestitionen von sechs- oder siebenstelligen Summen reden, die investiert werden müssen, reden wir hier von Kauferwerbsnebenkosten im mindestens fünfstelligen Bereich. Ein kleiner Trost bleibt Ihnen als Anleger: Sie können diese Kosten steuerlich absetzen und so Ihre Steuerlast im Jahr des Erwerbs senken.

An unserem oben genannten Beispiel wird klar, was das konkret bedeutet:

Beim Kauf einer Immobilie fallen für den Käufer verschiedene Nebenkosten an, die zusätzlich zum Kaufpreis bezahlt werden müssen. Dazu gehören unter anderem die Grunderwerbsteuer, die Maklercourtage und die Notar- und Grundbuchkosten.

Die **Grunderwerbsteuer** wird vom Bundesland erhoben und ist nach dem notariellen Kaufvertrag vom Käufer an das Finanzamt zu zahlen. Die Höhe variiert je nach Bundesland in Deutschland zwischen 3,5 und 6,5 Prozent des Kaufpreises.

Kosten: In Rheinland-Pfalz oder Hamburg zahlen Sie 5 Prozent Grunderwerbsteuer. Das würde in unserem genannten Beispielfall 65.000 Euro ausmachen. In Nordrhein-Westfalen oder Brandenburg beträgt die Grunderwerbsteuer 6,5 Prozent. Das wären dann 84.500 Euro.

Auch um die **Notar- und Grundbuchkosten** kommen Sie nicht herum. Denn die Beurkundung des Kaufvertrags durch einen Notar ist gesetzlich vorgeschrieben. Der Notar übernimmt außerdem die Abwicklung der Zahlung und die Eintragung ins Grundbuch. Die Grundbuchkosten fallen für die Umschreibung des Eigentümers im Grundbuch an.

Kosten: In der Regel zahlen Sie als Käufer für die Beurkundung etwa 1,5 bis 2 Prozent des Kaufpreises – in unserem Beispiel sind dies 19.500 bis 26.000 Euro.

Die **Maklercourtage** wird fällig, falls ein Makler bei der Vermittlung der Immobilie beteiligt ist. Seit Dezember 2020 gilt in Deutschland, dass sich Käufer und Verkäufer die Maklerprovision in der Regel teilen müssen.

Kosten: Üblich sind insgesamt 3,57 bis 7,14 Prozent des Kaufpreises (inklusive 19 Prozent Mehrwertsteuer). Bei einem Kaufpreis von 1.300.000 Euro wären dies 46.410 Euro, die Sie Ihrem Makler an Provision zahlen müssten.

Gesamtkostenübersicht (zusätzlich zum Kaufpreis)

Kostenart	Mindestbetrag (€)	Höchstbetrag (€)
Grunderwerbsteuer (5 %–6,5 %)	65.000	84.500
Maklercourtage (3,57 %)	46.410	46.410
Notar- und Grundbuchkosten (1,5 %–2 %)	19.500	26.000
Summe der Nebenkosten	**130.910**	**156.910**

Abb. 7.3.1

Fazit: Beim Kauf einer Immobilie für 1,3 Millionen Euro müssen Sie als Käufer mit Nebenkosten zwischen etwa 130.910 und 156.910 Euro rechnen.

Diese Zusatzkosten sollten frühzeitig eingeplant werden, da sie meist nicht über eine klassische Baufinanzierung abgedeckt sind. In unserem Beispiel sind dies 10,7 Prozent an Erwerbsnebenkosten, die Sie als Käufer dem reinen Kaufpreis hinzuaddieren müssen, um die endgültige Summe zu erhalten, die Sie der Kauf dieser Immobilie kosten würde. Wir reden hier von einem Gesamtkostenaufwand von bis zu knapp unter 1,5 Millionen Euro. Faustregel: Wenn ein Makler im Spiel ist, reden wir von 10 bis 12 Prozent an Kauferwerbsnebenkosten. Der Makler ist der einzige Posten, den Sie einsparen können. Dann wird's deutlich preiswerter.

Tipp:

Es empfiehlt sich, die Kaufnebenkosten bei fremdvermieteten Immobilien mit Eigenkapital zu bezahlen und nicht zu finanzieren. Denn diese Kosten haben im Vergleich zur Immobilie keinen realen Gegenwert. Haben Sie nachweislich eine gute Bonität und eine gute Liquidität, würden Banken Ihnen jedoch sogar das gesamte Investitionsvorhaben inklusive der Kaufnebenkosten finanzieren. Ihnen sollte jedoch bewusst sein, dass Sie in diesem Fall eine rund 110-prozentige Fremdfinanzierung Ihrer Immobilie eingehen – mit entsprechenden Risiken des hohen Verschuldungshebels.

Die laufenden Bewirtschaftungskosten einer Immobilie

Wenn Sie eine vermietete Immobilie Ihr Eigen nennen, sind Sie dafür verantwortlich, das Objekt instand zu halten. Denn erstens müssen Sie dafür Sorge tragen, dass die Wohnungen keine Mängel aufweisen, die zu Mietminderungen führen könnten. Zweitens muss eine Immobilie gepflegt werden, um keinen Renovierungsstau zu verursachen, der irgendwann sehr teuer werden kann. Ein Beispiel dafür ist etwa eine undichte Stelle im Dach, die mit der Zeit zu einem teuren Wasserschaden führt. Deshalb sind regelmäßige Wartungen und Reparaturen notwendig. Die Bewirtschaftungskosten umfassen alle laufenden Ausgaben, die im Laufe der Nutzungsdauer einer Immobilie anfallen. Gehen wir die Aufwendungen für unsere Beispiel-Immobilie einmal durch ...

Die **Betriebskosten** entstehen durch die Nutzung und Unterhaltung der Immobilie. Ein Teil davon, die umlagefähigen Betriebskosten, kann auf die Mieter umgelegt werden. Dazu gehören unter anderem Wasserversorgung und Entwässerung, Heiz- und Warmwasserkosten, Aufzugskosten, Hausbeleuchtung, Antennen- und Kabelfernsehen, Schornsteinreinigung, Hausreinigung und

Gartenpflege, Straßenreinigung und Müllabfuhr, Sach- und Haftpflichtversicherung sowie die Grundsteuer. Nicht umlagefähige Betriebskosten, wie etwa Verwaltungskosten, müssen vom Eigentümer selbst getragen werden. Die Kosten für die Hausverwaltung variieren je nach Leistungsumfang, Standort und Objektgröße zwischen 16 und 30 Euro pro Einheit und Monat. Bei vier Wohneinheiten und 25 Euro pro Monat belaufen sich die Verwaltungskosten auf 1.428 Euro pro Jahr.

Die **Instandhaltungskosten** entstehen durch Maßnahmen zum Schutz der Immobilie vor Witterung, Abnutzung und Alterung sowie durch notwendige Erneuerungen und Reparaturen. Dazu gehören unter anderem Arbeiten am Dach oder der Fassade oder die Wartung der Heizungsanlage. Die Höhe der Instandhaltungskosten hängt vom Alter und Zustand der Immobilie ab. Für die Planung empfiehlt sich eine jährliche Rücklage von 7 bis 12 Euro pro Quadratmeter. Bei einer Wohnfläche von 340 Quadratmetern und angesetzten 10 Euro pro Quadratmeter ergibt sich eine Rücklage von 3.400 Euro pro Jahr.

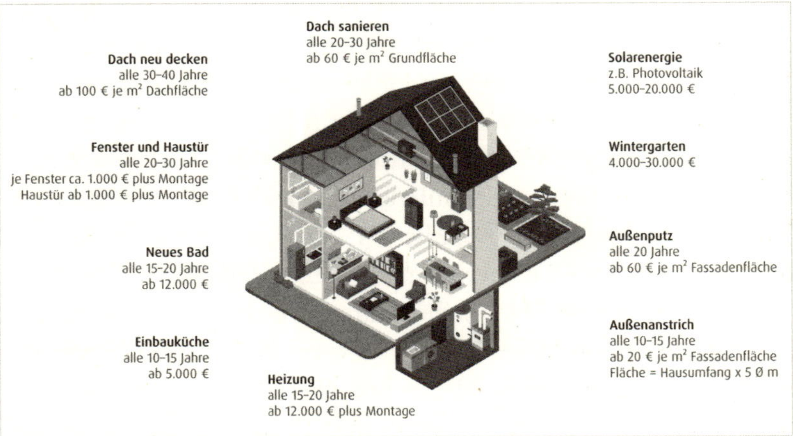

Abb. 7.3.2 Quelle: Dr. Klein Privatkunden AG, https://www.drklein.de/trend-bestandsimmobilie-kaufen.html

Die tatsächlichen Kosten können variieren: Es gibt Jahre ohne große Ausgaben, während in anderen Jahren hohe Investitionen anfallen. Eine Rücklage hilft, solche Kosten abzufedern.

Immobilien unterliegen durch Abnutzung einem Wertverlust, der steuerlich durch die Absetzung für Abnutzung (AfA) berücksichtigt wird. Bei Wohnimmobilien beträgt die steuerlich anerkannte **Abschreibung** 2 Prozent pro Jahr auf den Gebäudeanteil des Kaufpreises. Da das Grundstück nicht abgeschrieben werden darf, wird häufig mit einem Gebäudeanteil von 60 Prozent des Kaufpreises gerechnet. Bei einem Kaufpreis von 1.300.000 Euro ergibt sich eine Abschreibung von 15.600 Euro pro Jahr (2 Prozent von 60 Prozent von 1.300.000 Euro). Diese Abschreibung ist kein tatsächlicher Geldabfluss, sollte aber in die Wirtschaftlichkeitsberechnung einfließen.

Das **Mietausfallwagnis** beschreibt das Risiko von Ertragsminderungen durch Leerstand oder ausbleibende Mietzahlungen. Um sich gegen finanzielle Engpässe abzusichern, empfiehlt es sich, jährlich mindestens 2 Prozent der Bruttomieteinnahmen für Mietausfälle zurückzulegen. Bei jährlichen Mieteinnahmen von 46.800 Euro ergibt sich eine empfohlene Rücklage von 936 Euro pro Jahr.

Insgesamt ergeben sich für unser Beispiel jährliche Bewirtschaftungskosten von 5.956 Euro, was etwa 13 Prozent der Mieteinnahmen entspricht. Die Kosten setzen sich zusammen aus Instandhaltungskosten von 3.400 Euro, Hausverwaltungskosten von 1.428 Euro, einer Rücklage für Mietausfallwagnis in Höhe von 936 Euro sowie Fahrtkosten von 192 Euro, die sich aus 640 Kilometern zu je 30 Cent pro Kilometer berechnen. Der eigene Zeitaufwand ist dabei nicht berücksichtigt.

Fazit: Bevor Sie sich für den Kauf einer Immobilie entscheiden, sollten Sie alle laufenden Kosten sorgfältig einplanen. Unerwartete Ausgaben können die Rentabilität erheblich beeinflussen. Lassen Sie sich von einem unabhängigen Experten beraten, um eine realistische Einschätzung der Kosten und Erträge Ihrer Immobilie zu erhalten.

So berechnen Sie die tatsächliche Nettorendite einer Immobilie

Zur Erinnerung: Das oben berechnete Mehrfamilienhaus kostet 1,3 Millionen Euro. Der Makler verspricht eine Bruttorendite von 4,62 Prozent. Das Problem: Dieser Wert taugt nicht als Berechnungsgröße, er kann nicht einmal als Vergleichsmaßstab dafür dienen, ob eine Immobilie im Vergleich zu anderen Angeboten günstig ist oder nicht, da man stets Äpfel mit Birnen vergleichen würde.

Um verlässlichere Aussagen über die Rentabilität einer Immobilie zu machen, darf also stets nur die Nettokaltmiete herangezogen werden. Auch der Mietmultiplikator kann hier einen Beitrag leisten: Er gibt an, wie viele Jahreskaltmieten eine Immobilie generieren muss, um den Kaufpreis zu amortisieren. Beispiel: Kostet eine Immobilie 1 Million Euro und erwirtschaftet eine Jahreskaltmiete von 50.000 Euro, dann beträgt der Mietmultiplikator 20 – also 20 Jahre mal 50.000 Euro, die am Ende 1 Million Euro ergeben.

Die vom Makler genannten 4,62 Prozent wurden anhand der Bruttomietrendite und des daraus abgeleiteten Mietmultiplikators seiner Immobilie eher schöngerechnet. Die beiden Kennzahlen lassen sich einfach berechnen, berücksichtigen aber weder einmalige Kaufneben- noch spätere laufende Kosten. Die Bruttorendite und der Mietmultiplikator berechnen sich bei diesem Objekt wie folgt:

Bruttorendite = Jahreskaltmiete 60.000 Euro / Kaufpreis 1.300.000 Euro = 4,62 Prozent.

Multiplikator = Kaufpreis 1.300.000 Euro / Jahreskaltmiete 60.000 Euro pro Jahr = 21,67 Jahre.

Die Immobilie, die 1.300.000 Euro kostet und jährlich 60.000 Euro Miete einbringt, hat einen Multiplikator von 21,67. Denn mit rund 22 Jahreskaltmieten erwirtschaftet die Immobilie den Kaufpreis. Wie gesagt, ohne Berücksichtigung aller Kosten. Damit Sie diese Zahl einordnen können: Der durchschnittliche Wert für den Mietmultiplikator liegt in Deutschland aktuell bei etwa 24.[6] Der Kaufpreis klingt also recht gut. Zum Vergleich: Ein Wert von 20 gilt als günstig. In bekannten Immobilien-Hotspots erreicht der Multiplikator jedoch ganz andere Dimensionen: In München lag er Ende 2022 bei 41,45, in Hamburg bei 36, in Frankfurt bei 36,65.[7] Spitzenreiter ist Deutschlands Luxus-Insel Sylt mit einem Wert von 95,4.[8] Daran kann man übrigens erkennen, dass die Kaufpreise in den vergangenen Jahren viel stärker gestiegen sind als die Mieten. Das bedeutet im Umkehrschluss: Die Mietrenditen sind gesunken. Ökonomisch kann man hohe Mietmultiplikatoren nur mit der Erwartung von kräftigen Mietsteigerungen in der Zukunft begründen. Ob sich diese Erwartung jedoch bewahrheitet, ist völlig offen. Und wenn hohe Mietsteigerungen ausbleiben, wurde die Immobilie überbewertet und wird ein Verlustbringer werden. Der »angemessene« Mietmultiplikator ist also keine absolute Größe, die sofort darüber Auskunft gibt, ob ein Objekt preiswert oder teuer ist. Vielmehr gilt: Je höher die belastbar erwartbare Steigerungsrate der Kaltmiete ist, desto höher darf diese Kennzahl sein. Umgekehrt kann man auch aus einem hohen Multiplikator zurückrechnen, welche durchschnittliche Mietsteigerung erforderlich wäre, um diesen zu rechtfertigen. Und da kommen uns spätestens bei Werten von 35 und mehr ganz große Zweifel, ob die Euphorie gerechtfertigt ist. Wenn es Ihnen jedoch um die Rendite auf Ihren Kapitaleinsatz geht, lohnt sich ein genauerer Blick auf den Mietmultiplikator. Denn dann wird schnell klar: Nicht alles, was glänzt, ist (Beton-)Gold.

Was netto unter dem Strich bleibt

Bei der Ertragsberechnung für Kapitalanlage-Immobilien sorgt die Nettorendite für die nötige Nüchternheit. Das ist gut so, denn worauf es ankommt, zeigen die Zahlen unterm Strich und nicht die

Versprechungen eines Maklers. Die Nettorendite zeigt Ihnen, was Sie voraussichtlich in 10, 20 oder 30 Jahren für Ihr Geld in Prozent bekommen werden. Das soll die Renditeberechnung bei einer Immobilie beantworten. Bei der Nettorendite wird der laufende Aufwand herausgerechnet ohne Berücksichtigung von Steuern. Deshalb fällt die Nettorendite immer geringer aus als die Bruttorendite. Eine Immobilie wird so vergleichbar zum einen mit anderen Kapitalanlagen, zum anderen mit anderen Immobilien, ganz gleich, ob es sich dabei um eine Studentenwohnung oder, wie in unserem Beispielfall, um ein Mehrfamilienhaus handelt. Bei der Berechnung der Nettorendite müssen alle genannten Kosten, die beim Erwerb und bei der späteren Bewirtschaftung anfallen, berücksichtigt werden. Beim oben genannten Immobilienerwerb sehen Formel und Kalkulation für die Berechnung der Nettorendite – ohne Annahme einer Mietsteigerung – wie folgt aus:

(Jahreskaltmiete 60.000 Euro – Bewirtschaftungskosten 5.956 Euro) / (Kaufpreis 1.300.000 Euro + Kaufnebenkosten 138.645 Euro) = **3,76 Prozent Nettorendite**.

Die Nettorendite ist eine Objektrendite, die die Rentabilität der Immobilie wiedergibt. Objektrenditen sind von der Art der Finanzierung (Eigenkapital oder Darlehen) stets völlig unabhängig. Finanzieren wir jedoch das Projekt zum Beispiel zur Hälfte mit einem Immobilienkredit zu 1 Prozent, so können wir auf das eingesetzte Eigenkapital eine höhere Rendite erzielen. Diese Möglichkeit des »Hebelns« wird im Folgenden näher erläutert.

Mit Hebeleffekt die Rendite optimieren

In der Praxis werden Kapitalanlageimmobilien fast immer zumindest in Teilen über ein Hypothekendarlehen finanziert, für das

Zinsen zu zahlen sind. Das steigert die Rendite auf das von Ihnen eingesetzte Kapital stets dann, wenn die Nettorendite höher ist als der Zinssatz, der an die Bank zu zahlen ist. Das ist der sogenannte Hebel- oder Leverage-Effekt. Diesen Effekt nutzen wir nun auch beim Immobilienkauf. Wir bezahlen nur die oben genannten 138.645 Euro Erwerbsnebenkosten aus privaten Rücklagen. Ansonsten verzichten wir auf den Einsatz von Eigenkapital. Darauf lassen sich Banken dann ein, wenn Käufer entweder eine sehr gute Liquidität haben oder der Bank zusätzlich eine Sicherheit in Form von Geldguthaben oder einer bereits lastenfreien Immobilie zur Verfügung stellen. Da wir seit Jahren ein guter Kunde bei unserer Bank und bekannt für unsere gute und stabile Einkommenssituation sind, gibt uns unsere Bank die gesamten 1,3 Millionen Euro für den Erwerb des Mehrfamilienhauses. Dafür nehmen wir einen etwas höheren Darlehenszins von 3,5 Prozent in Kauf. Es klingt paradox, doch mit zunehmender Verschuldung lässt sich die Rentabilität einer Geldanlage steigern. Das hat natürlich auch enorme Risiken, die nicht alle Investoren tragen können. Voraussetzung für solche Hebelgeschäfte ist eine gute Bonität und vor allem Liquidität. Die dazu passende Berechnung:

Jahreskaltmiete 60.000 Euro – Kosten 5.956 Euro – Zinsen 45.500 Euro = **Jahresreinertrag 8.544 Euro.**

(Jahresreinertrag 8.544 Euro / Eigenkapital 138.645 Euro) = **Eigenkapitalrendite 6,16 Prozent.**

Die sehr attraktiv wirkende Eigenkapitalrendite von 6,16 Prozent pro Jahr beruht darauf, dass wir für jeden eingesetzten Euro über 9 Euro Darlehen einsetzen. Tilgen wir in den Folgejahren, so nähert sich die Eigenkapitalrendite der Mietrendite von 3,76 Prozent pro Jahr an. Faustregel: Je niedriger das eingesetzte Eigenkapital im Verhältnis zum fremdfinanzierten Betrag und je größer die Differenz zwischen

Mietrendite und bezahltem Fremdkapitalzins ist, desto **höher ist die Eigenkapitalrendite**! Das ist die Wirkung des Leverage-Effekts.

Ist es nicht erstaunlich, zu wissen, dass man gar nicht so viel Eigenkapital benötigt, um eine hohe Eigenkapitalrendite zu erzielen? Klingt es nicht verrückt, dass es für eine höhere Rendite sogar besser ist, weniger Eigenmittel einzubringen? Topverdiener sind hier klar im Vorteil und in der Lage, diesen Effekt zu nutzen. Denn sie verfügen in der Regel über eine gute Bonität und ausreichend Liquidität. Aber bitte vergessen Sie niemals, dass Sie mit der Rendite parallel auch immer Ihr Risiko hebeln. Wenn Ihre Mietrendite sinkt (zum Beispiel durch Mietausfall) oder die Zinsen ansteigen, wirkt der Hebel auch in gleicher Weise rückwärts. Daher haben wir Ihnen in anderen Kapiteln mehrfach geraten, die Gier nach maximaler Rendite zu begrenzen und auch bei rentablen Investitionen ans Tilgen zu denken. Spätestens beim Eintritt in die Ruhestandsphase sollten auch Zinshäuser schuldenfrei sein.

Steuerliche Aspekte Ihrer Immobilieninvestition

Ein weiterer nicht zu unterschätzender Faktor bei der Wirtschaftlichkeit einer Immobilie sind steuerliche Aspekte, die die Mietrendite beeinflussen können. Zum einen kann die Immobilie über die steuerliche Abschreibung (AfA) Ihre Steuerlast senken. Zum anderen können die Zinsen der Finanzierung ebenfalls als Aufwand steuerlich geltend gemacht werden. Sind AfA und Zinsen höher als die Nettomieteinnahmen, sinkt Ihr zu versteuerndes Einkommen. Sind sie niedriger, steigt es. Welche konkreten Auswirkungen das auf Ihre persönliche Steuerlast hat, hängt von Ihrem individuellen Steuersatz und der Rendite der Immobilie ab und kann sich je nach Einzelfall stark unterscheiden. Wer eine Immobilie zur Geldanlage erwerben will, sollte die Folgen eines solchen Investments am besten vorab mit seinem Steuerberater klären.

Falls Sie erwägen, in eine **Denkmalschutzimmobilie zu investieren, werden Sie von Maklern oder Anbietern sicher auf die besonders hohe steuerliche Abschreibung (AfA)** hingewiesen, die in den ersten sieben Jahren 9 Prozent pro Jahr und in den folgenden vier Jahren 7 Prozent pro Jahr beträgt. Mit anderen Worten: Bei Denkmalimmobilien entsteht ein relativ hoher Teil Ihrer Rendite nicht durch Mieterträge, sondern durch Steuerersparnis auf die hohen Abschreibungen, die Ihnen als Aufwand anerkannt werden, obwohl diesen keine unmittelbaren Auszahlungen (wie bei Instandhaltungen) entgegenstehen. Die Aussicht auf diesen scheinbaren Vorteil ködert viele Topverdiener, ist jedoch nur die halbe Wahrheit. Die ganze Wahrheit ist, dass Sie für diesen Steuervorteil bereits einen viel höheren Kaufpreis zahlen, den Sie mit hoher Wahrscheinlichkeit bei Wiederverkauf nach der Phase der hohen Sonderabschreibungen nicht mehr wiedersehen werden. Denkmalimmobilien sind daher grundsätzlich nur für vermögende Privatanleger mit einer langfristig hohen Steuerbelastung interessant. Wir wünschen Ihnen bei dieser Entscheidung einen umsichtigen Berater, der Ihnen nicht nur die Steuervorteile vorrechnet, sondern diese dem höheren Preis, den höheren Instandhaltungskosten und der Gefahr eines Verlustes beim Wiederverkauf gegenüberstellt.

Warum eine Finanzierung grundsätzlich Sinn macht

Angenommen, Sie wären in der Lage, das oben durchgerechnete Objekt bar zu bezahlen, so würden wir Ihnen dies dennoch nicht empfehlen. Wie schon oben aufgezeigt, kann es gerade in Zeiten niedriger Zinsen für Immobilieninvestoren Sinn machen, einen Teil des Kapitalbedarfs über billige Darlehen zu finanzieren.

Je höher das Volumen der Finanzierung, desto mehr sollten Sie sich auch über die Entschuldung Gedanken machen. Wenn Sie zusätzlich 2.000 Euro monatlich in die Hand nehmen, um ein Objekt schneller zu entschulden, kann dies zwar langfristig rentabel sein, aber die Immobilie wird über viele Jahre hinweg zu einer Belastung Ihrer Liquidität werden.

Verlassen Sie sich daher nicht darauf, dass die finanzierende Bank in Ihrem Interesse mitdenkt und prüft, ob Sie sich die Immobilie auch wirklich leisten können. Bei Zahlungsschwierigkeiten von Krediten versteigern Banken das Objekt, ohne mit der Wimper zu zucken. Ich kenne mehrere Bankmanager, die in Immobilien ehemaliger Kreditkunden wohnen.

Im Ergebnis ist es für Sie daher stets eine Abwägung zwischen den Vorteilen, die die Nutzung des Kredithebels bringt (größeres Investitionsprojekt, gesteigerte Rendite nach Steuern), und den entstehenden Risiken (negativer Hebeleffekt, Verlust an Robustheit und mögliche Belastung der Liquidität über viele Jahre hinweg). Aus diesem Zielkonflikt gibt es kein Entrinnen – wohl aber einen individuell sinnvollen Kompromiss für Sie. Wer Sie an dieser Stelle berät, sollte kein Eigeninteresse haben und weder an der Objektvermittlung noch an der Finanzierung verdienen!

Wie lange sollen Sie den Zins binden?

Der Erfolg Ihrer Finanzierung hängt entscheidend davon ab, ob Sie die für Ihre Verhältnisse passende Zinsbindung wählen. Denn das Zinsänderungsrisiko hat schon manches Projekt ins Wanken gebracht und muss deshalb realistisch in die gesamte Planung des Immobilieninvestments mit einfließen. Banken bieten Ihnen dabei die ganze Palette – von der variablen Verzinsung bis zur 20-jährigen Zinsbindung oder der Festschreibung der Zinsen über die Gesamtlaufzeit des Kredits.

Da wir uns über viele Jahre hinweg in einer andauernden Niedrigzinswelt mit völlig neuen geldpolitischen Spielregeln der Zentralbanken befanden, ab dem Jahr 2022 die Zinsen jedoch kräftig stiegen und nun vielleicht wieder sinken – oder auch nicht –, nützt Ihnen der Blick auf die Vergangenheit wenig. Verlassen Sie sich also nicht auf irgendwelche Prognosen, sondern sorgen Sie für Planungssicherheit. Mit einer 10- bis 20-jährigen Zinsbindung sind Sie auf der sicheren Seite und haben eine gut kalkulierbare Basis für die Finanzierung.

Wenn Sie ein Darlehen mit mehr als zehn Jahren Zinsbindung abschließen, kommt ein besonderer Vorteil für Sie als Kreditnehmer hinzu, denn die Bank ist zwar an den Festzins gebunden – aber für Sie selbst bleibt ein Schlupfloch für die Umschuldung oder Sondertilgung offen, denn nach Ablauf von zehn Jahren dürfen Sie – auch wenn der Zins über einen längeren Zeitraum festgeschrieben ist – einen Darlehensvertrag auflösen, ohne dafür Vorfälligkeitsentschädigung bezahlen zu müssen. Ob Sie das Darlehen komplett zurückzahlen, bei derselben Bank zu günstigeren Zinsen weiterfinanzieren oder die finanzierende Bank wechseln, tut nichts zur Sache – bei solch einer Sonderkündigung müssen keine triftigen Gründe vorliegen. Um zusätzlich bereits vor Ablauf der langfristigen Zinsbindung flexibel zu sein, sollten Sie sich im Darlehensvertrag das Recht auf Sondertilgungen sichern. Hierbei haben Sie die Möglichkeit, pro Jahr bis zu einer bestimmten Obergrenze außerplanmäßige Extratilgungen zu leisten. Als Faustregel gilt, dass Sie sich pro Jahr etwa 5 bis 10 Prozent der Darlehenssumme für eventuelle Sondertilgungen offenhalten sollten.

Ist eine tilgungsfreie Finanzierung sinnvoll?

An dieser Stelle möchten wir Ihnen das »Tilgungsaussetzungsmodell« vorstellen: Sie entschulden einen Kredit hier nicht direkt, sondern legen das Geld der unterlassenen Tilgungsleistungen in einem gesonderten Sparprozess an. So bleibt Ihr Darlehen über die Zeit in konstanter Höhe und damit auch die Schuldzinsen, die steuerlich absetzbar sind. Sinnvoll ist das Ganze jedoch nur, wenn es Ihnen gelingt, in Ihrem gesonderten Sparprozess eine Rendite nach Steuern zu erzielen, die den Darlehenszins nach Steuern übertrifft. Oder wenn Sie dieses Geld zur Vermeidung privater Schulden einsetzen können (zum Beispiel durch einen privaten Hauskauf), bei denen Sie die Zinslast nicht steuerlich geltend machen können.

Finanzierungen für Mietshäuser tilgt man in der Regel direkt über ein klassisches Annuitätendarlehen: Man nutzt die Mieteinnahmen zur Entschuldung der Immobilie und tilgt das Darlehen direkt. Sie können aber auch ein intelligentes Mischmodell fahren und einen Teil über einen ETF-Sparplan ansparen. Banker sehen das naturgemäß nicht gerne. Sie verkaufen lieber kapitalbildende Lebensversicherungen oder irgendein anderes teures Finanzprodukt als Sparvehikel. Wenn Sie solche Angebote ignorieren und Ihren Willen durchsetzen können, dann kann eine Mischfinanzierung eine sehr effiziente Angelegenheit werden, die zwar nicht völlig risikominimierend ist, Sie aber bei einer langen Finanzierungsdauer von 25 Jahren mit hoher Wahrscheinlichkeit durch eine positive Rendite belohnt. Weiterer Vorteil: Aufgrund der Flexibilität von ETF-Sparplänen können Sie jederzeit die Strategie wechseln. Stimmen die Grundvoraussetzungen, dann ist die Finanzierung einer Immobilie kein Hexenwerk. Lassen Sie prüfen, ob öffentliche Finanzierungsmittel der KfW-Bank in die Finanzierung eingebaut werden können, ohne die Flexibilität allzu sehr zu beeinträchtigen.

Tipp:

Holen Sie sich parallel bei mehreren Banken ein Angebot ein. Denn nur dann wissen Sie, dass Sie die bestmögliche Finanzierung bekommen.

Fazit

Eine Immobilie als Kapitalanlage ist keineswegs immer eine lohnende Investition. Die Rendite der Immobilie hängt eng mit ihrer Wertentwicklung zusammen. Daher kann die wirkliche Vorteilhaftigkeit erst ganz am Ende einer wahrscheinlich langen Investitionsdauer – nämlich nach dem Verkauf – festgestellt werden. Wer seine gesamten Ersparnisse in eine Immobilie zur Vermietung steckt, läuft Gefahr, am Ende viel schlechter abzuschneiden als erhofft. Neben den finanziellen Aspekten geht es bei einer Immobilie zur Vermietung auch immer um Menschen: Manche Mieter kümmern sich um das fremde Eigentum so, als wäre es die eigene Wohnung. Andere zahlen monatelang ihre Miete nicht und gehen nicht sehr pfleglich mit der Mietsache um. Auch bei Verwaltern gibt es große Unterschiede – sowohl bei den Kosten als auch bei der Qualität ihrer Dienstleistung. Auch dies sollten Sie bedenken. Wenn Sie mit all den Unwägbarkeiten gut leben können, kann eine Investition in Immobilien eine gute Sache für Sie sein. Lassen Sie sich bei Ihrer Entscheidung allerdings nicht von Werbeversprechen und Rendite-Angaben der Anbieter leiten. Denn Sie werden mit Sicherheit auch ohne Immobilieninvestments glücklich.

KAPITEL 8

Wie Sie vermeiden, zu viel Steuern zu bezahlen

»Nichts in dieser Welt ist sicher, außer der Tod und die Steuern.«

BENJAMIN FRANKLIN

Wer Einkünfte erzielt, zahlt Steuern. Wenn Sie gutes Geld verdienen, wovon ich ausgehe, kommen Sie um das Thema Steuern also nicht herum. Nehmen Sie es als Kompliment. Sie zählen zu den Gutverdienern der Republik und Ihr Finanzamt ehrt Sie mit einem hohen Steuersatz von bis zu 47,475 Prozent zuzüglich Kirchensteuer. International sichert sich Deutschland damit einen Platz in der Spitzengruppe mit den höchsten Einkommensteuersätzen. Sie zählen also in jeder Hinsicht zur Elite.

Leider kann auch ich Ihnen nicht dabei helfen, sich der Steuerpflicht komplett zu entziehen. Jedenfalls dann nicht, wenn Sie sich nicht dazu entscheiden sollten, mit Sack und Pack und Kind und Kegel auf die Bahamas, nach Dubai oder Monaco umzuziehen und fortan dort Ihre Brötchen zu verdienen, ohne in Deutschland tätig zu werden. Wenn das nichts für Sie ist, gibt es keinen legal umsetzbaren Weg, der dazu führt, dass Sie keinerlei Einkommensteuern mehr zahlen müssen. Steuern lassen sich also für Sie wie für 99 Prozent der anderen Leserinnen und Leser dieses Buches nicht gänzlich vermeiden.

Darum soll es in diesem Buch aber auch nicht gehen. Es geht stattdessen darum, nicht unnötigerweise zu viel Steuern zu bezahlen. Dabei möchte ich Ihnen gerne zur Seite stehen und Ihnen in diesem Kapitel zeigen, wie Sie Ihr Vermögen so strukturieren können, dass die Steuerbelastung so gut wie möglich reduziert wird. In manchen Bereichen funktioniert dies, in anderen nicht. Ich werde es Ihnen erläutern. Bevor ich dazu komme und Sie im Anschluss idealerweise aktiv in die Umsetzung gehen, möchte ich Ihnen aber zunächst sagen, was Sie auf keinen Fall tun sollten. Denn Sie können noch so geniale Steuertricks anwenden: Wenn Sie einen oder mehrere der nachfolgenden Fehler begehen, wird es schwierig mit Ihrem steueroptimierten Vermögensaufbau.

8.1 Wie Steueroptimierung garantiert nicht geht

»Das Finanzamt hat mehr Menschen zu Lügnern gemacht als die Ehe.«

Robert Lembke

Es ist nicht hilfreich, Steuerpflichten zu »übersehen«

Einkünfte vor dem Finanzamt zu verschweigen, war noch nie eine gute Idee. Und heutzutage ist diese Idee noch viel schlechter, als sie früher schon war. Denn dass Steuerhinterziehung nicht funktioniert und zudem mit erheblichen Strafen belegt ist, wissen Sie aus den Medien: Viele Stars und Sternchen haben ihre Karriere, ihren Ruf und ihr Fortkommen erheblich beschädigt, weil sie das

Thema Steuern nicht immer so ernst genommen haben, wie Sie, lieber Leser, es tun sollten: Uli Hoeneß, der bekannte Koch Alfons Schuhbeck, unser aller Tennisheld Boris Becker, der ehemalige Postchef Klaus Zumwinkel, der Ex-*Zeit*-Chefredakteur Theo Sommer, die nie um Kritik an anderen verlegene Journalistin und Feministin Alice Schwarzer und viele mehr reihen sich ein in die lange Liste von Menschen, die vermeintlich schlauer als das Finanzamt waren und letztlich eines Besseren belehrt wurden.

Sie sollten den Gedanken, Einkünfte »versehentlich« nicht in Ihrer Steuererklärung anzugeben, »weil das Finanzamt nie darauf kommen wird«, also so schnell wie möglich beiseiteschieben. Steuerhinterziehung lohnt sich nicht. Die Konsequenzen können drastisch sein. Neben Nachzahlungen und Zinsen drohen empfindliche Strafen, in besonders schweren Fällen auch eine Gefängnisstrafe von bis zu zehn Jahren. Eine solche Haftstrafe, auch wenn sie zur Bewährung ausgesetzt wird, kann schon bei vergleichsweise kleinen Beträgen ab etwa 50.000 Euro hinterzogener Steuer verhängt werden. Ab rund 1 Million Euro hinterzogener Steuer werden Sie die Haft tatsächlich antreten müssen. Das Risiko steht also in keinem Verhältnis zu den möglichen Steuerersparnissen. Das war es dann auch mit Ihrer beruflichen Karriere und dem weiteren Vermögensaufbau. Steuern zu sparen, ist Ihr kleinstes Problem, wenn Sie im Gefängnis sitzen und/oder mit hohen Nachzahlungen konfrontiert sind.

An dieser Stelle noch ein gut gemeinter Tipp: Sollten Sie in der Vergangenheit in Ihrer Steuererklärung schon einmal »Fünfe gerade haben sein lassen«, denken Sie bitte an eine sogenannte Selbstanzeige. Mit einer solchen können Sie sich im Nachhinein Straffreiheit erkaufen, solange das Finanzamt von der Hinterziehung noch nichts weiß. Das sollten Sie allerdings keinesfalls auf eigene Faust angehen, sondern dafür einen erfahrenen Steueranwalt beauftragen, der sich damit auskennt.

Wenn Sie nun denken, dass Sie es ja doch darauf ankommen lassen könnten, weil Sie sich durch eine solche Selbstanzeige jederzeit wieder »reinwaschen« können, vergessen Sie das schnell wieder. Eine solche Selbstanzeige ist immer nur eine Notlösung. Gehen Sie davon aus, dass Sie eine solche sowohl zeitlich als auch finanziell um ein Vielfaches teurer kommen wird, als wenn Sie Jahr für Jahr Ihre Steuererklärungen nach bestem Wissen und Gewissen korrekt erstellen.

Besonders gefährdet, steuerliche Fehler zu begehen, sind seit einiger Zeit übrigens Anleger, die in Kryptowährungen investiert haben. Kryptowährungen wie Bitcoin, Ethereum oder Ripple haben in den vergangenen Jahren einen Hype erlebt. Immer mehr Anleger investieren in sie und hoffen auf hohe Gewinne. Dabei übersieht der eine oder andere die steuerlichen Folgen seiner Krypto-Investments. Speziell in den Anfangsjahren seit der Einführung des Bitcoins (2009) glaubten viele Anleger, dass Gewinne aus Kryptowährungen steuerfrei seien. Ein fataler Irrtum. Das Finanzamt behandelt Kryptowerte wie Wirtschaftsgüter. Gewinne aus dem Handel mit Kryptowährungen sind daher steuerpflichtig. Das gilt vor allem auch für die bei Krypto-Investments so typischen Tauschvorgänge (»Swaps«) einer Kryptowährung gegen eine andere. Nicht nur der Verkauf einer Kryptowährung gegen Euro löst also Steuern aus, sondern zum Beispiel auch der Tausch von Bitcoin gegen Ether. Wer also intensiv tradet, zahlreiche Tauschvorgänge auslöst und damit idealerweise Gewinne erzielt, muss dies dem Finanzamt offenlegen. Dazu bedarf es einer ausführlichen Dokumentation. Dazu gehören unter anderem Kaufzeitpunkt, Kaufpreis, Verkaufszeitpunkt und Verkaufspreis sowie sämtliche entsprechende Informationen zu den Tauschvorgängen. Diese Daten müssen dem Finanzamt auf Verlangen vorgelegt werden können. In der Regel bedienen sich Krypto-Anleger dafür spezieller Softwareprogramme.

Neben dem Kauf und Verkauf von Kryptowährungen unterliegen auch die sonstigen zahlreichen Möglichkeiten, mit Kryptowährungen Geld zu verdienen, der Besteuerung. Einkünfte aus Lending, Staking, Liquidity Mining, Margin Trading und so weiter können also nicht brutto gleich netto vereinnahmt werden und gehören ebenfalls in die Steuererklärung – mit einer wichtigen Ausnahme, die wir später noch kennenlernen werden.

Die Zeiten, in denen die Finanzämter nicht wussten, wie sie mit Krypto-Investments umgehen sollen, sind längst vorbei. Die Finanzverwaltung ist bereits seit geraumer Zeit intensiv damit beschäftigt, Krypto-Transaktionen von Anlegern nachzuverfolgen, und hat zu diesem Zweck bei bekannten Krypto-Börsen Auskunftsersuchen gestellt. Begraben Sie daher bitte die Hoffnung, dass Sie unentdeckt bleiben könnten. Falls Sie in der Vergangenheit Krypto-Einkünfte erzielt haben, ohne diese in Ihrer Steuererklärung angegeben zu haben, rate ich Ihnen dringend zu einer Selbstanzeige.

Und noch etwas: Das Finanzamt möchte keine Kryptowährungen von Ihnen, sondern gerne Euros. Halten Sie also immer ausreichend Cash bereit, um die Steuern auch bezahlen zu können. Kryptowährungen, die zum Tag, an dem Sie Ihre Steuern bezahlen müssen, nur noch halb so viel wert sind wie ursprünglich gedacht, helfen nicht weiter, sondern können Sie finanziell extrem in Bedrängnis bringen.

Gier frisst Hirn – oder: Steuern sparen nicht um jeden Preis

So schön es ist, dem Finanzamt auf legale Art und Weise ein Schnippchen zu schlagen, so unklug ist es, aufs Steuersparen die Priorität in der Finanzanlage zu setzen. Ihre Priorität sollte immer auf der Auswahl und der Qualität der richtigen Anlageform liegen. Ob eine Finanzanlage erfolgreich ist, hängt in erster Linie von zwei Faktoren ab: der zu erwartenden Rendite und dem eingegangenen Risiko. Nur wenn dieses Verhältnis stimmt und es zudem zu Ihren persönlichen Zielen passt, wird Ihnen der gewünschte Vermögensaufbau gelingen. Steuerliche Aspekte sind dabei zunächst zweitrangig.

Viele Anlageprodukte, die primär mit Steuervorteilen werben, haben andere entscheidende Nachteile. Häufig sind die Renditen gering, die (offenen oder versteckten) Kosten hoch und auch die Risiken hoch oder unklar. Auch sind viele dieser Modelle illiquide, unflexibel und mit langen Laufzeiten verbunden. Für den erfolgreichen Vermögensaufbau sind sie daher oft nicht geeignet. Denn was bringen Ihnen 100.000 Euro Steuerersparnis, wenn Sie gleichzeitig 200.000 Euro durch die Anlage selbst verloren haben?

Nachfolgend finden Sie zwei Beispiele von Anlageformen, die zwar Steuervorteile versprechen oder versprachen, aber häufig den ersten Prüfungsschritt der nötigen Passung für Ihre Ziele nicht bestehen und von denen ich daher, von Ausnahmefällen abgesehen, eher abraten würde:

An erster Stelle sind hier Kapitallebensversicherungen zu nennen. Sie werden häufig als steuersparende Anlageform angepriesen. Früher noch viel mehr als heute. Tatsächlich sind die Erträge aus Lebensversicherungen unter bestimmten Voraussetzungen steuerfrei oder steuerlich begünstigt. Allerdings sind die Renditen von Lebensversicherungen in der Regel sehr niedrig. Das liegt zum einen daran, dass Lebensversicherungen in hohem Maße in ihren Anlagemöglichkeiten beschränkt sind, zum anderen aber am Produkt selbst: Eine Lebensversicherung ist, wie ihr Name schon sagt, eine Versicherung und keine Geldanlage. Entsprechend unflexibel sind die Verträge. Zudem sind die Kosten für das Produkt, die Risikoabsicherung selbst und der Vertrieb in der Regel unangemessen hoch. Für den langfristigen Vermögensaufbau sind Lebensversicherungen daher üblicherweise keine gute Wahl. Nicht zu verwechseln sind Kapitallebensversicherungen jedoch mit

Risikolebensversicherungen oder auch Versicherungen, die die Berufsunfähigkeit absichern sollen. Derlei Produkte sind extrem wichtig für die Absicherung Ihres Vermögens und Ihrer Familie. Aber das ist ein ganz anderes Thema, das nicht Gegenstand dieses Buches ist.

Auch sogenannte geschlossene Fonds sind eher nicht zu empfehlen. Schiffsfonds zum Beispiel oder Flugzeugfonds, Medienfonds und Fonds, die in erneuerbare Energien investieren, locken häufig mit Steuervorteilen und Steuerstundungen. Durch Verlustzuweisungen konnten Anleger in den ersten Jahren, als diese Fonds auf den Markt kamen, häufig hohe Steuerersparnisse erzielen. Das Problem: Viele dieser Fonds konnten nicht die erhofften Ergebnisse erzielen. Sie sind in wirtschaftliche Schwierigkeiten geraten und mittlerweile überwiegend vom Markt verschwunden. Viele Anleger verloren damit Geld. Im schlimmsten Fall haben sie nicht nur ihren Einsatz verloren, sondern wurden zudem verpflichtet, dem schlechten Geld noch gutes hinterherzuwerfen und eigenes Kapital in den Pleite-Fonds nachzuschießen.

Der Gesetzgeber hat die Steuervorteile mittlerweile deutlich zurechtgestutzt, sodass Investments in geschlossene Beteiligungen auch vor diesem Hintergrund an Attraktivität eingebüßt haben. Kurzum: Wenn sie nicht besondere Branchen-Kenntnisse in gerade dem Bereich haben, den ein geschlossener Fonds abdeckt, und wenn Sie zudem nicht ausreichend Zeit mitbringen, den Anbieter genau unter die Lupe zu nehmen, sollten Sie die Finger davon lassen. Nicht ohne Grund sprach man nach der Jahrtausendwende im Zusammenhang mit Medienfonds vom »Stupid German Money«. Die Emittenten der Fonds wussten genau, dass sie ihre Produkte am besten an deutsche auf Steuersparen getrimmte Anleger verkaufen konnten. Gehören Sie bitte nicht zu diesen Lemmingen. Lassen Sie anderen den Vortritt, wenn es darum geht, Geld aus dem Fenster zu schmeißen.

Natürlich gibt es auch sinnvolle und lukrative geschlossene Beteiligungen, auch aus den oben genannten Branchen, darunter insbesondere geschlossene Immobilien- und Private-Equity-Fonds. Gemein ist all diesen Fonds gleichwohl, dass sie nur etwas für Anleger sind, die sowohl die Investments, in denen die Fonds ihr Geld anlegen, verstehen als auch die Fondsstrukturen und insbesondere auch die mit ihnen einhergehenden Kosten überblicken. Doch selbst dann gilt: An solchen Fonds verdienen meist viele Beteiligte mit. Diese immensen Kosten müssen erst einmal über die Anlage selbst wieder hereingeholt werden. Das ist nicht unmöglich, aber sehr anspruchsvoll.

Jedenfalls sind derlei Investments nichts für Menschen, die wegen ihres Hauptjobs nur wenig Zeit für die Geldanlage und den Vermögensaufbau aufwenden können oder wollen. Auch der nette Vermittler von nebenan kann Ihnen die zeitintensive und kritische Prüfung der Anlage übrigens nicht abnehmen. Er vermittelt Ihnen den Fonds, weil er einer derjenigen ist, der über seine saftige Provision gut am Verkauf mitverdient. Nicht vergessen: Er steht nicht in Ihrem Lager – auch wenn er den Eindruck erweckt.

Von Quacksalbern und YouTube-Sternchen

Genauso wenig auf Ihrer Seite stehen Influencer und sonstige Social-Media-Heilsbringer. Wenn etwas zu gut klingt, um wahr zu sein, dann ist es genau so: Es ist nicht wahr und taugt meistens nichts. So ist es auch beim Steuernsparen. Stolpern Sie daher nicht in die Quacksalber-Falle. Machen Sie es besser als sehr viele Anleger vor Ihnen und erliegen Sie nicht den verlockenden Reizen der selbst ernannten Steuersparsternchen auf YouTube, Instagram, TikTok und Co.

Der Influencer-»Beruf« hat leider auch dazu geführt, dass sich viele windige Gestalten zu einer Karriere als selbst ernannter Steuer-

Guru berufen fühlen. Während früher nur bekannte Persönlichkeiten des öffentlichen Lebens, zum Beispiel Sportler, Kinostars oder Models, als Werbeträger agierten und die Werbebotschaften ihrer Auftraggeber unters Volk brachten (erinnern Sie sich noch an Manfred Krug und seine TV-Werbung zur »Volksaktie« Telekom?), bieten heute zahllose No-Name-Influencer Produkte und Dienstleistungen in schönen, mehr oder weniger gut gemachten Videos feil. Dazu zählen natürlich auch Steuerspartipps und -tricks und »streng geheimes Wissen, das Ihnen Ihr Steuerberater vorenthält«. Um es klar zu sagen: Es gibt kein geheimes Steuerwissen. Sie können davon ausgehen, dass funktionierende Steuergestaltungen erfahrenen Steuerberatern und Steueranwälten bekannt sind. Sie dürfen auch annehmen, dass Ihr Steuerberater Sie auf mögliche Gestaltungen hinweist – zumindest, wenn Sie ihn direkt ansprechen, fragen und für seinen Rat bezahlen.

Dafür müssen Sie sich keinem dahergelaufenen Schlauberger an den Hals schmeißen. Also Menschen, die weder Steuerberater noch Anwalt sind und im schlimmsten Fall auch sonst bisher nichts auf die Reihe gekriegt haben, aber ein Händchen und feines Gespür für Social-Media-Marketing und Ihren Wunsch nach Steuersparen haben. Fallen Sie auf diese Scharlatane nicht herein, die mit Ihren Gefühlen spielen und Ihnen teure Seminare, Webinare, Bücher und Coaching-Sessions verkaufen möchten. Dass er oder sie sympathisch wirkt, ist übrigens kein Argument. Oder haben Sie schon einmal einen unsympathischen erfolgreichen Verkäufer kennengelernt? Es bringt Ihnen nichts, sondern wirft Sie in Ihrem Streben nach Steueroptimierung weit zurück, wenn Sie sich etwas von einem fachlich nicht qualifizierten, im Video nett lächelnden Steuer-Guru aufschwatzen lassen, das nicht umsetzbar ist, weil es in Ihrem konkreten Fall nicht funktioniert.

Auch der denunzierende Hinweis des Quacksalbers darauf, dass Ihr Steuerberater lediglich Ihre Steuern verwaltet, aber nicht gestaltet, macht die Sache nicht besser. Es gibt Steuerberater, die tatsächlich nur die Aufgabe übernehmen, Ihre Steuererklärungen einzureichen. Das ist völlig in Ordnung, weil für die große Mehrzahl der Steuerzahler das Steueroptimierungspotenzial überschaubar ist und sich die Arbeit des Steuerberaters daher im reinen Erledigen der Steuererklärungen erschöpft. Es gibt aber natürlich auch Steuerberater, die auch gestalterisch und beratend agieren. Wenn und weil das für Sie relevant ist, suchen Sie sich einen solchen guten Steuerberater, der etwas von Steuergestaltung und -optimierung versteht – und bezahlen Sie ihn gut dafür, dass er für Sie maßgeschneiderte Lösungen entwickelt. Aber suchen Sie sich keinen Dampfplauderer, der kein Steuerberater ist, aber denkt, die Weisheit mit Löffeln gefressen zu haben. Und wenn Ihr guter Steuerberater Ihnen sagt, dass bei Ihnen nicht mehr viel zu gestalten ist, dann können Sie davon ausgehen, dass das stimmt. Wenn Sie zweifeln: Rennen Sie nicht dem Social-Media-Verkäufer in die Arme, sondern fragen Sie noch einen anderen – vielleicht besseren – Steuerberater oder Steueranwalt. Dann wissen Sie endgültig Bescheid. Sich von einem weiteren Experten eine »Second Opinion« einzuholen, ist völlig normal. Das machen Sie ja auch bei einem medizinischen Problem. Tun Sie dasselbe beim Thema Geld, Vermögen und Steuern.

Ein eindeutiges Erkennungszeichen für einen Verkäufer ist übrigens, dass er Ihnen nur die Vorzüge bestimmter Maßnahmen anpreist. Steuern sparen geht immer auch mit Voraussetzungen und Schwierigkeiten einher. Seriöse steuerliche Lösungen verlangen fast immer nach einer peniblen (und damit entsprechend teuren) Detailplanung und nach Abwägungen des Dafür und Dagegen und nach dem Eingehen von – im Einzelfall schwierigen – Kompromissen. Wer das nicht erwähnt, kann keine Ahnung haben oder möchte Ihnen etwas verkaufen.

Und noch etwas: Bleiben Sie konsequent. Ein Quacksalber mit Quacksalber-Lösungen bleibt ein Quacksalber mit Quacksalber-Lösungen, auch wenn Ihre Freunde und Bekannten ihm glauben und versuchen, seine Lösungen umzusetzen. Und daran ändert sich auch dann nichts, wenn sich eine Heerschar von Menschen zu Seminaren anmeldet und ganz beeindruckende Testimonials abgibt. Ein Steuer-Quacksalber hat es nämlich sehr leicht, seine Beute zu verführen. Er kann Ihnen erzählen, was er will. Dass seine Tipps auch Fußangeln haben, die sie für die Praxis ungeeignet machen, erkennen Sie ja nicht sofort, sondern erst nach ein paar Jahren, wenn Ihnen das Finanzamt kritische Fragen stellt. Der große Vorteil des Finanzamts ist, dass es Zeit hat und rückwirkend arbeitet. Während gute Berater steuergestaltend in die Zukunft arbeiten, schaut sich das Finanzamt in aller Ruhe an, was Sie in der Vergangenheit getan haben, und bewertet Ihr Tun entsprechend. Die untauglichen Steuersünden fallen so in aller Regel erst mehrere Jahre später auf. Zu diesem Zeitpunkt liegt Ihr »Steuerliche Geheimtipps«-Seminar lange zurück. Machen Sie sich einmal den Spaß und fragen Ihre Freunde drei oder fünf Jahre später, was aus ihrer damaligen scheinbar genialen Steueridee geworden ist, die sie im Seminar des Steuer-Gurus aufgeschnappt haben. Sie werden vermutlich recht kleinlaute Antworten erhalten à la: Die Basics haben funktioniert, die großen Versprechungen sind aber gewaltig in die Hose gegangen.

Briefkastenfirmen in Steueroasen und Wegzugs-Fantasien

Möglicherweise haben Sie schon einmal darüber nachgedacht, Ihr Vermögen in ein Steuerparadies zu verlagern, um Steuern zu sparen. Vielleicht haben Sie sich auch gefragt, warum Sie es nicht auch so machen wie der eine oder andere VIP, dessen »Steuergestaltungen« über eine Auslands-Briefkastenfirma durch die Medien publik geworden sind. Vielleicht haben Sie sich auch schon einmal im Internet auf den Seiten von Dienstleistern umgeschaut, die Gesellschaftsgründungen in einem Land anbieten, das keine Einkommensteuer erhebt.

Die Angebote sind verlockend. Dubai, die Bahamas, Panama, Monaco und viele mehr bieten günstige Einkommensteuersätze oder verzichten auf eine Einkommensteuer komplett. Auch die Gründung einer Limited Liability Company (LLC) in den USA wird immer wieder empfohlen, weil sie in den USA nicht zur Besteuerung herangezogen wird, wenn sie in den USA keine sogenannte Betriebsstätte begründet.

Um es kurz zu machen: Verschwenden Sie keine weitere Zeit auf solche Überlegungen. Jedenfalls dann nicht, wenn Sie nicht bereit sind, dauerhaft ins Ausland zu ziehen, um dort zu leben. Wenn Sie in Deutschland leben und realistischerweise hier auch langfristig Ihren Lebensmittelpunkt beibehalten werden, weil Sie Ihre Heimat mögen, Ihr soziales Umfeld hier ist, Ihr Ehepartner und Ihre schulpflichtigen Kinder in Deutschland leben und Sie Ihren Job in Deutschland ausüben, sind Sie hier unbeschränkt steuerpflichtig und werden das auch bleiben. Das können Sie drehen und wenden, wie Sie möchten. Das bedeutet dann aber auch, dass Sie Ihr weltweites Einkommen in Deutschland versteuern müssen – unabhängig davon, wo Sie es erwirtschaftet haben. Eine Verlagerung von Vermögen oder Einkünften in ein Steuerparadies ändert daran nichts. Und dass eine US-LLC in den USA nicht besteuert wird, hilft Ihnen leider auch nicht – eben deshalb, weil Sie so oder so in Deutschland der Besteuerung unterliegen.

Selbst wenn Sie Vermögen in einem Steuerparadies anlegen, müssen Sie die daraus bezogenen Einkünfte in Ihrer Steuererklärung angeben. Versteckspielen gilt nicht. Denn spätestens seit Einführung des automatischen Informationsaustauschs zwischen den Steuerbehörden vieler Länder erfährt das Finanzamt ohnehin von Ihren ausländischen Konten und Investments. Zudem hat Deutschland, so wie viele andere Länder auch, eine sogenannte

Hinzurechnungsbesteuerung: Wenn Sie eine ausländische Kapitalgesellschaft in einem Niedrigsteuerland gründen, die Sie beherrschen, wird Ihnen das Finanzamt sämtliche Einkünfte der Gesellschaft wie eigene Einkünfte zurechnen. Dann heißt es: Außer Spesen nichts gewesen.

Auch ein Alibi-Wegzug ins Ausland ändert an ihren steuerlichen Anknüpfungspunkten in Deutschland nichts. Vor allem hilft es nicht, wenn Sie zwar in Zypern eine Limited gründen und dort eine Wohnung anmieten, aber Ihre Zeit doch tatsächlich überwiegend in Deutschland bei Ihrer Familie verbringen. Denken Sie bitte an den oben beschriebenen ersten Fehler: Wenn Sie dem Finanzamt weismachen, dass Sie in Deutschland nicht mehr steuerlich ansässig sind, weil Sie angeblich Ihren Wohnsitz aufgegeben und Ihren Lebensmittelpunkt ins Ausland verlegt haben, begehen Sie eine klassische Steuerhinterziehung, wenn Ihre Angaben nicht den Tatsachen entsprechen. Hervorragende Denunzianten in solchen Fällen sind übrigens vermeintliche Freunde, Bekannte, Nachbarn, Mitarbeiter, Arbeitskollegen und der (Ex-)Ehepartner. Die Finanzämter nehmen Hinweise über Ihren Aufenthaltsort gerne entgegen, zum Teil übrigens auch über extra eingerichtete anonyme digitale Hinweisgeberportale. Eine Verschleierung ist also kaum noch möglich und auch nicht zu empfehlen.

Für die allermeisten deutschen Steuerpflichtigen, die ihr Geld hierzulande verdienen und nicht bereit sind, Deutschland komplett den Rücken zu kehren, machen Steuerparadiese oder auch der steuerlich motivierte Wegzug ins Niedrigsteuer-Ausland also schlichtweg keinen Sinn.

8.2 Einfache steuerliche Maßnahmen, große Wirkung

»Die Unkenntnis der Steuergesetze befreit nicht von der Pflicht, Steuern zu zahlen. Die Kenntnis aber häufig.«

Baron Amschel Meyer Rothschild

Wenn Sie die oben beschriebenen Fehler allesamt vermeiden, ist der erste Schritt schon getan: Sie fügen sich immerhin keinen steuerlichen Schaden zu. Im nächsten Schritt sollten Sie überlegen, ob und, wenn ja, wie genau Sie mit einfachen Maßnahmen große steuerliche Wirkung erzielen können. Darum geht es in den folgenden Abschnitten.

Doch zunächst die Grundlagen:

Ihr Gehalt unterliegt dem progressiven Einkommensteuersatz. Der Steuersatz ergibt sich aus der folgenden Tabelle (für 2025). »Grenzsteuersatz« meint dabei den Steuersatz, der auf den nächsten Euro entfällt, der die jeweils untere Grenze überschreitet. Wer also 68.443 Euro per annum verdient, unterliegt ab diesem Betrag mit jedem weiteren Euro einem Steuersatz von 42 Prozent. Ab Einkünften von 277.838 Euro aufwärts schlägt der Staat sogar mit 45 Prozent zu.

Zu versteuerndes Einkommen (€)	Grenzsteuersatz	Anmerkungen
bis 12.096	0 %	Grundfreibetrag, keine Einkommensteuer
12.097–17.442	14–24 %	Eingangssteuersatz, progressiv ansteigend
17.443–68.442	24–42 %	Progressionszone, linear ansteigend
68.443–277.837	42 %	Spitzensteuersatz, konstant
ab 277.838	45 %	Mar „Reichensteuer", konstant

Abb. 8.2.1 Einkommensteuertarif 2025; für zusammenveranlagte Paare sind die Beträge in Spalte 1 zu verdoppeln.

Für diejenigen, die den Spitzensteuersatz zahlen, kommt zu den oben genannten Sätzen der Solidaritätszuschlag hinzu, der die zu zahlende Einkommensteuer noch einmal um 5,5 Prozent erhöht. Der Grenzsteuersatz kann so auf bis zu 47,475 Prozent steigen. Gegebenenfalls kommt auch noch die Kirchensteuer obendrauf, wenn Sie in der Kirche sind. Die Kirchensteuer beträgt 9 Prozent der Einkommensteuer (in Bayern und Baden-Württemberg nur 8 Prozent) und unterliegt einer Kappung von 2,75 bis 4 Prozent des zu versteuernden Einkommens (je nach Bundesland). Immerhin kann die Kirchensteuer als Sonderausgabe steuerlich geltend gemacht werden.

Der Grenzsteuersatz kann so im Ergebnis bei rund 49 Prozent liegen. Mit anderen Worten: Von jedem verdienten Euro geht fast die Hälfte an Steuern ans Finanzamt (und die Kirche). Oder anders formuliert: Sie arbeiten fast ein halbes Jahr für Dritte und erst danach in die eigene Tasche. Das muss nicht sein. Hier sind einige sehr einfach umzusetzende Möglichkeiten, wie Sie das ändern können …

Austritt aus der Kirche

Die mit Abstand einfachste Möglichkeit, Steuern zu sparen, ist der Austritt aus der Kirche. So können Sie immerhin die Kirchensteuer einsparen. Ob Sie das für moralisch und ethisch korrekt halten und ob dies Ihren Überzeugungen entspricht, können nur Sie selbst entscheiden. Wie immer gilt: Von rein steuerlichen Erwägungen sollten Sie sich bei Ihren Entscheidungen nie leiten lassen – weder, wenn es darum geht, Geldanlagen auszuwählen, noch wenn Sie ein höchstpersönliches Thema wie die Kirchenzugehörigkeit mit sich ausmachen möchten. Für den einen oder anderen, der mit der Steuerbelastung oder generell der Kirchenzugehörigkeit hadert, kann ein Austritt aber natürlich naheliegen.

Es steht Ihnen dann zum Beispiel frei, alternativ Spenden für gemeinnützige, auch kirchliche oder religiöse Zwecke zu leisten und diese steuerlich geltend zu machen. Ein Austritt aus der Kirche muss also nicht gleichbedeutend mit einem Desinteresse am Gemeinwohl sein.

Kapitaleinkünfte und Abgeltungsteuer

Ansonsten besteht die naheliegendste Möglichkeit, Steuern zu sparen, darin, Einkünfte zu erzielen, die nicht unter den oben genannten progressiven Einkommensteuersatz fallen: Statt hoch versteuerte Einkünfte aus nicht selbstständiger Arbeit zu erzielen, ist es viel günstiger, Einkünfte aus Kapitalvermögen zu erwirtschaften. Einkünfte aus Kapitalvermögen wie Zinsen, Dividenden und sonstige Ausschüttungen sowie Kursgewinne (Aktien, ETFs, Investmentfonds, Rentenpapiere) unterliegen nämlich lediglich der Abgeltungsteuer von pauschal 25 Prozent plus Solidaritätszuschlag. Beides zusammen ergibt unter dem Strich dann 26,375 Prozent (gegebenenfalls zuzüglich Kirchensteuer). Die Abgeltungsteuer wird direkt von der Bank einbehalten und an das Finanzamt abgeführt (Quellensteuer), soweit der sogenannte Sparerpauschbetrag von 1.000 Euro (bei Zusammenveranlagung 2.000 Euro) per annum überschritten wird.

Die auf ETF- beziehungsweise Fondsebene bereits angefallene Steuer wird durch eine sogenannte Teilfreistellung ausgeglichen. Bei ETFs und Investmentfonds ist die Steuerbelastung auf Ebene des Anlegers daher noch etwas günstiger: Die Teilfreistellung sorgt dafür, dass Ausschüttungen und Veräußerungsgewinne bei Aktien-ETFs und Aktien-Investmentfonds mit einer Aktienquote von mehr als 50 Prozent effektiv nur mit 70 Prozent der oben genannten 26,375 Prozent (= 18,46 Prozent) besteuert werden. Das entspricht einer Teilfreistellung von 30 Prozent. Bei Misch-ETFs und

Mischfonds mit einer Aktienquote zwischen 25 und 50 Prozent liegt die Belastung bei 22,42 Prozent (85 Prozent von 26,375 Prozent, also eine Teilfreistellung von 15 Prozent). Bei Immobilieninvestmentfonds liegt die Teilfreistellung je nach Investmentschwerpunkt des Fonds sogar bei 60 Prozent (Anlageschwerpunkt Inland) beziehungsweise 80 Prozent (Anlageschwerpunkt Ausland).

Es stimmt also, dass sich Arbeit steuerlich weniger lohnt als das Beziehen von Kapitaleinkünften. Nutzen Sie das und lassen Sie Ihr Geld für sich arbeiten, sodass Sie günstig besteuertes passives Einkommen generieren. Das ist nicht nur weniger mühsam, als täglich zu schuften. Auch der Fiskus begünstigt Kapitalanlagen durch einen günstigeren Steuersatz.

Ein seltenes Glück: Steuerfreie Veräußerungsgewinne

Deutschland ist also vor allem für Einkünfte aus angestellter Tätigkeit Hochsteuerland. In anderen Bereichen sieht es anders aus. Hier und da ist Deutschland sogar geradezu ein Steuerparadies. Es gibt nämlich Einkünfte, die in Deutschland komplett steuerfrei bleiben. Wenn es Ihnen gelingt, diese Einkünfte zu erzielen, zahlt das erheblich auf Ihren erfolgreichen Vermögensaufbau ein.

Immobilien im Privatvermögen

Die Veräußerung einer fremdvermieteten Immobilie (Haus, Wohnung) zum Beispiel ist nach zehn Jahren gemäß Paragraf 23 Einkommensteuergesetz (EStG) vollkommen steuerfrei möglich (sogenannte »private Veräußerungsgeschäfte«). Bei einer eigengenutzten Immobilie ist ein steuerfreier Verkauf sogar bereits dann möglich, wenn die Immobilie zwischen Anschaffung und Veräußerung ausschließlich eigengenutzt wurde oder die Immobilie im Jahr des Verkaufs und in den beiden vorangegangenen Jahren ausschließlich selbst genutzt wurde. Wenn es Ihnen gelingt, mit der Zeit ein Immobilienportfolio aufzubauen, können Sie im Verkaufsfall steuerfrei Kasse machen.

Eine Garantie für Erfolg ist das freilich nicht. Entscheidend ist natürlich die Qualität der Immobilien, deren Wert steigen muss, damit das Geschäft aufgeht. Mit Schrottimmobilien werden Sie sicherlich nicht reich. Wenn Sie eine solche Immobilie halten, ist es sogar günstig, sie möglichst innerhalb der oben genannten Haltefrist zu veräußern, um den Verlust steuerlich geltend machen zu können.

Investments in Immobilien sind also nur etwas für Menschen, die sich für Immobilien als Assetklasse interessieren und sich damit auskennen. Was Sie zudem beachten müssen: Wenn Sie zu häufig Immobilien kaufen und verkaufen, kann das Finanzamt Ihr Handeln als gewerblichen Grundstückshandel einstufen. Dann ist es vorbei mit den steuerfreien Verkäufen. Außerdem unterliegen die möglichen Gewinne dann auch der Gewerbesteuer. Von einem solchen gewerblichen Grundstückshandel geht das Finanzamt allerdings in der Regel nur dann aus, wenn Sie innerhalb von fünf Jahren mehr als drei Immobilien verkaufen (»Drei-Objekt-Grenze«).

Edelmetalle und Kunst

Wenn Sie Edelmetalle als Geldanlage besitzen, also zum Beispiel Gold, Silber, Platin oder Palladium, können Sie von einer noch kürzeren Haltefrist als bei Immobilien profitieren. Gewinne aus Verkäufen von Edelmetallen sind nämlich schon nach einer Haltedauer von nur einem Jahr vollkommen steuerfrei. Gleiches gilt für Kunstwerke wie Gemälde und Skulpturen. Diese steuerfreien Einkünfte müssen übrigens noch nicht einmal in der Steuererklärung angegeben werden. Nur dann, wenn Sie die einjährige Haltedauer nicht beachten, müssen Sie erzielte Gewinne versteuern – und zwar mit Ihrem persönlichen Einkommensteuersatz. Das gilt nur dann nicht, wenn Ihre Gewinne aus privaten Veräußerungsgeschäften insgesamt niedriger als 1.000 Euro pro Jahr sind.

Kryptowährungen

Der Anwendungsbereich der privaten Veräußerungsgeschäfte hat sich in den vergangenen Jahren durch das Aufkommen von Kryptowährungen noch einmal deutlich ausgedehnt. Denn auch der Kauf und Verkauf von Kryptowährungen nach Ablauf der Haltefrist von einem Jahr fällt nach der höchstrichterlichen Rechtsprechung des Bundesfinanzhofs unter diese günstige Regelung. Bitcoin als »digitales Gold« wird also zumindest steuerlich wie echtes Gold behandelt.

Nur bei Missachtung der Ein-Jahres-Frist wird Steuer fällig. Insbesondere Krypto-Investoren der ersten Stunde, die ihre Bitcoins und andere Währungen als sogenannte »HODLer« schon seit Jahren halten, konnten so in den letzten Jahren extrem hohe – steuerfreie – Gewinne erwirtschaften und ein Millionenvermögen aufbauen.

Fun Fact:

Die Buchstabenfolge »HODLer« ist keine Abkürzung für einen hochtechnischen Begriff. »HODL« ist ein Bitcoin-Meme, das aus einem Tippfehler des Wortes »Hold« entstanden ist. Der Begriff entstand 2013 in einem Bitcoin-Forum, als ein Nutzer in nicht mehr ganz nüchternem Zustand »I AM HODLING« schrieb, statt »I AM HOLDING«. Seitdem hat sich der Begriff »HODL« als Ausdruck einer Anlagestrategie etabliert, die auf langfristiges Halten von Kryptowährungen statt auf kurzfristiges Handeln setzt. Der Begriff ist also nur eine Verballhornung des Begriffs »Hold«.

Diese Regelung führt seit geraumer Zeit sogar dazu, dass Deutschland für den einen oder anderen ausländischen Krypto-Investor als Steuerparadies und Hinzugs-Staat auserkoren wird. Wer Krypto-Vermögen sein Eigen nennt, kann bewusst nach Deutschland umziehen und in Deutschland steuerlich ansässig werden, um hier Verkäufe von Kryptowährungen zu initiieren und steuerfreie Veräußerungserlöse zu erzielen.

Aber auch insoweit gilt: Wer in Kryptowährungen investieren möchte, sollte wissen, was er tut. Ansonsten sollte er oder sie die Finger davon lassen. Im Krypto-Dschungel lauern allerhand Gefahren. Er ist ein Eldorado für Wegelagerer und Betrüger, die alle nur Ihr Bestes wollen: nämlich Ihr Geld. Seien Sie also vorsichtig und informieren Sie sich aus zuverlässigen Quellen, bevor Sie das Abenteuer Krypto starten. Und bringen Sie viel Zeit mit. Wenn Sie diese nicht haben, machen Sie einen großen Bogen um Kryptowährungen – jedenfalls per Direktinvestment. Nur solche Direktinvestments ermöglichen dem Anleger zwar, in die ganze Breite von Kryptowährungen zu investieren. Die Investments stellen allerdings ein recht mühsames Unterfangen in mehreren Schritten dar:

1. Überweisung eines Euro-Betrags auf eine Krypto-Börse.
2. Tausch von Euro in US-Dollar oder eine Krypto-Leitwährung wie Bitcoin oder Ether.
3. Kauf der gewünschten Ziel-Kryptowährung durch Tausch gegen zum Beispiel Bitcoin oder Ether.
4. Transfer der Ziel-Kryptowährung auf die vom Anleger selbst verwaltete Wallet.

Schnell und unkompliziert ist anders.

Wenn Sie das Thema Krypto fasziniert und Sie sich nicht von den zahlreichen kritischen Stimmen abhalten lassen wollen, Sie sich aber auch nicht mit den komplizierten und zeitaufwendigen Kinderkrankheiten von Krypto-Direktinvestments beschäftigen möchten, wählen Sie lieber einen alternativen Zugang zum Krypto-Markt, den die Finanzindustrie mittlerweile ermöglicht. Die Rede ist von Krypto-ETPs, über die Sie zum Beispiel an der Wertentwicklung des Bitcoins oder von Ether partizipieren können. »ETP« steht für »Exchange-Traded Products«. Dabei handelt es sich um börsengehandelte Finanzprodukte, die es Anlegern ermöglichen, indirekt in Kryptowährungen zu investieren, ohne diese direkt kaufen und verwahren zu müssen.

Das umständliche Kaufen über Krypto-Börsen und die Verwahrung in eigenen Wallets erübrigt sich dann. Stattdessen können Sie einfach über Ihre Depotbank, bei der Sie ein klassisches Wertpapierdepot unterhalten, investieren. Dort erteilen Sie einen Kaufauftrag und das ETP wird Ihnen in Ihr Depot eingebucht. Fertig.

Grundsätzlich gibt es zwei Arten von Krypto-ETPs: Exchange-Traded Krypto-Funds (ETFs) und Exchange-Traded Krypto-Notes (ETNs). Erstere können zwar in den USA, bislang aber aus regulatorischen Gründen nicht in Deutschland erworben werden. Eine ETN hingegen stellt eine Inhaberschuldverschreibung dar. Solche können Anleger auch in Deutschland erwerben. Mit der Einfachheit und Bequemlichkeit des Zugangs zum Krypto-Markt einher geht freilich auch ein erhöhtes Risiko: Bei Inhaberschuldverschreibungen trägt der Anleger stets das Emittentenrisiko, also das Risiko, dass der Emittent zahlungsunfähig wird.

Steuerlich können Sie wählen: Wenn Sie in eine Krypto-ETN investieren, die Ihnen einen unmittelbaren Anspruch auf die Auslieferung des Krypto-Wertes gewährt (sogenannte »physisch replizierende ETNs«), kann der Verkauf der Anteile nach einem Jahr steuerfrei erfolgen – so wie bei einem Direktinvestment auch. Sehen die Vertrags- beziehungsweise Emissionsbedingungen also vor, dass die Emittentin das den Anlegern zur Verfügung gestellte

Kapital nahezu vollständig in Kryptowährungen investiert und die Anleger im Falle ihres Ausstiegs einen Anspruch auf Auslieferung der hinterlegten Kryptowährungen haben, ist die Tür für eine spätere steuerfreie Veräußerung geöffnet. Auch wenn Ihnen ein Wahlrecht eingeräumt wird, wonach Sie anstelle der Kryptowährungen auch den aktuellen Gegenwert in Fiat-Währung (wie Euro oder US-Dollar) verlangen können, ändert sich daran nichts. Nur wenn Ihnen ein solcher Anspruch auf Auslieferung der Kryptowährung nicht gewährt wird, ist es anders. Gewinne unterliegen dann regelmäßig der Abgeltungssteuer (25 Prozent plus Soli und gegebenenfalls Kirchensteuer).

Für langfristige Anleger, zu denen ich Sie, wenn Sie an einem nachhaltigen Vermögensaufbau interessiert sind, zähle, lohnt es sich also, einen prüfenden Blick in die Emissionsbedingungen der von Ihnen gewählten Krypto-ETN zu werfen, um von einer späteren steuerfreien Veräußerung (nach einem Jahr) profitieren zu können.

Speziell bei Anlagen in Kryptowährungen – entweder direkt oder indirekt über Krypto-ETNs – sei aber noch einmal auf die Risiken auch steuerlicher Art hingewiesen: Kryptowährungen sind extrem volatil. Das gilt bereits für die »Platzhirsche« Bitcoin und Ether, aber in noch stärkerem Maße für die zahllosen Coins rechts und links der großen Währungen (sogenannte »Altcoins«). Denn die Kursentwicklung kann auch in die falsche Richtung gehen. Dann ist es wichtig, rechtzeitig die Reißleine zu ziehen und Verluste zu realisieren. Denn so günstig es ist, Gewinne erst nach einem Jahr steuerfrei zu realisieren, so sinnvoll ist es im Verlustfall, vor Ablauf der Jahresfrist zu verkaufen. Nur dann können die Verluste zumindest noch steuerlich geltend gemacht werden. Wer an sein Investment weiterhin glaubt, kann nach dem Verkauf erneut nachkaufen.

Ein weiteres steuerliches Risiko ist sicherlich, dass manche Arten von Einkünften aus dem »Krypto Space« bislang steuerlich ungeklärt sind. Das heißt konkret: Weder die Rechtsprechung noch die Finanzverwaltung haben sich bisher final und umfassend zu allen denkbaren Einkünften geäußert. Auseinandersetzungen mit dem Finanzamt bei Meinungsverschiedenheiten sind im Zusammenhang mit Kryptowährung-Investments deshalb relativ häufig.

Sonderabschreibungen bei Immobilieninvestments

Wenn Sie sich mit Immobilien gut auskennen und sich mit entsprechendem Zeiteinsatz der Immobilienanlage widmen wollen, können Sie steuerliche Vorteile über Abschreibungen ihrer Investitionssummen erzielen. Besonders relevant sind hohe Sonderabschreibungen für Sanierung und Denkmalschutz. Bei vermieteten denkmalgeschützten Immobilien gibt es noch immer großzügige Sonderabschreibungen von bis zu 9 Prozent pro Jahr (für acht Jahre, plus vier Jahre à 7 Prozent). Als Gutverdiener können Sie so hohe Investitionen in wertsteigernde Maßnahmen tätigen und die Kosten vollständig über einen Zeitraum von zwölf Jahren steuermindernd geltend machen.

Aber wie immer: Wenn Sie eine Schrottimmobilie überteuert erworben haben, hilft Ihnen auch die beste Sonder-AfA nicht, das Fehlinvestment zu retten. Immobilieninvestments sind also nur dann empfehlenswert, wenn Sie sich selbst gut mit Immobilien und dem Immobilienmarkt auskennen und auch die nötige Zeit haben, sich um Ihre Immobilien zu kümmern. Erfolgreiche Immobilieninvestoren haben regelmäßig einen sehr guten Marktüberblick und wissen, dass der Gewinn auch hier – wie üblich – im Einkauf liegt. Käufe von Neubauten über Bauträger oder Makler zum Beispiel sind häufig überteuert und damit als Kapitalanlage keine gute Idee – Steuervorteile hin, Steuervorteile her.

8.3 Holdingstrukturen für komplexe Vermögen

»Wer die Pflicht hat, Steuern zu zahlen,
hat das Recht, Steuern zu sparen.«

HELMUT SCHMIDT

Wenn Sie die oben beschriebenen einfachen steuerlichen Möglichkeiten ausgeschöpft haben und Sie ein komplexeres Vermögen ihr Eigen nennen oder beabsichtigen, ein solches aufzubauen, können Holdingstrukturen für Sie interessant werden, um sich steuerlich noch besser aufzustellen.

Mit einer Holdingstruktur ist die Errichtung einer Holding (also einer Gesellschaft oder einer Familienstiftung) gemeint, die ihrerseits unmittelbar oder mittelbar über weitere Tochtergesellschaften Vermögensanlagen hält. Mit anderen Worten: Sie halten Ihre Aktien, ETFs, Immobilien, Krypto und so weiter nicht selbst, sondern »schalten« eine Holding dazwischen.

Wirkungsweise einer Holding

Mit dem Aufbau einer Holdingstruktur ziehen Sie eine klare Grenze zwischen ...

1. Ihrem privaten Verbrauchsvermögen, das Ihnen und Ihrer Familie zur Verfügung steht, um Ihre Lebenshaltungskosten zu decken (Wohnen, Leben, Urlaub, Freizeit et cetera), und
2. Ihrem privaten Investmentvermögen, das idealerweise stetig wächst und die Erträge generiert, die in Ihr Verbrauchsvermögen überführt werden, um dort verkonsumiert zu werden.

3. Sofern Sie unternehmerisch aktiv sind, gesellt sich als dritte Vermögenskategorie noch das unternehmerische Produktivvermögen (also zum Beispiel ein operativ tätiges Unternehmen) dazu.

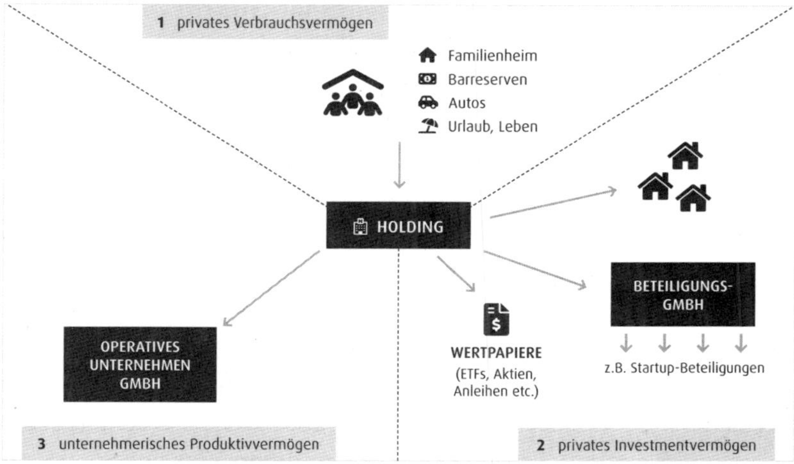

Abb. 8.3.1 Möglicher Aufbau einer Holding-Struktur

Alle drei Vermögenskategorien haben ihren festen Platz in Ihrer Holdingstruktur. Eine solche Struktur bringt Ordnung in Ihr Vermögen. Gewinne in den beiden Ertragskategorien (Investmentvermögen und Produktivvermögen) können zurückgelegt oder reinvestiert werden oder aber auch ausgeschüttet werden. Auf Ebene des Verbrauchsvermögens findet der Konsum durch Ihre Familie statt.

Vor allem wird Ihr Vermögen so auch als Einheit bewahrt: Das wesentliche Familienvermögen befindet sich ungeteilt in der Holding und zerfällt auch nicht durch den Generationenübergang im Erbfall in seine Atome.

Gleichzeitig stellen Sie sich mit einer solchen Holding-Struktur steuerlich günstiger auf und bauen nachhaltig Vermögen auf. Das

Grundprinzip ist dabei so einfach wie klar: Ziel ist stets, den im Vergleich zum Privatvermögen günstigeren Steuersatz auf Ebene der Holding (GmbH: circa 30,825 Prozent, das heißt 15,825 Prozent Körperschaftsteuer inklusive Solidaritätszuschlag plus rund 15 Prozent Gewerbesteuer; rein vermögensverwaltend tätige Stiftung: lediglich 15,825 Prozent) zu nutzen. Jahr für Jahr kann die Holding auf diese Weise deutlich mehr Einkünfte reinvestieren, als es auf privater Ebene wegen der hohen Steuerbelastung von 47,475 Prozent oder mehr möglich wäre. Eine Holding ist also vor allem dann sinnvoll, wenn die Gewinne in der Holding belassen werden und die Holding mit ihnen mehrere Jahre lang arbeiten kann und sie nicht sogleich an die Gesellschafter ausschüttet. Erst bei einer Ausschüttung aus der Holding an Sie persönlich wird noch einmal Steuer fällig. Man spricht insoweit auch vom Steuerstundungseffekt durch Thesaurierung.

Die Besteuerung im Einzelnen

Die Besteuerung auf Ebene Ihrer Holding ist abhängig von den einzelnen Anlagen, in die die Holding investiert. Vielfach ist die Besteuerung auf Holding-Ebene günstiger als auf der privaten Ebene, in manchen Fällen aber auch ungünstiger als im Privatbereich. Sie sollten also nicht blindlings den Versprechungen von Holding-Beratern folgen, sondern Ihren ganz konkreten Einzelfall im Blick behalten. Pauschallösungen werden den Anliegen vermögender Privatanleger nicht gerecht. Dafür ist das Steuerrecht zu kompliziert und vielschichtig.

Vor allem kommt es für die Steuerbelastung auch darauf an, welche Rechtsform die Holding hat. Im Folgenden stelle ich Ihnen die steuerlichen Folgen sowohl für die GmbH als auch für die Stiftung als Holding dar. Achtung, jetzt wird es etwas technisch ...

Aktien und Gesellschaftsbeteiligungen: Veräußerungserlöse und Dividenden

Die GmbH als Holding

Veräußert eine Holding-GmbH Aktien oder sonstige Beteiligungen an Kapitalgesellschaften (zum Beispiel Beteiligungen an Start-up-Unternehmen oder an Ihrem eigenen Unternehmen), sind die Gewinne daraus zu 95 Prozent steuerfrei, unabhängig von der Höhe der Beteiligung und der Haltedauer. Lediglich 5 Prozent der Gewinne unterliegen der Besteuerung. Effektiv werden Veräußerungsgewinne also nur mit circa 1,54 Prozent besteuert.

Im Privatvermögen hingegen unterliegen Veräußerungsgewinne aus Aktien voll der Abgeltungsteuer von 25 Prozent zuzüglich Solidaritätszuschlag, insgesamt also 26,375 Prozent (gegebenenfalls zuzüglich Kirchensteuer). Der Steuervorteil der GmbH beträgt somit gewaltige 25 (!) Prozentpunkte. Wer also mit seinen Aktieninvestments vor allem auf Verkaufserlöse spekuliert, fährt mit einer Holding äußerst steuergünstig. Vor allem für sehr langfristig orientierte Aktien-Investoren, Investoren in Start-up-Unternehmen und für Gesellschafter des eigenen Unternehmens, die einen Exit anstreben, kann eine Holding daher sehr interessant sein.

Auch Dividenden aus Aktien und sonstige Gewinnausschüttungen aus Kapitalgesellschaften können bei der Holding-GmbH zu 95 Prozent steuerfrei sein. Dies gilt allerdings nur, wenn die Beteiligung zu Beginn des Kalenderjahres mindestens 10 Prozent (für die Körperschaftsteuer) beziehungsweise 15 Prozent (für die Gewerbesteuer) beträgt. Eine solche Beteiligungsquote wird üblicherweise nur im eigenen Unternehmen, das Sie in die Holding eingebracht oder als Tochtergesellschaft der Holding gegründet haben, oder bei Frühphaseninvestoren (Startup-Beteiligungen) möglich sein. Wenn Sie diese Quoten erreichen, können Sie sich jedenfalls ebenfalls über eine steuerliche Belastung von nur rund 1,54 Prozent freuen.

Da Sie als privater Investor in Aktien, die an der Börse gehandelt werden, die oben genannten Beteiligungsquoten nicht erreichen werden (sogenannte Streubesitzdividenden), kommt die günstige Besteuerung für Sie insoweit nicht in Betracht. In diesen Fällen zahlt die GmbH die vollen circa 30,825 Prozent Steuer, also sogar mehr als im Privatvermögen (Abgeltungsteuer, 26,375 Prozent). Wenn es Ihnen vor allem um die regelmäßigen Ausschüttungen und nicht um den späteren Verkauf mit Gewinn geht, ist es also wenig sinnvoll, Aktien in der GmbH-Holding zu halten. Oder anders ausgedrückt: Bei der Aktienauswahl in der GmbH sollten Sie Wert auf solche Titel legen, die geringe Dividenden ausschütten. Klassischerweise sind zum Beispiel US-Aktien eher geizig, was Dividendenzahlungen angeht.

Gut zu wissen:

Als Alternative zu einer GmbH ist auch die »kleine Schwester« der GmbH, die sogenannte Unternehmergesellschaft (UG) (haftungsbeschränkt) denkbar. Sie ist vergleichbar mit einer GmbH, schützt also insbesondere wie die GmbH vor persönlicher Haftung der Gesellschafter, und benötigt ein Stammkapital von theoretisch lediglich 1 Euro, während für eine GmbH-Gründung mindestens 12.500 Euro einzuzahlen sind.

Eine Stiftung als Holding

Die klassische Alternative zur GmbH-Holding ist die Stiftungs-Holding. Vielleicht fragen Sie sich, was eine Stiftung überhaupt ist. Gewerbliche Rechtsformen wie die GmbH sind allgegenwärtig. Möglicherweise sind Sie selbst Gesellschafter einer solchen. Stiftungen sind in Deutschland deutlich seltener anzutreffen. Bei ihnen handelt es sich auch, wie bei GmbHs, um Körperschaften mit eigenen Rechten und Pflichten. Eine Stiftung ist allerdings insoweit eine außergewöhnliche Rechtsform, als sie keine Eigentümer und keine Gesellschafter hat. Das heißt konkret: Niemand ist an einer Stiftung als Gesellschafter beteiligt. Die Stiftung gehört sich also gewissermaßen selbst. Sie ist ein Vermögen, das nach ihrer Satzung zu einem bestimmten Zweck errichtet wurde und einzig diesen Zweck fördern soll. Der Zweck besteht üblicherweise darin, die eigene Familie finanziell zu fördern. Man spricht dann von einer Familienstiftung.

Dass die Stiftung keine Gesellschafter hat, ist eine ganz wesentliche Charaktereigenschaft der Stiftung. Diese Besonderheit hat zur Folge, dass niemand auf das Vermögen direkt zugreifen kann. Alle laut Satzung vorgesehenen Familienmitglieder partizipieren zwar an den Erträgen, die das Vermögen generiert, sie können aber nicht direkt über das Vermögen verfügen, es also auch nicht verkaufen. Solche Maßnahmen kann nur der Vorstand der Stiftung beschließen. Häufig bestellt sich der Stifter zum (ersten) Vorstand. Mit anderen Worten: Wenn Sie Stifter sind, können Sie vorgeben, wer darüber bestimmen soll, was mit dem Vermögen geschieht und wie es angelegt wird, auch wenn Ihnen rechtlich gesehen das Vermögen nicht mehr gehört, sondern »Ihrer« Stiftung.

Was Veräußerungserlöse und Gewinnausschüttungen aus Beteiligungen an Kapitalgesellschaften angeht, stehen Stiftungen noch besser da als GmbHs. Da Stiftungen – anders als GmbHs – regelmäßig nicht der Gewerbesteuer unterliegen, werden Veräußerungserlöse, Dividenden und andere Gewinnausschüttungen nur mit etwa 0,79 Prozent besteuert. Bezüglich Dividenden und Gewinnausschüttungen ist allerdings wieder zu beachten, dass die steuerliche Vorzugsbehandlung nicht für Streubesitzdividenden gilt. Anders als bei der GmbH ist die Steuerbelastung aber auch bei Streubesitzdividenden mit nur 15,825 Prozent (deutlich) besser als im Privatvermögen.

Diese steuerlichen Privilegierungen sind häufig ein ausschlaggebender Grund für die Errichtung einer Stiftungs-Holding. Eine Stiftungs-Holding wird vom Stifter und seiner Familie vielfach wie eine »Spardose« oder »Privatbank« genutzt, in der erhebliche Exiterlöse und Gewinnausschüttungen minimal besteuert vereinnahmt und sodann reinvestiert werden können – und bei Bedarf ins private Verbrauchsvermögen ausgeschüttet oder per Darlehen überführt werden können.

So werden verschiedene Anlageklassen in der Holding versteuert

Rentenpapiere

Für Anleihen und sonstige Rentenpapiere gibt es keine der Aktienbesteuerung vergleichbare Vergünstigung für Holdings. Zinsen aus Anleihen unterliegen mithin der gewöhnlichen Steuerbelastung einer GmbH von 30,825 Prozent und einer Stiftung von 15,825 Prozent. Im Privatvermögen unterliegen sie stattdessen der Abgeltungsteuer von 26,375 Prozent. Gleiches gilt für mögliche Veräußerungsgewinne. Zumindest eine GmbH-Holding zum Zweck des Erwerbs und Haltens von Rentenpapieren ergibt daher steuerlich gesehen wenig Sinn.

ETFs und Krypto-ETNs

Kursgewinne und Ausschüttungen aus Aktien-ETFs sind zu 80 Prozent von der Körperschaftsteuer und zu 40 Prozent von der Gewerbesteuer befreit (Teilfreistellung). Anders als im Privatvermögen, in dem Aktien-ETFs einer effektiven Steuerbelastung von circa 18,46 Prozent unterliegen, liegt der effektive Steuersatz auf Ebene der GmbH damit lediglich bei circa 12,17 Prozent. Ein Kauf von Aktien-ETFs über die eigene GmbH-Holding kann daher durchaus interessant sein, auch wenn der Vorteil speziell im Hinblick auf Veräußerungsgewinne geringer ausfällt als bei Direktinvestments in Aktien.

Für Misch-ETFs gilt eine Teilfreistellung von 40 Prozent von der Körperschaftsteuer und 20 Prozent von der Gewerbesteuer. Daraus ergibt sich auf Ebene der GmbH-Holding eine – im Vergleich zur Steuerbelastung auf privater Ebene (circa 22,42 Prozent) – nur geringfügig günstigere effektive Steuerbelastung von circa 21,5 Prozent auf Kursgewinne und Ausschüttungen.

Für Stiftungen gilt Vergleichbares. Da Stiftungen allerdings – anders als GmbHs – nicht bereits aufgrund ihrer Rechtsform der Gewerbesteuer unterliegen, beträgt die Steuerlast auf Ebene der Stiftung bei Aktien-ETFs lediglich 3,17 Prozent und bei Misch-ETFs 9,50 Prozent.

Die Besteuerung von Einkünften aus Krypto-ETNs hängt von der Ausgestaltung der Emissionsbedingungen der ETN ab:

Haben Sie bei der betreffenden ETN als Anleger Anspruch auf die physische Auslieferung der Kryptowährungen, gilt bei einer Stiftungs-Holding dasselbe wie im Privatvermögen. Nach Paragraf 23 EStG ist ein möglicher Veräußerungsgewinn komplett steuerfrei, wenn die Haltefrist von einem Jahr beachtet wurde. Bei einer Veräußerung innerhalb der Jahresfrist liegt die Besteuerung bei 15,825 Prozent. Bei einer Holding-GmbH gilt Paragraf 23 EStG hingegen nicht. Unabhängig von jedweder Haltefrist sind Verkaufsgewinne im Hinblick auf Krypto-ETNs mit dem üblichen Steuersatz einer GmbH (circa 30,825 Prozent) zu versteuern. Dafür können allerdings Verluste auch jederzeit, das heißt auch nach Ablauf der Jahresfrist, steuerlich geltend gemacht werden.

Besteht bei der betreffenden Krypto-ETN kein Anspruch auf Auslieferung der Kryptowährungen, unterliegen Veräußerungsgewinne bei Stiftungen der Besteuerung mit 15,825 Prozent, bei GmbHs mit circa 30,825 Prozent.

Investmentfonds

Ähnliches gilt für Einkünfte aus Investmentfonds. Auf Ebene der GmbH-Holding beläuft sich die Teilfreistellung – wie bei ETFs – bei Aktienfonds auf 80 Prozent und bei Mischfonds auf 40 Prozent (jeweils Körperschaftsteuer). Immobilienfonds genießen eine Teilfreistellung von 60 Prozent (Anlageschwerpunkt Inland) oder 80 Prozent, falls sie überwiegend in Immobilien im Ausland investieren.

Für gewerbesteuerliche Zwecke dürfen die Teilfreistellungssätze bei GmbHs nur zur Hälfte angewendet werden. Das bedeutet, dass Einkünfte aus Aktienfonds zu 40 Prozent, aus Mischfonds zu 20 Prozent und aus Immobilienfonds zu 30 Prozent (beziehungsweise 40 Prozent) gewerbesteuerfrei gestellt werden.

Daraus ergibt sich insgesamt folgende Steuerbelastung auf Ebene der GmbH-Holding:

Aktienfonds:	12,17 Prozent,
Mischfonds:	21,50 Prozent,
Immobilienfonds:	16,83 Prozent (Inland),
	12,17 Prozent (Ausland).

Für Stiftungen, deren Einkünfte in der Regel nicht gewerblicher Art sind, sodass sie auch keiner Gewerbesteuer unterliegen, liegt die Steuerlast für:

Aktienfonds bei	3,17 Prozent,
Mischfonds bei	9,50 Prozent

und für Immobilienfonds bei 6,33 Prozent (Inland) beziehungsweise 3,17 Prozent (Ausland).

Immobilieninvestments

Mieterträge aus vermieteten Immobilien unterliegen in der GmbH der Körperschaftsteuer von 15 Prozent plus Solidaritätszuschlag von 5,5 Prozent auf die Körperschaftsteuer. Die effektive Steuerbelastung beträgt somit 15,825 Prozent. Zusätzlich fällt üblicherweise Gewerbesteuer an. Wenn die GmbH allerdings nur eigene

Immobilien vermietet und keine gewerbliche Tätigkeit ausübt, kann sie von der Gewerbesteuer befreit werden (sogenannte erweiterte gewerbesteuerliche Kürzung). Unschädlich ist, wenn die GmbH daneben noch eigenes Kapitalvermögen verwaltet.

Einkünfte aus Vermietung und Verpachtung im Privatvermögen unterliegen hingegen der persönlichen Einkommensteuer, in Ihrem Fall als einkommensstarker Steuerpflichtiger mithin bis zu 47,475 Prozent, manchmal auch rund 49 Prozent (inklusive Kirchensteuer). Die Steuerbelastung auf Mieterträge ist im Privatvermögen damit ungleich höher als auf Ebene der GmbH.

Die Stiftungs-Holding steht der GmbH-Holding in nichts nach: Auch sie unterliegt regelmäßig nicht der Gewerbesteuer, sodass die Steuerbelastung lediglich 15,825 Prozent beträgt. Besonders interessant ist auf Ebene einer Stiftung allerdings die zusätzliche Möglichkeit des steuerfreien Verkaufs von Immobilien nach der Haltefrist des Paragrafen 23 EStG. Denn wie im Privatvermögen gelten die Regelungen der privaten Veräußerungsgeschäfte auch für eine Stiftung, sodass zum Beispiel fremdvermietete Immobilien nach zehn Jahren steuerfrei veräußert werden können. Die GmbH hingegen genießt diese Vorzugsbehandlung nicht. Sie hält die Immobilien im Betriebsvermögen, sodass jeder Verkauf einer Immobilie mit Gewinn der gewöhnlichen Körperschaftsbesteuerung von 15,825 Prozent unterliegt. Im Fall der gewerbesteuerlichen Kürzung fällt darüber hinaus immerhin keine Gewerbesteuer an.

Alle steuerlichen Vor- und Nachteile von Privatvermögen, GmbH- und Stiftungs-Holding im Überblick

In der folgenden Tabelle können Sie auf einen Blick sehen, wie hoch die Steuerbelastung im Hinblick auf unterschiedliche Investments ist:

1. im Privatvermögen, das heißt, wenn Sie persönlich die jeweilige Anlage halten,
2. wenn Ihre GmbH-Holding die Anlage hält und
3. wenn »Ihre« Stiftungs-Holding die Anlage hält.

Fett gedruckt sind die jeweils günstigsten steuerlichen Ergebnisse.

Einkünfte	Besteuerung[9] ca. in		
	Privatvermögen	**GmbH-Holding**	**Stiftungs-Holding**
Dividenden und sonstige Gewinnausschüttungen (Beteiligung von mind. 15 %)	26,375 %[10]	1,54 %	**0,79 %**[11]
Dividenden und sonstige Gewinnausschüttungen (Streubesitzbeteiligung von Kleinaktionären)	26,375 %	30,825 %	**15,825 %**
Veräußerung von Aktien und sonstigen Beteiligungen an Kapitalgesellschaften (unabhängig von Beteiligungshöhe)	26,375 %[12]	1,54 %	**0,79 %**
Einkünfte aus Beteiligung an einer Personengesellschaft (PersG)	Individueller Einkommensteuersatz (0–47,475 %)	30,825 % Ggf. **15,825 %** wg. gewerbesteuerlicher Kürzung und wenn Gewerbesteuer bereits auf Ebene der PersG angefallen ist	**15,825 %** Bei Einkünften aus einer gewerblichen PersG: + 15 % Gewerbesteuer auf Ebene der PersG
Anleihen: Zinsen	26,375 %	30,825 %	**15,825 %**
Anleihen: Veräußerungserlöse	26,375 %	30,825 %	**15,825 %**

Einkünfte	Besteuerung[9] ca. in		
	Privatvermögen	**GmbH-Holding**	**Stiftungs-Holding**
ETFs: Ausschüttungen und Veräußerungen	18,46 % (Aktien-ETF) 22,42 % (Misch-ETF)	12,17 % (Aktien-ETF) 21,50 % (Misch-ETF)	**3,17 %** (Aktien-ETF) **9,50 %** (Misch-ETF)
Investmentfonds: Ausschüttungen und Veräußerungen	18,46 % (Aktienfonds) 22,42 % (Mischfonds)	12,17 % (Aktienfonds) 21,50 % (Mischfonds) 16,83 % (Immo Inland) 12,17 % (Immo Ausland)	**3,17 %** (Aktienfonds) **9,50 %** (Mischfonds) **6,33 %** (Immo Inland) **3,17 %** (Immo Ausland)
Immobilien: Vermietung und Verpachtung	Individueller Einkommensteuersatz (0–47,475 %)	30,825 % Ggf. **15,825 %** wg. gewerbesteuerlicher Kürzung	**15,825 %**
Immobilien: Veräußerung	**Steuerfrei** nach zehn Jahren (vermietete Immobilien) oder bei **Eigennutzung**, ansonsten individueller Einkommensteuersatz (0–47,475 %)	30,825 % Ggf. **15,825 %** wg. gewerbesteuerlicher Kürzung	**Steuerfrei** nach zehn Jahren (vermietete Immobilien), ansonsten **15,825 %**
Immobilien: Sonder-AfA wg. Denkmalschutz	**8 Jahre × 9 % +** **4 Jahre × 7 %** **AfA** möglich	**8 Jahre × 9 % +** **4 Jahre × 7 %** **AfA** möglich	**8 Jahre × 9 % +** **4 Jahre × 7 %** **AfA** möglich

Einkünfte	Besteuerung[9] ca. in		
	Privatvermögen	**GmbH-Holding**	**Stiftungs-Holding**
Edelmetalle und Kunst: Veräußerung	**Steuerfrei** nach Haltedauer ein Jahr, ansonsten individueller Einkommensteuersatz (0–47,475 %)	30,825 % unabhängig von Haltedauer; **Verluste** können ebenfalls stets geltend gemacht werden	**Steuerfrei** nach Haltedauer ein Jahr, ansonsten **15,825 %**
Kryptowährungen: Veräußerung	**Steuerfrei** nach Haltedauer ein Jahr, ansonsten individueller Einkommensteuersatz (0–47,475 %)	30,825 % unabhängig von Haltedauer; **Verluste** können ebenfalls stets geltend gemacht werden	**Steuerfrei** nach Haltedauer ein Jahr, ansonsten **15,825 %**
Kryptowährungen: Staking Rewards und Lending Rewards	Individueller Einkommensteuersatz (0–47,475 %)[13]	30,825 %	**15,825 %**
Krypto-ETNs: Veräußerung	Physisch hinterlegte ETNs mit Anspruch auf Auslieferung: **Steuerfrei** nach Haltedauer ein Jahr, ansonsten individueller Einkommensteuersatz (0–47,475 %) Ohne Anspruch auf Auslieferung: 26,375 %	30,825 %	Physisch hinterlegte ETNs mit Anspruch auf Auslieferung: **Steuerfrei** nach Haltedauer ein Jahr, ansonsten **15,825 %** Ohne Anspruch auf Auslieferung: **15,825 %**

Abb. 8.3.2

Ausschüttungen ins private Verbrauchsvermögen

Ihre Holding kann Ihnen helfen, Ihr Vermögen über die Jahre steuerschonend zu vermehren. Solange Sie über Ihre Holding reinvestieren, bleibt es bei den oben dargestellten Steuerfolgen. Eine Besteuerung auf Ihrer privaten Ebene erfolgt erst dann, wenn Sie aus Ihrer Holding Ausschüttungen in Ihr privates Verbrauchsvermögen vornehmen, weil Sie Geld für Ihre private Lebensführung benötigen.

Diese Ausschüttungen unterliegen der Abgeltungsteuer oder dem Teileinkünfteverfahren, also einem Steuersatz von in der Regel circa 26,375 Prozent. Das gilt sowohl für eine GmbH-Holding als auch in aller Regel für eine Stiftungs-Holding. Alternativ können Sie natürlich auch Darlehen von Ihrer Holding bekommen. Eine Besteuerung erfolgt dann nicht. Allerdings ist darauf zu achten, dass Darlehensbedingungen (Zinssatz, Laufzeit, Tilgung, Sicherheiten) wie unter fremden Dritten üblich vereinbart werden. Vor allem benötigen Sie dazu auch einen schriftlichen Darlehensvertrag, damit Sie später keine bösen Überraschungen mit Ihrem Finanzamt erleben. Und Darlehen müssen natürlich auch eines Tages zurückgezahlt werden, (versteuerte) Ausschüttungen nicht.

Eine Holding ist also sinnvoll, wenn Sie nicht jedes Jahr Ausschüttungen benötigen, um sie privat zu verkonsumieren. Ist Letzteres gewünscht, ergibt eine Holding für Sie wenig Sinn. Können Sie auch einmal ein paar Jahre auf Ausschüttungen verzichten, ist eine Holding der Königsweg zum steueroptimierten Vermögensaufbau.

Der frühe Vogel fängt den Wurm

Sobald Sie für sich entschieden haben, dass Sie langfristig Vermögen aufbauen möchten – das haben Sie vermutlich, ansonsten hätten Sie dieses Buch nicht erworben – und dass eine Holding für Sie passt, ist eine der wichtigsten Empfehlungen, vielleicht sogar die wichtigste Empfehlung überhaupt, so früh wie möglich damit zu starten. Nicht überhastet natürlich und nicht auf Grundlage einer fixen aus einem Seminar oder auch aus diesem Buch aufgeschnappten Idee, aber doch so früh und so überlegt wie möglich. Denn die steuerlichen Vorzüge der Holding ergeben sich nur dann, wenn das Vermögen erst einmal in der Holding ist und dort für Investitionen eingesetzt wird.

Der Transfer des Vermögens in die Holding kann nämlich steuerlich äußerst steinig sein. Ich kenne viele vermögende Menschen, die mit der Errichtung ihrer Holding, insbesondere ihrer Stiftung, zu lange gewartet haben und es heute bereuen, weil sie den richtigen Zeitpunkt verpasst haben. Ihr Vermögen ist mittlerweile zu groß und vor allem ihr liquides (Wertpapier-)Vermögen ist zu groß, als dass sich heute noch die Errichtung einer Stiftung rechnen würde. Zumindest ist sie dann nicht mehr einfach möglich, sondern bedarf einiger juristischer und steuerlicher Kunstgriffe. Denn nicht-begünstigtes Privatvermögen in eine Stiftung zu überführen, kann schenkungssteuerlich sehr teuer und manchmal zu teuer werden. Dazu später mehr.

Je früher Sie also eine Holding errichten, desto einfacher ist alles Weitere. Das Vermögen kann dann von Beginn an in der Holding wachsen und muss nicht erst aufwendig und gegebenenfalls steuerpflichtig vom Privatvermögen ins Holdingvermögen überführt werden. Mit anderen Worten: Sie können dann direkt über die Holding ein Wertpapierdepot anlegen und Wertpapiere kaufen und Sie können direkt über die Holding zum Beispiel in Immobilien, Aktien und Start-up-Beteiligungen investieren.

Wer diesen frühen Zeitpunkt verpasst hat, weil er damals die nötigen Kenntnisse noch nicht hatte oder nicht weitsichtig genug war, den tröstet vielleicht die Tatsache, dass er sich in allerbester Gesellschaft befindet. Denn so geht es den allermeisten. Möglicherweise kann der Vermögensübertrag dann später noch nachgeholt werden.

Spezialisierte Anwälte können Ihnen dabei helfen und Sie vor allem auch dabei unterstützen, die Frage zu beantworten, welche Art der Holding (GmbH, Stiftung, konkreter Aufbau eventuell weiterer Tochtergesellschaften) am meisten Sinn für Sie ergibt.

GmbH-Holding oder Stiftungs-Holding?

Welche Holding ist nun die richtige für Sie? Eine GmbH oder eine Stiftung? Die Frage ist nicht einfach zu beantworten und die Antwort hängt maßgeblich von Ihrer persönlichen Lebenssituation und Ihrem vorhandenen Vermögen ab. Beide Rechtsformen haben ihre Vorteile und Nachteile. Für den einen passt die GmbH besser, für den anderen die Stiftung.

Wenn Sie zum Beispiel planen, in den nächsten Jahren ins Ausland auszuwandern und ihre steuerliche Ansässigkeit in Deutschland aufzugeben oder eines Ihrer Kinder, das Ihre Vermögensnachfolge antreten sollte, einen solchen dauerhaften Wegzug plant, wird die GmbH als Holding eher ausscheiden, wenn Sie sich nicht ruinieren möchten. Denn mit dem Wegzug aus Deutschland wird auf GmbH-Beteiligungen die sogenannte Wegzugsteuer ausgelöst. Das heißt, das Finanzamt tut so, als hätten Sie – oder Ihr ins Ausland verzogenes Kind – die GmbH-Anteile zum Marktwert verkauft. Ein gutes Viertel des Wertes der GmbH-Beteiligung ist dann erst einmal weg, ohne dass Ihnen überhaupt Geld zugeflossen ist. Mit einer Stiftung kann so etwas nicht passieren.

Wenn Sie wiederum Schwierigkeiten mit der Vorstellung haben, dass Ihnen das hart erarbeitete Vermögen zivilrechtlich nicht mehr gehört, sondern plötzlich einem anderen, nämlich Ihrer Stiftung, und es Ihnen nicht genügt, dass Sie als Organ der Stiftung weiterhin über das Vermögen verfügen können (also es anlegen können, Entscheidungen treffen können, Ausschüttungen beschließen können, das Vermögen nutzen können et cetera), ist die

Stiftung als Rechtsform nicht richtig für Sie. Gleiches gilt, wenn Ihnen die weiteren Nachteile einer Stiftung, zum Beispiel die sogenannte Erbersatzsteuer, die alle 30 Jahre anfällt, nicht geheuer sind.

Auch wenn Ihr Vermögen sich nicht eignet, um steuergünstig in eine Stiftung überführt zu werden, scheidet die Stiftung vermutlich von vornherein als Holding-Vehikel aus. Es bleibt dann nur die GmbH.

Wenn Ihnen wiederum eine nachhaltige und von Ihren Nachfolgern in Ihrem Sinne umzusetzende Vermögensnachfolgelösung auch weit über Ihren Tod hinaus wichtig ist, ist die einzige Rechtsform, die das bieten kann, die Stiftung.

Die nachfolgende Übersicht soll Ihnen helfen, die Qual der Wahl zu lindern. Sie kann angesichts der Komplexität der Frage allerdings nur erste Indikationen liefern und Sie bei Ihrer Entscheidung leiten. Weil die Entscheidung sehr weitreichende Folgen hat, sollten Sie sie auf jeden Fall mit einem qualifizierten Steuer- und Stiftungsanwalt ausführlich besprechen.

	GmbH	Stiftung
Vermögen gehört künftig der Holding und nicht mehr Ihnen persönlich	Ja, aber als Gesellschafter gehört es Ihnen mittelbar weiterhin zu 100 Prozent.	Ja, es gehört Ihnen zivilrechtlich nicht mehr. Sie haben als Stifter, Begünstigter und möglicherweise Organ der Stiftung aber die Möglichkeit, das Vermögen zu nutzen, zum Beispiel in Form von Ausschüttungen. Die ausgeschütteten Beträge gehören Ihnen.
Im Fall des (dauerhaften) Wegzuges des Gesellschafters wird Wegzugsteuer ausgelöst (mit unterschiedlichen Folgen bei Wegzug ins EU-Ausland oder in ein Drittland)	Ja.	Nein.
Typische steuerliche Probleme, die mit der Rechtsform einhergehen	Verdeckte Gewinnausschüttungen, wenn Sie die rechtliche Trennung zwischen privat und GmbH nicht einhalten (eindeutige vorab geschlossene Verträge, marktangemessene Vergütungen).	Erbersatzsteuer alle 30 Jahre (die Steuer fingiert einen Erbfall; es gelten dieselben Begünstigungen wie auch sonst für Schenkungen und Erbschaften, vor allem Begünstigungen für betriebliches Vermögen). Für Verträge zwischen Ihnen und der Stiftung sind außerdem ebenfalls die in der linken Spalte genannten Punkte zu beachten.
Geeignetheit für Vermögensnachfolge	Eher unpraktisch: Anteile an der GmbH können Sie zwar an die nächste Generation verschenken. Allerdings bedarf dieser Vorgang der notariellen Beurkundung. Zudem benötigen Sie Bewertungen der GmbH zur Bestimmung des Schenkungswertes.	Sehr gut geeignet, löst die Nachfolgeprobleme »ein für alle Mal« schon zu Lebzeiten. Allerdings sind die Errichtung der Stiftung und die Vermögensübertragung aus diesem Grund auch aufwendiger als bei einer GmbH.

	GmbH	Stiftung
Folgen Ihres Versterbens	Wenn Sie versterben, erben Ihre Erben die Anteile an der GmbH. Dieser Vorgang ist grundsätzlich erbschaftsteuerpflichtig. Ausnahmen sind bei begünstigtem Betriebsvermögen möglich. Generell gilt aber: Weil Sie Ihren Tod in der Regel nicht planen können, sind auch keine Planungen zur Optimierung der Besteuerung möglich. Die Erbschaftsteuer wird unverhofft und ungeplant ausgelöst.	Ihr Versterben hat keine (erbschaftsteuerlichen) Auswirkungen, da keine Anteile an der Stiftung existieren und daher auch nicht vererbt werden können. Vererbt wird nur das Vermögen, das sich nicht in der Stiftung befindet. Für die Begünstigten der Stiftung ändert sich ansonsten nichts, denn Sie haben Ihre Nachfolge schon zu Lebzeiten mit der Stiftungserrichtung gelöst.
Asset Protection	Forderungen Dritter gegen die GmbH schlagen grundsätzlich nicht auf Sie als Gesellschafter durch; als Geschäftsführer der GmbH haften Sie allerdings für eine ordnungsgemäße Geschäftsführertätigkeit gegenüber der GmbH. Forderungen gegen Sie privat (Scheidung, Geschäftsführerhaftung et cetera) schlagen auf die GmbH durch: Gläubiger können Ihre Anteile an der GmbH pfänden und in sie vollstrecken.	Forderungen Dritter gegen die Stiftung schlagen nicht auf Sie als Begünstigter der Stiftung durch; als Vorstand der Stiftung haften Sie allerdings für eine ordnungsgemäße Vorstandstätigkeit gegenüber der Stiftung. Forderungen gegen Sie privat (Scheidung, Geschäftsführerhaftung et cetera) schlagen auf die Stiftung nicht durch, da Sie nicht an der Stiftung beteiligt sind. Dabei sind allerdings sogenannte Anfechtungsfristen von vier (oder im Einzelfall zehn) Jahren zu beachten. Das heißt, die Errichtung der Stiftung sollte mindestens vier Jahre vor einer Anfechtung durch einen Dritten erfolgt sein, damit sie »anfechtungsfest« ist.

	GmbH	Stiftung
Laufende Administration und Kosten	Eine Holding-GmbH ist ein von Ihnen separater Rechtsträger. Entsprechend getrennt von Ihnen persönlich müssen Sie ihn auch behandeln. Ein Vermischen von Vermögen der GmbH mit Ihrem eigenen müssen Sie auf jeden Fall verhindern. Die GmbH braucht zudem eine laufende Steuerberatung, die sich um die Finanzbuchhaltung (gegebenenfalls auch die Wertpapierverbuchung, wenn Sie in Wertpapiere investieren), die Steuererklärungen und die Jahresabschlüsse kümmert. Dafür fallen ein paar Tausend Euro Kosten pro Jahr an. Hinzu kommen gelegentliche Rechtsfragen und Vertragsgestaltungsfragen, für die Sie sich an einen spezialisierten (Steuer-) Anwalt wenden sollten.	Vergleichbar ist es bei einer Stiftung. Anders als bei einer GmbH benötigt eine Stiftung nicht zwingend eine doppelte Buchführung, eine einfache Einnahmen-Überschuss-Rechnung genügt. Das spart etwas Kosten beim Steuerberater. Daneben benötigen Sie aber zumindest zu Beginn einen erfahrenen Stiftungs- und Steueranwalt an Ihrer Seite, wenn Sie sich noch nicht mit Stiftungen auskennen.

	GmbH	Stiftung
Fazit	Eine GmbH-Holding ist eine Lösung auf Zeit, die Ihnen so lange Freude machen wird, wie es nicht um die Vermögensnachfolge geht. Der Weg in die GmbH ist steuerlich einfacher als bei einer Stiftung, dafür ist die laufende Besteuerung von Einkünften überwiegend weniger günstig als bei einer Stiftung.	Eine Stiftung ist eine dauerhafte Lösung, mit der Sie Ihre Nachfolge bereits vollständig (mit Ausnahme des Vermögens, das Sie nicht in die Stiftung eingebracht haben) geklärt haben und die auch nach Ihrem Tod aufgrund der von Ihnen entworfenen Satzung in Ihrem Sinne fortexistiert. Die laufende Besteuerung der Einkünfte einer Stiftung ist überwiegend sehr attraktiv. Allerdings ist die Übertragung von Vermögen auf eine Stiftung steuerlich anspruchsvoll und nicht immer steuergünstig zu haben.

Abb. 8.3.3

Kurzum: Jeder nach seiner Fasson. Viele Menschen müssen sich im Übrigen auch schlicht eingestehen, dass weder das eine noch das andere für sie passt. Wenn dem so ist, ist das kein Weltuntergang. Dann vergessen sie das Holding-Thema wieder und beschränken sich auf die einfachen, aber wirkungsvollen Ratschläge in Abschnitt 8.2. Es ist besser, keine Holding zu haben, als eine Holding zu besitzen, die ihren Zweck nicht erfüllt und mit der Sie möglicherweise administrativ überfordert sind. Denn eine Holding-Struktur kann nur funktionieren, wenn Sie sie konsequent beachten. Sie können künftig also nicht einfach das Geschäftskonto der Holding für Ihre privaten Zwecke nutzen, sondern müssen pingelig darauf achten, dass die drei oben genannten Vermögenssphären (privates Verbrauchsvermögen, privates Investmentvermögen, unternehmerisches Produktivvermögen) ein jeweils unabhängiges Eigenleben führen.

Der steinige Weg in die Holding

Der Weg in die Holding ist ein steuerrechtliches Minenfeld. Es ist die hohe Kunst des Steuerrechts, alle Klippen, die auf dem Weg zur Holding auftauchen, erfolgreich zu umschiffen. Dieser steinige Weg in die Holding ist auch der maßgebliche Grund für die relativ hohen Kosten für die Implementierung einer Holding-Lösung. Eine umfassende Darstellung ist im vorliegenden Rahmen nicht möglich. Ich möchte Ihnen aber ein paar grundlegende Hinweise geben, die zu bedenken sind.

GmbH als Holding

Wenn Sie Vermögen in Ihre Holding-GmbH einbringen, kann das, abhängig vom Vermögensgegenstand, Einkommensteuer auf Ihrer persönlichen Ebene auslösen. Denn Sie veräußern faktisch Ihr Vermögen an die GmbH – so sieht es jedenfalls das Steuerrecht.

Die eigene operative GmbH, an der Sie die Mehrheit der Stimmrechte halten, können Sie aber zum Beispiel nach Paragraf 21 des Umwandlungssteuergesetzes steuerneutral in Ihre Holding-GmbH einbringen. Dazu sollte sie allerdings nicht überschuldet sein. Und Sie sollten nach der Einbringung die Beteiligung an Ihrer operativen GmbH auch nicht sofort verkaufen, sondern eine Sperrfrist von sieben Jahren einhalten und idealerweise frühestens nach Ablauf dieser sieben Jahre einen (steuergünstigen) Verkauf in Erwägung ziehen. Wenn Ihre GmbH-Holding nach der Übertragung nicht die Mehrheit der Stimmrechte hält, wird die Einbringung hingegen nicht steuerfrei bleiben. Dann tut das Steuerrecht so, als hätten Sie Ihre GmbH-Beteiligung verkauft, und bittet Sie mit circa 26,375 Prozent auf den fiktiven Veräußerungsgewinn (im Zweifel: in etwa der Wert Ihrer GmbH-Beteiligung) zur Kasse.

Immobilien können Sie in jedem Fall dann ertragsteuerneutral in Ihre GmbH einlegen, wenn Sie die Haltefrist des Paragrafen 23

EStG beachten, also zum Beispiel die fremdvermietete Immobilie schon mindestens zehn Jahre besitzen. Allerdings ist zusätzlich an die Grunderwerbsteuer zu denken, die in der Regel – abhängig vom Bundesland – 5 bis 6,5 Prozent beträgt. Nur in Bayern gilt noch immer ein günstigerer Satz von lediglich 3,5 Prozent. Wenn Sie ausreichend Zeit mitbringen, könnten die Immobilien auch zunächst auf eine Personengesellschaft übertragen werden, die später, nach einer Schamfrist von mehreren Jahren, in eine GmbH formgewechselt wird. Auf diese Weise kann es gelingen, die Grunderwerbsteuer zu vermeiden.

Bei Immobilien ist auch immer daran zu denken, dass ein steuerfreier Verkauf unter Beachtung der Haltefrist des Paragrafen 23 EStG eine Option sein kann: Die GmbH erwirbt Ihre Immobilie und zahlt Ihnen privat dafür einen Kaufpreis, einmalig oder, um die GmbH finanziell nicht zu sehr zu belasten, in Raten. Diese Zahlung vereinnahmen Sie steuerfrei. Die GmbH wiederum hat durch die Anschaffung der Immobilie neues Abschreibungsvolumen geschaffen.

Ihr persönliches Wertpapierdepot können Sie, was ETFs, Fonds und dergleichen angeht, leider nicht steuerneutral auf Ihre GmbH übertragen. Die Übertragung würde zu einer (fiktiven) Veräußerung und damit Versteuerung führen. Sie sollten also einen guten Zeitpunkt abpassen, gegebenenfalls auch niedrige Kurse nutzen, um die Übertragung genau dann vorzunehmen oder alternativ bewusst noch auf privater Ebene verkaufen und sodann Bargeld in die GmbH einlegen, was keine Steuern auslöst. Oder aber Sie behalten Ihr privates Wertpapierdepot bewusst im privaten Vermögen zurück und legen auf GmbH-Ebene ein neues weiteres Depot an. Aus dem privaten Wertpapiervermögen können Sie dann die nächsten Jahre Ihr privates Leben finanzieren und auf diese Weise Ausschüttungen aus der GmbH-Holding weiter in die Zukunft verschieben – und so das Vermögen in der Holding steuergünstig für Sie arbeiten lassen.

Auch die Übertragung von Aktien, die Sie als Kleinanleger halten, ist meiner Erfahrung nach nicht steuerneutral möglich. Es kursieren im Internet zwar anderslautende Meinungen. Aber die Vorschrift, die eine solche steuerfreie Einbringung ermöglichen könnte, der Paragraf 20 Absatz 4a des Einkommensteuergesetzes (EStG), verlangt, dass der Vorgang auf »gesellschaftsrechtlichen Maßnahmen« beruhen muss, »die von den beteiligten Unternehmen ausgehen«. Das Gesetz meint damit Maßnahmen wie Verschmelzungs- oder Aufspaltungsbeschlüsse der Gesellschafter, Übernahmeangebote und Ähnliches. Die Vorschrift ist also für Umstrukturierungen zwischen Unternehmen konzipiert, die von den Unternehmen ausgehen, nicht aber für von Privatpersonen initiierte Vermögensübertragungen auf ihre eigene GmbH, also auch nicht für Sie, wenn Sie Ihr privates Aktiendepot auf Ihre GmbH übertragen möchten.

Ohne eine vorherige verbindliche Abstimmung mit dem Finanzamt sollten Sie einen solchen Vorgang also nicht durchführen. YouTube-Videos sind leider dem Finanzamt gegenüber kein ausreichender Nachweis dafür, dass eine Gestaltung steuerlich auch funktioniert. Wenn Ihnen der Aufwand dafür zu groß ist, bleibt es bei der schon oben ausgesprochenen Empfehlung: Entweder behalten Sie Ihr privates Depot im Privatvermögen zurück, Sie passen einen günstigen Zeitpunkt für die Übertragung ab oder Sie verkaufen bewusst und übertragen Bargeld auf Ihre GmbH.

Stiftung als Holding

Während die Errichtung einer GmbH-Holding vor allem einkommensteuerliche Folgen auslösen kann, ist die Vermögensübertragung auf eine Stiftung vor allem ein schenkungsteuerlicher Drahtseilakt. Denn Sie erhalten im Gegenzug für Ihr Vermögen, das Sie auf »Ihre« Stiftung übertragen, keine Gegenleistung, insbesondere keine Anteile an der Stiftung.

Die Steuersätze liegen je nachdem, wie nah oder weit entfernt das Verwandtschaftsverhältnis zwischen Ihnen und dem von der Stiftung am entferntesten Begünstigten ist und abhängig vom Wert des auf die Stiftung übertragenen Vermögens zwischen 7 und 50 Prozent. Um einen typischen Anwendungsfall zu beschreiben: Wenn Sie als Begünstigte der Stiftung lediglich sich selbst, Ihren Ehepartner und sämtliche direkten Nachkommen (Kinder, Enkel, Urenkel und so weiter) bestimmen, liegt der Steuersatz maximal bei 30 Prozent – und auch nur dann, wenn das auf die Stiftung übergehende Vermögen einen Wert von mehr als 26 Millionen Euro aufweist. Ansonsten beläuft sich der Steuersatz auf:

Wert des übertragenen Vermögens bis ... Euro	Steuersatz Steuerklasse I
75.000	7%
300.000	11%
600.000	15%
6.000.000	19%
13.000.000	23%
26.000.000	27%
über 26.000.000	30%

Abb. 8.3.3

Wenn Sie wie vorgeschlagen vorgehen und nur sich selbst, Ihren Ehepartner und die gerade Linie nach Ihnen als Begünstigte bestimmen, können Sie noch einen Steuerfreibetrag von 100.000 Euro abziehen. Erst für jeden Euro, der diesen Freibetrag übersteigt, gelten dann die oben genannten Sätze. Wenn Sie also ein Vermögen von 1 Million Euro übertragen, wären letztlich 900.000 Euro zu besteuern (Steuersatz 19 Prozent).

Teilen Sie sich die Vermögensübertragung von 1 Million Euro mit Ihrem Ehepartner, bringt also jeder 500.000 Euro ein, können Sie und Ihr Ehepartner den Freibetrag von 100.000 Euro nutzen, was dazu führt, dass Sie letztlich 400.000 Euro steuerpflichtig einbringen und Ihr Ehepartner ebenso (Steuersatz jeweils nur noch 15 Prozent). Wie Sie steuergünstig oder steuerfrei Vermögen auch weit über dem zwischen Ehepartnern geltenden Freibetrag (500.000 Euro) von sich auf Ihren Ehepartner übertragen können (zum Beispiel mittels einer »Güterstandsschaukel« oder einer »Eigenheimschaukel«) ist ein anderes Thema, das den Rahmen dieses Kapitels sprengt.

Wer umfangreiches Privatvermögen besitzt, kommt häufig um eine Steuerbelastung also nicht herum. In einigen Fällen kann sich die Übertragung dennoch lohnen. Entscheidend ist, dass die Steuerbelastung als Einstieg in die Stiftung als Investition verstanden wird. Nicht zu vergessen ist auch, dass die Steuer im Fall Ihres späteren Todes in Form der Erbschaftsteuer sowieso anfallen wird – dann allerdings, sofern das Vermögen bis dahin idealerweise weiter angewachsen ist, auf Grundlage eines deutlich höheren Vermögens und häufig nicht gut geplant.

Für den (nach Ablauf der Haltefrist von maximal zehn Jahren) einkommensteuerfreien Verkauf von Immobilien an die Stiftung sollten Sie beachten, dass Grunderwerbsteuer anfällt. Für eine Schenkung gilt dies zwar grundsätzlich nicht. Grunderwerbsteuer wird aber zum Beispiel doch fällig, wenn, wie häufig, die Stiftung noch auf den Immobilien liegende Belastungen samt den zugehörigen Darlehensverträgen von Ihnen als Stifter übernimmt.

Echte steuerliche Begünstigungen im Zusammenhang mit der Übertragung von Vermögen auf eine Stiftung sieht das Gesetz vor allem bei Betriebsvermögen vor. Die Regelungen sind im Einzelnen kompliziert, im Ergebnis kann es aber gelingen, insbesondere operativ tätige Unternehmen und Beteiligungen daran auf diese Weise steuerfrei oder nahezu steuerfrei auf eine Stiftung zu übertragen. Im Einzelfall lässt sich auch Privatvermögen in Betriebsvermögen umwandeln, bevor sodann die Übertragung auf die Stiftung erfolgt. Nach der steuergünstigen Übertragung auf die Stiftung muss die Stiftung dann lediglich noch eine bis zu siebenjährige Behaltensfrist beachten. Das heißt, die Stiftung muss in dieser Zeit den übertragenen Betrieb möglichst unverändert fortführen, bevor sie an einen möglichen Verkauf des Betriebs denken kann.

Kosten

Eine Holding gründet man nicht zwischendurch bei Rot an der Ampel. Dafür sind die Folgen viel zu vielschichtig und zudem langfristiger Natur. Auch die Kosten für die Errichtung der Struktur und die laufenden Verwaltungskosten sollten mitbedacht werden, bevor Sie die Entscheidung zur Gründung treffen. Bei der Errichtung der Holding wollen die Rechts- und Steuerberatung und der Notar bezahlt werden. Auch im laufenden Betrieb fallen zumindest Steuerberatungskosten an. Sie geben dann nicht mehr nur Ihre private Einkommensteuererklärung ab, sondern müssen für die Holding und deren eventuelle Tochtergesellschaften eine Finanzbuchhaltung erstellen (lassen), Steuererklärungen abgeben (Körperschaftsteuer, vielleicht auch Gewerbesteuer) und eine Einnahmen-Überschuss-Rechnung oder einen Jahresabschluss erstellen. Wenn die Holding in Wertpapiere oder Kryptowährungen investiert, ist zudem an eine Wertpapier- und/oder Krypto-Buchhaltung zu denken. Das geht händisch. Wenn Sie allerdings – was in der Regel nicht empfehlenswert ist – häufig kaufen und verkaufen, brauchen Sie eine softwareunterstützte Buchhaltung oder müssen spezialisierte Dienstleister einbinden. Das alles gibt es nicht zum Nulltarif.

Die exakten Kosten für eine Holding lassen sich nicht pauschal beziffern. Für eine einfache GmbH-Gründung dürften diese bei rund 1.000 Euro (zusätzlich zum einzubringenden Stammkapital von mindestens 12.500 Euro bei einer GmbH oder theoretisch

1 Euro bei einer sogenannten UG (haftungsbeschränkt)) liegen – im allergünstigsten Fall. Damit ist aber noch nicht die Einbringung des Vermögens in die Holding bezahlt und auch nicht der gesamte Beratungsaufwand rechts und links, bis es zur eigentlichen Gründung kommt. Dafür sollten Sie in Abhängigkeit von den vorhandenen Vermögensgegenständen mit einem weiteren vierstelligen oder auch fünfstelligen Betrag rechnen. Die höchsten Kosten entfallen dabei in der Regel auf die steuerlichen Fragestellungen: Wie kommt das Vermögen möglichst steuerschonend in die Holding hinein? Natürlich schlagen auch die Notarkosten zu Buche: Die Notargebühren richten sich nach dem Gegenstandswert. Das heißt, je mehr Vermögen in die Holding übertragen wird, desto höher sind die Notargebühren. Kurzum: Gehen Sie davon aus, dass für die Errichtung Ihrer Holding ein fünfstelliges Honorar für die Berater fällig wird. So viel zur GmbH-Holding.

Bei Stiftungsgründungen können Sie davon ausgehen, dass die Kosten mindestens doppelt so hoch sind – jedenfalls als Daumenregel. Der Grund: Bei der Errichtung einer Stiftung will die Stiftungsaufsichtsbehörde ein paar Takte mitreden und muss die Stiftung anerkennen. Das kann die eine oder andere Abstimmungsrunde nach sich ziehen. Vor allem aber: Eine Stiftungsgründung ist, wie oben schon erwähnt, in gewisser Weise schon die Vorwegnahme der Vermögensnachfolge – also der Übertragung des Vermögens auf die nächste Generation. Denn wenn das Vermögen erst einmal in der Stiftung ist, ist für die Nachfolge gesorgt, weil das Stiftungsvermögen von Ihrem Versterben unberührt bleibt, also im Fall Ihres Todes kein Erbfall (mit Erbschaftsteuerbelastung) mehr ausgelöst wird. Dafür ist schon der Übergang des Vermögens auf Ihre Stiftung ein schenkungsteuerlicher Vorgang. Und der will geplant und optimiert werden. Idealerweise übertragen Sie Ihr Vermögen, wenn es Betriebsvermögen ist, sogar steuerfrei. Aber dafür müssen die komplizierten Regelungen der Betriebsvermögensbegünstigung eingehalten werden. Je nach Komplexitätsgrad Ihres gesellschaftsrechtlichen Vermögens kann das ein enormer Aufwand sein, der Zeit und Geld kostet.

Die Kosten sollten Sie allerdings nicht davon abhalten, eine Holding-Lösung umzusetzen, wenn sie angezeigt ist. Verstehen Sie die Kosten als Investition, die sich idealerweise innerhalb kurzer Zeit durch die Vorteile der Holding amortisiert.

Der Familienpool

Wenn Sie sich bis hierhin vorgearbeitet haben, will ich Ihnen noch ein paar Anmerkungen zu Familienpools mit auf den Weg geben. Denn wenn Sie sich ernsthaft mit dem Thema Holding beschäftigen, werden Sie sich vermutlich die Frage stellen, ob es noch Alternativen dazu gibt oder auch andere Rechtsformen als die GmbH und die Familienstiftung.

Ja, es gibt Alternativen.

Funktionsweise

Insbesondere zum Zweck der Vermögensnachfolgeplanung kann ein Familienpool geeignet sein. Unter einem Familienpool versteht man üblicherweise eine Personengesellschaft, in die Familienvermögen eingebracht wird, um es langfristig als Einheit zu erhalten und vor Zersplitterung im Erbgang zu schützen.

Der Familienpool dient vor allem als Alternative zur klassischen Schenkung oder Vererbung und ermöglicht eine vorweggenommene Erbfolge, indem sämtliches Vermögen gebündelt im Familienpool erhalten bleibt, ohne dass einzelne Vermögensgegenstände aus dem Gesamtvermögen herausgelöst und einzeln auf zum Beispiel die Kinder übertragen werden müssten. Mit einem Familienpool lässt sich, wie mit den oben beschriebenen Holdingstrukturen auch, der Kardinalfehler in der Nachfolgeplanung verhindern, dass an einzelnen Immobilien Eigentümergemeinschaften der Kinder entstehen. Wenn Ihre Kinder bisher immer gut miteinander ausgekommen sind, ist die Übertragung von Anteilen an einer oder mehreren Immobilien an sie (beispielsweise jedes der drei Kinder erhält ein Drittel Miteigentumsanteil) die Garantie dafür, dass der Haussegen über kurz oder lang schief hängen wird. Nur Ausnahmen bestätigen die Regel. Denn Kind 1 ist Kapitalist und möchte eine möglichst hohe Miete verlangen, Kind 2 hängt am Familienvermögen und möchte das Haus teuer renovieren und in Schuss halten und für Kind 3 ist Geld Teufelszeug und Miete Ausbeutung der Entrechteten. Verwaltung und Vermietung von Immobilien halten zahllose Gründe bereit, über die Ihre Kinder sehr einfach in einen intensiven Streit verfallen können. Mit Steuern hat das nichts zu tun. Aber wie schon an anderer Stelle gesagt: Steuern sollten nie das Hauptmotiv für Ihr Handeln sein. Die beste Steuerstrategie bringt Ihnen nichts, wenn Ihre Kinder zu Ihren Lebzeiten oder nach Ihrem Tod wegen Ihres Vermögens aufeinander losgehen.

Rechtsform

In der Praxis werden Familienpools üblicherweise in der Rechtsform einer Personengesellschaft gestaltet. Typische Rechtsformen sind die Gesellschaft bürgerlichen Rechts (GbR), die Kommanditgesellschaft (KG) und die GmbH & Co. KG. Während die GbR relativ einfach zu gründen ist, führt die persönliche Gesellschafterhaftung dazu, dass eine Beteiligung Minderjähriger faktisch unmöglich ist. Sie ist also nicht geeignet, wenn Ihre Kinder noch minderjährig sind und Sie bereits jetzt damit beginnen möchten, Vermögen in Form von Gesellschaftsanteilen auf diese zu übertragen. Dann bietet sich regelmäßig eher die KG oder die GmbH & Co. KG an. Minderjährige können hier als haftungsbeschränkte Kommanditisten beteiligt werden.

Soll der Familienpool rein vermögensverwaltend tätig sein und keine gewerblichen Einkünfte erzielen, bietet sich eine einfache

KG an, die mangels Involvierung einer weiteren Kapitalgesellschaft (GmbH) weniger Verwaltungsaufwand bereitet als eine GmbH & Co. KG. Sind auch gewerbliche Aktivitäten geplant, etwa weil das elterliche Unternehmen in den Familienpool mit eingebracht wurde, wird eher eine GmbH & Co. KG in Betracht kommen, die einen weitergehenden Haftungsschutz als die einfache KG bietet.

Gründung

Die Gründung eines Familienpools erfordert eine sorgfältige gesellschafts- und steuerrechtliche Gestaltung im Einzelfall. Sie ist nicht weniger komplex als die einer Stiftung oder GmbH-Holding.

Die Gründung verläuft in der Weise, dass Sie (und gegebenenfalls Ihr Ehepartner) als bisheriger Vermögensinhaber den Familienpool zunächst errichten, das heißt den Gesellschaftsvertrag aufsetzen und die Vermögenswerte wie Immobilien, Wertpapiere oder Beteiligungen in den Familienpool einbringen. Beteiligt am Pool sind Sie und Ihr Ehepartner, aber auch die Kinder und Enkelkinder, auf die in den nächsten Jahren und Jahrzehnten das Vermögen nach und nach übergehen soll, werden als Gesellschafter am Familienpool beteiligt. Durch eine schrittweise Übertragung von Gesellschaftsanteilen über mehrere Jahrzehnte gelingt der Generationenwechsel; zudem können die schenkungsteuerlichen Freibeträge (Vater – Kind: 400.000 Euro; Mutter – Kind: 400.000 Euro) alle zehn Jahre mehrfach genutzt werden. Bei zwei Schenkern (Sie und Ihr Ehepartner), mehreren Kindern und ausreichend Zeit können so bereits durchaus beträchtliche Vermögen steuerfrei auf die nächste Generation übertragen werden.

Steuerliche Behandlung von Einkünften

Der wesentliche steuerliche Nachteil von Familienpools in Form einer Personengesellschaft ist, dass Personengesellschaften anders als eine Holding-GmbH oder Holding-Stiftung grundsätzlich transparent besteuert werden. Das bedeutet, dass die auf Ebene des Familienpools erzielten Einkünfte »durchgereicht« und nur auf Ebene der Gesellschafter mit der individuellen Einkommensteuer des jeweiligen Gesellschafters belastet werden. Es bedarf dazu keiner Ausschüttung wie bei einer GmbH oder Stiftung. Das Finanzamt geht vielmehr immer davon aus, dass Einkünfte, die ein Familienpool erzielt, automatisch beim Gesellschafter, abhängig von seiner Beteiligungshöhe am Pool, zu versteuern sind. Die Vorteile, die sich aus einer günstigeren Besteuerung auf Ebene der GmbH oder der Stiftung ergeben, fallen bei einem Familienpool mithin weg.

Rein steuerlich betrachtet, ist ein Familienpool einer Holding-Lösung daher weit unterlegen. Aber wie gesagt: Der Steueroptimierungswahn sollte grundsätzlich nicht Ihr Leitstern sein. Es mag Fälle geben, in denen Holding-Lösungen für Sie persönlich wenig Sinn ergeben, zum Beispiel weil Vermögen nicht steuergünstig in eine Holding überführt werden kann. Dann kann es sich lohnen, sich mit der Alternative Familienpool intensiver zu beschäftigen. Und im Einzelfall kann natürlich auch die transparente Besteuerung Vorteile bieten: So etwa im Fall der Beteiligung von Kindern oder Rentnern als Gesellschafter. Wenn ihnen Einkünfte aus dem Pool zugerechnet werden und sie angesichts nur geringer oder gar keiner Einkünfte nur einen niedrigen individuellen Steuersatz haben oder mit ihren Einkünften sogar unter dem Grundfreibetrag von 12.096 Euro (Stand: 2025) per annum liegen, lässt sich so eine Art »Familiensplitting« erreichen.

Unterschiede des Familienpools zu GmbH und Stiftung

Im Unterschied zur GmbH und insbesondere zur Stiftung ist ein Familienpool sehr flexibel. Seine Struktur kann relativ beliebig durch Änderungen des Gesellschaftsvertrags geändert und so an die Bedürfnisse der Familie angepasst werden. Typischerweise behält sich etwa der Vermögensinhaber, also Sie, ein Leben lang die Kontrolle über das Vermögen vor, auch wenn Anteile am Familienpool an die nächste Generation übertragen werden. Das kann durch eine von den Beteiligungsquoten abweichende Stimm- und Gewinnbezugsberechtigung im Familienpool erreicht werden. Der Gesellschafterkreis wird regelmäßig außerdem auf die engsten Familienmitglieder beschränkt und die Kündigungsrechte der Gesellschafter werden meist eingeschränkt, sodass diese nicht beliebig die Gesellschaft verlassen können, und mögliche Abfindungsansprüche werden niedrig gehalten.

Während bei einer Stiftung das Vermögen dauerhaft und unwiderruflich auf die Stiftung übertragen wird und den Familienmitgliedern (bis auf die Nutzungsmöglichkeit) zumindest zivilrechtlich entzogen ist, bleiben die Familienmitglieder bei einem Familienpool als Gesellschafter am Vermögen beteiligt. Gegenüber einer GmbH wiederum werden beim Familienpool keine stillen Reserven im GmbH-Betriebsvermögen aufgebaut, die später der Besteuerung unterliegen. Denn anders als eine GmbH, die kein Privatvermögen kennt, bleiben sämtliche Vermögenswerte, die in den Familienpool eingebracht werden, weiterhin im Privatvermögen verhaftet. Es gilt also, um nur ein Beispiel zu nennen, auch die Ein- und Zehn-Jahres-Frist des Paragrafen 23 EStG für steuerfreie Veräußerungen von bestimmten Wirtschaftsgütern (Gold, Krypto, Immobilien) – jedenfalls dann, wenn der Familienpool selbst nicht gewerblich, sondern rein vermögensverwaltend tätig wird.

Ein Familienpool in der Rechtsform einer Personengesellschaft bietet gegenüber einer Stiftung oder GmbH also durchaus auch Vorteile. Wie oben gesehen, ist er aber – anders als eine Holding-GmbH oder -Stiftung – nicht als Modell der Steueroptimierung für die laufenden Erträge geeignet, die das Familienvermögen erzielt. Mit ihm lässt sich daher Vermögen gerade nicht niedrig einkommensbesteuert vermehren. Der Familienpool ist damit eher ein

Gestaltungsmittel für die schenkungssteuerlich günstige vorweggenommene Erbfolge.

Fazit

Wer Geld anlegt, kommt um das Thema Steuern nicht herum. Wundermittel und steuerliches Geheimwissen gibt es aber nicht. Es geht für Sie darum, nicht unnötig hohe Steuern zu bezahlen und abhängig von Ihrer konkreten Situation eine angemessene Steuerbelastung zu erreichen. Das gelingt, indem Sie beim Anlegen auf der privaten Ebene zunehmend mehr Einkünfte aus Kapitalvermögen erzielen, die lediglich der Abgeltungsteuer, aber nicht Ihrem hohen Einkommensteuersatz unterliegen, indem Sie gewisse Vermögenswerte mit Gewinn erst nach Ablauf der Haltefrist des Paragrafen 23 EStG (grundsätzlich ein Jahr bei Edelmetallen und Krypto, zehn Jahre bei vermieteten Immobilien) veräußern und indem Sie sich für Ihren nachhaltigen Vermögensaufbau mit dem Thema Holding beschäftigen. Wenn Sie bereits an Ihre Vermögensnachfolge denken, kommt dafür vor allem die Familienstiftung in Betracht.

Die schlechte und gleichzeitig auch beruhigende Nachricht: Die *eine* geeignete Lösung – one size fits all – gibt es nicht. Aber es gibt die für Sie passende Lösung, die Sie, ausgehend von Ihren Zielen, Ihren familiären Umständen, Ihrer Lebenssituation und Ihren Vermögenswerten mit Ihrem Berater (und bitte nicht mit dem Quacksalber aus TikTok) erarbeiten und umsetzen können. Ich wünsche Ihnen dabei viel Geduld und Erfolg!

KAPITEL 9

Ihr Startschuss für Ihren Weg vom Topverdiener zum Privatier

»Wenn du keinen Weg findest, im Schlaf Geld zu verdienen, wirst du arbeiten, bis du stirbst.«

Warren Buffett

Herzlichen Glückwunsch. Wenn Sie dieses Buch aufmerksam gelesen und die Zusammenhänge verstanden haben, gehören Sie vermutlich nun zu den in Finanzdingen am besten informierten Menschen in diesem Land. Das ist erstaunlich genug. Denn Geldanlage ist kein Hexenwerk, sondern beruht auf sehr einfachen, im Grunde leicht verständlichen Prinzipien. Kurz zusammengefasst, gibt es drei sehr wichtige Anlageklassen, die für Sie relevant sind: Aktien, Anleihen und Immobilien. In diese drei Anlageklassen können Sie je nach Risikotragfähigkeit und Risikobereitschaft investieren – und zwar so, dass möglichst geringe Kosten beim Kauf und möglichst geringe Folgekosten anfallen. Schon allein dadurch erhöhen Sie langfristig Ihre potenzielle Rendite enorm. Streuen Sie Kapital möglichst breit. Wählen Sie dafür preisgünstige Produkte. Lassen Sie sich von unabhängigen Experten ohne finanzielle Eigeninteressen beraten. Bleiben Sie standhaft und folgen Sie nicht kurzfristig Ihren Emotionen oder irgendwelchen Modetrends. Disziplin zahlt sich langfristig aus. Dieses »langfristig« rückt für Sie umso schneller näher, je konsequenter Sie die oben genannten Regeln befolgen. Ach ja, und dann wäre da noch das Thema Steuern. Wir haben Ihnen in diesem Buch Lösungen aufgezeigt, die Ihnen helfen können, Ihre steuerliche Belastung zu drücken und Ihre Nettorendite dadurch zu erhöhen. Auch hier gilt: Lassen Sie sich nicht kirre machen von selbst ernannten Steuerexperten, die Ihnen weismachen wollen, dass Sie mit irgendwelchen Tricks Steuern umgehen könnten. Nutzen Sie legale Wege. Alles andere wird am Ende nur teuer. Der Staat kennt leider keine Gnade. Wenn Sie all diese Ratschläge in aller Konsequenz befolgen, war die Lektüre dieses Buchs, das Sie gerade in Händen halten, vielleicht der Startschuss für Ihren möglichst geraden Weg vom Topverdiener zum Privatier. Denn Ihr Ziel vor Augen, können Sie nun anhand harter Fakten Ihre konkreten finanziellen Ziele definieren. Sie können bestimmen, welches Einkommen und welches Kapitalvermögen Sie benötigen, um möglichst zeitnah entweder ganz ohne Verpflichtungen als Privatier zu leben oder nur noch so viel zu arbeiten, wie Sie gerade möchten. Sie sind in der Lage, Ihre bestehende Finanzstruktur in einem Finanzplan zu erfassen. Und Sie können jetzt bestimmen, wo Sie stehen und was Sie tun sollten, um Ihr gestecktes Ziel zu erreichen. Nehmen Sie sich die Zeit dafür, dies alles noch einmal in Ruhe zu überdenken, Ziele und Pläne zu entwickeln und zu überprüfen, ob Ihre Strategie Hand und Fuß hat. Und wenn Sie sich unsicher fühlen oder Ihre kostbare Zeit nicht investieren wollen: Leisten Sie sich einen guten, unabhängigen Berater, der keine Provisionen von Dritten erhält, keine eigennützigen Hintergedanken verfolgt und nur von Ihnen bezahlt wird und somit nur in Ihrem Interesse handelt. Jetzt kommt es nur noch auf Sie selbst an: Definieren Sie Ihre Ziele. Richten Sie Ihre Finanzen konsequent zielentsprechend aus. Investieren Sie simpel, aber effizient. Meiden Sie teure und komplizierte Anlageprodukte. Vor allem: Halten Sie durch. Es lohnt sich.

Über die Autoren

Davor Horvat startete 1995 im Alter von 20 Jahren seinen beruflichen Weg in der Finanzbranche. Schon in der Schule interessierte er sich für Aktien und war von der Finanzwelt fasziniert. Nach einer Ausbildung zum Versicherungskaufmann wechselte er zu einem Finanzdienstleister, der sich auf Topverdiener spezialisierte. In den Jahren 2001 bis 2008 begleitete er diese Klientel und lernte die finanziellen Herausforderungen von Topverdienern kennen. Er musste in dieser Zeit aber auch feststellen, dass diese Berufsgruppe leider viel zu oft finanzielle Fehlentscheidungen trifft und durch ihre Unwissenheit viel Geld verliert.

Nach seinem berufsbegleitenden Studium in Wirtschaft und Finanzen an der Hochschule Schmalkalden entschloss er sich 2009, Finanzberatung ohne Provisionen anzubieten. »Denn sonst ist eine unabhängige Beratung im Interesse des Klienten nicht möglich. Erhalten Berater Provisionen, ist der Interessenskonflikt vorprogrammiert«, so seine Überzeugung.

Davor Horvat gründete 2009 die heutige Honorarfinanz AG, deren Vorstand er ist. Mit seiner Organisation berät er bundesweit an mehreren Standorten Anleger, darunter viele Unternehmer, Freiberufler und Führungskräfte, die eine unabhängige und transparente Finanz- und Anlageberatung auf Honorarbasis suchen. Sein Institut Honorarfinanz AG gehört heute zu den führenden Honorar-Anlageberatungsgesellschaften in Deutschland, die laut Gesetz keine Provisionen bei Geldanlagegeschäften annehmen dürfen. Somit kann seine Organisation eine unabhängige, von Interessenskonflikten befreite Anlageberatung garantieren.

Stefan Winheller, Gründer und Namensgeber von WINHELLER, ist seit über 20 Jahren als Rechtsanwalt und Fachanwalt im Steuerrecht tätig. Er hat an den Universitäten Heidelberg, Bielefeld, Speyer und Köln Jura mit dem Schwerpunkt Steuerrecht studiert. Nach der Zulassung als Rechtsanwalt absolvierte er ein Aufbaustudium im US-amerikanischen Steuerrecht an der Golden Gate University, San Francisco (USA). Seinen Auslandsaufenthalt in den USA nutzte er zur intensiven Beschäftigung mit der Besteuerung von Nonprofit-Organisationen und Stiftungen im US-amerikanischen Recht sowie mit den Besonderheiten des internationalen Steuerrechts.

Heute ist Stefan Winheller vor allem auf die Beratung von vermögenden Privatpersonen aus dem In- und Ausland spezialisiert. Er betreut sie beim Aufbau einer steueroptimierten Vermögens- und Unternehmensstruktur (Stiftungsmodelle, Stiftungs-Holdings, GmbH-Holdings, Asset Protection) – häufig auch im internationalen Kontext. Daneben unterstützt er Unternehmen und Unternehmer, insbesondere solche mit blockchainbasierten Geschäftsmodellen und/oder erheblichem Kryptovermögen, bei grenzüberschreitenden Gestaltungen.

Nebenberuflich engagiert sich Stefan Winheller als Business Angel, Mentor und Early Investor für Startup-Unternehmen, insbesondere aus dem Tech-Sektor.

Anmerkungen

1 https://www.google.com/search?q=Einkommen+Staffel+vom+Geringverdiener+bis+zum+topverdiener&sca_esv=f6bc877b3d7fa12d&sxsrf=AE-3TifNGkvMJ71wAms7fDe465XpU_lQ6-g:1748858141113&source=lnms&sa=X&ved=2ahUKEwibyY2ivNKNAxWEhf0HHRIkOvMQ0pQJegQIBhAD&biw=1596&bih=763&dpr=1.6

2 Quelle: https://yougov.de/news/2018/12/04/das-wachstumspotential-von-exchange-traded-funds-i/.

3 Quelle: Bhattacharya, Utpal; Loos, Benjamin; Meyer, Steffen & Hackethal, Andreas (2016): »Abusing ETFs«, *Review of Finance*, 11.07.2016.

4 Quelle: Vanguard Advisor's Alpha® in Zahlen (Kinniry et al., 2019)

5 https://www.destatis.de/DE/Themen/Gesellschaft-Umwelt/Bevoelkerung/Sterbefaelle-Lebenserwartung/Publikationen/_publikationen-innen-periodensterbetafel.html

6 Quelle: Kholodilin, Konstantin A. & Rieth, Malte (2023): »Immobilienmarkt im Krisenmodus: Die Kaufpreise fallen, aber die Mieten steigen«, DIW Wochenbericht 51/52/2023, S. 753 – 762, https://www.diw.de/de/diw_01.c.888623.de/publikationen/wochenberichte/2023_51_1/immobilienmarkt_im_krisenmodus__die_kaufpreise_fallen__aber_die_mieten_steigen.html.

7 Quelle: Heid, André (2024): »Kaufpreisfaktor als Kennzahl der Rentabilität«, Heid Immobilienbewertung, 30.07.2024, https://www.heid-immobilienbewertung.de/magazin/kaufpreisfaktor/.

8 Quelle: VON POLL IMMOBILIEN (2022): »Kaufpreisanalyse Nord- und Ostsee«, 09.06.2022, https://www.von-poll.com/de/immobilienblog/kaufpreisanalyse-nordsee-und-ostsee#:~:text=Den%20höchsten%20Kaufpreisfaktor%20weisen%20allerdings,2022%20im%20Vergleich%20zum%20Vorjahresquartal.

9 Ohne Kirchensteuer.

10 Unter bestimmten Voraussetzungen kann auch das Teileinkünfteverfahren gelten. Der Steuersatz ist aber bei Gutverdienern mit einem hohen Einkommensteuersatz ähnlich hoch.

11 Ab Beteiligung von mindestens 10 Prozent.

12 Bei einer Beteiligung von mindestens 1 Prozent kann das Teileinkünfteverfahren Anwendung finden, vergleiche Fußnote 8.

13 Das ist zumindest die aktuelle Haltung der Finanzverwaltung. Zahlreiche Anleger versuchen derzeit, die Einkünfte als Einkünfte aus Kapitalvermögen zu deklarieren (Abgeltungsteuer 26,375 Prozent statt privater Einkommensteuersatz).